自动驾驶汽车关键技术丛书

自动驾驶中的人工智能

郭露露　洪金龙　王宇雷　编著

机械工业出版社

人工智能（AI）技术的革新正在为自主系统如自动驾驶系统带来无限机遇。人工智能技术赋能自动驾驶，使其能够获得比人类驾驶员更好的驾驶能力，例如自主感知、推理和决策，有望改变传统的交通方式以服务人类。本书为自动驾驶领域工程技术人员提供人工智能相关基础理论和应用技术等相关知识，并培养将人工智能算法应用于自动驾驶或其他自主系统的能力。本书涵盖的主题有：概述模块，包括人工智能、自动驾驶及两者关系的介绍；感知模块，包括感知技术、人工智能算法应用；决策模块，包括自动驾驶决策问题和基于人工智能的决策算法；控制模块，包括数据和机理驱动的控制方法及自动驾驶应用；优化模块，包括人工智能算法的优化求解；案例分析模块，包括人机交互和高级驾驶辅助系统。读者通过本书将熟悉人工智能概念、算法和自动驾驶系统最新技术。本书适合自动驾驶研究与开发技术人员阅读使用，也适合车辆工程及相关专业师生阅读参考。

图书在版编目（CIP）数据

自动驾驶中的人工智能 / 郭露露，洪金龙，王宇雷编著. -- 北京 : 机械工业出版社，2025. 5. -- （自动驾驶汽车关键技术丛书）. -- ISBN 978-7-111-78235-3

Ⅰ. U463. 61-39

中国国家版本馆 CIP 数据核字第 20252T4L79 号

机械工业出版社（北京市百万庄大街 22 号　邮政编码 100037）

策划编辑：孙　鹏　　　责任编辑：孙　鹏　高孟瑜

责任校对：卢文迪　杨　霞　景　飞　　　封面设计：鞠　杨

责任印制：单爱军

北京盛通数码印刷有限公司印刷

2025 年 7 月第 1 版第 1 次印刷

169mm×239mm · 19. 25 印张 · 339 千字

标准书号：ISBN 978-7-111-78235-3

定价：159. 00 元

电话服务

客服电话：010-88361066

010-88379833

010-68326294

网络服务

机　工　官　网：www. cmpbook. com

机　工　官　博：weibo. com/cmp1952

金　　书　　网：www. golden-book. com

机工教育服务网：www. cmpedu. com

前 言

近年来，自动驾驶技术的飞速发展正在逐渐重塑人类的出行方式，从最初的辅助驾驶到现在的完全自动驾驶问世，背后离不开人工智能技术的支撑与推动。人工智能（AI）技术的革新正在为包括自动驾驶系统的自主系统带来无限机遇。自动驾驶系统需要利用感知的环境信息实现场景理解并进行复杂的决策规划，对复杂驾驶场景以及驾驶动态行为做出实时响应，这也就需要人工智能技术的进一步支撑与推动，让自动驾驶可以模拟甚至超越人类驾驶的能力，有望改变传统的交通方式以服务人类。

本书系统地介绍了自动驾驶及人工智能技术的基本概念、发展现状、前沿应用与关键技术。全书内容涉及自动驾驶与人工智能的多个关键领域，为读者提供一个全面了解与深度研究的基础。

第 1 章介绍自动驾驶与人工智能的基本内涵、发展历程与技术进展，通过介绍自动驾驶和人工智能技术的国内外发展历程，让读者清晰了解到自动驾驶技术的发展趋势与未来方向。

第 2 章详细介绍了人工智能与优化控制的相关理论，包括基于学习的优化控制与模型预测控制，内嵌物理知识神经网络以及人类反馈强化学习等相关理论与研究案例，使读者可以清晰地了解人工智能中的反馈机理。

第 3 章聚焦于自动驾驶感知中的人工智能，主要介绍了目标识别与追踪与传感器融合的相关前沿研究，以及目标检测与追踪的一些典型网络架构，使读者可以清楚地了解人工智能在自动驾驶感知模块中的应用。

第 4 章介绍了自动驾驶决策中的人工智能，主要讨论了自动驾驶人工智能决策的可解释性，包括语义和决策的可解释性，使读者可以根据本章的案例了解自动驾驶决策可解释性的基本原理与应用。

第 5 章介绍了自动驾驶控制中的人工智能应用，包括动力系统控制与运动控制等，使读者通过本章内容可以了解数据 – 机理驱动控制方法和其在自动驾驶中的应用，相关拓展案例可以帮助读者进一步开拓视野。

本书能为自动驾驶领域的学生、研究学者、工程师及相关从业人员提供有价值的参考资料，促进自动驾驶技术的发展与应用。

本书能够顺利成稿，特别感谢单策、吴文煌、麻宝林、孙萌鸽、石文通、罗熙、高源、曾伟真等硕士、博士研究生所做的大量工作。本书编写过程中参考了大量国内外相关资料，在此向相关作者表示感谢；同时也感谢机械工业出版社的大力支持。

由于时间仓促，编者水平和经验有限，书中错漏之处在所难免，敬请读者批评指正。

编　者

目 录

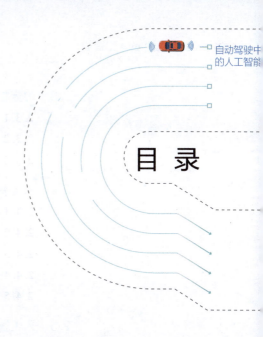

第5章 自动驾驶控制中的人工智能

第1章 人工智能与自动驾驶概述

1.1 自动驾驶概述

1.1.1 自动驾驶相关术语

自动驾驶汽车，又称无人驾驶汽车、自动驾驶汽车或智能汽车，是一种通过自动驾驶系统，无须人工操作即可在道路上安全行驶的机动车辆。自动驾驶汽车利用环境感知，分析周围环境，做出智能化的决策判断，规划出符合车辆控制、满足行驶要求的路线，控制车辆的转向和速度完成自主的驾驶过程。自动驾驶领域的相关术语如下：

环境感知技术：利用图像识别、雷达检测、多源信息融合等技术，实现周围环境和车辆内部信息的实时收集与处理。

智能决策系统：通过危险事态建模、预警与控制优先级划分等技术，提高决策的准确性和效率。

运动规划算法：涵盖全局和局部轨迹规划，以及动静态障碍物避障和自动泊车等功能。

车辆控制系统：结合纵向和横向运动控制技术，实现底盘一体化控制，并支持车路协同和多车队列协同控制。

自适应巡航（Adaptive Cruise Control，ACC）系统：属于高级智能驾驶辅助系统，它主要被安装在高档轿车中。该系统利用车前安装的雷达不断监测前方的行驶状况，并搭配车轮速度传感器来获取行进速率。当车辆与前面的汽车距离太近时，ACC 的控制模块会与防抱死制动系统和发动机调控系统配合工作，适时减速并降低发动机动力输出，确保与前车保持一定的安全间隔。

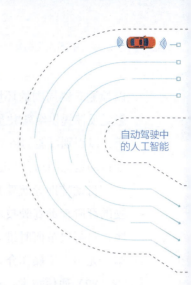

高级驾驶辅助系统（Advanced Driver Assistance System，ADAS）：汇集众多科技，通过各类传感器及计算程序增强行车时的安全与舒适度。这些传感器可

以检测车辆周围的环境，识别道路标志、行人和其他车辆，并通过视觉、声音或触觉反馈提供给驾驶员。ADAS 通过这些传感器实时收集数据，并进行处理和分析，以识别可能的风险和障碍。一旦检测到潜在的危险，系统会采取相应的措施，如自动紧急制动、车道偏离警告、盲点监测等，以防止或减轻潜在的碰撞。

自动辅助导航驾驶（Navigate on Autopilot，NOA）：是结合了导航和辅助驾驶的高阶辅助驾驶技术，依托精确的地理信息资料、车载传感器和尖端计算程序，自行决策何时进入或离开高速公路，并自动判定何时进行自主换道完成超车，无须人工操作介入。

V2X 通信技术：车辆的专属通信网络，是确保车辆间信息的互联互通和联合控制的通信安全保护系统。

云端服务及大规模信息处理技术：以智能汽车为核心的网络连接云服务体系和数据互联规范，利用先进的数据储存与搜索技术来实行深入的大数据分析。

信息安全策略：建立汽车信息安全模型，确保数据存储、传输与应用的安全性。

精准地图及其定位技术：形成统一标准的精确地图数据结构和获取方法，融合以地面增强系统为基础的精细定位技术以及多种辅助定位手段。

1.1.2 自动驾驶分级

自动驾驶的进步并非一蹴而就，从手动操作到完全独立的自动驾驶，需要经历长时间的演变。统一自动驾驶等级的概念对这一发展过程具有重要的意义。自动驾驶汽车可以根据所采用的不同的智能化水平分为不同的类别。

根据国际自动机工程师学会（International Society Automotive Engineers，SAE）制定的汽车自动化水平分级标准（SAE J3016），将自动驾驶分为了 6 个等级，如图 1－1 所示。SAE 自动驾驶分级的各级功能的具体划分详见表 1－1。

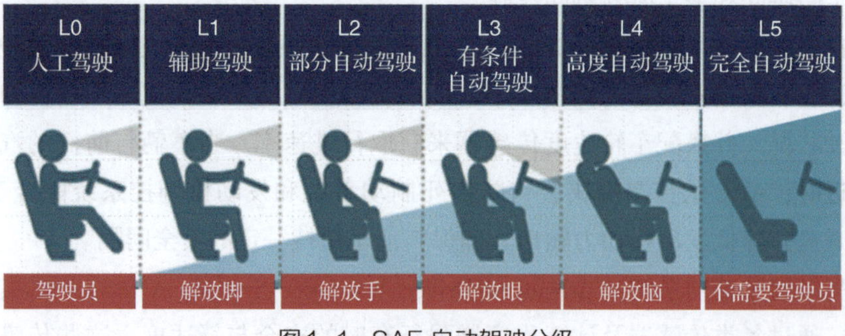

图 1－1 SAE 自动驾驶分级

表 1-1　SAE 自动驾驶分级的各级功能的具体划分

级别	名称	定义	驾驶操作执行者	监测环境主体	驾驶权接管主体	应用场景
L0 级	人工驾驶	由人类驾驶员完成所有驾驶任务	人类驾驶员	人类驾驶员	人类驾驶员	无
L1 级	辅助驾驶	利用驾驶环境信息，由车辆完成转向或加减速单一操作，人类驾驶员完成其他驾驶动作	人类驾驶员和车辆	人类驾驶员	人类驾驶员	限定场景
L2 级	部分自动驾驶	利用驾驶环境信息，由车辆完成转向和加减速多项操作，人类驾驶员完成其他驾驶动作	车辆	人类驾驶员	人类驾驶员	限定场景
L3 级	有条件自动驾驶	自动驾驶系统在特定场景下能够执行绝大部分驾驶任务，而人类驾驶员需要保持注意力接管车辆操作	车辆	车辆	人类驾驶员	限定场景
L4 级	高度自动驾驶	自动驾驶系统在特定场景下能够执行全部驾驶任务，而人类驾驶员无须保持注意力	车辆	车辆	车辆	限定场景
L5 级	完全自动驾驶	自动驾驶系统在所有场景下能够执行全部驾驶任务，而人类驾驶员无须保持注意力	车辆	车辆	车辆	所有场景

L0 级（人工驾驶）：车辆没有自动化驾驶功能，驾驶员完全负责车辆的控制，没有任何自动驾驶辅助功能。

L1 级（辅助驾驶）：只有某些自动化功能，如巡航控制，但驾驶员需要时刻监控车辆和环境，并随时准备介入。

L2 级（部分自动驾驶）：车辆可以同时控制加速、制动和方向，但驾驶员仍然需要保持警惕，准备随时接管控制。

L3 级（有条件自动驾驶）：允许车辆在特定条件下完全控制，驾驶员可以不需要持续监控，但必须随时准备接管控制，包括城市交通中的自动驾驶出租车或特定高速公路条件下的自动驾驶。

L4 级（高度自动驾驶）：车辆可以在特定环境或条件下实现完全自动化，驾驶员只需在需要时介入。

L5 级（完全自动驾驶）：车辆可以在任何情况下都能实现完全自动化，无须驾驶员介入。

此外，中华人民共和国工业和信息化部借鉴 SAE J3016 的 L0 ~ L5 级的分级体系，同时也根据我国当前的国情做出相应的修改，编写了 GB/T 40429—2021《汽车驾驶自动化分级》，具体内容见表 1-2。

表 1-2 我国汽车驾驶自动化分级

级别	名称	车辆横向和纵向运动控制	环境监测和响应	动态驾驶任务接管	应用场景
0 级	应急辅助	驾驶员	驾驶员和系统	驾驶员	限定场景
1 级	部分驾驶辅助（DA）	驾驶员和系统	驾驶员和系统	驾驶员	限定场景
2 级	组合驾驶辅助（PA）	系统	驾驶员和系统	驾驶员	限定场景
3 级	有条件自动驾驶（CA）	系统	系统	驾驶员和系统	限定场景
4 级	高度自动驾驶（HA）	系统	系统	系统	限定场景
5 级	完全自动驾驶（FA）	系统	系统	系统	所有场景

0 级自动驾驶（应急辅助功能）：该系统的能力仅限于探测部分对象和事件并做出反应，但不具备通过自身系统来操纵车辆侧向或者前后移动的能力。

1 级自动驾驶技术（部分驾驶辅助 DA）：在特定的设计条件下，该系统可管理汽车的横向或者纵向移动以执行特定操作，并且具有一定程度上的目标与事件监测和响应功能。

2 级自动驾驶技术（组合驾驶辅助 PA）：该系统具有操纵车辆横纵向移动的能力，能够监测到特定目标及事件，并做出适当响应。

3 级自动驾驶技术（有条件自动驾驶 CA）：在既定的运行环境中，该级别的系统可以完成所有动态驾驶活动，但人类的监督依然必要。

4 级自动驾驶技术（高度自动驾驶 HA）：在一定的使用场景中，该系统可以负责所有驾驶的动态操作，无须人工干预。

5 级自动驾驶技术（完全自动驾驶 FA）：该系统级别可在一切驾驶环境中自主完成所有动态操控工作，无须人工干预。

我国根据网络通信内容的差异对网联化进行了分级，具体情况可参见表 1-3。

表 1–3　网联化等级

等级	名称	定义	操作者	典型信息	传输需求
1	网联辅助信息交互	基于车–路、车–后台通信，实现导航等辅助信息的获取以及汽车行驶与驾驶员操作等数据的上传	人与系统	地图、交通流量、交通标志、油耗、里程等信息	传输实时性、可靠性要求较低
2	网联协同感知	基于车–车、车–路、车–人、车–后台通信，控制系统的输入实时获取汽车周边交通环境信息，与车载传感器的感知信息融合，作为决策和控制系统的输入	人与系统	周边汽车/行人/非机动车位置、信号灯相位、道路预警信息	传输实时性、可靠性要求较高
3	网联协同决策与控制	基于车–车、车–路、车–人、车–后台通信，实时并可靠获取汽车周边交通环境信息及汽车决策信息，车–车、车–路等各交通参与者之间信息进行交互融合，形成车–车、车–路等各交通参与者之间的协同决策与控制	系统	车–车、车–路间的协同控制信息	传输实时性、可靠性要求最高

1.1.3　自动驾驶主要任务

自动驾驶职责主要包括环境感知、智能决策、路径规划以及运动控制等。

环境感知：对环境的感知在自动驾驶汽车中起着决定性的作用，这是获取、处理并分析周边环境以及汽车内部数据的根本，也是汽车与外界环境数据交流的主要手段。这项任务的目的就是让汽车可以仿效或者超过人类驾驶员的感知技巧，从而更精确地识别并理解汽车本体和其所在的环境的运动状况。环境感知主要包括传感器模块和目标检测模块。传感器模块主要收集周围环境和车辆本身的信息。目标检测模块检测和识别周围区域的各种移动或静止障碍物、车道线和各种交通标志。

环境感知的主要对象是行驶路径、周围物体、行驶状态和行驶环境。对于环境信息采集，通常使用视觉传感器和雷达传感器。主要的视觉传感器是单目、双目和立体摄像头。自动驾驶汽车中使用的雷达传感器主要包括激光雷达、毫米波雷达和超声波传感器[1]。对于车辆信息，全球定位系统（GPS）、全球导航卫星系统（GNSS）、北斗导航卫星系统（BDS）和伽利略导航卫星系统（Galileo）或惯性导航系统（INS）经常被用来收集诸如地理坐标、速度和车辆姿态等信息。高精度地图与道路的实时物理信息相匹配，以确定车辆的当前路段及其在该路段内的精确位置，从而纠正定位误差[2]。

智能决策：决策行为系统必须融合环境和车辆信息，以便在多变且复杂的交通状况下指导车辆制定安全且适当的驾驶方式。目前，自动驾驶的行为决策系统主要分为两种方法：基于规则的和基于学习的。采用规则方法的自动驾驶汽车行为划分，是基于环境信息的差异性对车辆状态进行解析和分类，并依据系统设定的驾驶规则和逻辑推断来确定车辆的行为。而基于学习的行为决策则利用机器学习技术，使得汽车能够从环境样本中自我学习，并依据环境信息来决定驾驶行为。

路径规划：该任务的目的是确定一条能够从初始状态到达目标状态的有效路径，并依照特定的评估准则和环境条件来制定适应驾驶员行动的车辆路线。这个过程可以被分为全局路径规划和局部路径规划。全局路径规划的实施需要在掌握了全局地图的预先信息之后，寻找一条能够满足设计要求的有效路径。局部路径规划的实施依赖于传感器设备的即时数据，这使得局部路径规划算法能够从周边环境中获取实时的信息。相较于全局规划，局部规划算法由于其即时的表现，更适用于动态环境下的路径规划。目前主要应用于自动驾驶技术的路径规划方法有基于图搜索的方法、基于采样的算法、基于曲线拟合的方法和基于优化的算法等[3]。

运动控制：该任务基于车辆当前的位置、姿态、车速等因素，通过适当的控制策略向加速踏板、制动器和转向器等执行器发送控制命令，使自动驾驶汽车沿着规划的路径行驶。研究主要涉及纵向和横向运动的控制。运动控制的两个主要控制目标是纵向控制和横向控制，分别旨在有效地管理车辆的纵向和横向运动。车辆控制中纵向控制是指对加速踏板和制动踏板进行管理以保持特定的速度，而横向控制则是利用转向系统引导车辆沿着预定的路径行驶[4]。目前主要的控制方法有 PID 控制、鲁棒控制、滑模控制、模糊控制、纯追踪控制、LQR 控制、模型预测控制等。

无人驾驶汽车是智能化、网联化汽车的最终发展目标。自动驾驶汽车通过环境感知、智能决策、路径规划和运动控制等任务完成原本人类驾驶员所实现的操纵，实现智能化和网联化的目标。

1.2 人工智能概述

人工智能（Artificial Intelligent，AI）是研究、开发用于模拟、延伸和扩展人的智能的理论、方法、技术及应用系统的一门新的技术科学。人工智能是新一轮科技革命与产业变革的重要力量。其核心目标是使机器能够模拟人类的智能行为，包括学习、推理、问题解决和适应性。目前人工智能的应用领域广泛，涵盖了医疗、金融、教育、交通、制造业等多个行业。例如，在医疗领域，AI 可用于医学影像诊断、基因组学研究和药物开发。在金融领域，AI 可用于风险管理、反欺诈和智能投资。在教育领域，AI 可支持个性化学习和智能教育系统的发展。交通领域中，AI 应用于自动驾驶技术，提高交通安全性和效率。在制造业，AI 可优化生产流程、提高生产效率。总体而言，人工智能在不同领域的应用旨在提高工作效率、解决复杂问题，并为社会带来创新和发展。

1.2.1　人工智能的起源与发展

人工智能的起源可以追溯到图灵机（Turing Machine）的诞生。1936 年，英国数学家艾伦·图灵提出了一种名为图灵机的数学逻辑机，将人的计算行为进行了抽象化。这一机器不仅仅是一种物理存在，更是一种计算模型，具有模拟人类进行任何计算过程的能力。通过模拟人的意识和思维信息过程，图灵机深刻阐述了人工智能的本质，将“机器”应用于对人类智力活动的模拟。1950 年，艾伦·图灵发表了一篇具有划时代意义的论文，该论文提出了关于创造真正智能机器的可能性的预言。面对“智能”这一难以确切定义的概念，图灵引入了著名的图灵测试：如果一台机器能够通过电传设备与人类展开对话而不被辨别出其机器身份，那么就可称这台机器是智能的。这一简明而深刻的定义使得图灵得以令人信服地阐述“思考的机器”是可能存在的观点。

人工智能这一概念的提出可以追溯到 20 世纪 50 年代，达特茅斯学院于 1956 年举办了第一次人工智能领域的会议，自此之后研究人员开始研究如何使计算机拥有人类的智能，这也标志着人工智能获得了科学界的承认，成为一个独立的、充满着活力的而且最终得以影响人类发展进程的新兴科学领域。在此之后，人工智能的发展经历了起起落落，得益于深度学习在自然语言处理、机器视觉以及机器人领域的广泛应用，人工智能在近年来也得到了飞速的发展。人工智能的发展阶段主要可以划分为以下部分：

1. 第一次繁荣期：1956—1976 年

20 世纪 50 年代，在人工智能发展的起步期，这一阶段人工智能的概念和方法诞生，最初的人工智能研究计划被提出。1958 年，弗兰克·罗森布拉特首次定义了一种人工神经网络——感知机（Perceptron）。感知机被视为一种最简单形式的前馈神经网络，是一种二元线性分类器，也被指为单层的人工神经网络，以区别于较复杂的多层感知器。作为一种线性分类器，（单层）感知机可以说是最简单的前向人工神经网络形式。尽管结构简单，感知机能够学习并解决相当复杂的问题，但它存在一定局限性，无法处理线性不可分问题。感知机为神经网络领域的发展奠定了基础，引领人们开始探索人工神经网络的潜力。1959 年，计算机游戏先驱亚瑟·塞缪尔在 IBM 的首台商用计算机 IBM－701 上编写了西洋跳棋程序，成功战胜了当时的西洋棋大师罗伯特·尼赖，为人工智能在博弈领域的应用开辟了先河。1960 年，约翰·麦卡锡开发了 LISP 语言，成为未来几十年人工智能领域最主要的编程语言。与现代的 C 和 C++相比，LISP 更专注于数学和算法方面，是为实现人工智能而设计的语言，而 C 和 C++则更为面向程序员，常用于一般性的工程设计。在 1964—1966 年期间，麻省理工人工智能学院开发了世界上第一个聊天程序 ELIZA。ELIZA 能够根据预设规则进行模式匹配，根据用户的提问从预先编写的答案库中选择合适的回答，为自然语言处理领域的初步探索奠定了基础。斯坦福研究院（SRI）的人工智能中心于 1966—1972 年间研制了 Shakey，这是世界上第一台真正意义上的移动机器人。尽管 Shakey 只能解决简单的感知、运动规划和控制问题，但它却是当时将人工智能应用于机器人领域最为成功的研究平台。Shakey 的研究证实了许多通常属于人工智能领域的严肃科学结论，为未来的机器人技术奠定了基础。这一时期的创新为人工智能领域的多个方向打开了新的研究思路。

在这一阶段，人工智能研究得到了大量的资金支持，大笔资金被投入到麻省理工学院、卡内基梅隆大学、爱丁堡大学和斯坦福大学等研究机构，研究学者被允许探索各种感兴趣的方向。研究人员开发了许多重要的人工智能算法，如机器学习和规则推理。在 20 世纪 70 年代，人工智能在语言翻译、图形学等领域得到了重要突破。

2. 第一次低谷期：1976—1982 年

1969 年，马文·明斯基和西摩尔·派普特在 *Perceptrons* 书中，仔细分析了以感知机为代表的单层神经网络系统的功能及局限，证明感知机不能解决简单的异或（Exclusive OR，XOR）等线性不可分问题，但弗兰克·罗森布拉特、马文·明斯基和西摩尔·派普特等人在当时已经了解到多层神经网络能够解决线性不可分的问题。由于弗兰克·罗森布拉特等人没能够及时推广感知机学习算法到多层神经网络上，又由于 *Perceptrons* 在研究领域中的巨大影响，以及人们对书中论点的误解，因此人工神经领域发展经历了长年停滞及低潮，直到人们认识到多层感知机没有单层感知机固有的缺陷及反向传播算法在20世纪80年代的提出，人工智能发展才有所恢复。

此外，由于机器翻译等项目的失败，人工智能的发展陷入了停滞，对于人工智能的批评与质疑的声音也越来越多。导致这种状况的主要原因是其运算能力不足、计算复杂度较高、常识与推理实现难度较大等。1973年，著名数学家莱特希尔向英国政府提交了一份关于人工智能的研究报告，尖锐地指出人工智能那些看上去宏伟的目标根本无法实现，研究已经完全失败，并且前期过于乐观，但事实上AI停留在“玩具”阶段止步不前，远远达不到曾经预言的完全智能甚至工业应用水平。

3. 第二次繁荣期：1982—1987年

20世纪80年代，随着计算机处理能力的提高，人工智能的发展得到了进一步推动，在机器人控制、图像处理等领域得到了一定的应用。20世纪80年代中期，鲁梅尔哈特、辛顿、勒丘恩等人分别独立发现了误差反向传播算法（Back Propagation，BP），系统解决了多层神经网络隐含层连接权学习问题，并在数学上给出了完整推导。人们把采用这种算法进行误差校正的多层前馈网络称为BP神经网络。BP神经网络具有任意复杂的模式分类能力和优良的多维函数映射能力，解决了简单感知器不能解决的异或和一些其他问题。在人工神经网络的实际应用中，绝大部分的神经网络模型都采用BP神经网络及其变化形式，它也是前向网络的核心部分。在这一阶段研究人员也开发出许多具备更强的学习能力的神经网络模型。

在这一阶段，人工智能的研究进入了一个崭新的阶段，伴随着计算机算力的提升，人工智能在机器视觉、机器翻译、语音识别等领域开始出现一些突破性的进展。

4. 第二次低谷期：1987—1997年

1987年，LISP机市场崩溃，技术领域再次陷入瓶颈，抽象推理不再被继续关注，基于符号处理的模型受到了质疑。神经网络模型在实际中的应用有限，使得人工智能的发展再次陷入低潮期。专家系统在20世纪80年代初取得了一定的一些成功，但很快遇到了瓶颈。这些系统难以管理不确定性、灵活地适应新问题，并需要大量手动输入专业知识。专家系统的期望过高，实际效果没有达到预期，导致了投资者和企业对AI的失望，资金流入减缓。在进入20世纪

90 年代后，机器学习和深度学习领域发展缓慢，很多 AI 项目在实际应用中难以取得明显的突破。当时的 AI 缺乏大规模数据和强大的计算能力，机器学习算法无法发挥其潜力，导致了 AI 研究的低谷时期。

5. 第三次繁荣期：1997 年至今

进入 21 世纪，伴随着互联网的普及和计算机硬件水平的不断提高，人工智能技术进一步发展，在语音识别、图像处理、机器视觉、机器人控制等多方面取得了显著的突破性进展。人工智能的算法发展也使得深度学习成为人工智能中最为重要的发展方向。从 2010 年开始，深度学习成为人工智能领域的主要推动力。深度神经网络的设计和训练使得计算机在图像识别、语音识别、自然语言处理等任务上取得了巨大成功。深度学习的成功离不开大规模数据集和强大的计算能力，而云计算和 GPU 等硬件技术的发展为深度学习提供了支持。时至今日，人工智能已经在医疗、金融、教育、自动驾驶、工业制造、国防等越来越多的领域发挥着重要的作用，对于推动未来技术的革新与发展起到了决定性的作用。

1.2.2 人工智能的分类

人工智能（AI）可以根据不同的特征和任务进行多种分类，常见的一些划分方式如下。

按照计算能力的强弱，人工智能可以划分为弱人工智能（Weak AI）与强人工智能（Strong AI）。前者也称为狭义人工智能，专注于解决特定领域的任务。例如，语音助手、图像识别系统等都属于弱人工智能。后者指的是能够像人类一样理解、学习和执行多种任务的智能系统。强人工智能目前仍处于理论阶段，尚未实现。

按照学习方式的不同，人工智能可以划分为监督学习、无监督学习以及强化学习。监督学习（Supervised Learning）通过已标记的数据进行训练，模型学习输入和输出之间的关系，常用于分类和回归任务。无监督学习（Unsupervised Learning）利用未标记的数据进行训练，让模型自行发现数据中的模式和结构，用于聚类、降维等任务。而强化学习（Reinforcement Learning，RL）通过与环境的互动学习，根据行为的反馈来调整模型，常用于制定决策策略，如在游戏、机器人控制等领域实现策略的学习与制定。

根据实现任务的差异，人工智能可以有两种划分方式，首先基于应用领域进行划分，可以将人工智能分为如机器学习、自然语言处理、机器视觉、语音识别、机器人技术、自动驾驶、智能控制、专家系统等多个不同的类别应用于不同的领域。其次还可以划分为推理型人工智能、学习型人工智能、创造型人工智能、控制型人工智能等。

根据应用目标的不同，人工智能可以划分为应用型人工智能与研究型人工智能，前者的目标是实现在特定场景下的应用，如图像识别、机器翻译等。后者的目标是研究人工智能的核心算法与理论，可以帮助更好地了解人工智能内在的数学原理，为未来的应用打下基础。

此外，人工智能也可以划分为生成式人工智能与识别式人工智能，二者的差异在于是产生新的数据还是识别已知数据。根据应用范围的不同人工智能还可划分为基于规则的人工智能与基于知识的人工智能，前者通过明确定义规则来实现智能，后者通过学习来推导知识。

1.2.3　神经网络与深度学习

机器学习是人工智能领域的一个重要分支，是一种通过算法让计算机系统从数据中学习和改进的过程。机器学习使得计算机能够在不进行显式编程的情况下执行任务，通过对数据的学习和模式识别来自动完成任务。机器学习可以用于回归预测、分类、聚类、识别等多种任务。在图像与语音识别、自然语言处理、推荐系统、医疗诊断、自动驾驶等多领域有着广泛的应用。机器学习系统能够将从训练数据中学到的知识应用到新的、未曾见过的数据中，从而实现对未知情况的泛化。机器学习系统能够根据环境和任务的变化，自动调整其行为和模型。

机器学习的核心是模型学习，通过让计算机从数据中学习，从而逐步提升其准确性和适应性。模型学习的核心步骤主要包括：

1）数据处理：数据预处理与数据清洗。

2）模型选择：选择合适的模型。

3）模型训练：模型通过输入训练数据，学习数据的特征和模式，不断调整自身参数以提高性能。

4）模型评估：训练完成后，机器学习模型需要通过测试数据来验证其在新数据上的泛化性能。评估指标可以包括准确率、精确度、召回率等，具体取决于任务的性质。

5）预测或推断：训练完成且模型通过测试后，可以用于对新数据进行预测或推断，根据学到的知识执行特定任务。

6）反馈机制：机器学习系统通常会根据任务的反馈来不断调整模型，以提高性能。反馈可以来自于训练数据中的标签、用户的反馈或环境的奖励。

深度学习（Deep Learning）是一种人工智能领域的机器学习方法，是机器学习的一种特定形式。深度学习和机器学习、人工智能的关系如图 1-2 所示。深度学习以人工神经网络为基础，通过多层次的神经网络结构来模拟和学习数据的层次化特征表示。与传统机器学习算法相比，深度学习有着更强的表达与学习能力，可以更好地处理大规模与高维数据。深度学习在图像识别、语音识别、自然语言处理等领域取得了显著的成就，成为人工智能领域的关键技术之一。

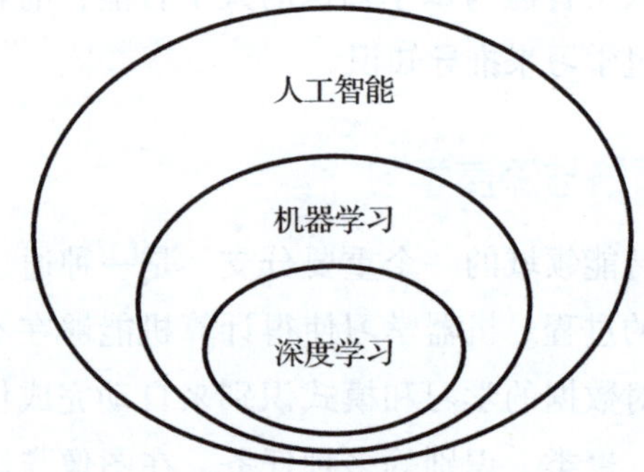

图1-2　深度学习和机器学习、人工智能的关系

深度学习的发展可以追溯到 20 世纪五六十年代，当时提出了神经网络和感知机等基本概念，如图 1-3 所示。但是由于当时计算机算力和数据规模的限制，深度学习的发展一度陷入了停滞。1986 年，鲁梅尔哈特、辛顿、勒丘恩提出了反向传播算法，它允许神经网络通过梯度下降法进行训练[5]。这一算法的出现推动了神经网络的发展，但在当时并未引起广泛关注。Yann LeCun 于 1989 年提出了卷积神经网络[6]（Convolutional Neural Network，CNN），其由一个或多个卷积层和顶端的全连接层（对应经典的神经网络）组成，同时也包括关联权重和池化层，如图 1-4 所示。这一结构使得卷积神经网络能够利用输入数据的二维结构。与其他深度学习结构相比，卷积神经网络在图像和语音识别方面能够给出更好的结果。这一模型也可以使用反向传播算法进行训练。相比较其他深度、前馈神经网络，卷积神经网络需要考量的参数更少，因此成为一种颇具吸引力的深度学习结构。卷积神经网络长期以来是图像识别领域的核心算法之一，也成为后来许多深度学习网络的基础结构[7-9]。

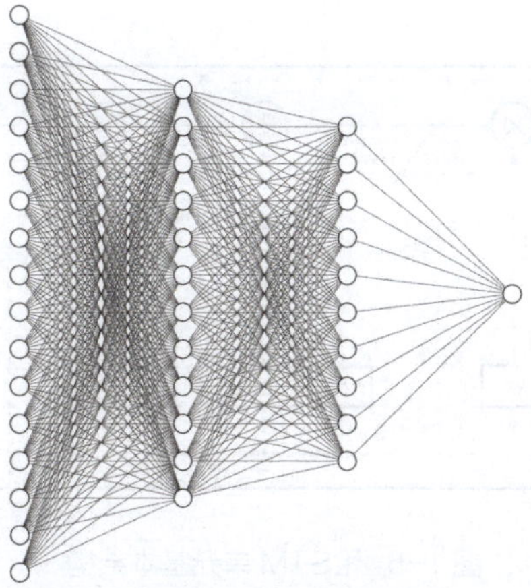

图1-3　多层感知机基本结构

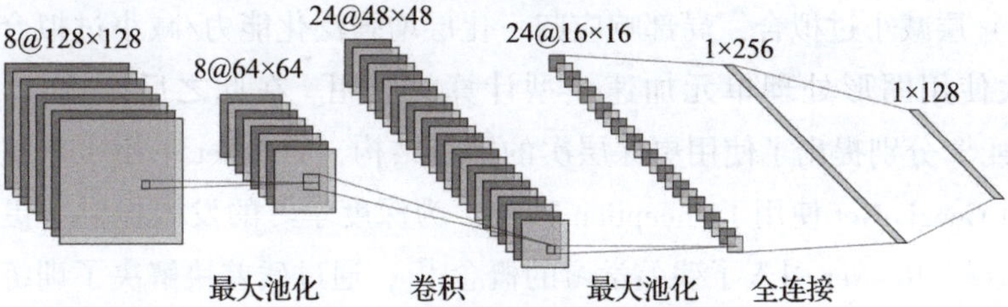

图1-4　卷积神经网络基本结构

1997年，霍克赖特与施米德胡贝在1982年提出的循环神经网络（Recurrent Neural Network，RNN）的基础上提出了长短时记忆神经网络[10]（Long Short-Term Memory，LSTM），用于解决RNN中梯度消失问题。通过引入门控机制，能够更有效地捕捉和传递长期依赖关系，如图1-5所示。LSTM的提出极大地推动了循环神经网络在自然语言处理、时间序列预测[11-12]等领域的应用。

2006年，加拿大多伦多大学的杰弗里·辛顿提出了一种新的深度学习模型，即深度置信网络[13]（Deep Belief Network，DBN），通过引入无监督预训练技术和分层结构的思想，成功地解决了深度神经网络训练难的问题，为深度学习的复兴打下了基础。

2012年，亚历克斯·科里佐夫斯基使用深度卷积神经网络（CNN）在ImageNet大规模视觉识别竞赛中获胜，引起了广泛关注。这个模型被称为AlexNet[14]，标志着深度学习在计算机视觉领域的成功应用。AlexNet首次采用ReLU激活函数，极大增加了收敛速度且从根本上解决了梯度消失问题。由于ReLU方法可以很好抑制梯度消失问题，AlexNet抛弃了“预训练+微调”的方

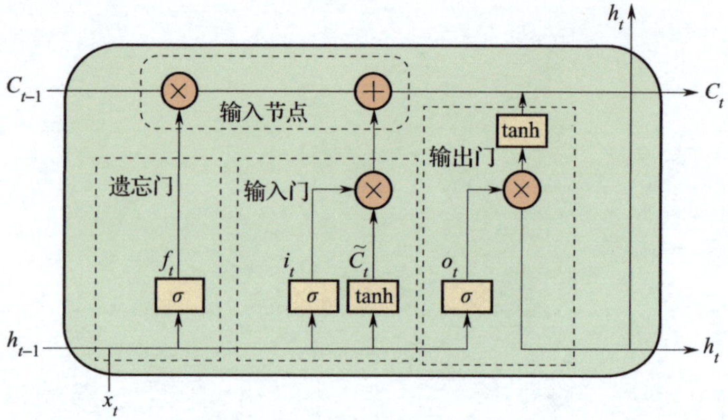

图 1-5　LSTM 单元基本结构

法，完全采用有监督训练。也正因为如此，深度学习的主流学习方法也因此变为了纯粹的有监督学习。此外，其还扩展了 LeNet5 结构，添加随机失活（Dropout）层减小过拟合，局部响应归一化层增强泛化能力/减小过拟合。这也是第一次使用图形处理单元加速模型计算的应用。在此之后，VGGNet[15] 和 GoogLeNet[16] 分别提出了使用更深层次的网络结构，VGGNet 采用了重复的小卷积核，而 GoogLeNet 使用了 Inception 模块，为深度学习的发展提供了更多的网络结构选择。ResNet 引入了残差学习的概念[17]，通过残差块解决了训练深层网络时的梯度消失问题，允许训练更深的神经网络。

2014 年，伊恩 · 古德费勒领导的一个研究团队推出生成对抗网络（Generative Adversarial Networks，GAN）。GAN 使模型能够处理无监督学习，是使用两个神经网络模型训练而成的一种生成模型[18]。生成对抗网络如图 1-6 所示，其中一个称为“生成器”或“生成网络”模型，可学习生成新的可用案例。另一个称为“判别器”或“判别网络”，可学习判别生成的案例与实际案例。GAN 在后续的图像生成、文本生成等领域有着十分重要的应用。

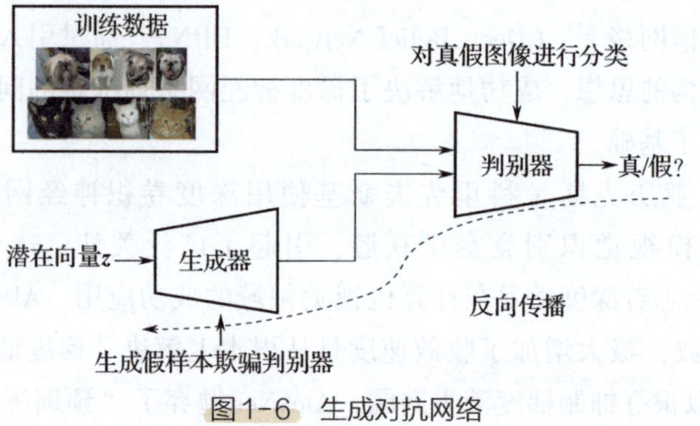

图 1-6　生成对抗网络

2017 年，谷歌的研究团队提出了新的模型——Transformer，是一种采用自注意力机制的深度学习模型[19]，如图 1-7 所示。这一机制可以按输入数据各部分重要性的不同而分配不同的权重。该模型主要用于自然语言处理与计算机视觉领域。与循环神经网络（RNN）一样，Transformer 模型旨在处理自然语言等顺序输入数据，可应用于翻译、文本摘要等任务。而与 RNN 不同的是，Transformer 模型能够一次性处理所有输入数据。注意力机制可以为输入序列中的任意位置提供上下文。如果输入数据是自然语言，则 Transformer 不必像 RNN 一样一次只处理一个单词，这种架构允许更多的并行计算，并以此减少训练时间。Transformer 模型现已逐步取代 LSTM 等 RNN 模型成为自然语言处理（NLP）问题的首选模型。并行化优势允许其在更大的数据集上进行训练。这也促成了 BERT[20]、GPT 等预训练模型的发展。这些系统使用了维基百科、Common Crawl 等大型语料库进行训练，并可以针对特定任务进行微调。

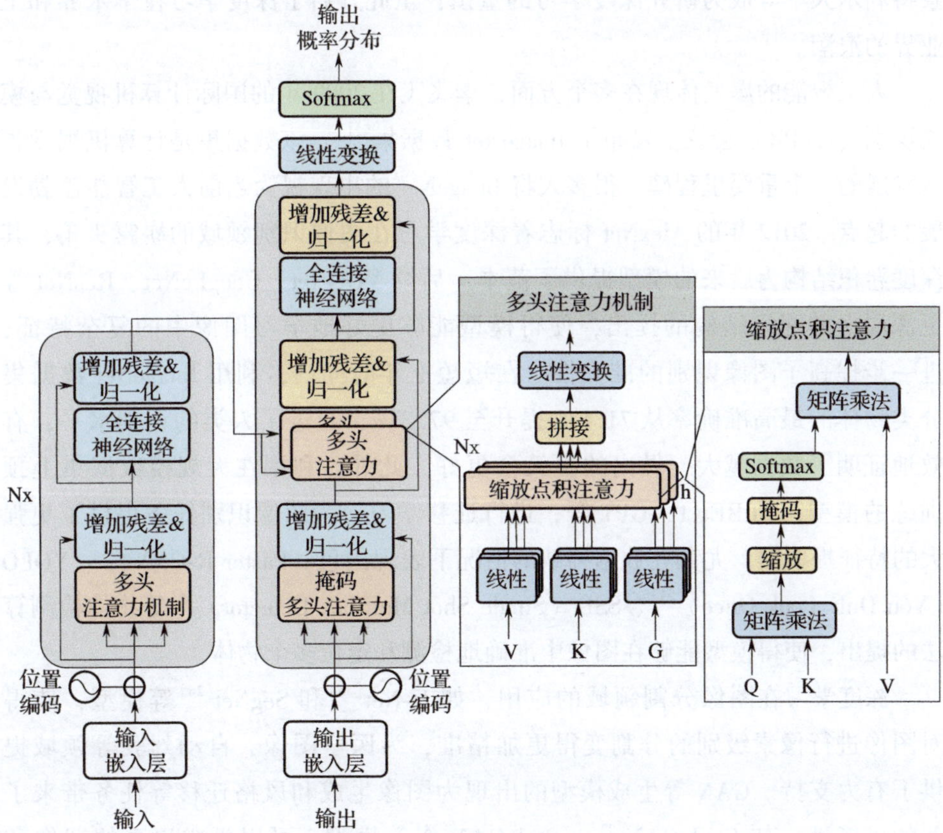

图 1-7 Transformer 基本结构

1.2.4 人工智能的爆发与机遇

人工智能技术在20世纪已经取得了很大的进展，1997年，IBM深蓝计算机战胜了国际象棋世界冠军卡斯帕罗夫，在人工智能的发展史上有很大的象征意义，甚至可以说是一个里程碑。但是，随着研究的深入，当时计算机的算力不足等问题成为制约人工智能继续发展的瓶颈，人工智能陷入了短暂的停顿期。

算法、算力和数据是人工智能的三要素。近年来，人工智能的技术突破，很大程度上得益于大数据以及大规模运算能力的提升，深度学习这项“老”技术焕发了新生，突破了一项又一项感知能力。2006年，杰弗里·辛顿和他的学生在 *Science* 上提出了深层网络训练中梯度消失问题的解决方案：无监督预训练对权值进行初始化+有监督训练微调。美国的斯坦福大学、纽约大学、加拿大蒙特利尔大学等成为研究深度学习的重镇，至此开启了深度学习在学术界和工业界的浪潮。

人工智能的爆发体现在多个方面，李飞飞在2009年的国际计算机视觉与模式识别（CVPR）会议上发布了ImageNet数据集[21]，该数据集是计算机视觉领域发展的一个重要里程碑，很多人将ImageNet的出现视为当前人工智能蓬勃发展的起点。2012年的AlexNet标志着深度学习在图像识别领域的崭露头角，其深度卷积结构为后来的模型提供了范本。后续VGGNet、GoogLeNet、ResNet等更深层次的网络结构的提出，使得模型能够更好地学习图像中的复杂特征，进一步提高了图像识别的准确性。在短短七年时间内，利用ImageNet数据集分类物体的最高准确率从71.8%提升至97.3%，超过了人类的识别水平，有效地证明了数据越大，做出的决策会更好。此外，利用在大规模数据集上预训练的模型，如BERT、GPT等，进行迁移学习，为图像识别任务提供了更强大的特征提取器，尤其在数据稀缺的情况下表现出色。Faster R-CNN[22]、YOLO（You Only Look Once）[23]、SSD（Single Shot Multibox Detector）[24]等物体检测算法的提出，使得模型能够在图像中准确地检测和定位多个物体。

深度学习在图像分割领域的应用，如U-Net[25]和SegNet[26]等模型，使得对图像进行像素级别的分割变得更加精准，为医学图像、自动驾驶等领域提供了有力支持。GAN等生成模型的出现为图像生成和风格迁移等任务带来了新的可能性，如CycleGAN[27]、StyleGAN[28]等模型，可以生成逼真的图像和进行图像的风格转换。深度学习与人工智能技术在图像识别与处理方面的应用已经变得非常广泛，涵盖了从图像分类、物体检测到图像生成等多个领域。这些技术的不断演进为图像处理的自动化、高效性和精确性带来了质的飞跃，推动了计算机视觉技术的发展。

人工智能在人脸识别领域的应用也已经越来越广泛，在火车站、机场、校园等许多领域有着广泛的应用。1993 年，美国国防高级研究计划局（DARPA）和陆军研究实验室建立了人脸识别技术计划 FERET，以开发“自动人脸识别能力”，可以在生产性现实生活环境中使用“以协助安全、情报和执法人员履行职责”。日本电气开发了多模态技术，包括面部、虹膜和语音识别、手指和掌纹识别以及耳声认证，并辅以人工智能和数据分析以增强态势感知并在执法和面向消费者的领域促进有效的实时或事后行动。目前，已将其传统的人脸识别应用范围从执法和安全提供扩展到新领域，在 70 多个国家和地区拥有超过 1000 个活跃系统，涵盖警察、移民管制机构、国民身份证、银行、娱乐、体育场、会议场地系统等。

人工智能技术在智能语音领域取得了显著的进展，广泛应用于语音识别、语音合成、语音情感分析等方面。2011 年，在 iPhone 4S 面世的当天，苹果 Siri 也以智能语音助手的身份初次正式亮相，并成为当时发布会上最大的亮点。Siri 可以支持自然语言输入，并且可以调用系统自带的天气预报、日程安排、搜索资料等应用，还能够不断学习新的声音和语调，提供对话式的应答。Siri 可以令苹果手机（iPad 3 以上平板电脑）变身为一台智能化机器人。随后，Google、亚马逊、微软、百度等公司相继发布了自己的智能语音助手软件。技术方法上，2011 年以来，微软首次将深度学习应用在语音识别上，取得了重大突破。微软研究院和 Google 的语音识别研究人员先后采用深度学习技术降低语音识别错误率 20%～30%，是语音识别领域十多年来最大的突破性进展。

近年来，人工智能进入新的热潮，围绕语音、图像、机器人、自动驾驶的技术大量涌现，也出现了很多里程碑水平的技术。2015 年，Google 提出的深度学习算法，已经在 ImageNet2012 分类数据集中将错误率降低到 4.94%，首次低于人眼识别的错误率（约 5.1%）。2017 年，微软语音和对话研究团队负责人黄学东宣布微软语音识别系统取得重大突破，错误率由之前的 5.9% 降低到 5.1%，可与专业速记员比肩。2017 年，DeepMind 公司发布了当时世界上文本到语音环节最好的生成模型 WaveNet 语音合成系统。由斯坦福大学发起的 SQuAD（Stanford Question Answering Dataset）阅读理解竞赛，截至 2019 年 7 月，使用 BERT 的集成系统暂列第一，其 F1 分值达到 89.474，超越了人类水平。2016 年 3 月，由谷歌旗下 DeepMind 公司开发的 AlphaGo 与围棋世界冠军、职业九段棋手李世石进行围棋人机大战，以 4∶1 的总比分获胜。2017 年 5 月，在中国乌镇围棋峰会上，它与排名世界第一的世界围棋冠军柯洁对战，以 3∶0 的总比分获胜。围棋界公认 AlphaGo 围棋的棋力已经超过人类职业围棋顶尖水平。2018 年，AlphaZero 登上 *Science* 封面：一个算法“通杀”三大棋。在国际象棋中，AlphaZero 训练 4h 就超越了世界冠军程序 Stockfish，在日本将棋中，AlphaZero 训练 2h 就超越了世界冠军程序 Elmo，在围棋中，AlphaZero 训练 30h 就超越了与李世石对战的 AlphaGo。2018 年，DeepMind 发布了 AlphaFold[29]，一个能根据蛋白质序列预测构象的深度学习模型，在当年的 CASP 比赛中，AlphaFold 的得分就已经位列第一。2020 年的比赛中，通过技术升级，其赛后评分达到 92.4 分，可与实验室测定的结果相媲美。AlphaFold2 成功预测 98% 蛋白质结构，预训练大模型迎来大爆发。生命密码就这样被破解了，有了更高效的结构预测手段，人们可以将精力更多地用在理解蛋白质的作用机理上，开发疫苗、治疗癌症、设计出不存在的蛋白质降解污染，人工智能 AlphaFold 让我们离梦想更进一步。

2022 年 11 月 30 日，OpenAI 发布了 ChatGPT[30]，是人工智能技术驱动的自然语言处理工具，它能够基于在预训练阶段所见的模式和统计规律，来生成回答，还能根据聊天的上下文进行互动，真正像人类一样聊天交流，甚至能完成撰写邮件、视频脚本、文案、翻译、代码，写论文等任务，如图 1－8 所示。GPT－4 将有 100 万亿参数，与人类大脑神经元数量相当。

深度学习在人工智能领域的广泛应用展现了巨大的机遇。其处理图像识别、语音识别、自然语言处理等任务的性能大幅度提升，推动了自动驾驶、医疗诊断、智能语音助手等领域的创新。深度学习的成功使得计算机能够更好地理解和处理复杂的信息，为人们提供了更智能、高效的工具和服务。然而，深度学习的快速发展也带来了一些挑战和关注点，如模型的可解释性、数据隐私、公平性等问题。在未来，需要在保证技术创新的同时，加强对伦理和社会影响的关注，以确保深度学习的发展能够更好地服务人类社会，造福广大群众。深度学习的爆炸性发展为构建更加智能、创新和可持续的未来奠定了基础，为人类社会带来了前所未有的机遇。

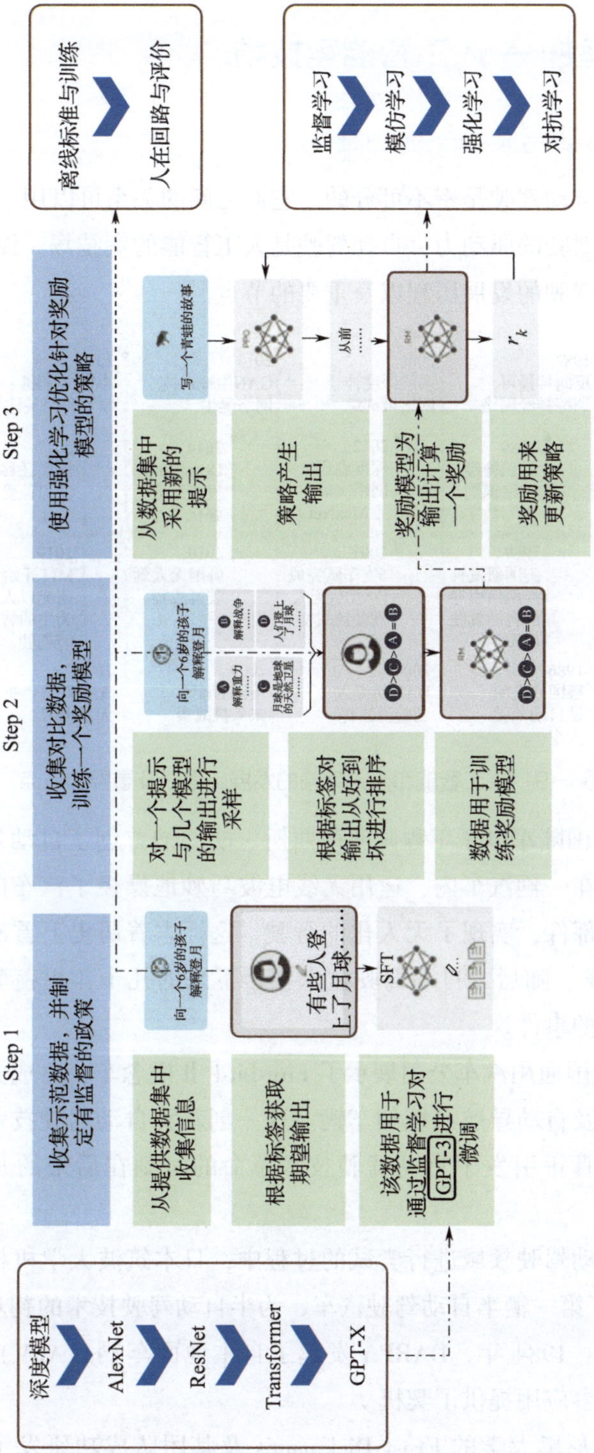

图 1-8　GPT 模型训练过程

1.3 自动驾驶——人工智能竞技场

1.3.1 自动驾驶的发展历程

人工智能和自动驾驶是密不可分的。它们之间的关系可以用一句话来概括，人工智能是自动驾驶的驱动力，自动驾驶是人工智能的竞技场。图 1－9 所示为人工智能和无人驾驶的发展历程以及重要的节点。

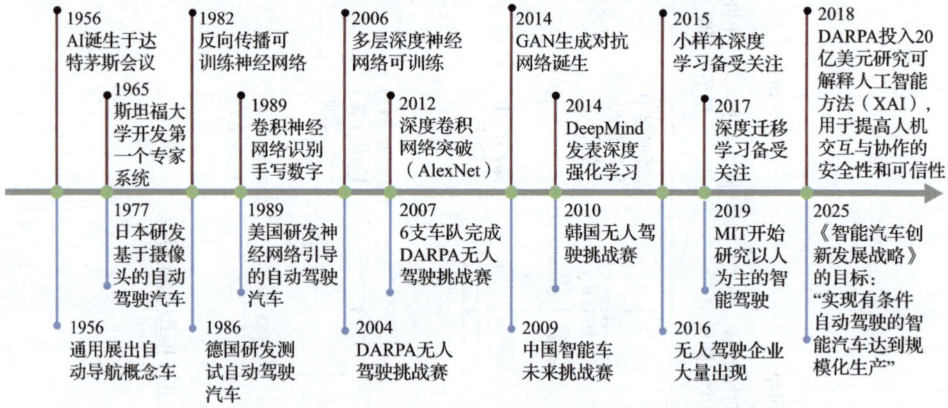

图1-9 人工智能和无人驾驶的发展历程以及重要的节点

1925 年，美国陆军电子工程师弗朗西斯·胡迪纳首创了自动驾驶技术的先河。当时，他坐在一辆汽车内，运用无线电波巧妙地操控了汽车的方向盘、离合器、制动器等部件，实现了无人化的行驶。这标志着历史上首次诞生了一辆“无人驾驶”汽车。随后，自动驾驶技术在接下来的几十年里蓬勃发展，经历了多个里程碑式的事件。

1956 年，美国通用汽车公司展示了 Fire-bird Ⅱ概念车，它成为世界上第一辆集成汽车安全及自动导航系统的车辆。这一创新为自动驾驶技术的发展奠定了基础。然而，真正引发了自动驾驶技术革命的时刻在后来的几十年里逐渐浮现。

在各国对自动驾驶领域进行尝试的过程中，日本筑波大学机械工程实验室于 1977 年建造了第一辆半自动驾驶汽车，为半自动驾驶技术的初步探索提供了宝贵经验。此后，1984 年，DARPA 发起了自主地面车辆（ALV）计划，为自动驾驶技术的军事应用提供了契机。

1986 年，慕尼黑大学的 Ernst Dickmanns 及其团队成功研发了自动驾驶汽车，并将其应用于戴姆勒奔驰，实现了从慕尼黑行驶到哥本哈根的壮举，全程大约 1600km。这标志着自动驾驶技术在实际应用中取得了显著的突破。

进入 21 世纪，DARPA 在 2005 年推出了沙漠挑战赛，这是无人驾驶领域的一场重大比赛。在这项挑战中，斯坦福大学团队的 Stanley 赛车首次完成比赛，赢得了冠军。此后，2007 年的城市挑战赛也见证了多支队伍的成功参与，其中卡内基梅隆大学的 Boss 汽车夺得了冠军。

我国也在自动驾驶领域迅速崛起。2003 年 6 月，中国第一汽车集团公司与国防科学技术大学合作成功研制了红旗 CA7460 自动驾驶轿车，这标志着我国迈入了自动驾驶汽车的时代。2008 年，国家自然科学基金委员会发起了“视听觉信息的认知计算”重大专项，随后启动了中国智能车未来挑战赛，使我国在无人驾驶领域的研究迈入了实车验证的新阶段。

2009 年，Google 推出了自动驾驶汽车计划 Waymo，成为该领域的先驱之一。Waymo 于 2016 年成为 Alphabet 公司旗下的子公司，致力于研发自动驾驶汽车。这一举措标志着科技巨头在自动驾驶技术的投入和研发中发挥着举足轻重的作用。

这段历史的承续见证了自动驾驶技术的发展脉络。从无线电波操控的汽车到城市挑战赛的胜利者，再到我国的红旗 CA7460 和 Google 的 Waymo 计划，这一历程反映了人类对于自动驾驶技术不断追求的过程。随着科技不断创新，自动驾驶技术将继续推动汽车工业的进步，为未来智能交通注入更多可能性。

1.3.2　自动驾驶中的 AI 技术

在感知领域，深度学习得到了成功应用，助力了自动驾驶的发展。首先，端到端学习的激光点云物体检测可以识别和定位激光点云中的物体。具体来说，它通过处理激光点云数据，提取物体特征，并使用深度学习或其他机器学习算法进行训练和优化，以实现准确的物体检测。另外，该领域还出现了立体匹配网络的多传感器感知融合，其主要目标是提高对环境的感知和理解能力。通过融合来自多个传感器的数据，可以获得更全面、准确的环境信息，从而更好地理解和解释环境。最后，视觉感知方面，卷积编码 - 解码模型可以用于图像或视频的分类、目标检测、人脸识别等任务，如图 1 - 10 所示。通过对图像或视频进行编码和解码，模型可以学习到图像或视频中的特征和模式，并利用这些特征和模式进行分类或检测目标。一些卷积编码 - 解码模型还可以学习到图像或视频中的上下文信息，从而更好地理解视觉场景。

在定位领域，深度学习算法在SLAM技术发挥重要作用，使智能汽车得以精准定位。此处列举两个典型例子，第一个例子是无监督深度学习的单目视觉里程计，主要完成视觉里程计和深度估计两个任务。具体来说，无监督深度学习的单目视觉里程计利用空间和时间的几何约束，用非监督的方式实现了真实尺度的单目视觉里程计。不仅估计了摄像头位姿，还在训练过程中从立体像对得到了真实尺度的深度图。第二个例子是深度卷积神经网络的匹配定位，主要解决了图像识别与定位的问题。

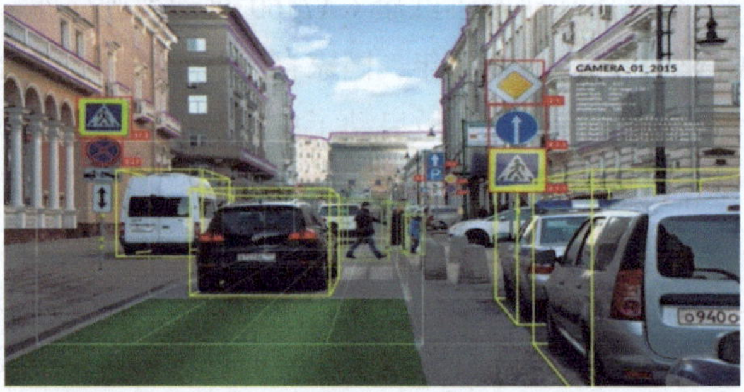

图1-10　卷积编码-解码模型的视觉感知[31]

在决策领域，新型可信、可解释、可推理的AI技术将赋能智能决策。例如，在遇到紧急制动的情况下，深度强化学习算法能够自动识别最佳的制动强度和时间点，以实现最短的制动距离和最大的安全性能。同样，在环形路口，车辆需要遵循特定的交通规则，如遵守交通信号灯、让行等。深度学习可以通过训练模型来学习这些规则，并应用于实际的驾驶决策中，如图1-11所示。

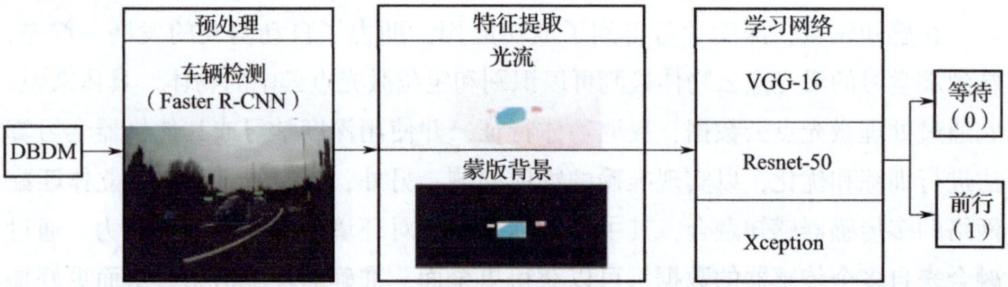

图1-11　深度学习的环形路口决策[32]

在规划控制领域，数据机理混合算法提供解决自动驾驶规控问题的新思路。下面列举三个例子，其一，无模型学习的自动驾驶控制利用大量的数据来训练模型，并通过模型学习驾驶行为的决策和控制策略。这种方法的优点是无须建立精确的模型描述，而是直接从数据中学习控制策略。其二，深度强化学习的路径跟踪控制器采用深度强化学习算法，通过训练模型学习在不同环境和动态条件下的最优控制策略。具体而言，路径跟踪控制器接收当前智能体的状态信息（如位置、速度等）以及预定路径的信息（如路径点坐标、航向角等），然后输出控制指令，调整智能体的运动状态，使其能够准确地跟踪预定路径。其三，模仿学习自动驾驶车辆视觉轨迹规划算法从大量的实际驾驶数据中学习到人类驾驶员在各种情况下的驾驶行为，包括车辆的加速度、转向角等。然后，这些学习到的驾驶行为可以用于自动驾驶车辆的轨迹规划，如图 1－12 所示。

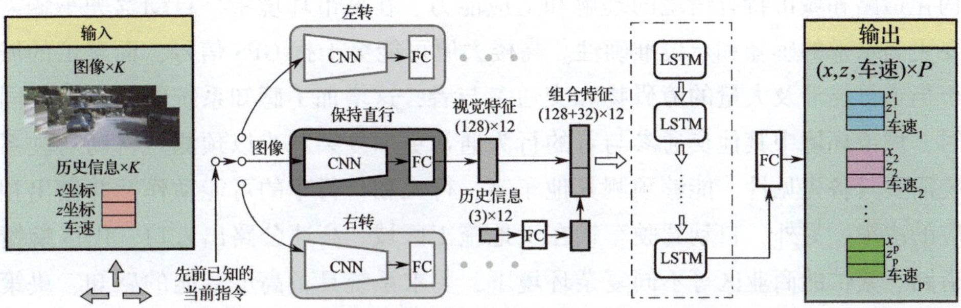

图 1－12　模仿学习自动驾驶车辆视觉轨迹规划算法[33]

在端到端学习算法领域，发挥人工智能算法学习潜能，聚焦实现完全自动驾驶的技术突破。例如，卷积神经网络（CNN）是一种端到端的深度学习算法，主要用于处理图像或视频等二维数据。在端到端的学习中，CNN 的输入是原始的图像或视频数据，输出是经过处理后的特征图或分类结果。整个学习过程由一个模型完成，无须进行分治策略或人为设计子问题。与 CNN 不同，直接感知信息学习启发的自动驾驶主要利用传感器直接获取环境信息，并通过深度学习算法进行感知和理解，从而进行决策和控制。具体来说，这种自动驾驶系统利用多种传感器（如雷达、激光雷达、摄像头等）获取车辆周围环境的详细信息，包括障碍物、道路标志、交通信号等。然后，通过深度学习算法对这些数据进行处理和分析，提取出有用的特征和模式，以识别和理解车辆周围的环境。

在测试评价领域，应用 AI 技术，可实现难穷举的复杂交通场景自动重构、自动和加速测试。结合深度学习和机器视觉，可以创建真实的交通环境模拟。同时，多种测试工具可以协同工作，以提供更全面、更准确的测试结果。

1.3.3　自动驾驶对人工智能的挑战

（1）驾驶复杂性方面的挑战

自动驾驶技术在面对驾驶复杂性时面临一系列挑战，这包括应对复杂的驾驶环境、处理异常情况以及完成复杂的驾驶任务。

对于交通环岛和无信号灯交叉口，自动驾驶系统需要能够理解并适应各种交叉口和道路设计，包括交通环岛和没有信号灯的交叉口。这些场景通常涉及多车道、不同速度的车辆以及复杂的转弯和并线情况。自动驾驶系统必须具备高度的感知和规划能力，以确保安全、高效地通过这些环境。车辆在感知能力以及规划能力上对人工智能提出了挑战。城市环境中的驾驶复杂性更高，包括狭窄的街道、复杂的交通流、停车挑战等。自动驾驶系统需要具备对这些非结构化道路和城市特有情境的理解和适应能力。在城市环境中，自动驾驶车辆需要更高水平的感知和定位准确性。高楼大厦可能会干扰 GPS 信号，而繁忙的城市街道可能涉及大量的障碍物和交通参与者，这增加了感知系统的复杂性。同时，城市环境中其他交通参与者的行为通常更加复杂和难以预测。自动驾驶系统需要具备先见性，能够预测其他车辆、行人和自行车的可能动作，并做出相应的决策。另外，自动驾驶车辆在工地施工区域、高速公路出入口、山区蜿蜒道路、繁忙的商业区等不同复杂环境下，要求系统具备高度智能的感知、决策和执行能力，以确保安全、高效和顺畅的驾驶体验。

在结构稳定但动态不稳定的情况下，例如大风、雪堆积等极端天气条件以及不规则路面，自动驾驶系统需要能够应对这些变化，并确保车辆在不同条件下保持平衡和稳定。首先，恶劣天气和路况条件下的传感器鲁棒性可能受到影响，例如摄像头被雪覆盖或雷达受到雨水干扰，自动驾驶系统必须具备鲁棒的传感器融合技术，以确保在各种条件下获得准确的环境感知信息。其次，在动态不稳定的条件下，如强风或积雪，车辆可能需要迅速做出反应，例如调整车速或转向。自动驾驶系统的控制算法必须能够及时、准确地做出这些调整，以确保车辆的安全性和稳定性。

总体而言，自动驾驶在面对复杂驾驶环境和任务困难时需要克服许多挑战，涉及感知、规划、决策等多个方面的技术难题。

(2) 驾驶拟人性方面的挑战

自动驾驶在驾驶拟人性方面面临着一系列挑战，涉及系统对人类驾驶员的理解、人车互动以及模拟人类驾驶风格等方面的技术问题。解决这些挑战需要综合运用人工智能中计算机视觉、自然语言处理、机器学习等多个领域的先进技术。

在人类驾驶员行为建模方面，理解人类驾驶员的意图至关重要。这包括对驾驶员可能的行为和决策进行准确的预测，以便自动驾驶系统可以适应并与人类驾驶员协同工作。由于人类驾驶行为的多样性，不同驾驶员可能在相同的情境下做出不同的决策，需要系统能够有效地捕捉这种多样性。另外，人类驾驶员的决策和行为受到情感和心理因素的影响。自动驾驶系统需要能够感知和理解驾驶员的情绪状态，以便更好地与驾驶员互动并提供相应的支持。这包括处理焦虑、疲劳、兴奋等情感，以确保驾驶体验更加舒适和安全。

在人车交互方面，为了提高用户接受度，自动驾驶系统需要建立一种自然而直观的人车交互方式。这包括语音命令、手势识别、面部表情分析等技术，以便驾驶员可以轻松而自然地与车辆进行交流。确保交互方式符合人类习惯，减轻对驾驶员的认知负担是一个重要的挑战。同时，不同的驾驶员有不同的交互偏好和习惯，因此自动驾驶系统需要具备适应性和个性化的能力。这可能涉及对驾驶员的学习，以逐渐了解其偏好，并在交互中体现个性化的服务。

自动驾驶系统需要能够模拟真实的驾驶风格，包括加速、制动、转弯等操作。模拟真实驾驶风格对于提供更加舒适、自然的驾驶体验至关重要。挑战在于如何通过算法和学习技术准确地捕捉到不同驾驶员的个体差异和风格。同时，在实现全面自动驾驶之前，人机协同驾驶是连接自动驾驶系统与驾驶员之间的重要研究方向。系统需要根据当前道路状况、交通情况和驾驶员的需求，进行合理的决策和操作。确保平滑的人机协同，防止过于主动或过于被动的驾驶模式是一个技术难题。

（3）驾驶可信性方面的挑战

自动驾驶在驾驶可信性方面面临多重挑战，其中包括深度学习模型的可解释性、系统的可靠性和稳定性、对抗性攻击的防御。

深度学习模型通常被认为是黑盒模型，即难以解释其内部决策过程。这使得自动驾驶系统的决策对驾驶员和监管机构来说难以理解，从而降低了系统的可信度。在关键场景中，如紧急情况或事故发生时，驾驶员和相关方往往希望能够理解系统的决策过程。因此，为了提高自动驾驶系统的可信性，有必要研究和开发更可解释的深度学习模型。这包括使用可解释的网络结构、设计透明的算法以及提供决策解释的方法，使驾驶员和监管机构能够更好地理解系统的工作原理和决策逻辑。

自动驾驶系统需要在各种复杂的驾驶环境中工作，包括城市道路、高速公路、交叉口等。应对这些复杂场景的变化和挑战，确保系统在不同条件下的可靠性和稳定性是一个重要的挑战。同时，自动驾驶系统依赖于多种传感器来感知周围环境，包括雷达、摄像头、激光雷达等。传感器故障或硬件问题可能导致系统性能下降，影响驾驶的可靠性。开发强大的自动驾驶硬件和传感器冗余系统是确保系统可靠性的一项挑战。

自动驾驶系统可能面临对抗性攻击，其中恶意行为者试图通过操纵传感器输入来欺骗系统，引导其做出错误的决策。对抗性攻击可能以各种方式发生，例如伪造交通标志、干扰雷达信号等。确保系统能够有效抵御这些攻击是保障系统可信性的重要方面。因此，开发强大的安全性和防护机制，以及对抗性攻击检测和响应系统，是确保自动驾驶系统在面对外部威胁时保持可信性的关键。这可能涉及加密技术、安全通信协议以及对传感器数据的强化检测和过滤。

通过研发可解释性更好的深度学习模型、加强系统的稳定性和安全性、设计有效的人机交互界面，并通过公开透明的沟通和教育提高用户对系统的理解能力，可以有效应对这些挑战，提高自动驾驶系统的可信性。

(4) 驾驶安全性方面的挑战

自动驾驶技术在驾驶安全性方面面临着一系列挑战，其中包括网络攻击对车载系统和自动驾驶功能的威胁、系统的安全性设计、应对紧急情况的策略等问题。确保系统的稳定性、抵御恶意攻击、有效处理紧急情况，并保障数据隐私是推动自动驾驶技术安全性的关键。

自动驾驶车辆通常依赖于车载系统中的网络连接，以接收实时的地图数据、交通信息等。网络攻击者可能尝试通过远程入侵，篡改或中断这些数据传输，从而干扰车辆的正常运行。这种情况下，车辆可能受到误导，做出不安全的决策。恶意软件可能通过网络入侵到车载系统，导致系统失灵或执行未经授权的操作。这种攻击可能影响驾驶员的控制权，或者干扰自动驾驶系统的正常功能，引发潜在的安全风险。

恶意攻击者可能试图通过操纵自动驾驶功能引发交通事故，例如改变车辆行为、制造虚假的障碍物或误导车辆的感知系统。这种攻击可能导致严重的后果，包括人员伤亡和财产损失。攻击者可能试图通过篡改传感器数据，如摄像头或激光雷达的输入，来误导自动驾驶系统。这种攻击可能使系统产生错误的感知结果，导致错误的决策和行为，从而危及驾驶安全。

自动驾驶系统的软硬件组件存在潜在的安全漏洞，可能被攻击者利用。这可能包括操作系统、传感器、控制单元等组件的漏洞。确保系统的每个层面都经过充分的安全审查和测试，以最小化潜在攻击面，是确保自动驾驶系统安全性的重要一环。自动驾驶系统需要符合一系列安全认证和标准，以确保其设计和实施满足高标准的安全性要求。行业需要共同制定、遵循并不断更新这些标准，以适应不断演变的威胁环境。

(5) 驾驶智能性方面的挑战

自动驾驶技术在驾驶智能性方面面临着多方面的挑战，其中包括通过图灵测试衡量智能性、构建全面的测试场景库以评估系统性能以及提高系统的自主学习能力和适应性等问题。解决这些挑战需要综合运用计算机视觉、自然语言处理、机器学习等多个领域的先进技术。

图灵测试被广泛用于评估机器是否具备人类等价的智能。在自动驾驶领域，面临的挑战是如何设计和应用面向驾驶场景的图灵测试，以测量自动驾驶系统是否能够表现出与人类驾驶员相当的智能。这包括处理复杂交通状况、紧急情况和人车互动等情境。因此，系统需要具备推理能力，能够在不同情境下做出合理的决策，以确保安全、高效和适应性的驾驶。

构建全面的自动驾驶测试场景库涉及考虑驾驶场景多样性，以确保系统在各种情况下都能够安全而有效地运行。然而，驾驶环境是动态和不确定的，涉及其他车辆、行人、道路施工、天气条件等因素的变化。测试场景库需要能够模拟这些动态和不确定性，以评估系统在真实世界中的鲁棒性和适应性。

自动驾驶系统需要具备持久性学习的能力，能够从实际驾驶经验中不断改进和优化自身的性能。这要求系统能够在时间的推移中适应新的驾驶场景、新的道路规则和其他变化。因此，自主学习和适应性还需要系统具备高度的环境感知和理解能力。系统需要能够准确地感知周围环境、理解不同道路用户的行为，并根据学到的知识做出智能决策。

参考文献

[1] LI Y, IBANEZ G J. Lidar for autonomous driving: The principles, challenges, and trends for automotive lidar and perception systems[J]. IEEE Signal Processing Magazine, 2020, 37(4): 50－61.

[2] HUANG X, WANG P, CHENG X, et al. The apolloscape open dataset for autonomous driving and its application[J]. IEEE Transactions on Pattern Analysis and Machine Intelligence, 2019, 42(10): 2702－2719.

[3] PADEN B, ČÁP M, YONG S Z, et al. A survey of motion planning and control techniques for self-driving urban vehicles[J]. IEEE Transactions on Intelligent Vehicles, 2016, 1(1): 33－55.

[4] ZHA Y, DENG J, QIU Y, et al. A survey of intelligent driving vehicle trajectory tracking based on vehicle dynamics[J]. SAE International Journal of Vehicle Dynamics, Stability, and NVH, 2023, 7(2):221－248.

[5] RUMELHART E, HINTON G, WILLIAMS R. Learning representations by back-propagating errors[J]. Nature, 1986, 323(6088): 533－536.

[6] LECUN Y, BOSER B, DENKER J, et al. Backpropagation applied to handwritten zip code recognition[J]. Neural Computation, 1989, 1(4): 541－551.

[7] GAO H, CHENG B, WANG J, et al. Object classification using CNN-based fusion of vision and LIDAR in autonomous vehicle environment[J]. IEEE Transactions on Industrial Informatics, 2018, 14(9): 4224－4231.

[8] DAI X, YUAN X, PEI L, et al. Deeply supervised z-style residual network devotes to real-time environment perception for autonomous driving[J]. IEEE Transactions on Intelligent Transportation Systems, 2020, 21(6): 2396-2408.

[9] YANG S, WANG W, LIU C, et al. Scene understanding in deep learning-based end-to-end controllers for autonomous vehicles[J]. IEEE Transactions on Systems, Man, and Cybernetics: Systems, 2019, 49(1): 53-63.

[10] HOCHREITER S, SCHMIDHUBER J. Long short-term memory[J]. Neural Computation, 1997, 9(8): 1735-1780.

[11] BANDARA K, BERGMEIR C, HEWAMALAGE H. LSTM-MSNet: Leveraging forecasts on sets of related time series with multiple seasonal patterns[J]. IEEE Transactions on Neural Networks and Learning Systems, 2021, 32(4): 1586-1599.

[12] MA C, DAI G, ZHOU J. Short-term traffic flow prediction for urban road sections based on time series analysis and LSTM_BILSTM method[J]. IEEE Transactions on Intelligent Transportation Systems, 2022, 23(6): 5615-5624.

[13] HINTON G, SALAKHUTDINOV A. Reducing the dimensionality of data with neural networks[J]. Science, 2006, 313(5786): 504-507.

[14] KRIZHEVSKY A, SUTSKEVER I, HINTON G E. Imagenet classification with deep convolutional neural networks[C]// Advances in Neural Information Processing Systems(NIPS). New York: ACM, 2012. DOI:10.1145/3065386.

[15] SIMONYAN K, ZISSERMAN A. Very deep convolutional networks for large-scale image recognition[J]. Computer Science, 2014. DOI:10.48550/arXiv.1409.1556.

[16] SZEGEDY C, et al. Inception-v4, inception-resnet and the impact of residual connections on learning[C]// Proceedings of the AAAI conference on artificial intelligence(AAAI), 2017.

[17] HE K, et al. Deep residual learning for image recognition[C]// 2016 IEEE Conference on Computer Vision and Pattern Recognition. New York: IEEE, 2016, 770-778.

[18] GOODFELLOW I, et al. Generative adversarial nets[C]//Advances in Neural Information Processing Systems(NIPS). New York: ACM, 2014: 2672-2680.

[19] VASWANI A, et al. Attention is all you need[C]// Advances in Neural Information Processing Systems(NIPS). New York: ACM, 2017. https://arxiv.org/abs/1706.03762.

[20] DEVLIN J, et al. Bert: Pre-training of deep bidirectional transformers for language understanding[C]//Proceedings of the NAACL 2019. Minneapolis: [s. n.], 2019.

[21] DENG J, DONG W, SOCHER R, et al. ImageNet: A large-scale hierarchical image database[C]// 2009 IEEE Conference on Computer Vision and Pattern Recognition. New York: IEEE, 2009, 248-255.

[22] REN S, HE K, GIRSHICK R, et al. Faster R-CNN: Towards real-time object detection with region proposal networks[J]. IEEE Transactions on Pattern Analysis and Machine Intelligence, 2017, 39(6): 1137-1149.

[23] REDMON J, DIVVALA S, GIRSHICK R, et al. You only look once: Unified, real-time object detection[C]// 2016 IEEE Conference on Computer Vision and Pattern Recognition (CVPR). New York: IEEE, 2016: 779-788.

[24] LIU W, et al. SSD: Single shot multibox detector[J]. European Conference on Computer Vision, 2016. DOI:10.1007/978-3-319-46448-0-2.

[25] OLAF R, FISCHER P, BROX T. U-net: Convolutional networks for biomedical image segmentation[C]//18th International Conference on Medical Image Computing and Computer-Assisted Intervention. Berlin: Springer, 2015: 234-241.

[26] BADRINARAYANAN V, KENDALL A, CIPOLLA R. SegNet: A deep convolutional encoder-decoder architecture for image segmentation [J]. IEEE Transactions on Pattern Analysis and Machine Intelligence, 2017, 39(12): 2481 - 2495.

[27] ZHU J, et al. Unpaired image-to-image translation using cycle-consistent adversarial networks[C]// Proceedings of the IEEE International Conference on Computer Vision (ICCV). New York: IEEE, 2017: 2223 - 2232.

[28] KARRAS T, SAMULI L, TIMO A. A style-based generator architecture for generative adversarial networks[C]// 2019 IEEE/CVF Conference on Computer Vision and Pattern Recognition (CVPR). New York: IEEE, 2019: 4396 - 4405.

[29] JUMPER J, EVANS R, PRITZEL A. et al. Highly accurate protein structure prediction with AlphaFold[J]. Nature, 2021, 596: 583 - 589.

[30] BROWN, T, et al. Language models are few-shot learners[J]. Advances in Neural Information Processing Systems(NIPS), 2020, 33: 1877 - 1901.

[31] BADRINARAYANAN V, KENDALL A, CIPOLLA R. Segnet: A deep convolutional encoder-decoder architecture for image segmentation [J]. IEEE Transactions on Pattern Analysis and Machine Intelligence, 2017, 39(12): 2481 - 2495.

[32] WANG W, JIANG L, LIN S, et al. Deep learning-based decision making for autonomous vehicle at roundabout[C]//Towards Autonomous Robotic Systems. Berlin: Springer International Publishing, 2020: 134 - 137.

[33] CAI P, SUN Y, CHEN Y, et al. Vision-based trajectory planning via imitation learning for autonomous vehicles[C]//2019 IEEE Intelligent Transportation Systems Conference (ITSC). New York: IEEE, 2019: 2736 - 2742.

自动驾驶中的人工智能

第 2 章
人工智能与优化控制

2.1 基于学习的优化控制

优化控制理论是一门成熟的数学学科，其原理是通过优化使用者定义的成本函数来找到动态系统的最优控制策略，这些函数可以表示期望的设计目标。解决这类问题的两个主要原理是庞特里亚金极大值原理（PMP）和动态规划原理（DP）。

一方面，PMP 为最优性提供了必要条件。另一方面，DP 通过求解一个偏微分方程，即 Hamilton-Jacobi-Bellman（HJB）方程，提供了最优性的充分条件。经典的最优控制解决方案是离线的，需要完整的系统动力学知识。因此，它们无法应对动态中的不确定性和变化。

机器学习一般可分为监督学习、无监督学习和强化学习，具体采用何种方法取决于系统反馈信息的数量和质量。在监督学习中，提供给学习算法的反馈信息是一个带有标签的训练数据集，目标是建立能够表示输入、输出和系统参数之间关系的系统模型。在无监督学习中，系统不向算法提供反馈信息，其目标是根据输入样本之间的相似性将样本集分类到不同的组。最后，强化学习（RL）是一种目标导向的学习工具，其中代理或决策者通过与环境互动来学习策略，以优化长期奖励。在每个时间步长，强化学习代理都会获得有关其行动性能的评估反馈，使其能够改善随后行动的性能。强化学习这一术语涵盖了在心理学、计算机科学、经济学等所有领域所做的所有工作，其在控制领域有一个更现代的表述，被称为近似动态规划（ADP）。

在控制工程的背景下，RL 和 ADP 填补了传统最优控制和自适应控制算法之间的差距。其目标是学习潜在不确定物理系统的最优策略和值函数。与传统最优控制不同，RL 实时在线找到 HJB 方程的解。与通常设计为次优的传统自适应控制器不同，RL 算法是最优的。这促使控制系统研究人员通过开发基于 RL 的控制器，以最优方式实现自适应控制。

2.1.1 概述

强化学习起源于计算机科学，并自文献［1－2］的开创性工作以来，引起了越来越多的关注。在控制领域对强化学习的兴趣可以追溯到文献［3－5］的研究。由于考虑了完全未知的环境，Watkins 的 Q-learning 算法[6]也产生了一定影响。在文献［7］中首次将强化学习算法扩展到连续时间（Continuous Time，CT）和连续状态系统。文献［7］的工作利用系统模型的知识来学习最优控制策略。文献［8－10］的工作在控制理论框架下为连续时间系统制定和发展了这些思想。使用近似动态规划来控制切换和混合系统在文献［11－15］中得到考虑。

强化学习算法通常有两个基本任务，一个是策略评估，另一个是策略改进。策略评估负责计算与当前策略相关的成本或者价值函数，策略改进负责根据评估获得的价值函数，对当前策略进行更新。用于执行上述步骤的两个主要强化学习算法分别称为策略迭代（Policy Iteration，PI）[16]和值迭代（Value Iteration，VI）。PI 和 VI 算法通过迭代执行策略评估和策略改进，直至找到最优解。PI 方法从一个可接受的控制策略[17－18]开始，并解决一系列贝尔曼方程以找到最优控制策略。与 PI 方法不同，VI 方法不需要初始的稳定控制策略。虽然大多数基于强化学习的控制算法是 PI，但也有一些 VI 算法用于学习最优控制解决方案。

控制领域中的强化学习算法主要用于解决：①单智能体系统的最优调节和最优跟踪[19]；②多智能体系统的最优协调[20]。最优调节问题的目标是设计一个最优控制器，使系统的状态或输出收敛于零或接近于零，而最优跟踪控制问题的目标是使系统的状态或输出跟踪期望的参考轨迹。多智能体系统最优协调的目标是设计基于智能体局部可用信息的分布式控制协议，使智能体达到一定的团队目标。

最后，用于解决最优控制问题的强化学习算法被分为两类学习控制方法，即在线策略和离线策略方法[21]。在线策略方法直接评估或改进用于决策的策略。在离线策略方法中，这两个函数是分开的。用于生成数据的策略称为行为策略，实际上可能与用于评估和改进的策略（称为目标策略）无关。目标策略的学习过程是在线的，但在这一步中使用的数据可以通过将行为策略应用于系统动态来离线获取。离线策略方法在数据效率和速度上更为高效，因为从执行行为策略获得的一系列经验被重复使用以更新与不同目标策略相对应的多个值函数。此外，离线策略算法考虑了用于探索所需的探测噪声的影响。图 2－1 所示为在线策略和离线策略强化学习示意图。

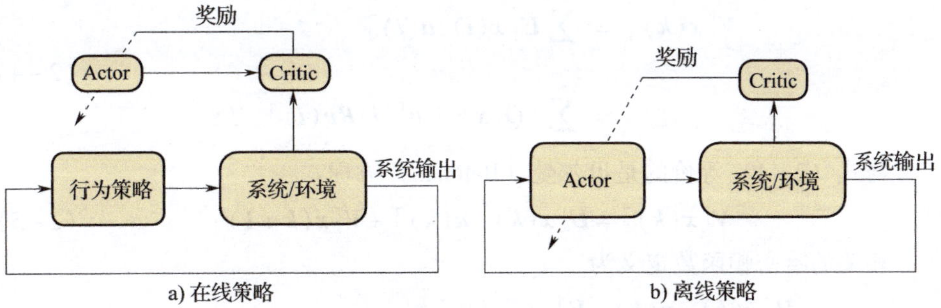

图 2-1　在线策略和离线策略强化学习示意图

在下一节中，本书将详细介绍机器学习在优化控制中的应用，主要包括离散时间（Discrete-Time，DT）动力系统和连续时间（CT）动力系统的最优控制问题以及使用强化学习算法在线解决这些问题的方法。

2.1.2　机器学习在优化控制中的应用

1. DT 系统的最优控制及在线求解

考虑给定的非线性定常系统为

$$\boldsymbol{x}(\boldsymbol{k}+\mathbf{1})=\boldsymbol{f}[\boldsymbol{x}(\boldsymbol{k})]+\boldsymbol{g}[\boldsymbol{x}(\boldsymbol{k})]\boldsymbol{u}(\boldsymbol{k})$$
$$\boldsymbol{y}(\boldsymbol{k})=\boldsymbol{l}[\boldsymbol{x}(\boldsymbol{k})] \tag{2-1}$$

式中，$\boldsymbol{x}(\boldsymbol{k})$、$\boldsymbol{u}(\boldsymbol{k})$、$\boldsymbol{y}(\boldsymbol{k})$分别为系统的状态、控制输入和系统的输出，$\boldsymbol{x}(\boldsymbol{k})\in R^n$，$\boldsymbol{u}(\boldsymbol{k})\in R^m$，$\boldsymbol{y}(\boldsymbol{k})\in R^p$；$\boldsymbol{f}[\boldsymbol{x}(\boldsymbol{k})]\in R^n$ 为漂移动力学方程；$\boldsymbol{g}[\boldsymbol{x}(\boldsymbol{k})]\in R^{n\times m}$为输入动力学方程；$\boldsymbol{l}[\boldsymbol{x}(\boldsymbol{k})]\in R^p$ 为输出动力学方程。假设$\boldsymbol{f}(\mathbf{0})=0$ 和$\boldsymbol{f}[\boldsymbol{x}(\boldsymbol{k})]+\boldsymbol{g}[\boldsymbol{x}(\boldsymbol{k})]\boldsymbol{u}(\boldsymbol{k})$具有局部利普希茨性质，并且系统是可稳定的。这个假设确保了系统［式（2-1）］的解$\boldsymbol{x}(\boldsymbol{t})$在任何有限初始条件下的唯一性。

（1）最优调节问题

最优调节的目标是设计一个最优控制输入，以在式（2-1）中稳定系统，同时最小化给定的成本函数。这种通常与能量相关的成本函数可以被定义为

$$J=\sum_{i=0}^{\infty}U[\boldsymbol{x}(\boldsymbol{i}),\boldsymbol{u}(\boldsymbol{i})]\equiv\sum_{i=0}^{\infty}[\boldsymbol{Q}(\boldsymbol{x})+\boldsymbol{u}^{\mathrm{T}}(\boldsymbol{i})\boldsymbol{R}\boldsymbol{u}(\boldsymbol{i})] \tag{2-2}$$

式中，$\boldsymbol{Q}(\boldsymbol{x})\geqslant 0$；$\boldsymbol{R}=\boldsymbol{R}^{\mathrm{T}}>0$。因此，要解决的问题可以定义为

$$\boldsymbol{V}[\boldsymbol{x}(\boldsymbol{k})]=\min_{\boldsymbol{u}}\left[\sum_{i=k}^{\infty}(\boldsymbol{Q}(\boldsymbol{x})+\boldsymbol{u}^{\mathrm{T}}(\boldsymbol{i})\boldsymbol{R}\boldsymbol{u}(\boldsymbol{i}))\right],\forall\boldsymbol{x}(\boldsymbol{k}) \tag{2-3}$$

给定 $\boldsymbol{u}(\boldsymbol{k})$的值函数可以定义为

$$\begin{aligned} V[x(k)] &= \sum_{i=k}^{\infty} U[x(i),u(i)] \\ &= \sum_{i=k}^{\infty} [Q(x) + u^{\mathrm{T}}(i)Ru(i)], \forall x \end{aligned} \tag{2-4}$$

与式（2-4）等价的是贝尔曼（Bellman）方程：

$$V[x(k)] = U[x(k), u(k)] + V[x(k+1)] \tag{2-5}$$

相关的哈密顿函数定义为

$$\begin{aligned} &H[x(k), u(k), V] \\ &= U[x(k), u(k)] + V[x(k+1)] - V[x(k)], \forall x, u \end{aligned} \tag{2-6}$$

Bellman 最优性原理[1]给出了最优值函数为

$$V^*[x(k)] = \min_{u}\{U[x(k), u(k)] + V^*[x(k+1)]\} \tag{2-7}$$

式（2-7）称为 DT HJB 方程。得到最优控制为

$$\begin{aligned} u^*[x(k)] &= \arg\min_{u}\{U[x(k), u(k)] + V^*[x(k+1)]\} \\ &= -\frac{1}{2}R^{-1}g^{\mathrm{T}}(x)\left\{\frac{\partial V^*[x(k+1)]}{\partial x(k+1)}\right\} \end{aligned} \tag{2-8}$$

（2）特殊情况

对于 DT 线性系统，动力学系统［式（2-1）］变为

$$\begin{aligned} x(k+1) &= Ax(k) + Bu(k) \\ y(k) &= Cx(k) \end{aligned} \tag{2-9}$$

式中，A、B、C 为具有适当维数的常数矩阵。

通过在 Bellman 方程中假设 $Q(x) = x^{\mathrm{T}}(k)Qx(k)$，$Q(x) > 0$，值函数在当前状态下是二次的，因此

$$V[x(k)] = x^{\mathrm{T}}(k)Px(k),\ \forall x \tag{2-10}$$

然后，DT HJB 变成离散时间代数里卡蒂方程（DARE）。

$$Q - P + A^{\mathrm{T}}PA^* - A^{\mathrm{T}}PB(R + B^{\mathrm{T}}PB)^{-1}B^{\mathrm{T}}PA = 0 \tag{2-11}$$

最优控制输入是

$$u^*(k) = -(R + B^{\mathrm{T}}PB)^{-1}B^{\mathrm{T}}PAx(k),\ \forall x \tag{2-12}$$

（3）使用 RL 近似解

通常，HJB 方程在解析上非常困难，甚至有时是不可能的，因此需要对其进行近似求解。现有的近似 HJB 方程和 DARE 的方法需要对系统动态有完全的了解。下面的 PI 算法可以通过进行逐次迭代来近似求解 HJB 方程和 DARE 方程的解。

1）离线 PI 算法：算法 1 给出了 DT HJB 方程的离线解，但需要完整的系统动力学知识。

算法 1：求解 HJB 问题的 PI 算法
1：步骤
2：给定可接受策略 $\boldsymbol{u}_0(k)$
3：对于 $j=0, 1, \cdots$，给定 $\boldsymbol{u}_j$，用 Bellman 方程求解 $V_{j+1}(\boldsymbol{x})$ $V_{j+1}[\boldsymbol{x}(k)]=Q(\boldsymbol{x})+\boldsymbol{u}_j^{\mathrm{T}}(k)\boldsymbol{R}\boldsymbol{u}_j(k)+V_{j+1}[\boldsymbol{x}(k+1)]$ 设收敛时 $V_{j+1}[\boldsymbol{x}(k)]=V_j[\boldsymbol{x}(k)]$
4：更新控制策略 $\boldsymbol{u}_{j+1}(k)$ $\boldsymbol{u}_{j+1}(k)=-\frac{1}{2}\boldsymbol{R}^{-1}\boldsymbol{g}^{\mathrm{T}}(\boldsymbol{x})\left\{\frac{\partial V_{j+1}[\boldsymbol{x}(k+1)]}{\partial \boldsymbol{x}(k+1)}\right\}$
5：返回 3
6：结束

2）Actor 和 Critic 逼近器：为了逼近 HJB 方程的解，并消除对系统动力学完整知识的要求，Actor-Critic 结构被广泛提出以寻找 HJB 的在线解。Critic 逼近器估计值函数并更新以最小化 Bellman 误差。Actor 逼近器逼近控制策略并更新以最小化值函数[22-25]。

每一步的值函数表示为

$$\hat{V}_j[\boldsymbol{x}(k)]=\hat{\boldsymbol{W}}_{cj}^{\mathrm{T}}\boldsymbol{\phi}_{c}[\boldsymbol{x}(k)]=\sum_{i=1}^{N_c}\hat{\boldsymbol{\varpi}}_{cj}^{i}\,\boldsymbol{\phi}_{ci}[\boldsymbol{x}(k)],\ \forall \boldsymbol{x} \tag{2-13}$$

控制输入是

$$\hat{\boldsymbol{u}}_j(k)=\hat{\boldsymbol{W}}_{aj}^{\mathrm{T}}\boldsymbol{\sigma}_{a}[\boldsymbol{x}(k)]=\sum_{i=1}^{N_a}\hat{\boldsymbol{\varpi}}_{aj}^{i}\boldsymbol{\sigma}_{ai}[\boldsymbol{x}(k)],\ \forall \boldsymbol{x} \tag{2-14}$$

式中，$\boldsymbol{\phi}_{ci}[\boldsymbol{x}(k)]$、$\boldsymbol{\sigma}_{ai}[\boldsymbol{x}(k)]$ 为基函数；$\hat{\boldsymbol{W}}_{cj}$ 为 Critic 临界逼近器的权向量，$\hat{\boldsymbol{W}}_{cj}=[\hat{w}_{cj}^{1}\ \hat{w}_{cj}^{2}\ \cdots\ \hat{w}_{cj}^{N_c}]^{\mathrm{T}}$，其中 N_c 为所使用的基函数的个数；$\hat{\boldsymbol{W}}_{aj}$ 为 Actor 逼近器的权向量，$\hat{\boldsymbol{W}}_{aj}=[\hat{w}_{aj}^{1}\ \hat{w}_{aj}^{2}\ \cdots\ \hat{w}_{aj}^{N_a}]^{\mathrm{T}}$，$N_a$ 为所使用的基函数的个数。

Bellman 方程［式（2-5）］用 Critic 逼近器［式（2-13）］表示为

$$\hat{\boldsymbol{W}}_{c(j+1)}^{\mathrm{T}}\boldsymbol{\phi}_{c}[\boldsymbol{x}(k)]=U[\boldsymbol{x}(k),\ \hat{\boldsymbol{u}}_j(k)]+\hat{\boldsymbol{W}}_{c(j+1)}^{\mathrm{T}}\boldsymbol{\phi}_{c}[\boldsymbol{x}(k+1)] \tag{2-15}$$

用于 Critic 和 Actor 逼近器的梯度下降调整规律如下：

$$\hat{\boldsymbol{W}}_{c(j+1)}^{l+1}=\hat{\boldsymbol{W}}_{c(j+1)}^{l}-\alpha_1\boldsymbol{\phi}_{c}[\boldsymbol{x}(k)]\{(\hat{\boldsymbol{W}}_{c(j+1)}^{l})^{\mathrm{T}}\boldsymbol{\phi}_{c}[\boldsymbol{x}(k)]-U[\boldsymbol{x}(k),\ \hat{\boldsymbol{u}}_j(k)]\} \tag{2-16}$$

$$\hat{\boldsymbol{W}}_{\mathrm{a}(j+1)}^{l+1}=\hat{\boldsymbol{W}}_{\mathrm{a}(j+1)}^{l}-\alpha_2\boldsymbol{\sigma}_{\mathrm{a}}[\boldsymbol{x}(k)]\times \left\{2\boldsymbol{R}(\boldsymbol{W}_{\mathrm{a}(j+1)}^{l})^{\mathrm{T}}\times\boldsymbol{\sigma}_{\mathrm{a}}[\boldsymbol{x}(k)]+\boldsymbol{g}[\boldsymbol{x}(k)]^{\mathrm{T}}\frac{\partial\boldsymbol{\phi}[\boldsymbol{x}(k+1)]}{\partial\boldsymbol{x}(k+1)}\hat{\boldsymbol{W}}_{\mathrm{c}(j+1)}\right\}^{\mathrm{T}} \tag{2-17}$$

式中，α_1、α_2 均为大于 0 的调整增益。需要注意的是，使用 Actor-Critic 结构来评估值函数并改善非线性系统的策略不需要对系统动态有完全的了解。在文献［26］中，提供了同步方法来调整 Actor 和 Critic 近似器。在文献［27］中，采用了一种在线逼近器方法，用于在不需要了解内部系统动态的情况下找到 HJB 方程的解。在文献［28］中，引入了一种贪婪的迭代启发式。

动态规划方法，使用三个神经网络来逼近值函数、最优控制策略和未知系统的模型，以获得最优饱和控制器。

注 1：请注意，值函数逼近器的结构是算法 1 收敛和性能的重要因素。如果选择了不适当的值函数逼近器，算法可能永远不会收敛到最优解。对于线性系统，值函数的形式被认为是二次的，因此在其逼近中不会产生误差。因此，算法 1 对于线性系统会收敛到全局最优解。换句话说，对于线性系统，算法 1 给出了 DARE 的精确解。对于非线性系统，使用单层神经网络进行值函数逼近可能需要大量的激活函数来确保良好的逼近误差，从而得到近似最优解。在文献［29］中使用了两层神经网络以获得更好的逼近误差，且所需的激活函数较少。此外，文献［30］提出了一种容错近似动态规划（ADP）算法，用于离散时间系统，它在值函数逼近中保证了稳定性。

3）事件触发 RL[31]：为了减少控制器与系统之间的通信，需要使用事件触发控制算法。事件触发机制确定何时传输控制信号，以便导致的基于事件的控制执行仍然能够实现一定程度的性能并稳定系统。对于非线性的离散时间系统，使用了三个神经网络来找到基于事件触发的 HJB 方程的近似解。

非线性系统可以表示为

$$\boldsymbol{x}(k+1)=\boldsymbol{W}_{\mathrm{m}}^{*\mathrm{T}}\boldsymbol{\phi}_{\mathrm{m}}[\boldsymbol{x}_{\mathrm{m}}(k)]+\boldsymbol{\eth}_{\mathrm{m}} \tag{2-18}$$

式中，$\boldsymbol{W}_{\mathrm{m}}^{*}$ 为模型网络从隐含层到输出层的目标权值；$\boldsymbol{x}_{\mathrm{m}}(k)$ 为隐含层的输入向量；$\boldsymbol{\eth}_{\mathrm{m}}$ 为有界近似误差。

非线性系统［式（2-18）］使用理想权重 $\boldsymbol{W}_{\mathrm{m}}^{*}$ 的当前估计如下所示：

$$\hat{\boldsymbol{x}}(k+1)=\sum_{i=1}^{N_{\mathrm{mh}}}\boldsymbol{\varpi}_{\mathrm{m}i}^{2}\boldsymbol{s}_i(k) \tag{2-19}$$

其中，

$$\boldsymbol{s}_i(k)=\frac{1-e^{-\boldsymbol{h}_i(k)}}{1+e^{-\boldsymbol{h}_i(k)}},\ i=1,\cdots,N_{\mathrm{mh}}$$

$$\boldsymbol{h}_i(\boldsymbol{k}) = \sum_{j=1}^{n+m} \boldsymbol{\varpi}_{\mathrm{m}i,j}^1 \boldsymbol{x}_{\mathrm{m}j}(\boldsymbol{k}),\ i = 1,\cdots,N_{\mathrm{mh}}$$

式中，$\boldsymbol{\varpi}_{\mathrm{m}}^1$和$\boldsymbol{\varpi}_{\mathrm{m}}^2$为权重矩阵；$\boldsymbol{h}_i$ 为第 i 个隐藏节点的输入；$\boldsymbol{s}_i$ 为其对应的输出。N_{mh}是隐藏神经元的数量；$\boldsymbol{x}_{\mathrm{m}}(\boldsymbol{k})$为模型网络的输入，其中包括采样的状态向量和相应控制律。

梯度下降可以用于更新网络的权重，以最小化 $\boldsymbol{e}_{\mathrm{m}} = \hat{\boldsymbol{x}}(\boldsymbol{k}+\mathbf{1}) - \boldsymbol{x}(\boldsymbol{k}+\mathbf{1})$。值函数可以用类似于式（2－13）的网络来近似。梯度下降可以用来更新网络的权值，使其最小化：

$$\boldsymbol{e}_{\mathrm{c}}(\boldsymbol{k}) = \boldsymbol{J}[\boldsymbol{x}(\boldsymbol{k}_i)] - \{\boldsymbol{J}[\hat{\boldsymbol{x}}(\boldsymbol{k}_i+\mathbf{1})] + \boldsymbol{U}(\boldsymbol{k})\}$$

式中，$\boldsymbol{J}$ 为 Critic 网络的输出，定义为

$$\boldsymbol{J}[\boldsymbol{x}(\boldsymbol{k}_i)] = \sum_{l=1}^{N_{\mathrm{ch}}} \boldsymbol{w}_{\mathrm{c}l}^2 \mathbf{ql}(\boldsymbol{k})$$

其中，

$$\mathbf{ql}(\boldsymbol{k}) = \frac{1 - \boldsymbol{e}^{-\mathbf{pl}(\boldsymbol{k})}}{1 + \boldsymbol{e}^{-\mathbf{pl}(\boldsymbol{k})}},\ l = 1,\cdots,N_{\mathrm{ch}}$$

$$\mathbf{pl}(\boldsymbol{k}) = \sum_{j=1}^{n} \boldsymbol{\varpi}_{\mathrm{c}l,j}^1 \boldsymbol{x}_{\mathrm{c}j}(\boldsymbol{k}_i),\ l = 1,\cdots,N_{\mathrm{ch}}$$

式中，$\mathbf{pl}$ 和 $\mathbf{ql}$ 分别为评论网络隐藏节点的输入和输出；N_{ch}为隐藏节点的总数；$\boldsymbol{x}_{\mathrm{c}}(\boldsymbol{k}_i)$为 Critic 网络的输入，仅为采样的状态向量。因此 Critic 网络中有 n 个输入节点。

采样的状态 $\boldsymbol{x}(\boldsymbol{k}_i)$被用作学习事件触发控制律的输入，该控制律定义为

$$\boldsymbol{\mu}[\boldsymbol{x}(\boldsymbol{k}_i)] = \sum_{l=1}^{N_{\mathrm{ah}}} \boldsymbol{\varpi}_{\mathrm{a}l}^2 \boldsymbol{v}_l(\boldsymbol{k}) \tag{2-20}$$

其中，

$$\boldsymbol{v}_l(\boldsymbol{k}) = \frac{1 - \boldsymbol{e}^{-t_l(\boldsymbol{k})}}{1 + \boldsymbol{e}^{-t_l(\boldsymbol{k})}},\ l = 1,\cdots,N_{\mathrm{ah}}$$

$$\boldsymbol{t}_l(\boldsymbol{k}) = \sum_{j=1}^{n} \boldsymbol{\varpi}_{\mathrm{a}l,j}^1 \boldsymbol{x}_{\mathrm{a}j}(\boldsymbol{k}_i),\ l = 1,\cdots,N_{\mathrm{ah}}$$

式中，$\boldsymbol{t}_l$ 和 $\boldsymbol{v}_l$ 分别为行动网络隐藏节点的输入和输出；N_{ah}为行动网络中隐藏节点的总数。

梯度下降可以用来更新 Actor 网络的权值。在文献［32］中，为不确定的非线性 DT 系统设计了事件触发有限时间最优控制方案。

4）DT 线性二次调节的 Q 函数：对于线性系统，文献［33］的工作提出了一个动作依赖函数（Q 函数）来代替 Bellman 方程中的值函数，以避免考虑系

统动力学。这在文献中被称为 Q 学习[34-35]。

根据式（2-5）和式（2-10），DT Q 函数定义为

$$Q[x(k), u(k)] = x^{\mathrm{T}}(k)Qx(k) + u^{\mathrm{T}}(k)Ru(k) + x^{\mathrm{T}}(k+1)Px(k+1) \tag{2-21}$$

利用动力学［式（2-9）］，Q 函数［式（2-21）］变为

$$Q[x(k), u(k)] = \begin{bmatrix} x(k) \\ u(k) \end{bmatrix}^{\mathrm{T}} \begin{bmatrix} Q + A^{\mathrm{T}}PA & A^{\mathrm{T}}PB \\ B^{\mathrm{T}}PA & R + B^{\mathrm{T}}PB \end{bmatrix} \begin{bmatrix} x(k) \\ u(k) \end{bmatrix} \tag{2-22}$$

定义：

$$\begin{aligned} Q[x(k), u(k)] &= \begin{bmatrix} x(k) \\ u(k) \end{bmatrix}^{\mathrm{T}} \begin{bmatrix} S_{xx} & S_{xu} \\ S_{ux} & S_{uu} \end{bmatrix} \begin{bmatrix} x(k) \\ u(k) \end{bmatrix} \\ &= Z^{\mathrm{T}}(k)SZ(k) \end{aligned}$$

式中，S 为一个核矩阵。

通过应用稳定性条件 $\partial Q[x(k), u(k)]/\partial u(k) = 0$，可以得到：

$$u^*(k) = -(R + B^{\mathrm{T}}PB)^{-1}B^{\mathrm{T}}PAx(k) \tag{2-23}$$

$$u^*(k) = -S_{uu}^{-1}S_{ux}x(k) \tag{2-24}$$

算法 2 是一种无模型学习方法。该算法在满足激励持续性（PE）条件下收敛到全局最优解[36]。PE 条件保证了每次迭代时策略评估步骤的唯一性。但是，需要系统状态的完整信息。在文献［37］中，针对线性系统推导了输出反馈（OPFB）强化学习算法。这些算法不需要任何关于系统动态的知识，因此类似于 Q 学习，并且具有仅需要输入/输出数据而不是完整系统状态的额外优势。

算法 2：面向 DARE 的 Q 学习算法
1：步骤
2：给定可接受策略 $u_0(k)$
3：对于 $j=0, 1, \cdots$，给定 u_j，用 Bellman 方程求解 $S_{j+1}(x)$ $Z^{\mathrm{T}}(k)S_{j+1}Z(k) = x^{\mathrm{T}}(k)Qx(k) + u_j^{\mathrm{T}}(k)Ru_j(k) + Z^{\mathrm{T}}(k+1)S_{j+1}Z(k+1)$ 设收敛时 $S_{j+1} = S_j$
4：更新控制策略 $u_{j+1}(k)$ $u_{j+1}(k) = -(S_{uu})_{j+1}^{-1}(S_{ux})_{j+1}x(k)$
5：返回 3
6：结束

（4）最优跟踪问题

现在的目标是设计一个最优控制输入，使系统的状态 $\boldsymbol{x}(\boldsymbol{k})$ 遵循期望的参考轨迹 $\boldsymbol{x}_{\mathbf{d}}(\boldsymbol{k})$。现在让我们定义跟踪误差 $\boldsymbol{e}(\boldsymbol{k})$ 为

$$\boldsymbol{e}(\boldsymbol{k})=\boldsymbol{x}(\boldsymbol{k})-\boldsymbol{x}_{\mathbf{d}}(\boldsymbol{k}) \tag{2-25}$$

在跟踪问题中，控制输入由两项组成：保证跟踪的前馈项和稳定系统的反馈项。

前馈项可以使用动力学反演概念得到，如下：

$$\boldsymbol{u}_{\mathbf{d}}(\boldsymbol{k})=\boldsymbol{g}[\boldsymbol{x}_{\mathbf{d}}(\boldsymbol{k})]^{-1}\{\boldsymbol{x}_{\mathbf{d}}(\boldsymbol{k}+1)-\boldsymbol{f}[\boldsymbol{x}_{\mathbf{d}}(\boldsymbol{k})]\} \tag{2-26}$$

考虑下面的成本函数：

$$\boldsymbol{J}[\boldsymbol{e}(\boldsymbol{k}),\boldsymbol{u}_{\mathrm{e}}(\boldsymbol{k})]=\sum_{i=k}^{\infty}[\boldsymbol{e}^{\mathrm{T}}(\boldsymbol{i})\boldsymbol{Q}_{\mathrm{e}}\boldsymbol{e}(\boldsymbol{i})+\boldsymbol{u}_{\mathrm{e}}^{\mathrm{T}}(\boldsymbol{i})\boldsymbol{R}_{\mathrm{e}}\boldsymbol{u}_{\mathrm{e}}(\boldsymbol{i})] \tag{2-27}$$

式中，$\boldsymbol{Q}_{\mathrm{e}}\geqslant 0$；$\boldsymbol{R}_{\mathrm{e}}=\boldsymbol{R}_{\mathrm{e}}^{\mathrm{T}}>0$。反馈输入可以通过应用以下平稳性条件 $\partial\boldsymbol{J}(\boldsymbol{e},\boldsymbol{u}_{\mathrm{e}})/\partial\boldsymbol{u}_{\mathrm{e}}=0$ 来找到：

$$\boldsymbol{u}_{\mathrm{e}}^{*}(\boldsymbol{k})=-\frac{1}{2}\boldsymbol{R}_{\mathrm{e}}^{-1}\boldsymbol{g}^{\mathrm{T}}(\boldsymbol{k})\frac{\partial\boldsymbol{J}[\boldsymbol{e}(\boldsymbol{k}+\mathbf{1})]}{\partial\boldsymbol{e}(\boldsymbol{k}+\mathbf{1})} \tag{2-28}$$

则同时包含反馈项和前馈项的最优控制输入为

$$\boldsymbol{u}^{*}(\boldsymbol{k})=\boldsymbol{u}_{\mathbf{d}}(\boldsymbol{k})+\boldsymbol{u}_{\mathrm{e}}^{*}(\boldsymbol{k}) \tag{2-29}$$

获得控制输入的前馈部分需要完整的系统动力学知识和参考轨迹动力学知识。在文献［38－39］中，开发了一种新的公式，同时给出了控制输入的反馈和前馈部分，因此使得强化学习算法能够解决跟踪问题，而无须完全了解系统动力学。

现在假设参考轨迹由以下命令生成器模型生成：

$$\boldsymbol{x}_{\mathbf{d}}(\boldsymbol{k}+\mathbf{1})=\boldsymbol{\psi}[\boldsymbol{x}_{\mathbf{d}}(\boldsymbol{k})] \tag{2-30}$$

式中，$\boldsymbol{x}_{\mathbf{d}}(\boldsymbol{k})\in R^{n}$。然后，根据跟踪误差 $\boldsymbol{e}(\boldsymbol{k})$ 和参考轨迹 $\boldsymbol{x}_{\mathbf{d}}(\boldsymbol{k})$ 构造增广系统，如下：

$$\begin{aligned}\begin{bmatrix}\boldsymbol{e}(k+1)\\ \boldsymbol{x}_{\mathbf{d}}(k+1)\end{bmatrix}&=\begin{bmatrix}\boldsymbol{f}[\boldsymbol{e}(k)+\boldsymbol{x}_{\mathrm{d}}(k)]-\boldsymbol{\psi}[\boldsymbol{x}_{\mathrm{d}}(k)]\\ \boldsymbol{\psi}[\boldsymbol{x}_{\mathrm{d}}(k)]\end{bmatrix}+\begin{bmatrix}\boldsymbol{g}[\boldsymbol{e}(k)+\boldsymbol{x}_{\mathrm{d}}(k)]\\ 0\end{bmatrix}\boldsymbol{u}(k)\\ &=\boldsymbol{F}[\boldsymbol{X}(k)]+\boldsymbol{G}[\boldsymbol{X}(k)]\boldsymbol{u}(k)\end{aligned} \tag{2-31}$$

其中，增广状态为

$$\boldsymbol{X}(k)=\begin{bmatrix}\boldsymbol{e}(k)\\ \boldsymbol{x}_{\mathrm{d}}(k)\end{bmatrix}$$

新的成本函数定义为

$$J[\boldsymbol{x}(0),\boldsymbol{x}_{\mathrm{d}}(0),\boldsymbol{u}(k)]=\sum_{i=0}^{\infty}\gamma^{i-k}\times\{[\boldsymbol{x}(k)-\boldsymbol{x}_{\mathrm{d}}(k)^{\mathrm{T}}]\boldsymbol{Q}[\boldsymbol{x}(k)-\boldsymbol{x}_{\mathrm{d}}(k)]+\boldsymbol{u}^{\mathrm{T}}(i)\boldsymbol{R}\boldsymbol{u}(i)\}\tag{2-32}$$

式中，$\boldsymbol{Q}\geqslant 0$，$\boldsymbol{R}=\boldsymbol{R}^{\mathrm{T}}>0$。表示增广系统状态的值函数为

$$\begin{aligned}\boldsymbol{V}[\boldsymbol{X}(k)]&=\sum_{i=k}^{\infty}\gamma^{i-k}\{\boldsymbol{U}[\boldsymbol{X}(k),\boldsymbol{u}(k)]\}\\&=\sum_{i=k}^{\infty}\gamma^{i-k}[\boldsymbol{X}^{\mathrm{T}}(i)\boldsymbol{Q}_{\mathrm{T}}\boldsymbol{X}(i)+\boldsymbol{u}^{\mathrm{T}}(i)\boldsymbol{R}\boldsymbol{u}(i)]\end{aligned}\tag{2-33}$$

式中，γ 为折扣因子，$0<\gamma\leqslant 1$；

$$\boldsymbol{Q}_{\mathrm{T}}=\begin{bmatrix}\boldsymbol{Q} & 0\\ 0 & 0\end{bmatrix}$$

注 2：请注意，对于所提出的公式，使用折现性能函数是至关重要的。这是因为对于大多数实际应用的情况参考轨迹不趋近于零，那么在没有折扣因子的情况下，由于控制输入包含依赖于参考轨迹的前馈部分，因此 $\boldsymbol{u}^{\mathrm{T}}(k)\boldsymbol{R}\boldsymbol{u}(k)$ 在时间趋于无穷大时不趋近于零。

等于式（2-33）的差是

$$\boldsymbol{V}[\boldsymbol{X}(k)]=\boldsymbol{U}\{\boldsymbol{X}(k),\boldsymbol{u}(k)+\gamma\boldsymbol{V}[\boldsymbol{X}(k+1)]\}\tag{2-34}$$

这个问题的哈密顿函数是

$$\boldsymbol{H}[\boldsymbol{X}(k),\boldsymbol{u}(k),\boldsymbol{V}]=\boldsymbol{X}^{\mathrm{T}}(k)\boldsymbol{Q}_{\mathrm{T}}\boldsymbol{X}(k)+\boldsymbol{u}^{\mathrm{T}}(k)\boldsymbol{R}\boldsymbol{u}(k)+\gamma\boldsymbol{V}[\boldsymbol{x}(k+1)]-\boldsymbol{V}[\boldsymbol{x}(k)]\tag{2-35}$$

可以找到最优值[40]为

$$\boldsymbol{V}^{*}[\boldsymbol{X}(k)]=\min_{\boldsymbol{u}}\{\boldsymbol{U}[\boldsymbol{X}(k),\boldsymbol{u}(k)]+\gamma\boldsymbol{V}^{*}[\boldsymbol{X}(k+1)]\}\tag{2-36}$$

也就是 DT HJB 方程。最优控制为

$$\begin{aligned}\boldsymbol{u}^{*}[\boldsymbol{X}(k)]&=\arg\min\{\boldsymbol{U}[\boldsymbol{X}(k),\boldsymbol{u}(k)]+\gamma\boldsymbol{V}^{*}[\boldsymbol{X}(k+1)]\}\\&=-\frac{\gamma}{2}\boldsymbol{R}^{-1}\boldsymbol{G}^{\mathrm{T}}(\boldsymbol{x})\left(\frac{\partial\boldsymbol{V}^{*}[\boldsymbol{X}(k+1)]}{\partial\boldsymbol{X}(k+1)}\right)\end{aligned}\tag{2-37}$$

（5）使用 RL 近似解

DT HJB 跟踪方程的解近似如下：

1）离线 PI 算法：PI 算法通过对 Bellman 方程的解进行迭代求 DT HJB 跟踪的解。

为了更新算法 3 中的控制输入，必须知道增广系统动态。算法 3 的收敛性质类似于算法 1，这里不进行讨论。

2）在线 Actor 和 Critic 逼近器：为了避免对系统动力学或参考轨迹动力学

完全了解的要求，文献 [38] 中开发了类似于式（2-13）和式（2-14）的 Actor-Critic 结构来解决非线性最优跟踪问题。在文献 [39] 中，Q 学习被用于寻找线性系统的最优解。

Kiumarsi 等[41] 提出了 PI 和 VI 算法来在线求解线性二次型跟踪器（LQT）的代数里卡蒂方程，而不需要任何关于系统动态的知识，只使用测量的输入和输出数据。

算法 3：跟踪 HJB 的 PI 算法求解
1：**步骤**
2：给定可接受策略 $\boldsymbol{u}_0(k)$
3：对于 $j=0, 1, \cdots$，给定，$\boldsymbol{u}_j$，用 Bellman 方程求解 $\boldsymbol{V}_{j+1}(\boldsymbol{x})$ $\boldsymbol{V}_{j+1}[\boldsymbol{x}(k)]=\boldsymbol{X}^{\mathrm{T}}(k)\boldsymbol{Q}_{\mathrm{T}}\boldsymbol{X}(k)+\boldsymbol{u}_j^{\mathrm{T}}(k)\boldsymbol{R}\boldsymbol{u}_j(k)+\gamma\boldsymbol{V}_{j+1}[\boldsymbol{X}(k+1)]$ 设收敛时 $\boldsymbol{V}_{j+1}[\boldsymbol{X}(k)]=\boldsymbol{V}_j[\boldsymbol{X}(k)]$
4：更新控制策略 $\boldsymbol{u}_{j+1}(k)$ $\boldsymbol{u}_{j+1}[\boldsymbol{X}(k)]=-\dfrac{\gamma}{2}\boldsymbol{R}^{-1}\boldsymbol{G}^{\mathrm{T}}(x)\left\{\dfrac{\partial \boldsymbol{V}_{j+1}[\boldsymbol{X}(k+1)]}{\partial \boldsymbol{X}(k+1)}\right\}$
5：返回 3
6：**结束**

2. CT 系统的最优控制及在线求解

考虑给定的非线性定常系统为

$$\begin{aligned}\dot{\boldsymbol{x}}(t)&=\boldsymbol{f}[\boldsymbol{x}(t)]+\boldsymbol{g}[\boldsymbol{x}(t)]\boldsymbol{u}(t)\\ \boldsymbol{y}(t)&=\boldsymbol{l}[\boldsymbol{x}(t)]\end{aligned} \tag{2-38}$$

式中，$\boldsymbol{x}(t)$、$\boldsymbol{u}(t)$、$\boldsymbol{y}(t)$ 分别为系统的状态、系统的控制输入、系统的输出，$\boldsymbol{x}(t)\in R^n$，$\boldsymbol{u}(t)\in R^m$，$\boldsymbol{y}(t)\in R^p$；$\boldsymbol{f}[\boldsymbol{x}(t)]\in \boldsymbol{R}^n$ 为漂移动力学方程；$\boldsymbol{g}[\boldsymbol{x}(t)]\in R^{n\times m}$ 为输入动力学；$\boldsymbol{l}[\boldsymbol{x}(t)]\in R^p$ 为输出动力学；假设 $\boldsymbol{f}(0)=0$，$\boldsymbol{f}[\boldsymbol{x}(t)]+\boldsymbol{g}[\boldsymbol{x}(t)]\boldsymbol{u}(t)$ 具有局部利普希茨性质，并且系统是可稳定的。

（1）最优调节问题

最优调节的目标是设计一个最优控制输入，通过最小化成本函数来保证系统的状态收敛于零。代价函数定义为

$$\boldsymbol{J}[\boldsymbol{x}(0),\boldsymbol{u}]=\int_0^{\infty}\boldsymbol{r}(\boldsymbol{x},\boldsymbol{u})\,\mathrm{d}t\equiv\int_0^{\infty}[\boldsymbol{Q}(\boldsymbol{x})+\boldsymbol{u}^{\mathrm{T}}\boldsymbol{R}\boldsymbol{u}]\,\mathrm{d}t \tag{2-39}$$

式中，$\boldsymbol{Q}(\boldsymbol{x})\geqslant 0$，$\boldsymbol{R}=\boldsymbol{R}^{\mathrm{T}}>0$。允许控制策略的值函数定义为

$$\boldsymbol{V}(\boldsymbol{x},\boldsymbol{u})=\int_t^{\infty}\boldsymbol{r}(\boldsymbol{x},\boldsymbol{u})\,\mathrm{d}\tau\equiv\int_t^{\infty}[\boldsymbol{Q}(\boldsymbol{x})+\boldsymbol{u}^{\mathrm{T}}\boldsymbol{R}\boldsymbol{u}]\,\mathrm{d}\tau \tag{2-40}$$

它的微分等价是

$$r(\boldsymbol{x},\boldsymbol{u})+\frac{\partial \boldsymbol{V}^{\mathrm{T}}}{\partial \boldsymbol{x}}[\boldsymbol{f}(\boldsymbol{x})+\boldsymbol{g}(\boldsymbol{x})\boldsymbol{u}]=0,\boldsymbol{V}(0)=0 \tag{2-41}$$

哈密顿函数由以下方程给出：

$$\boldsymbol{H}\left(\boldsymbol{x},\ \boldsymbol{u},\ \frac{\partial \boldsymbol{V}^{\mathrm{T}}}{\partial \boldsymbol{x}}\right)=\boldsymbol{r}(\boldsymbol{x},\ \boldsymbol{u})+\frac{\partial \boldsymbol{V}^{\mathrm{T}}}{\partial \boldsymbol{x}}[\boldsymbol{f}(\boldsymbol{x})+\boldsymbol{g}(\boldsymbol{x})\boldsymbol{u}] \tag{2-42}$$

最优值由 Bellman 最优性方程给出：

$$\boldsymbol{r}(\boldsymbol{x},\ \boldsymbol{u}^*)+\frac{\partial \boldsymbol{V}^{*\mathrm{T}}}{\partial \boldsymbol{x}}[\boldsymbol{f}(\boldsymbol{x})+\boldsymbol{g}(\boldsymbol{x})\boldsymbol{u}^*]=0 \tag{2-43}$$

式（2－43）也就是 CT HJB 方程。最优控制为

$$\begin{aligned}\boldsymbol{u}^*(t)&=\arg\min_{\boldsymbol{u}}\left\{\boldsymbol{r}(\boldsymbol{x},\ \boldsymbol{u})+\frac{\partial \boldsymbol{V}^{*\mathrm{T}}}{\partial \boldsymbol{x}}[\boldsymbol{f}(\boldsymbol{x})+\boldsymbol{g}(\boldsymbol{x})\boldsymbol{u}]\right\}\\&=-\frac{1}{2}\boldsymbol{R}^{-1}\boldsymbol{g}^{\mathrm{T}}(\boldsymbol{x})\left(\frac{\partial \boldsymbol{V}^*}{\partial \boldsymbol{x}}\right)\end{aligned} \tag{2-44}$$

（2）使用 RL 的近似解

通过迭代 Bellman 方程，提出了在线策略和离线策略的积分 RL（IRL）算法来近似求解 HJB。

1）在线 IRL：在文献［9］和文献［42］中，发现不涉及动力学的 Bellman 方程的等效公式为

$$\boldsymbol{V}[\boldsymbol{x}(t)]=\int_t^{t+T}\{\boldsymbol{Q}[\boldsymbol{x}(\tau)]+\boldsymbol{u}^{\mathrm{T}}(\tau)\boldsymbol{R}\boldsymbol{u}(\tau)\}\mathrm{d}\tau+\boldsymbol{V}[\boldsymbol{x}(t+T)] \tag{2-45}$$

对于任意时间 $t\geqslant 0$ 且时间间隔 $t>0$，这个方程叫作 IRL Bellman 方程。下面的 PI 算法可以通过迭代上述 IRL Bellman 方程并更新控制策略来实现。

算法 4：寻找 HJB 解的在线 IRL 算法

1：步骤

2：给定可接受策略 $\boldsymbol{u}_0$

3：对于 $j=0$，1，…，给定 $\boldsymbol{u}_j$，用 Bellman 方程求解 $\boldsymbol{V}_{j+1}(\boldsymbol{x})$

$$\boldsymbol{V}_{j+1}[\boldsymbol{x}(t)]=\int_t^{t+T}[\boldsymbol{Q}(\boldsymbol{x})+\boldsymbol{u}_j^{\mathrm{T}}\boldsymbol{R}\boldsymbol{u}_j]\mathrm{d}\tau+\boldsymbol{V}_{j+1}[\boldsymbol{x}(t+T)]$$

设收敛时 $\boldsymbol{V}_{j+1}(\boldsymbol{x})=\boldsymbol{V}_j(\boldsymbol{x})$

4：更新控制策略 $\boldsymbol{u}_{j+1}(k)$

$$\boldsymbol{u}_{j+1}(t)=-\frac{1}{2}\boldsymbol{R}^{-1}\boldsymbol{g}^{\mathrm{T}}(\boldsymbol{x})\left[\frac{\partial \boldsymbol{V}_{j+1}(\boldsymbol{x})}{\partial \boldsymbol{x}}\right]$$

5：返回 3

6：结束

IRL 算法（算法4）是在线的，不需要了解漂移动力学。为了实现算法4 的步骤3，在文献［42］中使用类似于式（2-13）和式（2-14）的神经网络结构来近似值函数。该算法是一种顺序强化学习算法，即 Actor（策略改进）和 Critic（策略评估）是顺序更新的。Actor 和 Critic 的同步更新法则在文献［10］中首次被引入，以在保证系统稳定性的同时更新 Actor 和 Critic。后来，在文献［43］和文献［44］中，同步 Actor-Critic 结构与系统辨识结合起来，以避免对系统动态的完全了解。

2）使用经验重放学习技术的在线 IRL[45-46]：为了加快 IRL 算法的收敛速度并获得易于收敛检验的条件，最近的转换样本被存储并重复提供给基于梯度的更新规则。在文献［47］中为自适应控制系统提出了类似的条件。这是一种梯度下降算法，不仅最小化瞬时时序差异（TD）误差，还最小化存储的转换样本的 TD 误差。现在假设值函数 $\boldsymbol{V}(\boldsymbol{x})$ 可以被统一逼近，如 IRL Bellman 方程［式（2-45）］所示，则

$$\hat{\boldsymbol{V}}(\boldsymbol{x}) = \hat{\boldsymbol{W}}_{\mathrm{c}}^{\mathrm{T}}\boldsymbol{\phi}_1(\boldsymbol{x}),\ \forall \boldsymbol{x} \tag{2-46}$$

式中，$\boldsymbol{\phi}_1(\boldsymbol{x})$：$R^n \to R^N$ 为基函数向量；N 为基函数个数。因此，近似 IRL Bellman 方程为

$$\boldsymbol{e}_{\mathrm{B}} = \Delta\boldsymbol{\phi}_1(t)^{\mathrm{T}}\hat{\boldsymbol{W}}_{\mathrm{c}} + \int_{t-T}^{t}[\boldsymbol{Q}(\boldsymbol{x}) + \hat{\boldsymbol{u}}^{\mathrm{T}}\boldsymbol{R}\hat{\boldsymbol{u}}]\mathrm{d}\tau$$

式中，$\Delta\boldsymbol{\phi}_1(t) = \boldsymbol{\phi}_1(t) - \boldsymbol{\phi}_1(t-T)$；$\boldsymbol{e}_{\mathrm{B}}$ 为使用当前 Critic 临界逼近器权重后的 TD 误差。为了收集历史堆栈中的数据，将 $\Delta\boldsymbol{\phi}_1(t_j)$ 视为在记录时间 t_j 处评估 $\boldsymbol{\phi}_1$ 的值。然后，定义记录时间 t_j 的 Bellman 方程误差（TD 误差），使用当前的 Critic 临界权重估计 $\hat{\boldsymbol{W}}_{\mathrm{c}}$ 为

$$(\boldsymbol{e}_{\mathrm{B}})_j = \Delta\boldsymbol{\phi}_1(t_j)^{\mathrm{T}}\hat{\boldsymbol{W}}_{\mathrm{c}} + \int_{t_j-T}^{t_j}\{\boldsymbol{Q}[\boldsymbol{x}(\tau)] + \hat{\boldsymbol{u}}^{\mathrm{T}}(\tau)\boldsymbol{R}\hat{\boldsymbol{u}}(\tau)\}\mathrm{d}\tau \tag{2-47}$$

现给出基于经验回放的梯度下降算法，用于更新 Critic 神经网络（NN）：

$$\dot{\hat{\boldsymbol{W}}}_{\mathrm{c}} = -\alpha_c\frac{\Delta\boldsymbol{\phi}_1(t)}{[\Delta\boldsymbol{\phi}_1(t)^{\mathrm{T}}\Delta\boldsymbol{\phi}_1(t)+1]^2}\boldsymbol{e}_{\mathrm{B}} - \alpha_{\mathrm{c}}\sum_{j=1}^{l}\frac{\Delta\boldsymbol{\phi}_1(t_j)}{[\Delta\boldsymbol{\phi}_1(t_j)^{\mathrm{T}}\Delta\boldsymbol{\phi}_1(t_j)+1]^2}(\boldsymbol{e}_{\mathrm{B}})_j$$

第一项是用于 TD 误差的梯度更新规则，最后一项是最小化其在历史堆栈中存储的样本。

3）事件触发在线策略 RL[48]：事件触发版本的最优控制器使用采样状态信息而不是真实状态信息，式（2-44）变为

$$\boldsymbol{u}^*(\hat{\boldsymbol{x}}_i) = -\frac{1}{2}\boldsymbol{R}^{-1}\boldsymbol{g}^{\mathrm{T}}(\hat{\boldsymbol{x}}_i)\left(\frac{\partial \boldsymbol{V}^*(\hat{\boldsymbol{x}}_i)}{\partial \boldsymbol{x}}\right) \tag{2-48}$$

式中，$\forall t\in(r_{i-1},\ r_i]$，$i\in N$，$r_i$ 为第 i 个连续采样瞬间；$\hat{\boldsymbol{x}}_i=\boldsymbol{x}(r_i)$。

使用事件触发控制器［式（2-48）］，HJB 方程［式（2-43）］变成 $\forall \boldsymbol{x},\ \hat{\boldsymbol{x}}_i\in R^n$。

$$\frac{\partial \boldsymbol{V}^{*\mathrm{T}}}{\partial \boldsymbol{x}}\left(\boldsymbol{f}(\boldsymbol{x})-\frac{1}{2}\boldsymbol{g}(\boldsymbol{x})\boldsymbol{R}^{-1}\boldsymbol{g}^{\mathrm{T}}(\hat{\boldsymbol{x}}_i)\left(\frac{\partial \boldsymbol{V}^{*}(\hat{\boldsymbol{x}}_i)}{\partial \boldsymbol{x}}\right)\right)+$$
$$\boldsymbol{Q}(\boldsymbol{x})+\frac{1}{4}\frac{\partial \boldsymbol{V}^{*}(\hat{\boldsymbol{x}}_i)^{\mathrm{T}}}{\partial \boldsymbol{x}}\boldsymbol{g}(\hat{\boldsymbol{x}}_i)(\boldsymbol{R}^{-1})^{\mathrm{T}}\boldsymbol{R}^{-1}\boldsymbol{g}(\hat{\boldsymbol{x}}_i)^{\mathrm{T}}\frac{\partial \boldsymbol{V}^{*}(\hat{\boldsymbol{x}}_i)}{\partial \boldsymbol{x}} \tag{2-49}$$
$$=(\boldsymbol{u}^{*}(\hat{\boldsymbol{x}}_i)-\boldsymbol{u}_{\mathrm{c}}^{*})^{\mathrm{T}}\boldsymbol{R}(\boldsymbol{u}^{*}(\hat{\boldsymbol{x}}_i)-\boldsymbol{u}_{\mathrm{c}}^{*})$$

其中，$\boldsymbol{u}_{\mathrm{c}}^{*}$ 由式（2-44）给出。

为了求解事件触发的 HJB 方程［式（2-49）］，在紧集上逼近值函数，形式为

$$\boldsymbol{V}^{*}(\boldsymbol{x})=\boldsymbol{W}_{\mathrm{c}}^{*\mathrm{T}}\boldsymbol{\phi}(\boldsymbol{x})+\boldsymbol{\grave{o}}_{\mathrm{c}}(\boldsymbol{x}),\quad \forall \boldsymbol{x}\in R^n \tag{2-50}$$

式中，$\boldsymbol{\phi}(\boldsymbol{x})$：$R^n\to R^k$ 为基函数集合向量；k 为基函数个数；$\boldsymbol{\grave{o}}_{\mathrm{c}}(\boldsymbol{x})$为近似误差。

基于此，最优事件触发控制器可重写为

$$\boldsymbol{u}^{*}(\hat{\boldsymbol{x}}_i)=-\frac{1}{2}\boldsymbol{R}^{-1}\boldsymbol{g}^{\mathrm{T}}(\hat{\boldsymbol{x}}_i)\left(\frac{\partial \boldsymbol{\phi}(\hat{\boldsymbol{x}}_i)^{\mathrm{T}}}{\partial \boldsymbol{x}}\boldsymbol{W}_{\mathrm{c}}^{*}+\frac{\partial \boldsymbol{\grave{o}}_{\mathrm{c}}(\hat{\boldsymbol{x}}_i)}{\partial \boldsymbol{x}}\right) \tag{2-51}$$

式中，$t\in(r_{i-1},\ r_i]$，对于所有 $t\in(r_{i-1},\ r_i]$，最优事件触发控制器［式（2-51）］可以用 Actor 近似为

$$\boldsymbol{u}^{*}(\hat{\boldsymbol{x}}_i)=\boldsymbol{W}_{\mathrm{u}}^{*\mathrm{T}}\boldsymbol{\phi}_{\mathrm{u}}(\hat{\boldsymbol{x}}_i)+\boldsymbol{\grave{o}}_{\mathrm{u}}(\hat{\boldsymbol{x}}_i),\quad \forall \hat{\boldsymbol{x}}_i,\ i\in N \tag{2-52}$$

式中，$\boldsymbol{\phi}_{\mathrm{u}}(\hat{\boldsymbol{x}}_i)$：$R^n\to R^k$ 为基函数集合向量；k 为基函数个数；$\boldsymbol{\grave{o}}_{\mathrm{u}}(\hat{\boldsymbol{x}}_i)$为近似误差。

价值函数［式（2-50）］和最优策略［式（2-52）］分别使用理想权重 $\hat{\boldsymbol{W}}_{\mathrm{c}}$ 和 $\hat{\boldsymbol{W}}_{\mathrm{u}}$ 的当前估计值 $\boldsymbol{W}_{\mathrm{c}}^{*}$ 和 $\boldsymbol{W}_{\mathrm{u}}^{*}$，由以下 Critic 和 Actor 近似器给出：

$$\hat{\boldsymbol{V}}(\boldsymbol{x})=\hat{\boldsymbol{W}}_{\mathrm{c}}^{\mathrm{T}}\boldsymbol{\phi}(\boldsymbol{x}),\quad \forall \boldsymbol{x} \tag{2-53}$$

$$\hat{\boldsymbol{u}}(\hat{\boldsymbol{x}}_i)=\hat{\boldsymbol{W}}_{\mathrm{u}}^{\mathrm{T}}\boldsymbol{\phi}_{\mathrm{u}}(\hat{\boldsymbol{x}}_i),\quad \forall \hat{\boldsymbol{x}}_i \tag{2-54}$$

定义 Bellman 误差为

$$\boldsymbol{e}_{\mathrm{c}}=\hat{\boldsymbol{W}}_{\mathrm{c}}^{\mathrm{T}}\frac{\partial \boldsymbol{\phi}}{\partial \boldsymbol{x}}\{\boldsymbol{f}(\boldsymbol{x})+\boldsymbol{g}(\boldsymbol{x})\hat{\boldsymbol{u}}[(\hat{\boldsymbol{x}}_i)]\}+\boldsymbol{r}(\boldsymbol{x},\ \hat{\boldsymbol{u}}) \tag{2-55}$$

式中，$\boldsymbol{r}(\boldsymbol{x},\ \hat{\boldsymbol{u}})=\boldsymbol{Q}(\boldsymbol{x})+\hat{\boldsymbol{u}}(\hat{\boldsymbol{x}}_i)^{\mathrm{T}}\boldsymbol{R}\hat{\boldsymbol{u}}(\hat{\boldsymbol{x}}_i)$。

权重 $\hat{\boldsymbol{W}}_{\mathrm{c}}$ 被调整为最小化 $K=(1/2)\boldsymbol{e}_{\mathrm{c}}^{\mathrm{T}}\boldsymbol{e}_{\mathrm{c}}$，如下：

$$\dot{\hat{\boldsymbol{W}}}_{\mathrm{c}}=-\alpha_{\mathrm{c}}\frac{\partial \boldsymbol{K}}{\partial \hat{\boldsymbol{W}}_{\mathrm{c}}}=-\alpha_{\mathrm{c}}\frac{\boldsymbol{w}}{(\boldsymbol{w}^{\mathrm{T}}\boldsymbol{w}+1)^{2}}[\boldsymbol{w}^{\mathrm{T}}\hat{\boldsymbol{W}}_{\mathrm{c}}+\boldsymbol{r}(\boldsymbol{x},\ \hat{\boldsymbol{u}})] \tag{2-56}$$

式中，$\boldsymbol{w}=(\partial\boldsymbol{\phi}/\partial\boldsymbol{x})\{\boldsymbol{f}(\boldsymbol{x})+\boldsymbol{g}(\boldsymbol{x})\hat{\boldsymbol{u}}[(\hat{\boldsymbol{x}}_i)]\}$。

为了找到 Actor 逼近器的更新规律，定义如下误差：

$$\boldsymbol{e}_{\mathrm{u}}=\hat{\boldsymbol{W}}_{\mathrm{u}}^{\mathrm{T}}\boldsymbol{\phi}_{\mathrm{u}}(\hat{\boldsymbol{x}}_i)+\frac{1}{2}\boldsymbol{R}^{-1}\boldsymbol{g}^{\mathrm{T}}(\hat{\boldsymbol{x}}_i)\left(\frac{\partial\boldsymbol{\phi}(\hat{\boldsymbol{x}}_i)}{\partial\boldsymbol{x}}\right)^{\mathrm{T}}\hat{\boldsymbol{W}}_{\mathrm{c}},\ \forall\hat{\boldsymbol{x}}_i \tag{2-57}$$

将权重 $\hat{\boldsymbol{W}}_{\mathrm{u}}$ 调整为最小化 $\boldsymbol{E}_{\mathrm{u}}=(1/2)\boldsymbol{e}_{\mathrm{u}}^{\mathrm{T}}\boldsymbol{e}_{\mathrm{u}}$ 为

$$\dot{\hat{\boldsymbol{W}}}_{\mathrm{u}}=0,\ t\in(r_{i-1},\ r_i] \tag{2-58}$$

和计算 $\hat{\boldsymbol{W}}_{\mathrm{u}}(r_j^+)$ 的跃变方程：

$$\begin{aligned}\hat{\boldsymbol{W}}_{\mathrm{u}}^{+}&=\hat{\boldsymbol{W}}_{\mathrm{u}}(t)-\alpha_{\mathrm{u}}\boldsymbol{\phi}_{\mathrm{u}}[\boldsymbol{x}(t)]\times\\&\left(\hat{\boldsymbol{W}}_{\mathrm{u}}^{\mathrm{T}}\boldsymbol{\phi}_{\mathrm{u}}[\boldsymbol{x}(t)]+\frac{1}{2}\boldsymbol{R}^{-1}\boldsymbol{g}^{\mathrm{T}}[\boldsymbol{x}(t)]\frac{\partial\boldsymbol{\phi}[\boldsymbol{x}(t)]^{\mathrm{T}}}{\partial\boldsymbol{x}}\hat{\boldsymbol{W}}_{\mathrm{c}}\right)^{\mathrm{T}}\end{aligned} \tag{2-59}$$

式中，$t=r_i$。

文献［48］证明了该方法的收敛性和稳定性。文献［49］的工作将文献［48］的方法扩展到有输入约束且不需要系统动力学知识的系统。基于事件的强化学习方法也在文献［50－52］中提出，用于互联系统。

4）离线 IRL[53-54]：为了开发离线 IRL 算法，将系统动力学［式（2－38）］重写为

$$\dot{\boldsymbol{x}}(t)=\boldsymbol{f}[\boldsymbol{x}(t)]+\boldsymbol{g}[\boldsymbol{x}(t)]\boldsymbol{u}_j(t)+\boldsymbol{g}[\boldsymbol{x}(t)][\boldsymbol{u}(t)-\boldsymbol{u}_j(t)] \tag{2-60}$$

式中，$\boldsymbol{u}_j(t)$ 为要更新的策略。相比之下，$\boldsymbol{u}(t)$ 是实际应用于系统动力学以生成学习数据的行为策略。

对 $\boldsymbol{V}(\boldsymbol{x})$ 和系统动力学［式（2－60）］进行微分并使用 $\boldsymbol{u}_{j+1}(t)=-(1/2)\boldsymbol{R}^{-1}\boldsymbol{g}^{\mathrm{T}}(\boldsymbol{x})[\partial\boldsymbol{V}_j(\boldsymbol{x})/\partial\boldsymbol{x}]$ 给出以下关系：

$$\begin{aligned}\dot{\boldsymbol{V}}_j&=\left(\frac{\partial\boldsymbol{V}_j(\boldsymbol{x})}{\partial\boldsymbol{x}}\right)^{\mathrm{T}}(\boldsymbol{f}+\boldsymbol{g}\boldsymbol{u}_j)+\left(\frac{\partial\boldsymbol{V}_j(\boldsymbol{x})}{\partial\boldsymbol{x}}\right)^{\mathrm{T}}\boldsymbol{g}(\boldsymbol{u}-\boldsymbol{u}_j)\\&=-\boldsymbol{Q}(\boldsymbol{x})-\boldsymbol{u}_j^{\mathrm{T}}\boldsymbol{R}\boldsymbol{u}_j-2\boldsymbol{u}_{j+1}^{\mathrm{T}}\boldsymbol{R}(\boldsymbol{u}-\boldsymbol{u}_j)\end{aligned} \tag{2-61}$$

从式（2－61）的两边积分得到离线 IRL Bellman 方程：

$$\begin{aligned}&\boldsymbol{V}_j[\boldsymbol{x}(\boldsymbol{t}+\boldsymbol{T})]-\boldsymbol{V}_j[\boldsymbol{x}(\boldsymbol{t})]\\&=\int_t^{t+T}[-\boldsymbol{Q}(\boldsymbol{x})-\boldsymbol{u}_j^{\mathrm{T}}\boldsymbol{R}\boldsymbol{u}_j-2\boldsymbol{u}_{j+1}^{\mathrm{T}}\boldsymbol{R}(\boldsymbol{u}-\boldsymbol{u}_j)]\mathrm{d}\tau\end{aligned} \tag{2-62}$$

迭代 IRL Bellman 方程［式（2－62）］得到以下离线策略 IRL 算法。

注 3：注意，对于固定的控制策略 $\boldsymbol{u}(t)$（应用于系统的策略），离线策略的 IRL Bellman 方程［式（2－62）］可以同时求解值函数 $\boldsymbol{V}_j$ 和更新后的策略 $\boldsymbol{u}_{j+1}$，而不需要任何关于系统动力学的知识。

算法5：求解 HJB 的离线策略 IRL 算法
1：步骤
2：给定可接受策略 $\boldsymbol{u}_0$
3：对于 $j=0, 1, \cdots$，给定 $\boldsymbol{u}_j$，用离线策略 Bellman 方程求解 $\boldsymbol{V}_j$ 和 $\boldsymbol{u}_{j+1}$ $\boldsymbol{V}_j[\boldsymbol{x}(t+T)]-\boldsymbol{V}_j[\boldsymbol{x}(t)]=\int_t^{t+T}[-\boldsymbol{Q}(\boldsymbol{x})-\boldsymbol{u}_j^{\mathrm{T}}\boldsymbol{R}\boldsymbol{u}_j-2\boldsymbol{u}_{j+1}^{\mathrm{T}}\boldsymbol{R}(\boldsymbol{u}-\boldsymbol{u}_j)]\mathrm{d}\tau$ 设收敛时 $\boldsymbol{V}_{j+1}=\boldsymbol{V}_j$
4：返回3
5：结束

为了实现离线策略 IRL 算法（算法5），使用类似于式（2-13）和式（2-14）的 Actor-Critic 结构来近似值函数和控制策略[53]。

对于线性系统，离线策略 IRL Bellman 方程[55]为

$$\begin{aligned}&\boldsymbol{x}^{\mathrm{T}}(t+T)\boldsymbol{P}_j\boldsymbol{x}(t+T)-\boldsymbol{x}^{\mathrm{T}}(t)\boldsymbol{P}_j\boldsymbol{x}(t)\\&=\int_t^{t+T}[-\boldsymbol{x}^{\mathrm{T}}\boldsymbol{Q}\boldsymbol{x}-\boldsymbol{u}_j^{\mathrm{T}}\boldsymbol{R}\boldsymbol{u}_j-2\boldsymbol{u}_{j+1}^{\mathrm{T}}\boldsymbol{R}(\boldsymbol{u}-\boldsymbol{u}_j)]\mathrm{d}\tau\end{aligned}\tag{2-63}$$

迭代 Bellman 方程［式（2-63）］得到线性系统的离线策略 IRL 算法。

（3）最优跟踪问题

这里的目标是设计一个最优控制输入，使系统 $\boldsymbol{x}(t)$ 的状态跟踪期望的参考轨迹 $\boldsymbol{x}_{\mathrm{d}}(t)$。

将跟踪误差定义为

$$\boldsymbol{e}(t)=\boldsymbol{x}(t)-\boldsymbol{x}_{\mathrm{d}}(t)\tag{2-64}$$

类似于 DT 系统，传统技术通常使用对系统动力学有完全了解的方法，分别找到控制输入的反馈和前馈部分。在文献［56］和文献［57］中，提出了一种新的表述，可以同时给出控制输入的反馈和前馈部分，从而使得强化学习算法能够解决跟踪问题，而无须对系统动态有完全了解。

假设参考轨迹由命令生成器模型生成：

$$\dot{\boldsymbol{x}}_{\mathrm{d}}(t)=\boldsymbol{h}_{\mathrm{d}}[\boldsymbol{x}_{\mathrm{d}}(t)]\tag{2-65}$$

式中，$\boldsymbol{x}_{\mathrm{d}}(t)\in R^n$。根据跟踪误差 $\boldsymbol{e}(t)$ 和参考轨迹 $\boldsymbol{x}_{\mathrm{d}}(t)$ 可以构造一个增强系统：

$$\begin{aligned}\dot{\boldsymbol{X}}(t)=\begin{bmatrix}\dot{\boldsymbol{e}}(t)\\\dot{\boldsymbol{x}}_{\mathrm{d}}(t)\end{bmatrix}=\begin{bmatrix}\boldsymbol{f}[\boldsymbol{e}(t)+\boldsymbol{x}_{\mathrm{d}}(t)]-\boldsymbol{h}_{\mathrm{d}}[\boldsymbol{x}_{\mathrm{d}}(t)]\\\boldsymbol{h}_{\mathrm{d}}[\boldsymbol{x}_{\mathrm{d}}(t)]\end{bmatrix}+\\\begin{bmatrix}\boldsymbol{g}[\boldsymbol{e}(t)+\boldsymbol{x}_{\mathrm{d}}(t)]\\0\end{bmatrix}\boldsymbol{u}(t)\equiv\boldsymbol{F}[\boldsymbol{X}(t)]+\boldsymbol{G}[\boldsymbol{X}(t)]\boldsymbol{u}(t)\end{aligned}\tag{2-66}$$

增广状态表示为

$$\boldsymbol{X}(t)=\begin{bmatrix}\boldsymbol{e}(t)\\ \boldsymbol{x}_{\mathrm{d}}(t)\end{bmatrix}$$

代价函数定义为

$$\boldsymbol{J}[\boldsymbol{x}(\mathbf{0}),\ \boldsymbol{x}_{\mathrm{d}}(\mathbf{0}),\boldsymbol{u}(t)]=\int_0^\infty \boldsymbol{e}^{-\gamma(\tau-t)}\times\{[\boldsymbol{x}(\boldsymbol{\tau})-\boldsymbol{x}_{\mathrm{d}}(\boldsymbol{\tau})]^{\mathrm{T}}\boldsymbol{Q}[\boldsymbol{x}(\boldsymbol{\tau})-\boldsymbol{x}_{\mathrm{d}}(\boldsymbol{\tau})]+\boldsymbol{u}^{\mathrm{T}}(\boldsymbol{\tau})\boldsymbol{R}\boldsymbol{u}(\boldsymbol{\tau})\}\mathrm{d}\tau \tag{2-67}$$

式中，$\boldsymbol{Q}\geqslant 0$；$\boldsymbol{R}=\boldsymbol{R}^{\mathrm{T}}>0$。关于增广系统的状态的值函数为

$$\begin{aligned}\boldsymbol{V}[\boldsymbol{X}(t)]&=\int_t^\infty \boldsymbol{e}^{-\gamma(\tau-t)}\boldsymbol{r}(\boldsymbol{X},\boldsymbol{u})\mathrm{d}\tau\\&=[\boldsymbol{X}^{\mathrm{T}}(\tau)\boldsymbol{Q}_{\mathrm{T}}\boldsymbol{X}(\boldsymbol{\tau})+\boldsymbol{u}^{\mathrm{T}}(\boldsymbol{\tau})\boldsymbol{R}\boldsymbol{u}(\boldsymbol{\tau})]\mathrm{d}\tau\end{aligned} \tag{2-68}$$

式中，γ 为折扣因子，$\gamma\geqslant 0$；

$$\boldsymbol{Q}_{\mathrm{T}}=\begin{bmatrix}\boldsymbol{Q} & 0\\ 0 & 0\end{bmatrix}$$

它的微分等价是 Bellman 方程：

$$\boldsymbol{r}(\boldsymbol{X},\ \boldsymbol{u})-\gamma\boldsymbol{V}+\frac{\partial\boldsymbol{V}^{\mathrm{T}}}{\partial\boldsymbol{X}}[\boldsymbol{F}(\boldsymbol{x})+\boldsymbol{G}(\boldsymbol{X})\boldsymbol{u}]=0,\ \boldsymbol{V}(0)=0 \tag{2-69}$$

哈密顿函数为

$$\boldsymbol{H}\left(\boldsymbol{X},\ \boldsymbol{u},\ \frac{\partial\boldsymbol{V}^{\mathrm{T}}}{\partial\boldsymbol{X}}\right)=\boldsymbol{r}(\boldsymbol{X},\ \boldsymbol{u})-\gamma\boldsymbol{V}+\frac{\partial\boldsymbol{V}^{\mathrm{T}}}{\partial\boldsymbol{X}}[\boldsymbol{F}(\boldsymbol{X})+\boldsymbol{G}(\boldsymbol{X})\boldsymbol{u}] \tag{2-70}$$

最优值为

$$\boldsymbol{r}(\boldsymbol{X},\ \boldsymbol{u}^*)-\gamma\boldsymbol{V}+\frac{\partial\boldsymbol{V}^{*\mathrm{T}}}{\partial\boldsymbol{X}}[\boldsymbol{F}(\boldsymbol{X})+\boldsymbol{G}(\boldsymbol{X})\boldsymbol{u}^*]=0 \tag{2-71}$$

式（2-71）也就是 CT HJB 跟踪方程。最优控制为

$$\begin{aligned}\boldsymbol{u}^*(t)&=\arg\min_{\boldsymbol{u}}\left\{\boldsymbol{r}(\boldsymbol{X},\ \boldsymbol{u})-\gamma\boldsymbol{V}+\frac{\partial\boldsymbol{V}^{*\mathrm{T}}}{\partial\boldsymbol{X}}[\boldsymbol{F}(\boldsymbol{X})+\boldsymbol{G}(\boldsymbol{X})\boldsymbol{u}]\right\}\\&=-\frac{1}{2}\boldsymbol{R}^{-1}\boldsymbol{G}^{\mathrm{T}}(\boldsymbol{x})\left(\frac{\partial\boldsymbol{V}^*}{\partial\boldsymbol{X}}\right)\end{aligned} \tag{2-72}$$

（4）使用 RL 的近似解

利用值函数，以与最优调节的在线和离线 IRL 算法相似的方式，开发了以下在线和离线 IRL 算法来寻找 CT HJB 跟踪方程的最优解。

1）在线 IRL：与算法 6 的最优调节类似，文献［57］提出了以下在线 IRL 算法，用于在线求解 CT HJB 方程，不需要了解系统内部动力学。

算法 6：寻找 HJB 解的策略上 IRL 算法
1：步骤
2：给定可接受策略 $\boldsymbol{u}_0$
3：对于 $j=0,1,\cdots$，给定 $\boldsymbol{u}_j$，用离线策略 Bellman 方程求解 $V_{j+1}(X)$ $V_{j+1}[X(t)]=\int_t^{t+T} e^{-\gamma\tau}[X^{\mathrm{T}}(\tau)Q_{\mathrm{T}}X(\tau)+u_j^{\mathrm{T}}(\tau)Ru_j(\tau)]\mathrm{d}\tau+e^{-\gamma T}V_{j+1}[X(t+T)]$ 设收敛时 $V_{j+1}(X)=V_j(X)$
4：更新控制策略 $u_{j+1}(t)$ 使用 $u_{j+1}(t)=-\frac{1}{2}R^{-1}g^{\mathrm{T}}(X)\left[\frac{\partial V_{j+1}(X)}{\partial X}\right]$
5：返回 3
6：结束

IRL 算法（算法 6）是一种在线算法，不需要了解系统内部动力学。在文献［57］中，一个类似于式（2－13）和式（2－14）的 Actor-Critic 结构被用来实现算法 6。文献［56］在线性系统的 IRL Bellman 方程中使用二次形式的值函数 $\boldsymbol{x}^{\mathrm{T}}(t)\boldsymbol{P}\boldsymbol{x}(t)$ 来求 LQT ARE 的解。

2）离线 IRL：与最优调节的离线 IRL 类似，对于增广系统和折现值函数［式（2－68）］，文献［58］开发了以下离线 IRL 算法，以避免对系统动力学知识的要求。

算法 7：求解 HJB 的离线策略 IRL 算法
1：步骤
2：给定可接受策略 $\boldsymbol{u}_0$
3：对于 $j=0,1,\cdots$，给定 $\boldsymbol{u}_j$，用离线策略 Bellman 方程求解 V_{j+1} 和 u_{j+1} $e^{-\gamma T}V_{j+1}[X(t+T)]-V_{j+1}[X(t)]=\int_t^{t+T} e^{-\gamma\tau}[-Q(X)-u_j^{\mathrm{T}}Ru_j-2u_{j+1}^{\mathrm{T}}R(u-u_j)]\mathrm{d}\tau$ 设收敛时 $V_{j+1}=V_j$
4：返回 3
5：结束

为了实现离线策略 IRL 算法（算法 7），使用类似于式（2－13）和式（2－14）的 Actor-Critic 结构来近似值函数和控制策略[58]。

注 4：大多数现有的最优控制问题的解都是针对仿射系统提出的。在文献［59］和文献［60］中考虑了非仿射系统的 RL 算法的扩展，用于最优调节和最优跟踪控制问题。

2.2 基于学习的模型预测控制

2.2.1 模型预测控制

1. 模型预测控制基本概念

模型预测控制（Model Predictive Control，MPC）是一种广泛应用于工业控制领域的高级控制策略。MPC 的基本思想是利用当前时刻系统的状态及约束条件，对未来一段时间内的状态、输入变量进行预测，并求解出一组最优的控制输入序列。随后，只选取最优控制序列中的第一组结果，将其应用于系统中。在下一时刻，重复同样的操作，得到新的最优控制序列，直到系统达到期望状态。简单来说，主要有三个步骤：①获取系统状态；②计算优化问题，获取最优控制序列；③应用所得到的最优控制序列。相比于优化控制（如 LQR），MPC 的一个重要特点是可以考虑到多种约束条件，如输入限制、状态变量限制等，因此可以适用于多种工业控制领域。

2. 模型预测控制基本原理

MPC 是一种滚动优化控制（Receding Horizon Control）方法。在每个采样时刻，MPC 会通过求解一个有限时间内的最优化问题来计算最优控制序列，这一有限时间称为预测区间（Prediction Horizon）。考虑系统的不确定性、测量误差等因素，在实际控制中，只选取预测区间内最优控制序列中的第一项施加到系统中。MPC 通常针对离散系统，因此预测区间通常指的是预测的离散步数。模型预测控制的基本原理如图 2-2 所示。

为了帮助读者理解滚动优化的概念，下面通过一个简单的例子进行说明。考虑一个单输入单状态系统，其离散型状态空间方程为

$$
\begin{aligned}
x(k+1) &= f[x(k), u(k)],\ x(0) = x_0 \\
y(k) &= h[x(k), u(k)]
\end{aligned}
\tag{2-73}
$$

式中，$x(k)$、$u(k)$、$y(k)$分别为 k 时刻系统的状态、控制输入和输出。基于预测模型［式（2-73）］，可以计算（也就是预测）系统起始于 $y(k)$ 的未来一段

时间内的输出，记为时间内的输出，记为

$$\{y_{\mathrm{p}}(k+1\mid k),\ y_{\mathrm{p}}(k+1\mid k),\ y_{\mathrm{p}}(k+2\mid k),\ \cdots,\ y_{\mathrm{p}}(k+N_{\mathrm{p}}\mid k)\} \quad (2-74)$$

式中，N_{p} 为预测时域；括号中的$(k+1\mid k)$为在当前时刻 k 预测 $k+1$ 时刻的输出，依此类推，以下也相同。当然，因为式（2-73）是差分方程，计算时需要 $x(k)$作为预测状态的起点。在已获得测量输出 $y(k)$ 的情况下，可以构造状态观测器完成对状态 $x(k)$的估计。这个问题完全依赖于选择什么样的模型作为预测模型，暂不进一步讨论。重要的是，预测输出的起点是测量值 $y(k)$。另外，预测动态系统未来输出时还需要预测时域内的控制输入 U_k，即

$$U_k=\{u(k\mid k),\ u(k+1\mid k),\ u(k+2\mid k),\ \cdots,\ u(k+N_{\mathrm{p}}-1\mid k)\} \quad (2-75)$$

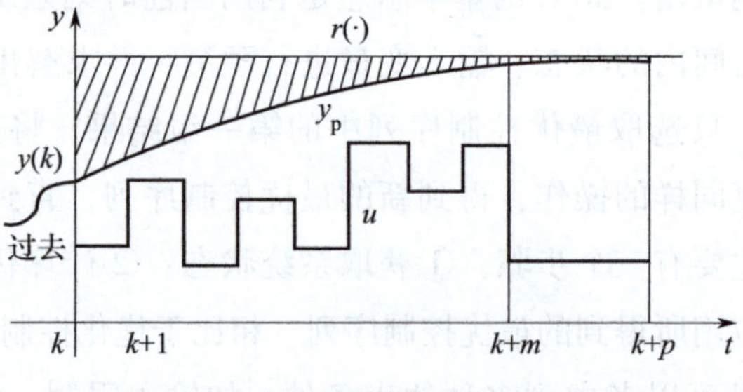

图 2-2　模型预测控制的基本原理

这正是我们将要求解的优化问题的独立变量。

我们的控制目标是使系统输出 $g(\cdot)$跟踪期望的输出，通常称为参考输入，即

$$\{r(k+1\mid k),\ r(k+2\mid k),\cdots,r(k+N_{\mathrm{p}}\mid k)\}$$

同时满足系统的控制约束和输出约束，分别为

$$u_{\min}\leqslant u(k+i)\leqslant u_{\max},\ i\geqslant 0$$

$$y_{\min}\leqslant y(k+i)\leqslant y_{\max},\ i\geqslant 0$$

注意，系统的控制约束和输出约束有更一般的表达：

$$\boldsymbol{M}(k+i)x(k+i)+\boldsymbol{F}(k+i)\boldsymbol{u}(k+i)\leqslant\beta(k+i),i=0,1,\cdots,N_{\mathrm{p}}-1$$

$$\boldsymbol{M}_{N_{\mathrm{p}}}\boldsymbol{x}(K+N_{\mathrm{p}})\leqslant\beta_{N_{\mathrm{p}}} \quad (2-76)$$

式中，$\boldsymbol{M}(k+i)\in R^{m\times n}$，$\boldsymbol{M}_{N_{\mathrm{p}}}\in R^{l\times n}$，$\boldsymbol{F}(k+i)\in R^{m\times p}$，$\beta(k+i)\in R^{m}$，$\beta_{N_{\mathrm{p}}}\in R^{l}$。式（2-76）是一个通用的约束条件，可以约束每一个时刻的控制量（输入）与状态变量的组合。特别的，当 $\boldsymbol{M}(k+i)=0$ 且 $\boldsymbol{M}_{N_{\mathrm{p}}}=0$ 时，系统只对控制量（输入）施加约束：如果 $\boldsymbol{F}(k+i)=0$，则系统只对状态变量进行约束。

也就是说，我们希望寻找最佳的控制输入使得预测的系统输出与期望的系

统输出越接近越好，即图 2-2 中的阴影部分的面积最小。为此，我们用预测输出与期望输出之间的累积误差定义一个最简单的优化目标函数如下：

$$J[y(k), U_k] = h[y(i), r(i)] + \sum_{i=k+1}^{k+N_p} g[y(i), r(i), u(i)] \tag{2-77}$$

3. MPC 具体推导

下面，我们将探讨 MPC 问题，并详细分析其推导过程。与优化控制相比（如 LQR），MPC 的一个重要优势在于可以将约束条件融入控制器中进行求解。

考虑一个离散线性时不变（Linear Time Invariant，LTI）系统，其状态空间模型为

$$x(k+1) = Ax(k) + Bu(k) \tag{2-78}$$

式中，$x \in R^n$，$u \in R^p$。假设(A, B)是可控可镇定的。考虑上述 LTI 系统，式（2-78）的约束条件为

$$\boldsymbol{M}x + \boldsymbol{F}u \leqslant 1 \tag{2-79}$$

同时考虑目标函数

$$\boldsymbol{J}(\boldsymbol{k}) = \sum_{i=1}^{N} \|\boldsymbol{x}(\boldsymbol{i} \mid \boldsymbol{k})\|_{\boldsymbol{Q}}^2 + \|\boldsymbol{x}(\boldsymbol{i} \mid \boldsymbol{k})\|_{\boldsymbol{R}}^2 = \boldsymbol{X}^{\mathrm{T}}(\boldsymbol{k})\boldsymbol{Q}\boldsymbol{X}(\boldsymbol{k}) + \boldsymbol{U}^{\mathrm{T}}(\boldsymbol{k})\boldsymbol{R}\boldsymbol{U}(\boldsymbol{k})$$

式中，N 为控制和预测时域，并且

$$\boldsymbol{Q} = \begin{bmatrix} \boldsymbol{Q} & & & \\ & \boldsymbol{Q} & & \\ & & \ddots & \\ & & & \boldsymbol{Q} \end{bmatrix}, \boldsymbol{R} = \begin{bmatrix} \boldsymbol{R} & & & \\ & \boldsymbol{R} & & \\ & & \ddots & \\ & & & \boldsymbol{R} \end{bmatrix}, \boldsymbol{X}(\boldsymbol{k}) = \boldsymbol{F}\boldsymbol{x}(\boldsymbol{k}) + \boldsymbol{\Phi}\boldsymbol{U}(\boldsymbol{k})$$

$$\boldsymbol{X}(\boldsymbol{k}) \triangleq [\boldsymbol{x}^{\mathrm{T}}(\boldsymbol{1} \mid \boldsymbol{k}), \boldsymbol{x}^{\mathrm{T}}(\boldsymbol{2} \mid \boldsymbol{k}), \cdots, \boldsymbol{x}^{\mathrm{T}}(\boldsymbol{N} \mid \boldsymbol{k})]^{\mathrm{T}}$$

$$\boldsymbol{U}(\boldsymbol{k}) \triangleq [\boldsymbol{u}^{\mathrm{T}}(\boldsymbol{0} \mid \boldsymbol{k}), \boldsymbol{u}^{\mathrm{T}}(\boldsymbol{1} \mid \boldsymbol{k}), \cdots, \boldsymbol{u}^{\mathrm{T}}(\boldsymbol{N-1} \mid \boldsymbol{k})]^{\mathrm{T}}$$

由此可得

$$\boldsymbol{F} = \begin{bmatrix} \boldsymbol{A} \\ \boldsymbol{A}^2 \\ \vdots \\ \boldsymbol{A}^N \end{bmatrix}, \boldsymbol{\Phi} = \begin{bmatrix} \boldsymbol{B} & & & \\ \boldsymbol{AB} & \boldsymbol{B} & & \\ \vdots & \vdots & \ddots & \\ \boldsymbol{A}^{N-1}\boldsymbol{B} & \boldsymbol{A}^{N-2}\boldsymbol{B} & \cdots & \boldsymbol{B} \end{bmatrix}$$

$$\begin{aligned}
\boldsymbol{J}(\boldsymbol{k}) &= \boldsymbol{X}^{\mathrm{T}}(\boldsymbol{k})\boldsymbol{Q}\boldsymbol{X}(\boldsymbol{k}) + \boldsymbol{U}^{\mathrm{T}}(\boldsymbol{k})\boldsymbol{R}\boldsymbol{U}(\boldsymbol{k}) \\
&= [\boldsymbol{F}\boldsymbol{x}(\boldsymbol{k}) + \boldsymbol{\Phi}\boldsymbol{U}(\boldsymbol{k})]^{\mathrm{T}}\boldsymbol{Q}[\boldsymbol{F}\boldsymbol{x}(\boldsymbol{k}) + \boldsymbol{\Phi}\boldsymbol{U}(\boldsymbol{k})] + \boldsymbol{U}^{\mathrm{T}}(\boldsymbol{k})\boldsymbol{R}\boldsymbol{U}(\boldsymbol{k}) \\
&= \boldsymbol{x}^{\mathrm{T}}(\boldsymbol{k})\boldsymbol{F}^{\mathrm{T}}\boldsymbol{Q}\boldsymbol{F}\boldsymbol{x}(\boldsymbol{k}) + 2\boldsymbol{x}^{\mathrm{T}}(\boldsymbol{k})\boldsymbol{F}^{\mathrm{T}}\boldsymbol{Q}\boldsymbol{\Phi}\boldsymbol{U}(\boldsymbol{k}) + \boldsymbol{U}^{\mathrm{T}}(\boldsymbol{k})(\boldsymbol{\Phi}^{\mathrm{T}}\boldsymbol{Q}\boldsymbol{\Phi} + \boldsymbol{R})\boldsymbol{U}(\boldsymbol{k})
\end{aligned}$$

此处上述问题可变换为解决一个带有约束的优化问题：

$$
\begin{aligned}
\boldsymbol{U}^*(\boldsymbol{k}) &= \arg\min_{\boldsymbol{U}(\boldsymbol{k})}\boldsymbol{J}(\boldsymbol{k}) \\
&= \arg\min_{\boldsymbol{U}(\boldsymbol{k})}[\boldsymbol{x}^{\mathrm{T}}(\boldsymbol{k})\boldsymbol{F}^{\mathrm{T}}\boldsymbol{QFx}(\boldsymbol{k}) + 2\boldsymbol{x}^{\mathrm{T}}(\boldsymbol{k})\boldsymbol{F}^{\mathrm{T}}\boldsymbol{Q\Phi U}(\boldsymbol{k}) + \\
&\quad \boldsymbol{U}^{\mathrm{T}}(\boldsymbol{k})(\boldsymbol{\Phi}^{\mathrm{T}}\boldsymbol{Q\Phi} + \boldsymbol{R})\boldsymbol{U}(\boldsymbol{k})]
\end{aligned}
\tag{2-80}
$$

$$
\text{s.t.}\ \boldsymbol{Gx}(\boldsymbol{i}\mid\boldsymbol{k}) + \boldsymbol{Hu}(\boldsymbol{i}\mid\boldsymbol{k}) \leqslant 1,\ \forall i = 0, 1, \cdots, N-1
$$

求解上述优化问题，并且对于控制序列 $\boldsymbol{u}(\boldsymbol{k})$，只采取其第一个，其余舍弃，即

$$
\boldsymbol{u}(\boldsymbol{k}) = \boldsymbol{u}^*(\boldsymbol{0}\mid\boldsymbol{k}) = [\boldsymbol{I}_{p\times p}, 0, 0, \cdots, 0]\boldsymbol{U}^*(\boldsymbol{k}) \tag{2-81}
$$

在下一步的时候，重复上述操作，即完成滚动优化的策略。

接下来，我们将讨论系统在 MPC 下的稳定性分析。主要分为终端等式约束和无限控制时域。

1）终端等式约束：在这种情况下，首先在控制时域的末尾加入一个终端等式约束：

$$
\boldsymbol{x}(\boldsymbol{N}\mid\boldsymbol{k}) = 0 \tag{2-82}
$$

然后，假设在 k 时刻存在一个满足约束条件的最优控制序列：

$$
\boldsymbol{U}^*(\boldsymbol{k}) = [\boldsymbol{u}^*(\boldsymbol{0}\mid\boldsymbol{k}), \boldsymbol{u}^*(\boldsymbol{1}\mid\boldsymbol{k}), \cdots, \boldsymbol{u}^*(\boldsymbol{N}-\boldsymbol{1}\mid\boldsymbol{k})]^{\mathrm{T}}
$$

使得相应的状态序列如下：

$$
\boldsymbol{X}^*(\boldsymbol{k}) = [\boldsymbol{x}^*(\boldsymbol{1}\mid\boldsymbol{k}), \boldsymbol{x}^*(\boldsymbol{2}\mid\boldsymbol{k}), \cdots, \boldsymbol{x}^*(\boldsymbol{N}\mid\boldsymbol{k})]^{\mathrm{T}} \tag{2-83}
$$

式中，$\boldsymbol{x}^*(\boldsymbol{N}\mid\boldsymbol{k}) = 0$，正如上述终端等式约束［式（2-82）］所示。

考虑一个离散线性时不变系统。然后，执行 $\boldsymbol{u}^*(\boldsymbol{0}\mid\boldsymbol{k})$，使得

$$
\boldsymbol{x}(\boldsymbol{k}+\boldsymbol{1}) = \boldsymbol{Ax}(\boldsymbol{k}) + \boldsymbol{Bu}(\boldsymbol{k}) = \boldsymbol{Ax}^*(\boldsymbol{0}\mid\boldsymbol{k}) + \boldsymbol{Bu}^*(\boldsymbol{0}\mid\boldsymbol{k}) = \boldsymbol{x}^*(\boldsymbol{1}\mid\boldsymbol{k}) \tag{2-84}
$$

在 $k+1$ 时刻时，存在至少一个可行的控制序列

$$
\begin{aligned}
\boldsymbol{u}(\boldsymbol{0}\mid\boldsymbol{k}+\boldsymbol{1}) &= \boldsymbol{u}^*(\boldsymbol{1}\mid\boldsymbol{k}), \boldsymbol{u}(\boldsymbol{1}\mid\boldsymbol{k}+\boldsymbol{1}) = \boldsymbol{u}^*(\boldsymbol{2}\mid\boldsymbol{k}), \cdots, \boldsymbol{u}(\boldsymbol{N}-\boldsymbol{2}\mid\boldsymbol{k}+\boldsymbol{1}) \\
&= \boldsymbol{u}^*(\boldsymbol{N}-\boldsymbol{1}\mid\boldsymbol{k}), \boldsymbol{u}(\boldsymbol{N}-\boldsymbol{1}\mid\boldsymbol{k}+\boldsymbol{1}) = 0
\end{aligned}
$$

及相应的状态序列

$$
\begin{aligned}
\boldsymbol{x}(\boldsymbol{1}\mid\boldsymbol{k}+\boldsymbol{1}) &= \boldsymbol{x}^*(\boldsymbol{2}\mid\boldsymbol{k}), \boldsymbol{x}(\boldsymbol{2}\mid\boldsymbol{k}+\boldsymbol{1}) = \boldsymbol{x}^*(\boldsymbol{3}\mid\boldsymbol{k}), \cdots, \boldsymbol{x}(\boldsymbol{N}-\boldsymbol{1}\mid\boldsymbol{k}+\boldsymbol{1}) \\
&= \boldsymbol{x}^*(\boldsymbol{N}\mid\boldsymbol{k}) = 0,\ \boldsymbol{x}(\boldsymbol{N}\mid\boldsymbol{k}+\boldsymbol{1}) = 0
\end{aligned}
$$

其中的终端状态可由下式计算所得：

$$
\boldsymbol{x}(\boldsymbol{N}\mid\boldsymbol{k}+\boldsymbol{1}) = \boldsymbol{Ax}(\boldsymbol{N}-\boldsymbol{1}\mid\boldsymbol{k}+\boldsymbol{1}) + \boldsymbol{Bu}(\boldsymbol{N}-\boldsymbol{1}\mid\boldsymbol{k}+\boldsymbol{1}) = 0 \tag{2-85}
$$

由式（2-85）可得出，在 k 时刻可行意味着 $k+1$ 时刻可行，称为递归可行性。因此，如果优化问题初始可行（$k=0$ 时刻），那么它对于未来的所有时刻都可行。

下面选取 $\boldsymbol{J}^*(\boldsymbol{k})$ 作为闭环系统的候选李雅普诺夫（Lyapunov）函数

$$\begin{aligned}
&\boldsymbol{J}^*(\boldsymbol{k}+\mathbf{1})-\boldsymbol{J}^*(\boldsymbol{k})\leqslant\boldsymbol{J}(\boldsymbol{k}+\mathbf{1})-\boldsymbol{J}^*(\boldsymbol{k})\\
&=\sum_{i=1}^{N}\left(\|\boldsymbol{x}(\boldsymbol{i}\mid\boldsymbol{k}+\mathbf{1})\|_{Q}^{2}+\|\boldsymbol{u}(\boldsymbol{i}-\mathbf{1}\mid\boldsymbol{k}+\mathbf{1})\|_{R}^{2}\right)-\\
&\quad\sum_{i=1}^{N}\left(\|\boldsymbol{x}^*(\boldsymbol{i}\mid\boldsymbol{k})\|_{Q}^{2}+\|\boldsymbol{u}^*(\boldsymbol{i}-\mathbf{1}\mid\boldsymbol{k})\|_{R}^{2}\right)\\
&=\sum_{i=1}^{N-1}\left(\|\boldsymbol{x}^*(\boldsymbol{i}+\mathbf{1}\mid\boldsymbol{k})\|_{Q}^{2}+\|\boldsymbol{u}^*(\boldsymbol{i}\mid\boldsymbol{k})\|_{R}^{2}+0+0\right)-\\
&\quad\sum_{i=1}^{N}\left(\|\boldsymbol{x}^*(\boldsymbol{i}\mid\boldsymbol{k})\|_{Q}^{2}+\|\boldsymbol{u}^*(\boldsymbol{i}-\mathbf{1}\mid\boldsymbol{k})\|_{R}^{2}\right)\\
&=-\|\boldsymbol{x}^*(\mathbf{1}\mid\boldsymbol{k})\|_{Q}^{2}-\|\boldsymbol{u}^*(\mathbf{0}\mid\boldsymbol{k})\|_{R}^{2}
\end{aligned}\tag{2-86}$$

这意味着在优化问题初始可行的时候，闭环系统是渐近稳定的。

2）无限控制时域：$N=\infty$。

若控制时域为无穷且假设一个优化问题初始可行，即

$$\boldsymbol{J}(\boldsymbol{k})=\sum_{i=1}^{\infty}\|\boldsymbol{x}(\boldsymbol{i}\mid\boldsymbol{k})\|_{Q}^{2}+\|\boldsymbol{x}(\boldsymbol{i}\mid\boldsymbol{k})\|_{R}^{2}=\boldsymbol{X}^{\mathrm{T}}(\boldsymbol{k})\boldsymbol{Q}\boldsymbol{X}(\boldsymbol{k})+\boldsymbol{U}^{\mathrm{T}}(\boldsymbol{k})\boldsymbol{R}\boldsymbol{U}(\boldsymbol{k})\tag{2-87}$$

那么，

$$\begin{aligned}
&\boldsymbol{J}^*(\boldsymbol{k}+\mathbf{1})-\boldsymbol{J}^*(\boldsymbol{k})\leqslant\boldsymbol{J}(\boldsymbol{k}+\mathbf{1})-\boldsymbol{J}^*(\boldsymbol{k})\\
&=\sum_{i=1}^{N}\left(\|\boldsymbol{x}(\boldsymbol{i}\mid\boldsymbol{k}+\mathbf{1})\|_{Q}^{2}+\|\boldsymbol{u}(\boldsymbol{i}-\mathbf{1}\mid\boldsymbol{k}+\mathbf{1})\|_{R}^{2}\right)-\\
&\quad\sum_{i=1}^{N}\left(\|\boldsymbol{x}^*(\boldsymbol{i}\mid\boldsymbol{k})\|_{Q}^{2}+\|\boldsymbol{u}^*(\boldsymbol{i}-\mathbf{1}\mid\boldsymbol{k})\|_{R}^{2}\right)\\
&=\sum_{i=1}^{N-1}\left(\|\boldsymbol{x}^*(\boldsymbol{i}+\mathbf{1}\mid\boldsymbol{k})\|_{Q}^{2}+\|\boldsymbol{u}^*(\boldsymbol{i}\mid\boldsymbol{k})\|_{R}^{2}+0+0\right)-\\
&\quad\sum_{i=1}^{N}\left(\|\boldsymbol{x}^*(\boldsymbol{i}\mid\boldsymbol{k})\|_{Q}^{2}+\|\boldsymbol{u}^*(\boldsymbol{i}-\mathbf{1}\mid\boldsymbol{k})\|_{R}^{2}\right)\\
&=-\|\boldsymbol{x}^*(\mathbf{1}\mid\boldsymbol{k})\|_{Q}^{2}-\|\boldsymbol{u}^*(\mathbf{0}\mid\boldsymbol{k})\|_{R}^{2}
\end{aligned}\tag{2-88}$$

可以看出，即使在没有终端相等约束的情况下，它依然是负定的。

但是，当控制时域为无穷时，控制序列有如下形式：

$$\boldsymbol{U}^*(\boldsymbol{k})=[\boldsymbol{u}^{*\mathrm{T}}(\mathbf{0}\mid\boldsymbol{k}),\boldsymbol{u}^{*\mathrm{T}}(\mathbf{1}\mid\boldsymbol{k}),\cdots,\boldsymbol{u}^{*\mathrm{T}}(\boldsymbol{i}\mid\boldsymbol{k}),\cdots]^{\mathrm{T}}\tag{2-89}$$

怎么处理后面的无穷项需要引入不变集的概念：对于一个闭环系统 $\boldsymbol{x}(\boldsymbol{k}+\mathbf{1})=$

$(\boldsymbol{A}-\boldsymbol{BK})\boldsymbol{x}(k)$，并且 $|\mathrm{eig}(\boldsymbol{A}-\boldsymbol{BK})|<1$，总是会存在一个在原点周围的不变集 $\Omega\subset X$，使得

$$\boldsymbol{x}(k)\in\Omega \;\Rightarrow\; \boldsymbol{x}(k+1)\in\Omega,\ \boldsymbol{u}(k)\in K\Omega\subset U$$

在这种情况下，无限目标函数将成为“有限的”，即

$$\begin{aligned}\boldsymbol{J}(k) &= \sum_{i=1}^{\infty}\|\boldsymbol{x}(i\mid k)\|_{Q}^{2}+\|\boldsymbol{u}(i-1\mid k)\|_{R}^{2}\\ &= \|\boldsymbol{x}(N+1\mid k)\|_{P}^{2}+\|\boldsymbol{u}(N\mid k)\|_{R}^{2}+\sum_{i=1}^{N}\|\boldsymbol{x}(i\mid k)\|_{Q}^{2}+\|\boldsymbol{u}(i-1\mid k)\|_{R}^{2}\end{aligned} \tag{2-90}$$

或写成紧凑形式：

$$\boldsymbol{J}(k)=\boldsymbol{X}^{\mathrm{T}}(k)\boldsymbol{Q}\boldsymbol{X}(k)+\boldsymbol{U}^{\mathrm{T}}(k)\boldsymbol{R}\boldsymbol{U}(k) \tag{2-91}$$

式中，

$$\boldsymbol{Q}=\mathrm{diag}[\boldsymbol{Q},\boldsymbol{Q},\cdots,\boldsymbol{Q},\boldsymbol{P}],\ \boldsymbol{R}=\mathrm{diag}[\boldsymbol{R},\boldsymbol{R},\cdots,\boldsymbol{R}]$$

式中，$\boldsymbol{P}$ 为 Lyapunov 方程的特解：

$$\boldsymbol{P}-(\boldsymbol{A}-\boldsymbol{BK})^{\mathrm{T}}\boldsymbol{P}(\boldsymbol{A}-\boldsymbol{BK})=\boldsymbol{Q}+\boldsymbol{K}^{\mathrm{T}}\boldsymbol{RK} \tag{2-92}$$

为了确保 MPC 的稳定性，需要加上一个终端不等式约束：$\boldsymbol{x}(N\mid k)\in X_{\mathrm{f}}\subset\Omega$。下面讨论这部分的递归可行性。

假设在 k 时刻，优化问题是可行的。实行控制序列的第一个 $\boldsymbol{u}(k)=\boldsymbol{u}^{*}(0\mid k)$ 使得

$$\boldsymbol{x}(k+1)=\boldsymbol{Ax}(k)+\boldsymbol{Bu}(k)=\boldsymbol{Ax}^{*}(0\mid k)+\boldsymbol{Bu}^{*}(0\mid k)=\boldsymbol{x}^{*}(1\mid k) \tag{2-93}$$

在 $k+1$ 时刻，至少有一个可行的控制序列存在：

$$\begin{aligned}&\boldsymbol{u}(i\mid k+1)=\boldsymbol{u}^{*}(i+1\mid k),\ i=0,1,\cdots,N-1\\ &\boldsymbol{u}(i\mid k+1)=-\boldsymbol{Kx}(i\mid k+1),\ i=N,N+1\cdots\end{aligned} \tag{2-94}$$

使得

$$\boldsymbol{x}(i\mid k+1)=\boldsymbol{x}^{*}(i+1\mid k),\ i=0,1,\cdots$$

显然，所有状态和控制输入都满足它们的约束。

2.2.2 机器学习在模型预测控制中的角色

1. MPC 中为什么需要 ML

MPC 的主要步骤分为三个部分：

1）获取系统状态。

2）计算优化问题，获取最优控制序列。

$$
\begin{aligned}
&\min_{u} \sum_{k=0}^{T_f-1} F[\boldsymbol{x}(\boldsymbol{k}),\ \boldsymbol{u}(\boldsymbol{k})] + E[\boldsymbol{x}(\boldsymbol{T}_f)] \\
&\text{s.t.}\quad \boldsymbol{x}(\boldsymbol{k}+\boldsymbol{1}) = f[\boldsymbol{x}(\boldsymbol{k}),\ \boldsymbol{u}(\boldsymbol{k})] \\
&\boldsymbol{x}(\boldsymbol{k}) \in X,\ \boldsymbol{u}(\boldsymbol{k}) \in U,\ \boldsymbol{x}(\boldsymbol{T}_f) \in X_N \subseteq X
\end{aligned}
\tag{2-95}
$$

3）应用所得到的最优控制序列。

之后再重复进行以上步骤。在 MPC 中经常会遇到三个问题：①频繁测量的代价比较高；②非线性动力学的存在造成模型的不确定性；③有限的先验知识(数据)、全面数据。然而，使用特定的机器学习方法可以通过较少量的数据来学习未知的信息，为 MPC 解决相应的难题。除此之外，评价 MPC 通常以安全性、可行性、可适应性、稳定性以及鲁棒性作为标准。面对这些评价标准，通常需要直接的约束考量、带有多输入的非线性系统、先验信息和模型信息的使用、优化问题的可行性以及多种实用的稳定性、鲁棒性方法。机器学习方法可以解决没有好的模型、约束或成本函数可用的问题。下面将具体介绍 ML 在 MPC 中的作用。

对于基于学习的控制，如图 2-3 所示，特点是可以利用数据并且不需要实体模型来实施控制，但是如何获取满足系统物理特性的数据是一个问题，并且需要反复训练确保系统的稳定性、鲁棒性。而传统的 MPC 需要相应的实际模型和数据，在获取实际模型后，可以自然地提供所需要的物理特性并且利用它，在确保系统的稳定性、鲁棒性上面也有很大优势。但是其难以处理大的变化，即适应能力较差。结合以上分析，基于学习的 MPC 可以解决这些问题。在基于学习的 MPC 中，可以通过机器学习方法，对扰动、模型和控制器进行学习，如图 2-4 所示。下面将介绍几种基于机器学习的模型预测控制方法。

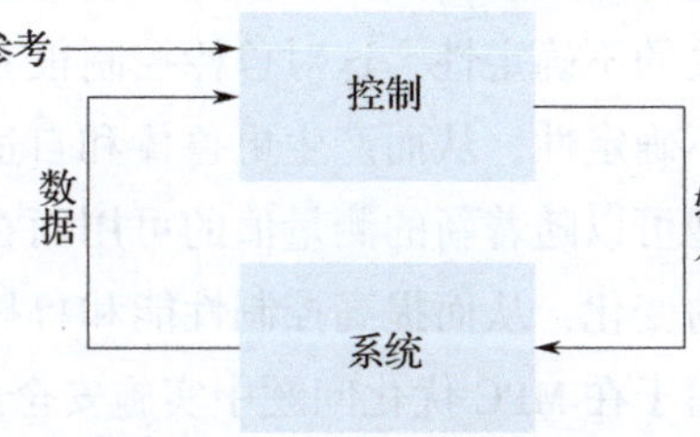

图 2-3　数据驱动的控制

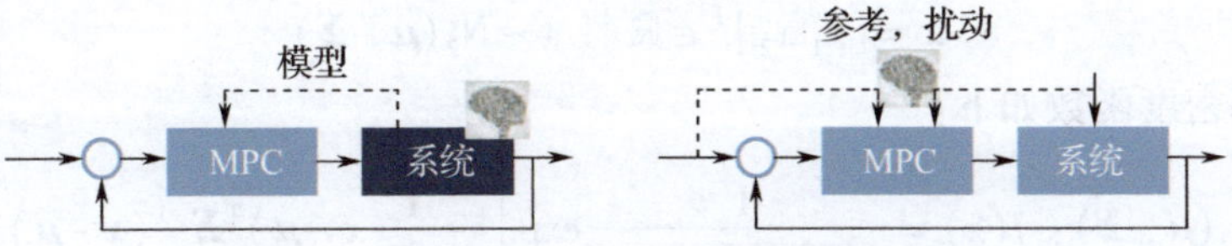

图 2-4　MPC 中不同作用的机器学习方法

2. 基于高斯过程的 MPC

高斯过程是用于回归和概率建模的灵活而强大的工具。它们用于以非参数方式对输入和输出变量之间的关系进行建模。高斯过程提供了一个概率框架，该框架不仅预测给定输入的输出值，而且还为预测提供不确定性估计。基于高斯过程的预测控制系统模型是一种将模型预测控制原理与高斯过程回归相结合的系统建模方法。在这种方法中，高斯过程用于对系统的动态行为进行建模。高斯过程为回归提供了一个非参数概率框架，允许它们在不采用特定函数形式的情况下捕捉输入和输出之间的复杂关系。为了将预测控制应用于高斯过程系统模型，使用系统的历史输入输出数据来训练高斯过程模型。高斯过程学习系统的基本动力学，并在给定一系列输入的情况下提供系统未来行为的预测。

一旦高斯过程模型经过训练，它就被集成到 MPC 框架中。MPC 涉及预测有限时间范围内的未来系统行为，解决优化问题以确定最小化指定成本函数的最优控制动作，并将第一控制动作应用于系统。该过程在每个时间步长重复进行，基于系统状态的更新测量来解决优化问题。在 MPC 框架内，高斯过程模型用于预测未来系统状态和估计不确定性。高斯过程提供的预测分布捕捉了与预测相关的不确定性，这对鲁棒控制很有价值。MPC 在生成控制动作时可以考虑这种不确定性，从而产生更鲁棒和自适应的控制行为。在某些实现中，高斯过程模型可以随着新的测量值的可用而在线更新。这允许控制器适应系统动态随时间的变化，从而提高控制性能和鲁棒性。高斯过程模型提供的不确定性估计也可用于在 MPC 优化问题中实施安全约束。例如，控制器可以避免导致高不确定性或违反安全约束的控制动作，从而确保系统的安全稳定运行。

总体而言，高斯过程系统模型的预测控制为控制提供了一个灵活而强大的框架，特别是在精确建模和鲁棒控制至关重要的应用中，如机器人、自动驾驶汽车和过程控制。通过将高斯过程回归与 MPC 相结合，该方法可以处理复杂和不确定的系统动力学，同时提供自适应和鲁棒的控制行为。

下面介绍一下二维高斯/正态分布的内容。

随机向量的二维分布（图 2-5）可由下式来描述：

$$\boldsymbol{x}=[x_1\ x_2]^{\mathrm{T}}\in\mathbb{R}^2,\ x\sim \mathrm{N}_2(\boldsymbol{\mu},\boldsymbol{\Sigma}) \tag{2-96}$$

概率密度函数如下：

$$\mathrm{N}_2(\boldsymbol{\mu},\boldsymbol{\Sigma}):f(x)=\frac{1}{\sqrt{(2\pi)^2\det(\boldsymbol{\Sigma})}}\exp\left[-\frac{1}{2}(\boldsymbol{x}-\boldsymbol{\mu})^{\mathrm{T}}\boldsymbol{\Sigma}^{-1}(\boldsymbol{x}-\boldsymbol{\mu})\right] \tag{2-97}$$

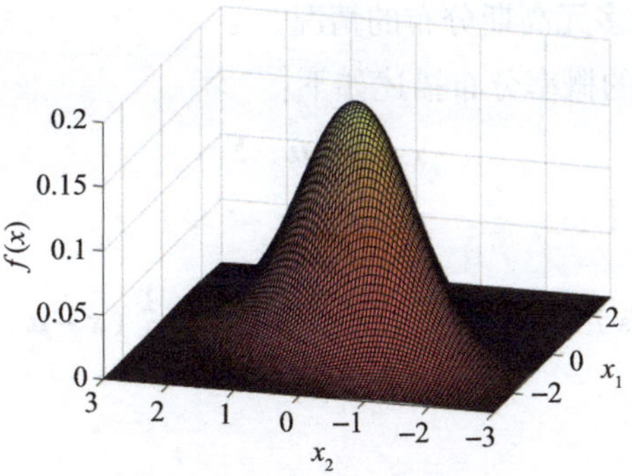

图 2-5　随机向量的二维分布

二维联合高斯为

$$\begin{bmatrix} x_1 \\ x_2 \end{bmatrix} \sim p_{X_1,X_2}(x_1, x_2) = \mathrm{N}\left(\begin{bmatrix} \mu_1 \\ \mu_2 \end{bmatrix}, \begin{bmatrix} \Sigma_{11} & \Sigma_{12} \\ \Sigma_{21} & \Sigma_{22} \end{bmatrix}\right) \tag{2-98}$$

边缘化表示为

$$\begin{aligned} p_{X_1}(x_1) &= \int p_{X_1,X_2}(x_1,x_2)\mathrm{d}x_2 = \int p_{X_1 \mid X_2}(x_1)p_{X_2}(x_2)\mathrm{d}x_2 \\ &= \mathrm{N}(\mu_1, \Sigma_{11}) \end{aligned} \tag{2-99}$$

概率分布的边缘化是概率论和统计学中的一个基本概念，尤其是在处理涉及多个变量的联合概率分布时。当在多个随机变量上有一个联合概率分布时，边缘化涉及通过对其他变量求和（或积分）来获得一个或多个感兴趣变量的概率分布。边缘化在许多情况下都很有用，例如：

1）简化模型：通过对不相关变量进行边缘化，可以简化复杂的联合分布，并专注于感兴趣的变量。

2）推论：当研究一个或几个变量的概率分布时，边缘化可以在联合分布中计算这些分布。

3）特征工程：在机器学习中，边缘化可以作为一种特征工程技术。通过在联合分布中对某些变量进行边缘化，可以创建新功能来捕获特定任务的相关信息。

4）汇总数据：边际分布提供了单个变量分布的汇总，这对理解数据或进行预测很有用。

条件分布为

$$\begin{aligned} p_{X_1 \mid X_2}(x_1) &= \mathrm{N}(\mu_{X_1 \mid X_2}, \Sigma_{X_1 \mid X_2}) \\ \mu_{X_1 \mid X_2} &= \mu_1 + \Sigma_{12}\Sigma_{22}^{-1}(x_2 - \mu_2) \\ \Sigma_{X_1 \mid X_2} &= \Sigma_{11} - \Sigma_{12}\Sigma_{22}^{-1}\Sigma_{21} \end{aligned} \tag{2-100}$$

下面将介绍多维多元高斯分布的情况。

随机向量 $x \in \mathbb{R}^n$ 的概率分布描述如下：

$$x \sim \mathrm{N}_n(\boldsymbol{\mu}, \boldsymbol{\Sigma}) \tag{2-101}$$

概率密度函数如下：

$$\mathrm{N}_n(\boldsymbol{\mu}, \boldsymbol{\Sigma}): f(x) = \frac{1}{\sqrt{(2\pi)^n \det(\boldsymbol{\Sigma})}} \exp\left[-\frac{1}{2}(\boldsymbol{x}-\boldsymbol{\mu})^{\mathrm{T}} \boldsymbol{\Sigma}^{-1}(\boldsymbol{x}-\boldsymbol{\mu})\right] \tag{2-102}$$

均值向量为

$$\boldsymbol{\mu} = [\mu_1, \cdots, \mu_n]^{\mathrm{T}} = [E[x_1], \cdots, E[x_n]]^{\mathrm{T}} \tag{2-103}$$

协方差矩阵为

$$\boldsymbol{\Sigma} = \begin{bmatrix} \Sigma_{11} & \cdots & \Sigma_{1n} \\ \vdots & & \vdots \\ \Sigma_{n1} & \cdots & \Sigma_{nn} \end{bmatrix} \tag{2-104}$$

式中，$\Sigma_{ij} = E[(x_i - \mu_i)(x_j - \mu_j)]$，$i, j \in \{1, \cdots, n\}$ 且 $\Sigma_{ij} = \Sigma_{ji}$。

高斯过程可以概念化为函数上的无限维高斯分布，如图 2-6 所示。这一观点对于理解如何使用高斯过程对不确定函数进行建模并从这些分布中生成样本至关重要。

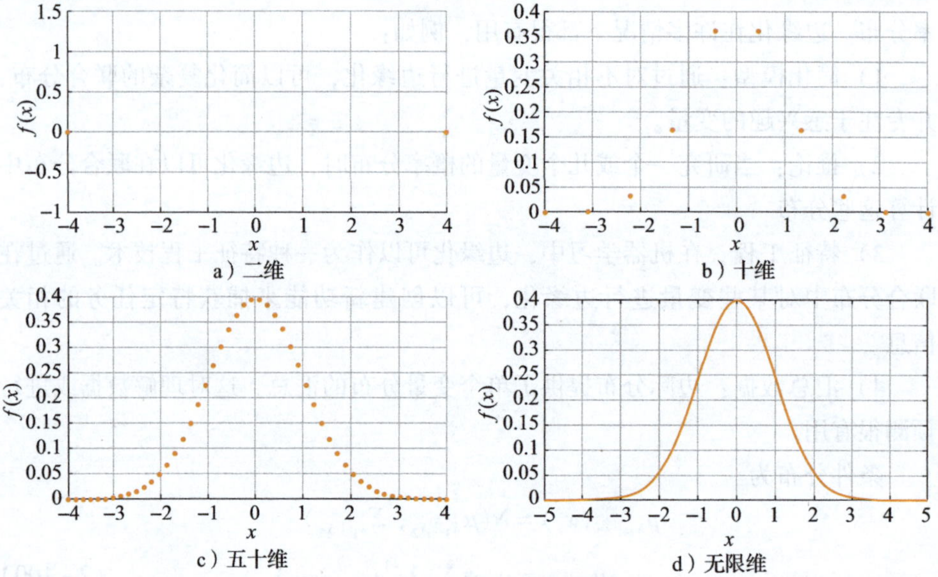

图2-6　有限维向无限维的转变

高斯过程的定义如下。

假设 T 是一个索引集，Ω 是一个样本空间。一个 d 维高斯过程是随机变量 $\boldsymbol{X}_t(\boldsymbol{\omega})$ 的族：

$$\boldsymbol{X}=\{\boldsymbol{X}_t(\boldsymbol{\omega}),\ t\in T,\ \omega\in\Omega\} \tag{2-105}$$

式（2-105）中，任意有限子集都是联合高斯分布的。

高斯过程回归是一种用于回归任务的非参数贝叶斯方法，其目标是在给定一些输入-输出对 $\{\boldsymbol{X},\boldsymbol{f}(\boldsymbol{X})\}$ 估计一个函数，其中 $\boldsymbol{X}$ 表示输入变量，$\boldsymbol{f}(\boldsymbol{X})$ 表示相应的输出。

下面介绍预测未知函数的高斯过程回归的基本设置。首先是数据和模型假设的设定。数据分为训练数据和测试数据。

训练数据表示为

$$\{\boldsymbol{X},\boldsymbol{f}(\boldsymbol{X})\},\ \boldsymbol{X}=\begin{bmatrix}x_1\\ \vdots\\ x_n\end{bmatrix}\in\mathbb{R}^{n\times d},\ x_i\in\mathbb{R}^d \tag{2-106}$$

式中，$\boldsymbol{X}$ 为已观测的输入变量；$\boldsymbol{f}(\boldsymbol{X})$ 为相应的输出。

测试数据表示为

$$\{\boldsymbol{X}_*,\boldsymbol{f}(\boldsymbol{X}_*)\},\ \boldsymbol{X}_*=\begin{bmatrix}\boldsymbol{x}_{*,1}\\ \vdots\\ \boldsymbol{x}_{*,n}\end{bmatrix}\in\mathbb{R}^{n\times d},\ \boldsymbol{x}_{*,i}\in\mathbb{R}^d \tag{2-107}$$

式中，$\boldsymbol{X}_*$ 为未观测但可预测的输入变量；$\boldsymbol{f}(\boldsymbol{X}_*)$ 为相应的输出。假设测试和训练目标具有联合高斯分布，即所谓的先验分布：

$$\begin{bmatrix}\boldsymbol{f}(\boldsymbol{X})\\ \boldsymbol{f}(\boldsymbol{X}_*)\end{bmatrix}\sim\mathrm{N}\left(\begin{bmatrix}m(\boldsymbol{X})\\ m(\boldsymbol{X}_*)\end{bmatrix},\begin{bmatrix}K(\boldsymbol{X},\boldsymbol{X}) & K(\boldsymbol{X},\boldsymbol{X}_*)\\ K(\boldsymbol{X}_*,\boldsymbol{X}) & K(\boldsymbol{X}_*,\boldsymbol{X}_*)\end{bmatrix}\right) \tag{2-108}$$

式中，假设联合分布允许从训练数据推断测试目标。

（先验）均值函数表示为

$$m:\ \mathbb{R}^d\to\mathbb{R}:\ x\mapsto m(x)$$

均值函数的选择通常基于先验知识或者是一种简单的假设。例如，如果没有先验信息，则通常会将均值函数设为常数（如0）。在其他情况下，可以根据领域知识或数据特征选择更为复杂的均值函数。均值函数 $m(x)$ 表示在没有观测到数据时，对函数 $f(x)$ 的期望值。它可以捕捉到在未观测到数据的情况下对函数行为的先验信念。

（先验）协方差函数表示如下。

若 $\boldsymbol{K}=\boldsymbol{K}^{\mathrm{T}}\in\mathbb{R}^{n\times n}$，$(K_{ij})_{i,j=1,\cdots,n}=k(x_i, x_j)$ 正定，则

$$k:\ \mathbb{R}^d\times\mathbb{R}^d\to\mathbb{R}:(x, x')\mapsto k(x, x')$$

是一个有效的协方差函数。协方差函数 $k(x, x')$ 表示两个输入点 x 和 x' 处函数值之间的相关性或相似性。它决定了函数的光滑性和变化性，以及从高斯过程中抽样的函数的相关性结构。通常，协方差函数应当满足正定性，以确保生成的高斯过程是一个有效的随机过程。常见的协方差函数包括径向基函数（RBF）核、马氏（Matérn）核、周期性核、线性核、白噪声核等。其中径向基函数核使用较常见，它产生平滑的函数，对于相似的输入，函数值之间的协方差较大。

径向基函数核（平方指数核）表示为

$$k(x, x')=\sigma_{\mathrm{f}}^2\exp\left(\frac{-\|x-x'\|_2^2}{2l^2}\right) \tag{2-109}$$

式中，σ_{f}^2 和 l 为超参数，是一类用于控制学习过程的参数。l 为长度尺度参数，用来确定 $f(x)$ 对周围 $f(x')$ 的影响范围，并且与样本函数单调变化的频率有关；σ_{f}^2 为信号方差参数，与采样函数的垂直缩放相关。

一旦确定了先验分布中的均值函数和协方差函数，就可以通过在有限的输入点集上绘制函数值来从高斯过程先验中抽样函数。这些抽样的函数代表了根据先验分布可能生成数据的不同合理函数。通过使用均值函数和协方差函数指定函数的先验分布，可以捕获我们对观察任何数据之前潜在函数行为的信念。通过合并观察到的数据，得到了函数的后验分布，从而实现了预测和不确定性量化。

高斯过程回归的后验分布是给定观测数据后函数的条件分布，它包含我们对函数的更新认识。在给定输入－输出对 $\{\boldsymbol{X}, \boldsymbol{f}(\boldsymbol{X})\}$ 和先验分布的情况下，后验分布描述了函数在给定观测数据下的可能性。

后验分布表示为

$$\begin{aligned}
&\boldsymbol{f}(\boldsymbol{X}_*)\sim\mathrm{N}(\boldsymbol{\mu}_*, \hat{\boldsymbol{\sigma}}_*^2)\\
&\boldsymbol{\mu}_*=m(\boldsymbol{X}_*)+K(\boldsymbol{X}_*, \boldsymbol{X})K(\boldsymbol{X}, \boldsymbol{X})^{-1}[f(\boldsymbol{X})-m(\boldsymbol{X})]\\
&\hat{\boldsymbol{\sigma}}_*^2=K(\boldsymbol{X}_*, \boldsymbol{X}_*)-K(\boldsymbol{X}_*, \boldsymbol{X})K(\boldsymbol{X}, \boldsymbol{X})^{-1}K(\boldsymbol{X}, \boldsymbol{X}_*)
\end{aligned} \tag{2-110}$$

式中，$\boldsymbol{\mu}_*$ 为预测均值；$\hat{\boldsymbol{\sigma}}_*^2$ 为预测协方差。通过后验分布，我们可以进行预测和不确定性量化。对于新的输入 $\boldsymbol{X}_*$，预测的输出 $\boldsymbol{f}(\boldsymbol{X}_*)$ 是后验均值函数在 $\boldsymbol{X}_*$ 处的值，而预测的不确定性可以通过后验协方差函数来量化。

在高斯过程回归中，超参数学习是指通过观察数据来自动调整模型中的超参数，以使模型更好地拟合数据和捕捉真实的数据结构。超参数学习方法通常有最大似然估计、贝叶斯优化等。具体步骤为：①初始化：首先，需要选择一组初始超参数值。这可以通过领域知识、经验或随机选择来完成。②优化：使用选择的优化方法来调整超参数，使模型的性能最优化。在优化过程中，需要定义一个适当的性能度量标准，例如对数似然函数值或预测误差。③评估：在找到最优超参数后，需要评估模型在测试数据上的性能。这可以通过计算测试数据的对数似然函数值、均方误差等指标来完成。④调整：如果模型性能不满足要求，可以尝试不同的超参数设置，并重复优化和评估步骤，直到获得满意的性能。

高斯过程可以提供基于数据的非参数建模，这使得在 MPC 中不需要明确的物理模型并且还可以适应当前形势，下面将介绍基于高斯过程的 MPC 方法。

考虑一个内部状态不可测量的非线性离散时间系统和其相应的输入输出行为，并假设这可以用具有形式的外生输入的非线性自回归模型来表示：

$$\boldsymbol{y}_{k+1} = f(\boldsymbol{x}_k, \boldsymbol{u}_k, \boldsymbol{d}_k) + \varepsilon$$
$$\text{s.t. } \boldsymbol{u}_k \in \mathrm{U},\ \boldsymbol{y}_k \in Y \tag{2-111}$$

式中，$\boldsymbol{x}_k = [\boldsymbol{y}_k, \cdots, \boldsymbol{y}_{k-m_y}, \boldsymbol{u}_{k-1}, \cdots, \boldsymbol{u}_{k-m_u}]$为系统状态；$\boldsymbol{u}_k$ 为控制输入；$\boldsymbol{y}_k$ 为系统输出；f 为系统动态函数；ε 为均值为 0 和噪声方差为 σ_n^2 的高斯过程噪声 $\varepsilon \sim \mathrm{N}(0, \sigma_n^2)$；$m_y$ 和 m_u 用来确定系统的阶数 M，$M = m_y + m_u + 1$。对于这种系统模型，所需的控制目标通常为：

1）控制系统从初始点$(y_{\mathrm{ini}}, u_{\mathrm{ini}})$到目标点$(y_{\mathrm{ref}}, u_{\mathrm{ref}})$。

2）$f(\cdot)$为未知的，需要通过高斯过程学习出$f(\cdot)$。

3）满足约束。

4）提供与模型不匹配相关的鲁棒性保证。

使用高斯过程来建立系统模型，即动态函数f，它的形式为

$$f(x, u) \sim \mathrm{GP}[m(x, u), k(x, u, x', u')] \tag{2-112}$$

式中，$m(x, u)$为均值函数；$k(x, u, x', u')$为协方差函数。

利用当前的状态估计和高斯过程模型，我们可以对未来的状态进行预测。假设我们希望预测未来 N 个时间步的状态，我们可以使用高斯过程的条件分布来进行预测：

$$p(x_{t+1:t+N} \mid x_t, u_t) \tag{2-113}$$

接下来，我们建立一个优化问题，以最小化控制序列 $u_{t:t+N-1}$，以达到某个

性能指标 J，同时满足约束条件和系统动态约束：

$$\min_{u_{t:t+N-1}} J(x_{t+1:t+N},\ u_{t:t+N-1}) \tag{2-114}$$

$$\min_{u} \sum_{k=0}^{T_f-1} F[x(k), u(k)] + E[x(T_f)]$$

$$\text{s. t. } x(k+1) = f[x(k),\ u(k)]$$

$$x(k) \in X,\ u(k) \in U,\ x(T_f) \in X_N \subseteq X \tag{2-115}$$

使用优化算法（如序列二次规划、非线性规划等），求解构建的优化问题，得到最优的控制序列。将优化求解得到的第一个控制动作 $u(k)$ 应用于实际系统，并执行控制操作。当新的测量数据可用时，更新系统状态的估计 $x(k)$，重新计算预测并重复上述步骤。

接下来介绍一个具体的基于高斯过程的 MPC 的结果。

考虑如下基于式（2-112）的输入－输出预测系统模型：

$$\begin{aligned} \boldsymbol{x}_{k+1} &= F(\boldsymbol{x}_k,\ \boldsymbol{u}_k,\ \boldsymbol{d}_k) \\ &= [f(\boldsymbol{x}_k,\ \boldsymbol{u}_k,\ \boldsymbol{d}_k) + \grave{o},\ \boldsymbol{y}_k,\ \cdots,\ \boldsymbol{y}_{k+1-m_y},\ \boldsymbol{u}_k,\ \cdots,\ \boldsymbol{u}_{k+1-m_u}] \end{aligned} \tag{2-116}$$

式中，输出 $\boldsymbol{y}_k = \boldsymbol{c}^{\mathrm{T}}\boldsymbol{x}_k$，$\boldsymbol{c}^{\mathrm{T}} = [1\quad 0\quad \cdots\quad 0]$。将式（2-116）去掉系统不确定性和噪声，换成为一个标称系统：

$$\begin{aligned} \boldsymbol{x}_{k+1} &= \bar{F}(\boldsymbol{x}_k,\ \boldsymbol{u}_k) \\ &= [\bar{f}(\boldsymbol{x}_k,\ \boldsymbol{u}_k),\ \boldsymbol{y}_k,\ \cdots,\ \boldsymbol{y}_{k+1-m_y},\ \boldsymbol{u}_k,\ \cdots,\ \boldsymbol{u}_{k+1-m_u}] \end{aligned}$$

式中，$\boldsymbol{x}_k$ 为系统状态；$\boldsymbol{u}_k$ 为控制输入；$\boldsymbol{y}_k$ 为系统输出。

假设 $\boldsymbol{m}^+(\boldsymbol{w})$ 为后验均值函数。$\bar{F}(\boldsymbol{x}_k,\ \boldsymbol{u}_k) = F(x,\ u,\ 0)$；$\bar{f}(x,\ u) \triangleq f(x,\ u,\ 0)$ 作为式（2-112）的标称系统。在本节中，通过当前 $w = (\boldsymbol{x}_k,\ \boldsymbol{u}_k)$ 的高斯后验均值 $\boldsymbol{m}^+(\boldsymbol{w})$ 来计算下一个预测输出 $\boldsymbol{y}_{k+1}$。由此，$\boldsymbol{y}_{k+1} = \bar{f}(\boldsymbol{x}_k,\ \boldsymbol{u}_k) = \boldsymbol{m}^+(\boldsymbol{w})$。并且，我们可获得预测模型如下：

$$\begin{aligned} \boldsymbol{x}_{k+1} &= \bar{F}(\boldsymbol{x}_k,\ \boldsymbol{u}_k) \\ &= [\boldsymbol{y}_{k+1},\ \boldsymbol{y}_k,\ \cdots,\ \boldsymbol{y}_{k+1-m_y},\ \boldsymbol{u}_k,\ \cdots,\ \boldsymbol{u}_{k+1-m_u}] \\ &= [\boldsymbol{m}^+(\boldsymbol{w}),\ \boldsymbol{y}_k,\ \cdots,\ \boldsymbol{y}_{k+1-m_y},\ \boldsymbol{u}_k,\ \cdots,\ \boldsymbol{u}_{k+1-m_u}] \end{aligned} \tag{2-117}$$

考虑优化控制问题如下：

$$\min_{\hat{\boldsymbol{u}}_k} \sum_{i=0}^{N-1} \ell(\hat{x}_{k+i|k}, \hat{u}_{k+i|k}) + \lambda V_f(\hat{x}_{k+N|k} - x_{\mathrm{ref}}) \tag{2-118}$$

$$l(\boldsymbol{x}_k,\ \boldsymbol{u}_k) = \|\boldsymbol{y}_k - y_{\mathrm{ref}}\|_Q^2 + \|\boldsymbol{u}_k - u_{\mathrm{ref}}\|_R^2 + \xi\{1 - \exp[-d(\boldsymbol{y}_k, y)/\delta]\}$$

$$\text{s.t.}\quad \forall i \in I_{0:N-1}:$$

$$\hat{x}_{k+i+1|k} = \bar{\boldsymbol{F}}(\hat{x}_{k+i|k},\ \hat{u}_{k+i|k})$$

$$\hat{x}_{k|k} = \boldsymbol{x}_k$$

$$\hat{u}_{k+i|k} \in U$$

式中，$(\hat{\cdot})$为预测变量；N 为预测时域；$\boldsymbol{\lambda} \geqslant 1$ 为常量参数；$\boldsymbol{x}_k$ 为初始条件；$d(\boldsymbol{y}_k, \gamma)$为设定的距离函数；$V_f(\cdot)$为终端目标函数，与之相关的是终端控制律 k_f。并且，式（2-118）中未含终端区域约束。

为了满足在机器学习方法下的稳定性和鲁棒性保证，这里引入一些定理。

输入到输出稳定（Input-to-State Stability，ISS）的定义：

若一个系统 $\boldsymbol{x}_{k+1} = f(\boldsymbol{x}_k, \boldsymbol{d}_k)$关于 $\boldsymbol{d}_k$ 是 ISS 的，便存在一类函数$\gamma(\cdot)$和一类 KL 函数$\beta(\cdot,\cdot)$，使得

$$|\boldsymbol{x}_k| \leqslant \beta(|x_0|,\ k) + \gamma(\|\boldsymbol{d}_k\|_\infty)$$

对所有的 $\boldsymbol{d}_k$ 都是满足的。

首先给出标称稳定性的定理。

定理 2.2.1　若存在一个终端控制率 k_f 和一个终端目标函数 V_f，使得

$$\begin{aligned} \alpha_1(\|x - x_{\text{ref}}\|) &\leqslant V_f(x - x_{\text{ref}}) \leqslant \alpha_2(\|x - x_{\text{ref}}\|) \\ V_f(x^+ - x_{\text{ref}}) - V_f(x - x_{\text{ref}}) &\leqslant -\ell_s[x - x_{\text{ref}}, \boldsymbol{\kappa}_f(x - x_{\text{ref}})] \end{aligned}$$

对于所有的 $x \in \Gamma_\beta = \{x \mid V_f(x - x_{\text{ref}}) \leqslant \beta\}$，$x^+ = \bar{\boldsymbol{F}}[x,\ \boldsymbol{\kappa}_f(x - x_{\text{ref}}) + u_{\text{ref}}]$；并选择正数$\beta$使得对于所有 $x \in \Gamma_\beta$ 可以得到 $\boldsymbol{c}^{\mathrm{T}}\boldsymbol{x} \in Y$，并且函数 $\alpha_i(\cdot)$是 K_∞ 的。那么，对于任意 $\boldsymbol{\lambda} \geqslant 1$，存在一个区域 $X_N(\boldsymbol{\lambda})$可以使得任意的 $x \in X_N(\boldsymbol{\lambda})$，并且闭环系统 $x^+ = \bar{\boldsymbol{F}}[x,\ \boldsymbol{\kappa}_{\text{MPC}}(x)]$是渐进稳定的。集合 $X_N(\boldsymbol{\lambda})$随着 $\boldsymbol{\lambda}$ 增长。

证明：对于所有的 $x \in \Gamma_\beta$ 和 $u \in U$，有$\ell_s(x - x_{\text{ref}},\ u - u_{\text{ref}})$，并且终端目标函数 V_f 满足文献［61］中的假设 1。结合文献［61］中的定理 4，闭环系统在集合 $X_N(\boldsymbol{\lambda})$ 中是渐进稳定的。

基于定理 2.2.1 证明了所提出的预测控制器所控制的真实过程是相对于过程模型误差的状态稳定的输入。下面给出闭环系统鲁棒稳定的结论。

先引入一个假设。

假设 2.2.1　假设预测模型［式（2-117）］使得真实模型和标称模型之间的一步估计误差为

$$\boldsymbol{d}_k = \boldsymbol{x}_{k+1} - \bar{\boldsymbol{F}}(\boldsymbol{x}_k,\ \boldsymbol{u}_k) \tag{2-119}$$

对于 $d_k \in D \subset \mathbb{R}^{n_d}$，$\forall k \in \mathbb{N}$，$\forall u_k$、$\forall x_k$ 是有界的，其中 D 是一个紧集。进一步假设，对于给定的 $\mu < \infty$，存在 $\rho(\mu) \in [0, 1]$，使得 $\Pr[\|d_k\| \leqslant \mu, \forall k] \geqslant \rho(\mu)$，其中 $\Pr[\cdot]$ 表示概率，从而产生 $\Pr[\|x_k\| \leqslant \beta(\|X_0\|, k) + \Theta(\mu), \forall k] \geqslant \rho(\mu)$，其中，$\beta$ 为一个 K_L 函数；Θ 为一个 K_∞ 函数。

证明：这是对文献［62］中定理 4 的重新表述，适用于非线性自回归模型的情况。它满足了该定理的假设和条件，因此，可以保证输入到状态的稳定性。此外，文献[62]表明，对于某个 μ^*，最优控制问题在鲁棒不变集中递归可行，$x \in X_N(\lambda)$。此外，μ^* 越小，Ω 越大。

案例研究：我们使用一个连续搅拌槽反应器的例子来说明所提出的高斯过程预测模型和输出反馈 MPC 的组合[63]。

考虑如下连续搅拌槽反应器模型：

$$
\begin{aligned}
\dot{C}_A(t) &= \frac{q_0}{V}[C_{Af} - C_A(t)] - k_0 \exp\left[\frac{-E}{RT(t)}\right] C_A(t) \\
\dot{T}(t) &= \frac{q_0}{V}[T_f - T(t)] - \frac{\Delta H_r k_0}{\rho C_p} \exp\left[\frac{-E}{RT(t)}\right] C_A(t) + \frac{UA}{V\rho C_p}[T_c(t) - T(t)] \\
\dot{T}_c(t) &= \frac{T_c(t) - T_{cr}(t)}{\tau}
\end{aligned} \tag{2-120}
$$

式中，T_{cr} 为冷却液温度参考，单位为 K，是反应器的输入；C_A 为浓度，单位为 mol/l，是输出，即 $u = T_{cr}$，$y = C_A$；T 和 T_c 分别为储罐和冷却剂温度。表 2-1 为模型参数。

表 2-1 模型参数

参数	解释	值
q_0	反应输入流量	10L/min
V	罐中的液体体积	150L
k_0	频率常数	6×10^{10} L/min
E/R	阿伦尼乌斯常数	9750K
$-\Delta H_r$	反应焓	10000J/mol
UA	传热系数	70000J/(min·K)
ρ	密度	1100g/L
C_p	比热容	0.3J/(g·K)
τ	时间常数	1.5min
C_{Af}	输入流中的 C_A	1mol/L
T_f	输入流温度	370K

模型［式（2－120）］用于生成原始数据集 D_{raw}，如图 2－7 所示。每个数据点(z_i, w_i)由$(\boldsymbol{y}_{k+1}, \cdots, \boldsymbol{y}_{k-m_y}, \boldsymbol{u}_k, \cdots, \boldsymbol{u}_{k-m_u})$的值组成，其中 $z = \boldsymbol{y}_{k+1}$ 是高斯过程的输出，$\boldsymbol{w} = (\boldsymbol{y}_k, \cdots, \boldsymbol{y}_{k-m_y}, \boldsymbol{u}_k, \cdots, \boldsymbol{u}_{k-m_u})$是对应的回归函数。高斯过程的主要缺点是计算负担大。出于这个原因，我们将数据点的数量减少到包含大约 110 个点的最终训练数据集 D。通过排除仅添加很少信息的数据点来执行缩减。对于给定的数据点(z_i, w_i)，去除所有(z_j, w_j)，$j > i$，其中 $\| w_i - w_j \| < \bar{w}$，具有给定阈值 $\bar{w} = 0.1$。D 的密度小于 D_{raw}，但仍包含所需的整个操作区域中的数据点。

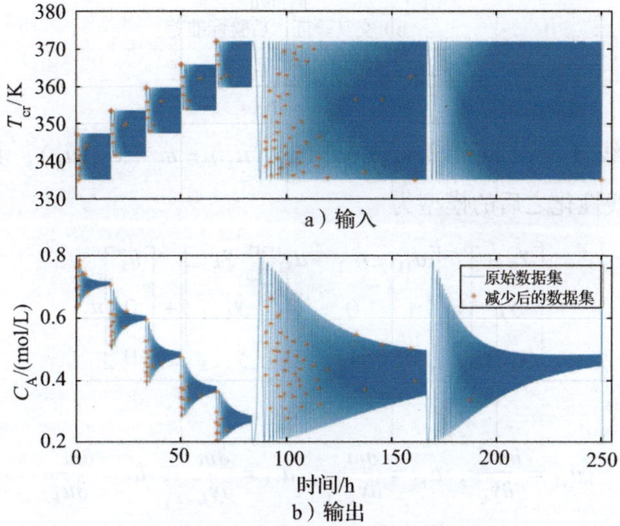

图 2－7　输入－输出数据集[63]

使用 $c = -0.36$ 的常数先验均值函数和协方差函数来确定所选回归变量的影响。我们消除了那些不相关的，最终得出 $\boldsymbol{w} = [\boldsymbol{y}_k, \boldsymbol{y}_{k-1}, \boldsymbol{y}_{k-2}, \boldsymbol{u}_k]$。协方差超参数为$\{\sigma_f^2, l_1, l_2, l_3, l_4\} = \{2.04, 3.44, 8.83, 7.35, 9.76\}$，其中 $l_1 \sim l_4$ 对应回归元素。非线性自回归模型状态为 $\boldsymbol{x}_k = [\boldsymbol{y}_k, \boldsymbol{y}_{k-1}, \boldsymbol{y}_{k-2}]$。通过式（2－111）的最大化来选择超参数。图 2－8 所示为交叉验证结果，其中我们选择了整个操作区域的测试点。

我们将终端成本函数 $\boldsymbol{V}_f$ 建立在 $\boldsymbol{x}_{k+1} = \boldsymbol{A}\boldsymbol{x}_k + \boldsymbol{B}\boldsymbol{u}_k$ 形式的预测模型［式（2－117）］的线性化版本的基础上，然后将其用于计算线性控制律 $\boldsymbol{u}_k = K\boldsymbol{x}_k$ 和终端成本函数 $\boldsymbol{V}_f = \boldsymbol{x}_k^{\mathrm{T}} P \boldsymbol{x}_k$，其中 K 和 P 来自线性二次调节器公式。

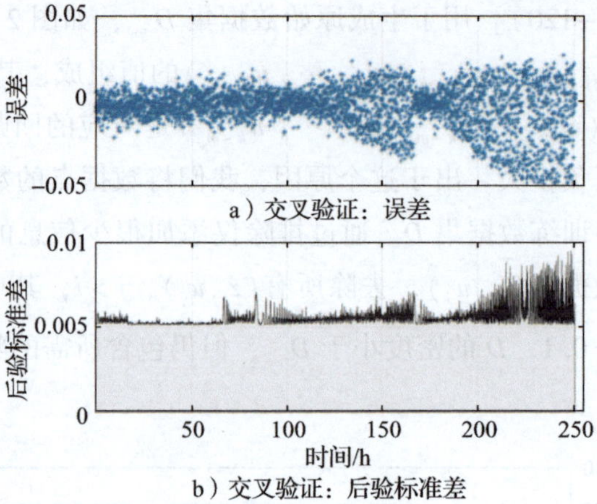

图2-8　交叉验证结果[63]

由标称非线性自回归模型 $\boldsymbol{y}_{k+1}=\bar{f}(\boldsymbol{x}_k,\boldsymbol{u}_k)=m^+(\boldsymbol{x}_k,\boldsymbol{u}_k)$，其中 $\boldsymbol{x}_k=[\boldsymbol{y}_k,\boldsymbol{y}_{k-1},\boldsymbol{y}_{k-2}]$。线性化之后的模型为

$$\begin{bmatrix}\boldsymbol{y}_{k+1}\\ \boldsymbol{y}_k\\ \boldsymbol{y}_{k-1}\end{bmatrix}=\begin{bmatrix}a_{11} & a_{12} & a_{13}\\ 1 & 0 & 0\\ 0 & 1 & 0\end{bmatrix}\begin{bmatrix}\boldsymbol{y}_k\\ \boldsymbol{y}_{k-1}\\ \boldsymbol{y}_{k-2}\end{bmatrix}+\begin{bmatrix}b_1\\ 0\\ 0\end{bmatrix}\boldsymbol{u}_k \tag{2-121}$$

式中，

$$a_{11}=\frac{\partial m^+}{\partial \boldsymbol{y}_k},\ a_{12}=\frac{\partial m^+}{\partial \boldsymbol{y}_{k-1}},\ a_{13}=\frac{\partial m^+}{\partial \boldsymbol{y}_{k-2}},\ b_1=\frac{\partial m^+}{\partial \boldsymbol{u}_k}$$

为使用 m^+ 在 $(u_{\text{ref}},\ y_{\text{ref}})$ 和 $(u_{\text{ref}}+\Delta,\ y_{\text{ref}}+\Delta)\ (\Delta=0.015)$ 的评估进行数值计算得到的。

初始均衡点为 $C_{\text{A}}=0.6\text{mol/L}, T_{\text{r}}=353.5\text{K}$；目标均衡为 $C_{\text{A}}^{\text{ref}}=0.439\text{mol/L}$，$T_{\text{r}}^{\text{ref}}=356\text{K}$。输入约束为 $U=\{335\text{K}\leqslant T_{\text{r}}\leqslant 372\text{K}\}$，输出约束为 $Y=\{0.35\text{mol/L}\leqslant C_{\text{A}}\leqslant 0.65\text{mol/l}\}$。增加测量噪声 $\delta(0,\ 0.005^2)$ 到归一化的输入数据。使用下面的二次阶段成本和屏障函数来解释软输出约束：

$$\ell(\boldsymbol{x}_k,\boldsymbol{u}_k)=\|\boldsymbol{y}_k-y_{\text{ref}}\|_Q^2+\|\boldsymbol{u}_k-u_{\text{ref}}\|_R^2+\xi\{1-\exp[-d(y_k,\ Y)/\delta]\} \tag{2-122}$$

式中，$Q=100$；$R=5$；$\xi=100$；$\delta=1$。预测时域为 $N=5$，$\lambda=1.1$。使用下列线性模型从线性二次型调节器（LQR）的解中计算终端控制率 $\boldsymbol{\kappa}_{\text{f}}(x)=K(x-x_{\text{ref}})+u_{\text{ref}}$，终端目标函数 $V_{\text{f}}(x)=\|x-\bar{x}_{\text{ref}}\|_P^2$，则

$$x_{k+1}=\begin{bmatrix}2.20 & -1.55 & 0.347\\ 1 & 0 & 0\\ 0 & 1 & 0\end{bmatrix}x_k+\begin{bmatrix}-0.009\\ 0\\ 0\end{bmatrix}u_k \tag{2-123}$$

连续模型［式（2-120）］使用欧拉方法离散化，采样时间单位为 min。所提出的最优控制问题［式（2-118）］在 MATLAB 中使用 fmincon 求解。

首先生成性能界限，我们使用模型方程［式（2-120）］作为输出反馈 MPC 中的预测模型。为了获得尽可能具有可比性的结果，以与高斯过程情况相同的方式生成末端元素，即通过数值而不是分析来确定参数。然后，利用高斯过程模型对 MPC 进行了仿真。在每种情况下对整个模拟进行 500 次模拟。仿真结果如图 2-9 所示。正如预期的那样，MPC + 高斯过程组合的性能比性能界限差一点，因为有过冲和振荡，但满足了控制目标。

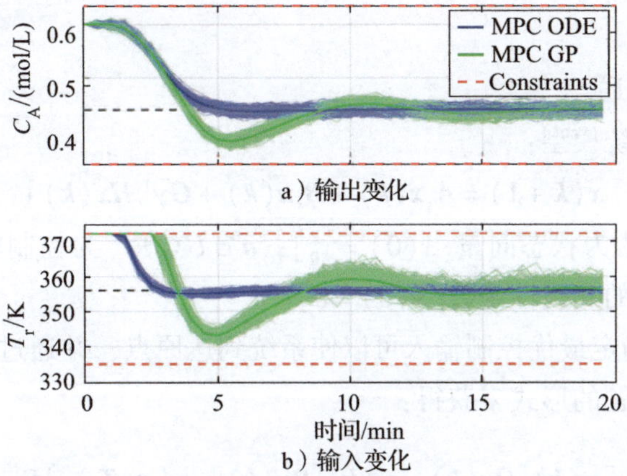

图 2-9　仿真结果[63]

3. 基于神经网络的 MPC

MPC 通过在每个时刻对系统未来的演化进行预测，并在一定时域内最小化性能指标的同时考虑系统约束，实现对系统的优化控制。然而，MPC 的性能往往受限于所使用的动态系统模型的准确性和复杂性。为了应对这一挑战，近年来，越来越多的研究开始探索将神经网络引入 MPC 中，这主要得益于神经网络的非线性建模能力、数据驱动学习、实时性能、在线学习能力和并行计算等特点。通过利用神经网络对复杂系统的动态特性进行准确建模，MPC 能够更有效地处理非线性系统，并且无须事先对系统进行精确建模。神经网络可以从数据中学习系统的动态行为，使得 MPC 能够适应各种环境和不确定性，提高系统的适应性和鲁棒性。此外，神经网络的前向传播和反向传播过程通常能够在实时性能要求下完成，这意味着 MPC 可以快速地对当前系统状态进行预测和优化，实现实时控制。同时，神经网络具有在线学习能力，可以持续地根据实时数据更新网络参数，以适应系统动态的变化和外部扰动的影响，提高 MPC 系统的鲁棒性。最后，神经网络的训练和推断过程通常可以利用并行计算的优势，加快计算速度，提高 MPC 系统的实时性能。综上所述，神经网络与 MPC 的结合可以实现对复杂系统的高效控制和优化，为实际工程应用提供强大的工具和方法。

神经网络作为一种强大的机器学习工具，在模式识别、数据建模和控制等领域取得了巨大成功。其多层次的结构和非线性激活函数使得神经网络能够灵活地建模复杂的非线性关系，而无须事先对系统进行详细的物理建模。这种特性使得神经网络在捕捉系统动态特性方面具有显著优势，并为 MPC 提供了一种新的思路和方法。

下面将主要介绍如何通过神经网络方法来逼近 MPC 控制器，以及如何保证其稳定性。

（1）问题描述

考虑如下系统模型：

$$\boldsymbol{x}(\boldsymbol{k}+\mathbf{1})=\boldsymbol{A}_s\boldsymbol{x}(\boldsymbol{k})+\boldsymbol{B}_s\boldsymbol{u}(\boldsymbol{k})+\boldsymbol{G}\gamma[\boldsymbol{Hx}(\boldsymbol{k})] \tag{2-124}$$

式中，$\boldsymbol{x}\in X\subset\mathbb{R}^n$ 为状态向量$[x(0)=x_0]$；$\boldsymbol{u}\in U\subset\mathbb{R}^m$ 为控制输入；$\gamma(\cdot)$为满足利普希茨连续的非线性函数$[\gamma(0)=0]$。

由 MPC 来确定最优控制输入可以使系统到达原点，并通过反复求解开环有限域最优控制问题的形式来获得：

$$\min_u\sum_{k=0}^{T_f-1}[\boldsymbol{x}(\boldsymbol{k})^{\mathrm{T}}\boldsymbol{Q}\boldsymbol{x}(\boldsymbol{k})+\boldsymbol{u}(\boldsymbol{k})^{\mathrm{T}}\boldsymbol{R}\boldsymbol{u}(\boldsymbol{k})]+[\boldsymbol{x}(\boldsymbol{T}_f)]^{\mathrm{T}}\boldsymbol{E}[\boldsymbol{x}(\boldsymbol{T}_f)] \tag{2-125}$$

$$\boldsymbol{x}(\boldsymbol{k}+\mathbf{1})=f[\boldsymbol{x}(\boldsymbol{k}),\boldsymbol{u}(\boldsymbol{k})]$$

$$\boldsymbol{x}(\boldsymbol{k})\in X,\ \boldsymbol{u}(\boldsymbol{k})\in U,\ \boldsymbol{x}(\boldsymbol{T}_f)\in X_N\subseteq X$$

式中，输入 $\boldsymbol{u}$ 在预测时域 T_N 中进行优化。权重矩阵 $\boldsymbol{E}\in\mathbb{R}^{n\times n}$、$\boldsymbol{Q}\in\mathbb{R}^{n\times n}$、$\boldsymbol{R}\in\mathbb{R}^{m\times m}$分别满足 $\boldsymbol{E}\geqslant0$，$\boldsymbol{Q}\geqslant0$，$\boldsymbol{R}>0$ 的条件。

对于模型预测问题［式（2-125）］，数据集 D 包含数据元组$[\boldsymbol{x}(\boldsymbol{k}_i),\boldsymbol{u}_{\mathrm{b}}(\boldsymbol{k}_i)]_{i=1}^{\ell}$，且无论来自测量还是仿真都是可用的。数据集 D 被用于训练基于神经网络的控制器：

$$\boldsymbol{u}=\boldsymbol{\kappa}_l(\boldsymbol{x})\approx\boldsymbol{\kappa}_{\mathrm{b}}(\boldsymbol{x}) \tag{2-126}$$

无论 MPC 是否被证明提供闭环稳定性，我们的目标是确保基于学习的控制器在模仿/近似基线 MPC 的同时确保闭环系统的标称稳定性。

假设控制器由神经网络（NN）近似，即神经网络将系统状态 $\boldsymbol{x}$ 作为其“输入”，并将输入 $\boldsymbol{u}$ 作为其“输出”，如图 2-10 所示。每一层 i 的潜在变量 z_i 与神经网络的下一层 z_{i+1} 之间的关系取决于神经网络的类型，如下所述。

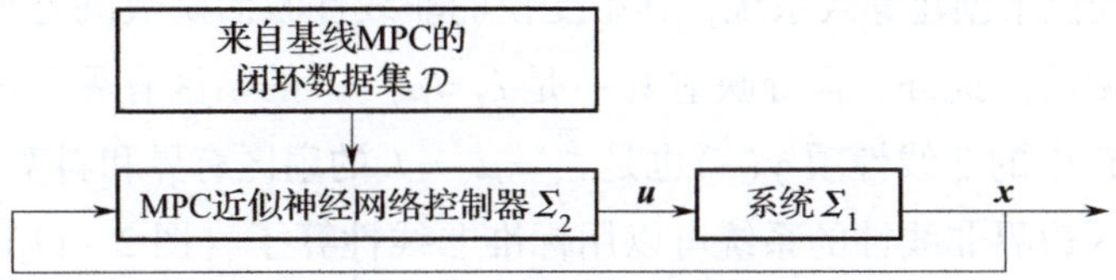

图 2-10　神经网络控制系统

前馈神经网络（FNN）描述如下：

$$z_{i+1}=\boldsymbol{\sigma}(\boldsymbol{W}_i z_i+\beta_i),\ i=0,\ \cdots,\ \theta \tag{2-127}$$

式中，$z_{i+1}=\boldsymbol{\sigma}(\boldsymbol{W}_i z_i+\beta_i)$，$i=0$，$\cdots$，$\theta$；$\beta_i\in\mathbb{R}^{n_{zi}}$ 为常数；$\boldsymbol{W}_i\in\mathbb{R}^{n_{zi}\times n_{zi}}$ 为权重矩阵，n_{zi} 为第 i 层节点的数量；θ 为层数。式（2-127）包括深度神经网络，也就是说，它有大量的层。非线性映射 $\boldsymbol{\sigma}:\mathbb{R}^{n_{zi}}\mapsto\mathbb{R}^{n_{zi}}$ 是一个元素激活函数的向量，其中每个可以是双曲正切或整流线性单元（Rectified Linear Unit，ReLU）。

残差神经网络（Residual Neural Networks，ResNets）中的潜在变量 z 由下式给出：

$$z_{i+1}=z_i+h\boldsymbol{\sigma}(\boldsymbol{W}_i z_i+\beta_i),\ i=0,\ \cdots,\ \theta \tag{2-128}$$

式中，h 为一个预设的常量。

循环神经网络（Recurrent Neural Networks，RNNs）描述如下：

$$z_{i+1}(k)=\boldsymbol{\sigma}(\boldsymbol{W}_i z_i(k)+\boldsymbol{V}_i z_{i+1}(k-1)+\beta_i) \tag{2-129}$$

式中，$\boldsymbol{V}_i\in\mathbb{R}^{n_{zi}\times n_{zi}}$，$i=0$，$\cdots$，$\theta$。

对于 RNN，每一层的隐藏状态不仅取决于前一层的当前状态，还取决于其自身的过去状态，需要包含时间 k 来描述 RNN 的动态。网络的输出层由下式表示：

$$z_{\theta+1}=W_\theta z_\theta+\beta_\theta \tag{2-130}$$

（2）基于 NN 近似的控制器稳定性

对于具有扇区有界非线性的系统，可以通过鲁棒稳定性理论导出神经网络控制器的一般稳定性条件。

考虑扇区有界和斜率受限的静态非线性函数：

$$\boldsymbol{\Phi}_{sb}^{[0,\xi]}:=\{\phi:\mathbb{R}^{n_N}\to\mathbb{R}^{n_N}\mid\phi_i(\nu)[\xi^{-1}\phi_i(\nu)-\nu]\leqslant 0\} \tag{2-131}$$

对于所有 $\nu\in\mathbb{R}$，$i=1$，$\cdots$，n_N，以及

$$\boldsymbol{\Phi}_{sr}^{[0,\mu]}:=\{\phi:\mathbb{R}^{n_N}\to\mathbb{R}^{n_N}\mid 0\leqslant\frac{\phi_i(\nu)-\phi_i(\hat{\nu})}{\nu-\hat{\nu}}\leqslant\mu_i\} \tag{2-132}$$

对于所有 $\nu \neq \hat{\nu} \in \mathbb{R}$，$i=1, \cdots, n_N$。非线性激活函数，如 ReLU 和双曲正切函数是扇区有界和斜率受限的，而 sigmoid 和 softmax 函数只满足斜率受限条件。可以应用循环变换来创建等效系统，其中变换的非线性激活函数既是扇区有界的，也是斜率受限的。此外，恒等映射 $l(\cdot)$ 是 $\xi_l=\mu_l=1$ 的扇区有界和斜率受限的，式（2-124）中的非线性项 $\gamma(\cdot)$ 也是 $\xi_\gamma=\mu_\gamma=L$ 的扇区有界和斜率受限的。

含有扇区边界非线性的系统可以用标准非线性算子（图 2-11）形式表示。这种形式是反馈的线性时不变动力学系统与有界无记忆非线性的互连，可以表示为

$$\begin{bmatrix} x(k+1) \\ q(k) \end{bmatrix} = M \begin{bmatrix} x(k) \\ p(k) \end{bmatrix}, \ p(k) = \Phi[q(k)] \tag{2-133}$$

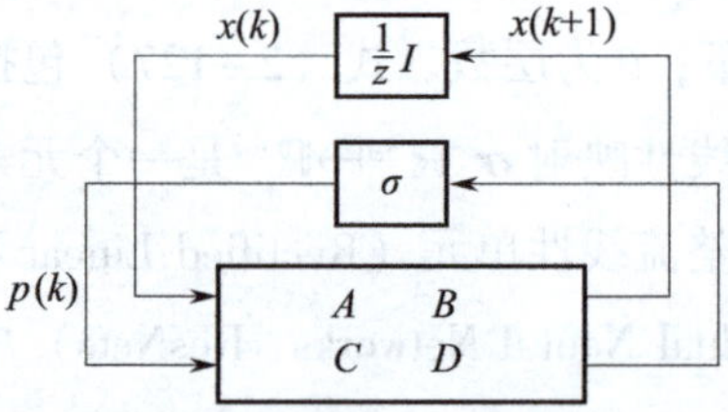

图 2-11　标准非线性算子

下面的定理为非线性激活函数提供了充分的稳定性条件，这些函数在斜率上是扇区有界的。

定理 2.2.2　考虑由式（2-124）和式（2-126）给定的闭环系统，并且系统带有满足 $\sigma \in \Phi_{sb}^{[0,\xi]} \cap \Phi_{sr}^{[0,\mu]}$、$\gamma \in \Phi_{sb}^{[0,\xi_\gamma]} \cap \Phi_{sr}^{[0,\mu_\gamma]}$ 的非线性激活函数 σ 和非线性项 γ 闭环系统。若存在一个带有 $P_{11}=P_{11}'$ 的半正定的矩阵 $\boldsymbol{P}=\boldsymbol{P}'$、对角半正定矩阵 $\boldsymbol{Q}$、$\tilde{\boldsymbol{Q}}$、$\boldsymbol{T}$、$\tilde{\boldsymbol{T}}$、$\boldsymbol{N} \in \mathbb{R}^{q \times q}$ 使得

$$\boldsymbol{G} < 0 \tag{2-134}$$

式中，矩阵 $\boldsymbol{G}$ 具体元素表示如下：

$$\boldsymbol{G}_{11} = \boldsymbol{A}^{\mathrm{T}}(\boldsymbol{P}_{11} + \boldsymbol{P}_{13}\boldsymbol{C} + \boldsymbol{C}^{\mathrm{T}}\boldsymbol{P}_{13}^{\mathrm{T}} + \boldsymbol{C}^{\mathrm{T}}\boldsymbol{P}_{33}\boldsymbol{C})\boldsymbol{A} - \boldsymbol{P}_{11} - \boldsymbol{P}_{13}\boldsymbol{C} - \boldsymbol{C}^{\mathrm{T}}\boldsymbol{P}_{13}^{\mathrm{T}} - \boldsymbol{C}^{\mathrm{T}}\boldsymbol{P}_{33}\boldsymbol{C} + \boldsymbol{A}^{\mathrm{T}}\boldsymbol{C}^{\mathrm{T}}\tilde{\boldsymbol{Q}}\boldsymbol{X}\boldsymbol{C}\boldsymbol{A} - \boldsymbol{C}^{\mathrm{T}}\tilde{\boldsymbol{Q}}\boldsymbol{X}\boldsymbol{C}$$

$$\boldsymbol{G}_{12} = \boldsymbol{A}^{\mathrm{T}}(\boldsymbol{P}_{11} + \boldsymbol{P}_{13}\boldsymbol{C} + \boldsymbol{C}^{\mathrm{T}}\boldsymbol{P}_{13}^{\mathrm{T}} + \boldsymbol{C}^{\mathrm{T}}\boldsymbol{P}_{33}\boldsymbol{C})\boldsymbol{B} - \boldsymbol{P}_{12} - \boldsymbol{P}_{13}\boldsymbol{D} - \boldsymbol{C}^{\mathrm{T}}\boldsymbol{P}_{23} - \boldsymbol{C}^{\mathrm{T}}\boldsymbol{P}_{33}\boldsymbol{D} - \boldsymbol{C}^{\mathrm{T}}\boldsymbol{T} + \boldsymbol{A}^{\mathrm{T}}\boldsymbol{C}^{\mathrm{T}}\tilde{\boldsymbol{Q}}\boldsymbol{X}\boldsymbol{C}\boldsymbol{B} + (\boldsymbol{C}\boldsymbol{A} - \boldsymbol{C})^{\mathrm{T}}\tilde{\boldsymbol{Q}} - \boldsymbol{C}^{\mathrm{T}}\tilde{\boldsymbol{Q}}\boldsymbol{X}\boldsymbol{D} + (\boldsymbol{C}\boldsymbol{A} - \boldsymbol{C})^{\mathrm{T}}\boldsymbol{N}$$

$$\boldsymbol{G}_{13} = \boldsymbol{A}^{\mathrm{T}}\boldsymbol{P}_{12} + \boldsymbol{A}^{\mathrm{T}}\boldsymbol{P}_{13}\boldsymbol{D} + \boldsymbol{A}^{\mathrm{T}}\boldsymbol{C}^{\mathrm{T}}\boldsymbol{P}_{23}^{\mathrm{T}} + \boldsymbol{A}^{\mathrm{T}}\boldsymbol{C}^{\mathrm{T}}\boldsymbol{P}_{33}\boldsymbol{D} - \boldsymbol{A}^{\mathrm{T}}\boldsymbol{C}^{\mathrm{T}}\tilde{\boldsymbol{T}} - (\boldsymbol{C}\boldsymbol{A} - \boldsymbol{C})^{\mathrm{T}}\boldsymbol{Q} + \boldsymbol{A}^{\mathrm{T}}\boldsymbol{C}^{\mathrm{T}}\tilde{\boldsymbol{Q}}\boldsymbol{X}\boldsymbol{D} - (\boldsymbol{C}\boldsymbol{A} - \boldsymbol{C})^{\mathrm{T}}\boldsymbol{N}$$

$$G_{22}=B^{\mathrm{T}}(P_{11}+P_{13}C+C^{\mathrm{T}}P_{13}^{\mathrm{T}}+C^{\mathrm{T}}P_{33}C)B-P_{22}-P_{23}D-D^{\mathrm{T}}P_{23}-D^{\mathrm{T}}P_{33}D-TD-$$
$$D^{\mathrm{T}}T-2TX^{-1}-QM^{-1}+B^{\mathrm{T}}C^{\mathrm{T}}\tilde{Q}XCB-D^{\mathrm{T}}\tilde{Q}XD+(CB-D)^{\mathrm{T}}\tilde{Q}+\tilde{Q}(CB-D)-$$
$$\tilde{Q}M^{-1}-2NM^{-1}+N(CB-D)+(CB-D)^{\mathrm{T}}N$$

$$G_{23}=B^{\mathrm{T}}P_{12}+B^{\mathrm{T}}P_{13}D+B^{\mathrm{T}}C^{\mathrm{T}}P_{23}+B^{\mathrm{T}}C^{\mathrm{T}}P_{33}D-B^{\mathrm{T}}C^{\mathrm{T}}\tilde{T}+M^{-1}Q+\tilde{Q}M^{-1}+\tilde{Q}D+$$
$$B^{\mathrm{T}}C^{\mathrm{T}}\tilde{Q}XD+2NM^{-1}-(CB-D)^{\mathrm{T}}N+ND-(CB-D)^{\mathrm{T}}Q$$

$$G_{33}=P_{22}+P_{23}D+D^{\mathrm{T}}P_{23}+D^{\mathrm{T}}P_{33}D-2X^{-1}\tilde{T}-\tilde{T}D-D^{\mathrm{T}}\tilde{T}-QD-D^{\mathrm{T}}Q-QM^{-1}-$$
$$\tilde{Q}M^{-1}+D^{\mathrm{T}}\tilde{Q}XD-2NM^{-1}-ND-D^{\mathrm{T}}N$$

根据神经网络的类型，矩阵 A、B、C、D、M、X 形式如下。

对于 FNNs，$A=A_s$，$B=[G\ \ 0\ \ \cdots\ \ 0\ \ B_s]$，$C=[H\ \ W_0\ \ 0\ \ \cdots\ \ 0]^{\mathrm{T}}$，$M=\mathrm{diag}\{\mu_\gamma,\mu_0,\cdots,\mu_\theta\}$，$X=\mathrm{diag}\{\xi_\gamma,\xi_0,\cdots,\xi_\theta\}$，

$$D=\begin{bmatrix}0&0&0&\cdots&0&0\\0&0&0&\cdots&0&0\\0&W_1&0&\cdots&0&0\\0&\ddots&\ddots&\ddots&\vdots&\vdots\\\vdots&\ddots&\ddots&\ddots&0&0\\0&\cdots&0&0&W_\theta&0\end{bmatrix}$$

对于 ResNets，有 $A=A_s$，$B=[G\ \ 0\ \ \cdots\ \ 0\ \ B_s]$，$C=[H\ \ W_0\ \ I\ \ 0\ \ \cdots\ \ 0]^{\mathrm{T}}$，$M=\mathrm{diag}\ \{\mu_\gamma,\mu_0,\mu_l,\mu_1,\cdots,\mu_{n_N}\}$，$X=\mathrm{diag}\ \{\xi_\gamma,\xi_0,\xi_l,\xi_1,\cdots,\xi_{n_N}\}$，

$$D=\begin{bmatrix}0&0&0&\cdots&0&0\\0&0&0&\cdots&0&0\\0&hI&0&\cdots&0&0\\0&0&W_1&\ddots&\vdots&\vdots\\\vdots&\vdots&\vdots&\ddots&0&0\\0&\cdots&0&0&W_\theta&0\end{bmatrix}$$

对于 RNNs，有

$$A=\begin{bmatrix}A_s&0&\cdots&0\\0&0&\cdots&0\\\vdots&\vdots&\ddots&\vdots\\0&0&\cdots&0\end{bmatrix},\ B=\begin{bmatrix}G_s&0&\cdots&0&B_s\\0&I&\cdots&0&0\\\vdots&\vdots&\vdots&\vdots&\vdots\\0&0&\cdots&I&0\end{bmatrix}$$

$$
C=\begin{bmatrix} H & 0 & \cdots & 0 \\ 0 & V_0 & \cdots & 0 \\ \vdots & \vdots & \ddots & \vdots \\ 0 & 0 & \cdots & V_{\theta-1} \\ 0 & 0 & \cdots & 0 \end{bmatrix},\ D=\begin{bmatrix} 0 & 0 & 0 & \cdots & 0 & 0 \\ 0 & 0 & 0 & \cdots & 0 & 0 \\ 0 & W_1 & 0 & \cdots & 0 & 0 \\ 0 & \ddots & \ddots & \ddots & \vdots & \vdots \\ \vdots & \ddots & \ddots & 0 & 0 & 0 \\ 0 & \cdots & 0 & 0 & W_\theta & 0 \end{bmatrix}
$$

$$
M=\mathrm{diag}\{\mu_\gamma,\mu_0,\cdots,\mu_\theta\},\ X=\mathrm{diag}\{\xi_\gamma,\xi_0,\cdots,\xi_\theta\}
$$

矩阵 H 的元素如下：

$$
H_{11}=A^{\mathrm T}(P_{11}+P_{13}C+C^{\mathrm T}P_{13}^{\mathrm T}+C^{\mathrm T}P_{33}C)A-P_{11}-P_{13}C-C^{\mathrm T}P_{13}^{\mathrm T}-C^{\mathrm T}P_{33}C+A^{\mathrm T}C^{\mathrm T}\tilde QXCA-C^{\mathrm T}\tilde QXC+C_z^{\mathrm T}C_z
$$

$$
H_{12}=A^{\mathrm T}(P_{11}+P_{13}C+C^{\mathrm T}P_{13}^{\mathrm T}+C^{\mathrm T}P_{33}C)B-P_{12}-P_{13}D-C^{\mathrm T}P_{23}-C^{\mathrm T}P_{33}D-C^{\mathrm T}T+A^{\mathrm T}C^{\mathrm T}\tilde QXCB+(CA-C)^{\mathrm T}\tilde Q-C^{\mathrm T}\tilde QXD+(CA-C)^{\mathrm T}N+C_z^{\mathrm T}D_z
$$

$$
H_{13}=A^{\mathrm T}(P_{11}+C^{\mathrm T}P_{13}^{\mathrm T}+P_{13}C+C^{\mathrm T}P_{33}C)B_\omega+A^{\mathrm T}C^{\mathrm T}\tilde QXCB_\omega+C_z^{\mathrm T}D_\omega
$$

$$
H_{14}=A^{\mathrm T}P_{12}+A^{\mathrm T}P_{13}D+A^{\mathrm T}C^{\mathrm T}P_{23}^{\mathrm T}+A^{\mathrm T}C^{\mathrm T}P_{33}D-A^{\mathrm T}C^{\mathrm T}\tilde T-(CA-C)^{\mathrm T}Q+A^{\mathrm T}C^{\mathrm T}\tilde QXD-(CA-C)^{\mathrm T}N
$$

$$
H_{22}=B^{\mathrm T}(P_{11}+P_{13}C+C^{\mathrm T}P_{13}^{\mathrm T}+C^{\mathrm T}P_{33}C)B-P_{22}-P_{23}D-D^{\mathrm T}P_{23}-D^{\mathrm T}P_{33}D-TD-D^{\mathrm T}T-2TX^{-1}-QM^{-1}+B^{\mathrm T}C^{\mathrm T}\tilde QXCB-D^{\mathrm T}\tilde QXD+(CB-D)^{\mathrm T}\tilde Q+\tilde Q(CB-D)-\tilde QM^{-1}-2NM^{-1}+N(CB-D)+(CB-D)^{\mathrm T}N+D_z^{\mathrm T}D_z
$$

$$
H_{23}=B^{\mathrm T}(P_{11}+C^{\mathrm T}P_{13}^{\mathrm T}+P_{13}C+C^{\mathrm T}P_{33}C)B_\omega+B^{\mathrm T}C^{\mathrm T}\tilde QXCB_\omega+\tilde QCB_\omega+NCB_\omega+D_z^{\mathrm T}D_\omega
$$

$$
H_{24}=B^{\mathrm T}P_{12}+B^{\mathrm T}P_{13}D+B^{\mathrm T}C^{\mathrm T}P_{23}+B^{\mathrm T}C^{\mathrm T}P_{33}D-B^{\mathrm T}C^{\mathrm T}\tilde T+M^{-1}Q+\tilde QM^{-1}+\tilde QD+B^{\mathrm T}C^{\mathrm T}\tilde QXD+2NM^{-1}-(CB-D)^{\mathrm T}N+ND-(CB-D)^{\mathrm T}Q
$$

$$
H_{33}=B_\omega^{\mathrm T}(P_{11}+C^{\mathrm T}P_{13}^{\mathrm T}+P_{13}C+C^{\mathrm T}P_{33}C)B_\omega+B_\omega^{\mathrm T}C^{\mathrm T}\tilde QXCB_\omega+D_\omega^{\mathrm T}D_\omega-\gamma I
$$

$$
H_{34}=B_\omega^{\mathrm T}P_{12}+B_\omega C^{\mathrm T}P_{23}^{\mathrm T}+B_\omega^{\mathrm T}C^{\mathrm T}P_{33}D-B_\omega^{\mathrm T}C^{\mathrm T}Q+B_\omega^{\mathrm T}C^{\mathrm T}\tilde QXD-B_\omega^{\mathrm T}C^{\mathrm T}\tilde T-B_\omega^{\mathrm T}C^{\mathrm T}N
$$

$$
H_{44}=P_{22}+P_{23}D+D^{\mathrm T}P_{23}+D^{\mathrm T}P_{33}D-2X^{-1}\tilde T-\tilde TD-D^{\mathrm T}\tilde T-QD-D^{\mathrm T}Q-QM^{-1}-\tilde QM^{-1}+D^{\mathrm T}\tilde QXD-2NM^{-1}-ND-D^{\mathrm T}N
$$

证明：依次考虑不同的 NN 类型。对于 FNNs，令 $q_i = \boldsymbol{W}_i z_i + \beta_i$，$p_i = z_{i+1}$，神经网络的结构意味着 $p_i = \sigma(q_i)$，$q_{i+1} = \boldsymbol{W}_{i+1} p_i + \beta_{i+1}$，$i = 0, \cdots, \theta$。神经网络的输入为 $q_0 = \boldsymbol{W}_0 x + \beta_0$；神经网络的输出是模型的控制输入，即 $p_\theta = u$。令 $q_g = \boldsymbol{H}x$，$p_g = \gamma(\boldsymbol{H}x)$，闭环系统由下式给出：

$$\begin{bmatrix} x(k+1) \\ q_g \\ q_0 \\ q_1 \\ \vdots \\ q_\theta \end{bmatrix} = \begin{bmatrix} \boldsymbol{A}_s & G & 0 & \cdots & 0 & \boldsymbol{B}_s \\ \boldsymbol{H} & 0 & 0 & \cdots & 0 & 0 \\ \boldsymbol{W}_0 & 0 & 0 & \cdots & 0 & 0 \\ 0 & 0 & \boldsymbol{W}_1 & \ddots & 0 & 0 \\ \vdots & \ddots & \ddots & \ddots & \ddots & \vdots \\ 0 & \cdots & 0 & 0 & \boldsymbol{W}_\theta & 0 \end{bmatrix} \begin{bmatrix} x(k) \\ p_g \\ p_0 \\ p_1 \\ \vdots \\ p_\theta \end{bmatrix} \tag{2-135}$$

令 $\bar{\boldsymbol{q}} = [q_g \quad q_0 \quad q_1 \quad \cdots \quad q_\theta]^{\mathrm{T}}$，$\bar{\boldsymbol{p}} = [p_g \quad p_0 \quad p_1 \quad \cdots \quad p_\theta]^{\mathrm{T}}$，式（2-135）可被改写成标准非线性算子形式：

$$\begin{bmatrix} x(k+1) \\ \bar{\boldsymbol{q}}(\boldsymbol{k}) \end{bmatrix} = \begin{bmatrix} \boldsymbol{A} & \boldsymbol{B} \\ \boldsymbol{C} & \boldsymbol{D} \end{bmatrix} \begin{bmatrix} x(k) \\ \bar{\boldsymbol{p}}(\boldsymbol{k}) \end{bmatrix},\ \bar{\boldsymbol{p}}(\boldsymbol{k}) = \bar{\sigma}[\bar{\boldsymbol{q}}(\boldsymbol{k})] \tag{2-136}$$

式中，激活函数 $\bar{\sigma}(\cdot)$ 为已知，由此可以计算 ξ_i 和 μ_i 的值。

对于 ResNets，遵循相同的方法，但使用更多辅助变量的符号略有不同。令 $q_i = \boldsymbol{W}_i z_i + \beta_i$，$p_i = z_{i+1}$，$r_i = z_i$。神经网络的结构意味着 $p_i = \sigma(q_i)$，$r_i = l(z_i)$，$q_{i+1} = \boldsymbol{W}_{i+1} p_i + \beta_{i+1}$，$z_{i+1} = r_i + hp_i$。神经网络的输入为 $q_0 = \boldsymbol{W}_0 x + \beta_0$；神经网络的输出是模型的控制输入，即 $r_\theta = u$。令 $q_g = \boldsymbol{H}x$，$p_g = \gamma(\boldsymbol{H}x)$，闭环系统由下式给出：

$$\begin{bmatrix} x(k+1) \\ q_g \\ q_0 \\ z_1 \\ z_2 \\ q_2 \\ \vdots \\ z_\theta \end{bmatrix} = \begin{bmatrix} \boldsymbol{A}_s & \boldsymbol{G} & 0 & 0 & \cdots & \cdots & 0 & \boldsymbol{B}_s \\ \boldsymbol{H} & 0 & 0 & 0 & \cdots & \cdots & \cdots & 0 \\ \boldsymbol{W}_0 & 0 & 0 & \cdots & \cdots & \cdots & \cdots & 0 \\ \boldsymbol{I} & 0 & h\boldsymbol{I} & 0 & \cdots & \cdots & \cdots & 0 \\ 0 & 0 & 0 & \boldsymbol{W}_1 & 0 & \cdots & \cdots & 0 \\ 0 & 0 & 0 & \boldsymbol{I} & 0 & \cdots & \cdots & 0 \\ \vdots & \vdots & \vdots & \vdots & \ddots & \ddots & \ddots & \vdots \\ 0 & 0 & 0 & 0 & \cdots & 0 & \boldsymbol{W}_\theta & 0 \end{bmatrix} \begin{bmatrix} x(k) \\ p_g \\ p_0 \\ r_1 \\ p_1 \\ r_2 \\ r_2 \\ p_2 \\ \vdots \\ r_\theta \end{bmatrix} \tag{2-137}$$

式中，$\bar{\boldsymbol{q}}=[q_g \quad q_0 \quad z_1 \quad q_1 \quad \cdots \quad q_\theta]^{\mathrm{T}}$；$\bar{\boldsymbol{p}}=[p_g \quad p_0 \quad r_1 \quad p_1 \quad \cdots \quad p_\theta]^{\mathrm{T}}$，同样的，式（2-137）可被改写成标准非线性算子形式。

对于 RNN，令 $q_i(k)=\boldsymbol{W}_i z_i(k)+\boldsymbol{V}_i z_{i+1}(k-1)+\beta_i$，$p_i(k)=z_{i+1}(k)$，然后有

$$\begin{bmatrix} x(k+1) \\ q_g \\ q_0 \\ z_1 \\ z_2 \\ q_2 \\ \vdots \\ z_\theta \end{bmatrix} = \begin{bmatrix} \boldsymbol{A}_s & G & 0 & 0 & \cdots & \cdots & 0 & \boldsymbol{B}_s \\ \boldsymbol{H} & 0 & 0 & 0 & \cdots & \cdots & \cdots & 0 \\ \boldsymbol{W}_0 & 0 & 0 & \cdots & \cdots & \cdots & 0 & \\ \boldsymbol{I} & 0 & h\boldsymbol{I} & 0 & \cdots & \cdots & \cdots & 0 \\ 0 & 0 & 0 & \boldsymbol{W}_1 & 0 & \cdots & \cdots & 0 \\ 0 & 0 & 0 & \boldsymbol{I} & 0 & & 0 & \\ \vdots & \vdots & \vdots & \vdots & \ddots & \ddots & \ddots & \vdots \\ 0 & 0 & 0 & 0 & \cdots & 0 & \boldsymbol{W}_\theta & 0 \end{bmatrix} \begin{bmatrix} x(k) \\ p_g \\ p_0 \\ r_1 \\ p_1 \\ r_2 \\ r_2 \\ p_2 \\ \vdots \\ r_\theta \end{bmatrix} \tag{2-138}$$

$$q_i(k)=\boldsymbol{W}_i p_{i-1}(k)+\boldsymbol{V}_i p_i(k-1)+\beta_{i+1},\ i=0,\ \cdots,\ \theta \tag{2-139}$$

令 $v_i(k+1)=p_i(k)$，然后有 $q_i(k)=\boldsymbol{W}_i p_{i-1}(k)+\boldsymbol{V}_i v_i(k)+\beta_{i+1}$，$i=0,\cdots,\theta$。全部的非线性项为 $p_i(k)=\boldsymbol{\sigma}[q_i(k)]$，$p_g(k)=\boldsymbol{\gamma}[q_g(k)]$。令 $\bar{\boldsymbol{x}}(\boldsymbol{k})=[x(k) \quad v_0(k) \quad \cdots \quad v_{\theta-1}]^{\mathrm{T}}$，同样的，式(2-138)可被改写成标准非线性算子形式。

该定理可用于使用近似 MPC 基线控制器来验证闭环系统的稳定性。在使用来自基线控制器的数据训练神经网络之后，权重矩阵 $\boldsymbol{W}_i$ 是已知的，并且矩阵 $\boldsymbol{A}$、$\boldsymbol{B}$、$\boldsymbol{C}$、$\boldsymbol{D}$ 可以从式（2-124）中计算。如果存在满足条件的矩阵 $\boldsymbol{P}$、$\boldsymbol{Q}$、$\bar{\boldsymbol{Q}}$、$\boldsymbol{T}$、$\bar{\boldsymbol{T}}$、$\boldsymbol{N}$，则保证闭环系统全局渐近稳定。在找不到可行的解决方案的情况下，可以使用不同的训练目标或数据集对网络进行重新训练，以找到不同的 $\boldsymbol{W}_i$ 集，并且可以重新验证稳定性。

案例分析：通过柔性连杆机械臂[64]验证了所提出的方法，如图 2-12 所示，由 MPC 和 NN 近似的 MPC 控制，模型由下式给出：

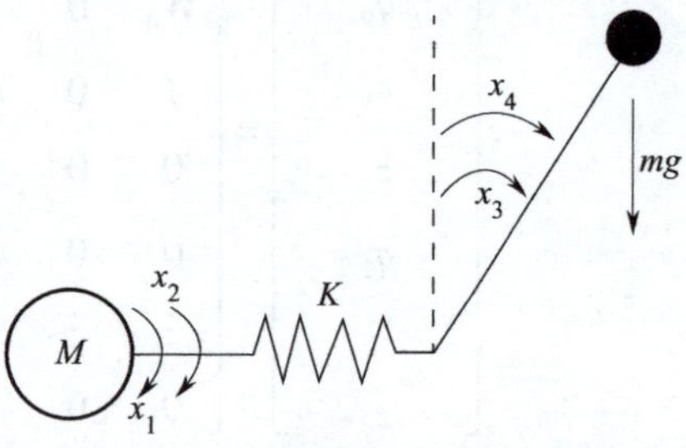

图2-12 柔性连杆机械臂示意图

$$
\boldsymbol{A}_p=\begin{bmatrix}1 & 0.05 & 0 & 0\\ -2.43 & 0.9375 & 2.43 & 0\\ 0 & 0 & 1 & 0.05\\ 0.975 & 0 & -0.835 & 1\end{bmatrix},\ \boldsymbol{B}_p=\begin{bmatrix}0\\ 1.08\\ 0\\ 0\end{bmatrix} \tag{2-140}
$$

$\boldsymbol{G}^{\mathrm{T}}=[0\ \ 0\ \ 0\ \ -0.1665]$，$\boldsymbol{H}=[0\ \ 0\ \ 1\ \ 0]$，其中模型式（2-124）中的非线性函数 γ 为 $\gamma(z)=\sin(z)+z$。控制输入为 $\boldsymbol{u}=\boldsymbol{u}_s+\boldsymbol{u}_{\mathrm{MPC}}$，其中 $\boldsymbol{u}_s=-\boldsymbol{K}\boldsymbol{x}$，并且 $\boldsymbol{K}$ 满足 Hurwitz 矩阵 $\boldsymbol{A}_s=\boldsymbol{A}_p-\boldsymbol{B}_p\boldsymbol{K}$。神经网络被用来学习 $\boldsymbol{u}_{\mathrm{MPC}}$。具体过程如下：

控制器 $\boldsymbol{u}_s=-\boldsymbol{K}\boldsymbol{x}$ 是通过极点配置[65]设计的，这产生了控制和闭环系统矩阵，分别为

$$
\boldsymbol{K}=[10.125\ \ 1.238\ \ -3.79\ \ 1.815]
$$

$$
\boldsymbol{A}_s=\boldsymbol{A}_p-\boldsymbol{B}_p\boldsymbol{K}=\begin{bmatrix}1 & 0.05 & 0 & 0\\ -13.365 & -0.4 & 6.523 & -1.96\\ 0 & 0 & 1 & 0.05\\ 0.975 & 0 & -0.836 & 1\end{bmatrix}
$$

通过实现模型预测控制器，创建了由状态和相应控制输入组成的元组$(x,\ u^*)$数据集，为

$$
\min_{\{u_{\mathrm{MPC}}(k)\}}\sum_{k=0}^{p}\|x(k)\|_{\mathrm{Q}}^2+\|u_{\mathrm{MPC}}(k)\|_{\mathrm{R}}^2 \tag{2-141}
$$

$$
\begin{aligned}
&\text{s.t. } f(x,\ u)=\boldsymbol{A}_p x+\boldsymbol{B}_p(\boldsymbol{u}_{\mathrm{MPC}}+\boldsymbol{u}_{\mathrm{s}}),\ \boldsymbol{u}_{\mathrm{s}}=-\boldsymbol{K}\boldsymbol{x}\\
&\boldsymbol{x}\subseteq X=\left[-\frac{\pi}{2},\ \frac{\pi}{2}\right]\times[-10^3,\ 10^3]\times\left[-\frac{\pi}{2},\ \frac{\pi}{2}\right]\times[-10^3,\ 10^3]\\
&\boldsymbol{u}_{\mathrm{MPC}}+\boldsymbol{u}_{\mathrm{s}}\subseteq U=[-1.5,\ 1.5]
\end{aligned} \tag{2-142}
$$

其中，预测时域 $p=25$，$\|a\|_M^2=a^{\mathrm{T}}Ma$。使用 CasADi 和 IPOPT 对动态优化进行了数值求解。随机采样 $\boldsymbol{x}\in[-5,\ 5]\times[-5,\ 5]\times[-5,\ 5]\times[-5,\ 5]$范围内的状态，并将其与相应的控制输入一起保存。

对于训练，生成了 $N_{\mathrm{train}}=2^{12}$ 个数据的数据集，这些数据都位于 $\boldsymbol{x}\in[-5,\ 5]\times[-5,\ 5]\times[-5,\ 5]\times[-5,\ 5]$里面，并且由相应的 MPC 输入信号作为标签。为了训练，形成尺寸为 $N_{\mathrm{b}}=2^{10}$的批次，并使用 Pytorch 训练 NN。针对均方误差函数 $\mathrm{MSE}=\dfrac{\sum_{j=1}^{N_{\mathrm{b}}}(u_j^*-u_{n,j})^2}{N_{\mathrm{b}}}$，使用 ADADELTA 算法进行 $N_{\mathrm{iter}}=5500$ 的迭

代训练优化。其中 u^* 和 u_n 分别表示期望的控制动作和神经网络的估计。训练后，神经网络的权重矩阵用于稳定性验证，通过公式化和求解 $\boldsymbol{A}_s=\boldsymbol{A}_p-\boldsymbol{B}_p\boldsymbol{K}$，$\boldsymbol{B}_s=\boldsymbol{B}_p$ 的可行性问题，该问题通过使用 YALMIP 工具箱和 SeDuMi 作为求解器来求解。

图 2-13 显示了闭环中神经网络近似 MPC 控制器的几个轨迹。尽管闭环动力学看起来是稳定的，所有轨迹都收敛到每个子图形中心的稳态点，但该图并不是稳定性的严格证明。定理 2.2.2 中的 LMI 是可行的，这严格地表明，逼近 MPC 控制器的神经网络能够在初始条件的所有值下稳定系统。图 2-14 比较了线性和神经网络控制器，当在相同的初始状态 $\boldsymbol{x}_0^{\mathrm{T}}=[0.5,\ 0.5,\ 0,\ 0]$ 下开始时，后一种方法的轨迹收敛得更快。更好的性能是由于神经网络被训练为近似 MPC 控制器，该控制器对应了状态和输入约束。因此，它应用的最大输入比线性控制器更长，与 MPC 相比，线性控制器假设更高的控制输入，因此更早地减少输入。

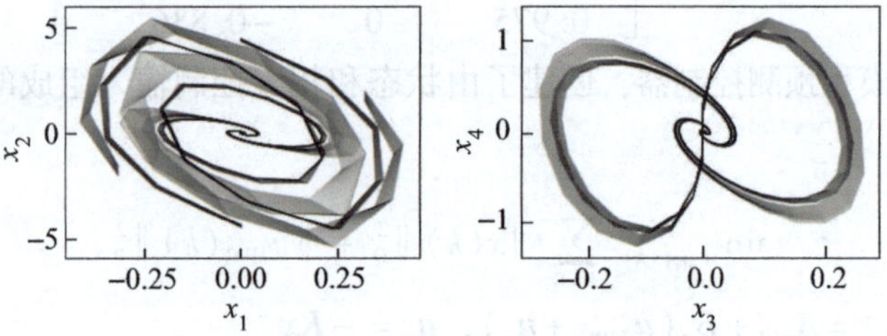

图 2-13　控制系统的相图

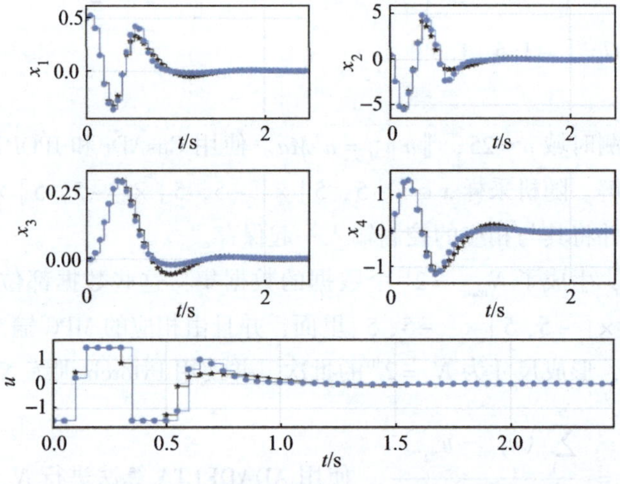

图 2-14　线性控制器（黑线）与神经网络控制器（蓝线）的对比图

2.3 内嵌物理知识神经网络

模拟和预测多物理和多尺度系统的动力学仍然是一个悬而未决的难题。在过去几十年里，研究学者提出了有限元、有限差分、谱方法等数值算法对能够描述动力学特性的偏微分方程实现了高精度预测，对多尺度物理学的进步有巨大的推动作用。尽管如此，使用经典的分析或计算工具对非均匀级联尺度的非线性多尺度系统的演化进行建模和预测仍然面临着严重的挑战，引入了巨大的计算成本和多源不确定性。此外，通过传统方法解决具有参数缺失、不连续或嘈杂边界条件的真实物理问题，目前是不可行的，解决逆问题通常代价过高，需要复杂的公式、新算法和精心设计的计算机代码。机器学习已经成为一个有希望的替代方案，但训练深度神经网络需要大量数据，这在科学问题中并不总是可用。相反，这些网络可以通过强制执行物理定律获得的附加信息进行训练。这种嵌入物理知识的机器学习集成了繁杂的数据和数学模型，并通过神经网络或其他基于核的回归网络来实现。此外，可以设计专门的网络架构，以自动满足一些物理不变量，以提高准确性、加速训练和改善泛化能力。

2.3.1　概述

在当今的科学领域，收集和创建观测数据的能力远远超过了理智地分析系统机理特性的能力，更不用说理解它。尽管机器学习方法在数据学习和数据挖掘方面展现出了巨大的突破和成功，但是目前大多数机器学习的方法仍然无法从已知的一段测量数据中提取可解释的信息和知识，而依据数据构建的模型虽然能够与观测数据非常匹配，但由于模型扩展或观测偏差可能导致较差的泛化性能，因此预测可能在物理上不一致或不符合实际。因此，迫切需要通过“教授”机器学习模型有关基本物理定律和领域知识的方式来整合这些信息，从而可以提供“先验知识”，即对观测先验进行强有力的理论约束和总结归纳。为此，需要物理信息学习，这里定义为通过对世界的观测、实证、物理或数学理解而产生的先验知识的过程，可以提高学习算法的性能。一个反映这一新学习理念的最近的例子是内嵌物理知识神经网络（Physics Informed Neural Networks，PINN）这个系列算法。这是一类深度学习算法，可以无缝地集成数据和抽象的数学操作符，包括具有或没有缺失物理学的偏微分方程（Partial Differential Equation，PDE）。开发这些算法的主要动机是，这样的先验知识或约束可以产生更可解释的机器学习方法，这些方法在存在不够完美的数据时（例如缺失或嘈杂的值、异常值等）仍然保持稳健，并且可以提供准确和物理上一致的预测，即使是外推/泛化任务也是如此。

图2-15概略地说明了三种可能的物理问题类别及相关的可用数据，图中左侧显示了经典的范例。假设唯一可用的数据是边界条件和初始条件，而具体的主导偏微分方程和相关参数是精确已知的。在另一个极端（图中右侧），可能有大量数据可用，例如时间序列的形式，但主导的物理定律（底层的PDE）在连续层面上可能不为人知。对于大多数实际应用而言，最有趣的类别位于图中心，假设物理学部分已知（即守恒关系已知，但非守恒关系未知），但有几个零散的测量数据（主要或辅助状态）可用于推断参数，甚至是PDE中缺失的函数项，同时恢复解。显然，这个中间类别是最一般的情况，事实上，它代表了其他两个类别，如果测量数据过少或过多，这种“混合”情况可能导致更复杂的场景，其中PDE的解由于随机激发或不确定的材料性质而成为随机过程。因此，随机PDE可用于表示这些随机解和不确定性。最后，存在许多涉及长程时空相互作用的问题，如湍流、黏弹塑性材料或其他异常传输过程，非局部或分数阶微积分和分数阶PDE可能是适当的数学语言，以充分描述这些现象，因为它们表现出类似深度神经网络（Deep Neural Networks，DNN）的丰富表达性[66]。

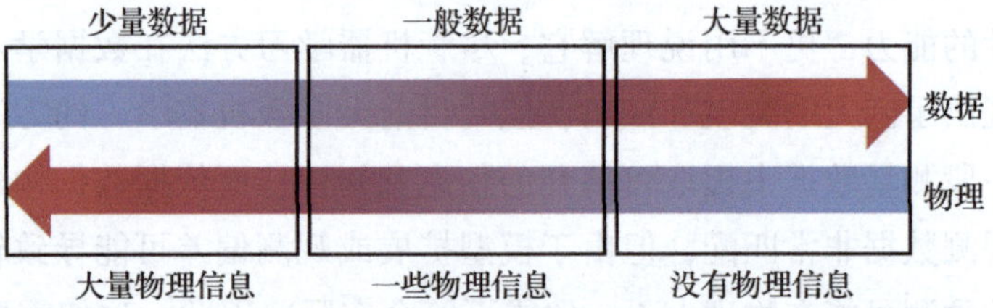

图2-15 数据与机理知识的融合

值得注意的是，在预测模型中没有假设就无法构建精确的预测模型，因此不引入适当的偏见，机器学习模型就无法期望具有良好的泛化性能。在内嵌物理知识的机器学习中，目前有三种思路可以分别或同时进行，以加速训练和通过嵌入物理学来增强机器学习模型的泛化能力。

（1）观测数据

第一种思路是观测数据，其或许是机器学习最近取得成功的基石。从概念上讲，它是引入机器学习中偏向侧重点最简单的方式。在足够的数据覆盖学习任务的输入领域的情况下，机器学习方法已经展示了在实现准确插值方面的能力，即使高维任务也能轻松完成。特别是对于物理系统，由于传感器网络的迅速发展，现在可以利用丰富的可变保真度观测数据，并监测跨足多个空间和时间尺度的复杂现象的演变。这些观测数据应该反映出规定它们生成的基本物理原则，并且原则上可以在机器学习模型的训练阶段将其用作将这些原则嵌入其中的一种弱机制。然而，特别是对于参数过多的深度学习模型，通常需要大量数据来强化这些偏见，并生成符合某些对称性和守恒定律的预测。在这种情况下，数据获取的高成本就成为最显而易见的问题，对于许多物理和工程科学应用而言，观测数据可能通过昂贵的实验或大规模计算模型生成，成本可能非常高。因此，可以通过直接使用具有基础物理学的数据或精心设计的数据增强程序来引入。用这样的数据对机器学习（Machine Learning，ML）系统进行训练使其能够学习反映数据物理结构的函数、向量场和运算符。

（2）归纳模型

第二种思路是专注于设计专门的神经网络体系结构，以隐含地嵌入给定预测任务相关的任何先验知识和归纳偏见。毫无疑问，这一类别中最典型也最常用的例子是卷积神经网络（Convolutional Neural Networks，CNN），通过巧妙地遵循自然图像中的对称性的分布模式进行表示，彻底改变了计算机视觉领域。其他具有代表性的例子包括图神经网络（Graph Neural Networks，GNN）、高斯过程等核方法，以及更一般的直接由规定给定任务的物理原则诱导的 PINN。同样的卷积网络可以推广以遵循更多的对称集合，包括旋转、反射和一般的规范对称变换。这使得在只依赖于内在几何的流形上开发非常通用的 NN 体系结构成为可能，为涉及医学图像、气候模式分割等计算机视觉任务提供了非常有效的模型。平移不变表示可以通过基于小波的散射变换构建，这些变换对变形稳定并保留高频信息十分有用。另一个例子是协变神经网络，专门设计以符合许多体系中存在的旋转和平移不变性。类似的例子是等效 Transformer 网络，这是一类可微分映射，可提高模型对预定义连续变换群的鲁棒性。尽管它们的有效性非常显著，但目前这些方法仅限于相对简单且明确定义的物理学或对称群特征化的任务，并且通常需要烦琐的手工制作和精心设计。此外，它们在扩展到更复杂的任务时具有挑战性，因为表征许多物理系统的底层不变性或守恒定律通常难以理解或难以在神经架构中隐式编码。

在使用神经网络解微分方程的情况下，可以修改体系结构以确切满足所需的初始条件、Dirichlet 边界条件、Neumann 边界条件、Robin 边界条件、周期性边界条件。此外，如果某些 PDE 解的特征是先验已知的，还可以将它们编码到网络架构中，例如，多尺度特征、奇偶对称性和能量守恒、高频率等。

对于一个具体的例子，我们可以参考文献［67］中的最新研究，该研究提出了神经网络体系结构与某些 Hamilton-Jacobi PDEs（HJ-PDEs）的黏度解之间的新连接。图 2-16 中描绘的两层体系结构定义了 $f:\mathbb{R}^n\times[0,+\infty)\rightarrow\mathbb{R}$，如下所示：

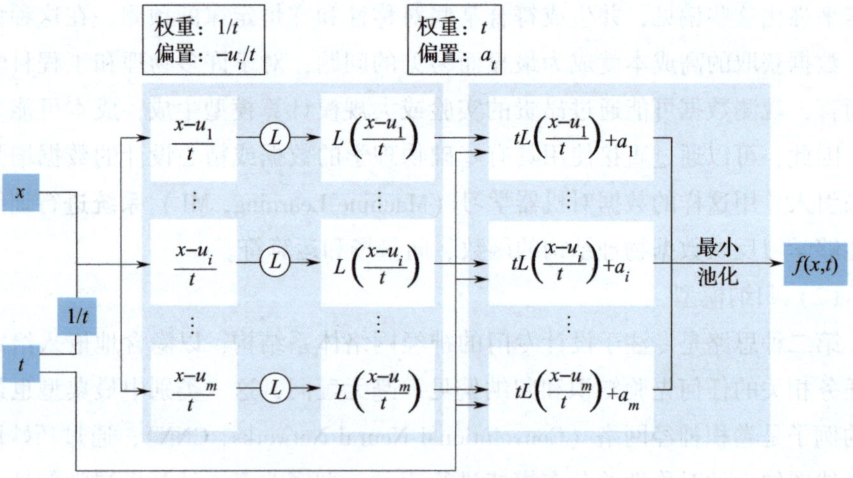

图 2-16　物理启发的神经网络结构[67]

$$f(x,\ t)=\min_{i\in\{1,\cdots,m\}}\left\{tL\left(\frac{x-u_i}{t}\right)+a_i\right\}\tag{2-143}$$

这与著名的 Lax-Oleinik 公式相似。在这里，x 和 t 为空间和时间变量；L 为一个凸的、利普希茨的激活函数；$a_i\in\mathbb{R}$，$u_i\in\mathbb{R}^n$，均为神经网络参数；m 为神经元的数量；f 为以下 HJ-PDE 的黏度解：

$$\begin{cases}\dfrac{\partial f}{\partial t}(x,\ t)+H[\nabla_x f(x,\ t)]=0 & x\in\mathbb{R}^n,\ t\in(0,+\infty)\\ f(x,\ 0)=J(x) & x\in\mathbb{R}^n\end{cases}\tag{2-144}$$

式（2-144）中，哈密顿量 H 和初始数据 J 都是由网络的参数和激活函数明确获得的。哈密顿量 H 必须是凸的，但初始数据 J 则没有这个要求。请注意，文献［68］的结果并不依赖于为神经网络建立的通用逼近定理。相反，文献［68］表明，包含在某些类别的 HJ-PDEs 中的物理学可以通过特定的神经网络体系结构自然地编码，而无须在高维度中进行任何数值逼近。

（3）学习偏向

第三种思路是从不同的角度来赋予神经网络先验知识。与设计隐含地强制执行这种知识的专门体系结构不同，这种方法旨在通过适当地对传统神经网络逼近的损失函数进行惩罚，以软方式施加这些约束。这种方法可以被看作多任务学习的一个特定用例，其中学习算法同时被约束以适应观察到的数据，并生成大致满足给定一组物理约束的预测（例如，质量守恒、动量守恒、单调性等）。代表性的例子包括深度 Galerkin 方法和 PINN 及其变体。

软惩罚约束的灵活性使其能够将领域特定知识的更一般实例纳入机器学习模型中。例如，文献［69］提出了一种统计约束生成对抗网络（Generative Adversarial Network，GAN），通过对训练数据的协方差施加约束，得到了一个改进的基于机器学习的仿真器，能够捕捉通过求解完全解析的 PDE 生成的训练数据的统计特性。其他例子包括：专门设计的模型，用于学习机器人学中的接触引起的不连续性；物理信息自动编码器，它使用额外的软约束来保持李雅普诺夫稳定性；InvNet，它能够通过损失函数中的软约束来编码不变性[70]。进一步的扩展包括卷积和循环体系结构，以及概率形式。例如，文献［71］包括一个贝叶斯框架，允许对复杂的 PDE 动力学系统中感兴趣的预测量的不确定性进行量化。

值得注意的是，通过使用这些软惩罚约束和正则化进行优化获得的解可以看作源自基于物理学的似然假设的贝叶斯公式的最大后验估计的等效形式。或者，可以使用马尔可夫链蒙特卡洛方法或变分推断逼近来对由嘈杂且间断的数据引起的不确定性进行量化。

相比于传统数值方法，学习偏向具有以下优势：

1）逆问题计算上有较大优势。传统数值方法主要针对复杂问题的正计算，如已知边界条件、已知控制方程下的正计算。PINN 针对一些反问题，如已知一些测量数据和部分物理条件（方程中某些参数未知，边界条件未知），形成数据和物理双驱动的模型。

2）需要做快速推断时优势更明显。线下训练好的神经网络用来在线预测时，花费的时间非常短。

3）高维问题上的潜在优势。神经网络能处理许多高维问题，但很难说神经网络在一些基准（benchmark）问题上已经完全超越传统问题。

高效实现 PINN 有利于基于当前的机器学习库构建新的算法，如 TensorFlow、PyTorch、Keras 和 JAX。已经开发了一些专门用于物理信息机器学习的软件库，见表 2－2，这些库对该领域的快速发展起到了推动作用。目前，一些正在积极开发的库包括 DeepXDE、SimNet、PyDEns、NeuroDiffEq、

NeuralPDE、SciANN、ADCME 和 GPyTorch。由于 Python 是主导的机器学习编程语言，更方便使用 Python 进行物理信息机器学习，因此这些库大多数是用 Python 编写的，NeuralPDE 和 ADCME 是用 Julia 编写的。所有这些库都使用其他软件提供的自动微分机制，比如 TensorFlow。

其中一些库（如 DeepXDE 和 SimNet）可以用作求解器，即用户只需要定义问题，然后求解器将处理所有底层细节并解决问题；而另一些库（如 SciANN 和 ADCME）只作为封装器，即它们将其他库（如 TensorFlow）的底层函数封装成相对高级的函数，以更轻松地实现物理信息学习，用户仍然需要实现解决问题的所有步骤。软件包如 GPyTorch 和 Neural Tangents 还通过核方法的视角使神经网络和 PINN 的研究变得更加容易。这个视角产生了对 PINN 训练动态的新理解，随后推动了新有效架构和训练算法的设计。

DeepXDE 不仅可以解决整数阶常微分方程（ODE）和 PDE，还可以解决积分微分方程和分数阶 PDE。DeepXDE 支持通过建构实体几何的技术处理复杂的域几何，并使用户代码保持紧凑，紧密地与数学公式形式相似。DeepXDE 结构良好且高度可配置，因为其所有组件都松散耦合。需要注意的是，除了作为解决计算科学和工程中的问题的研究工具外，DeepXDE 还可以作为多样化课程中的教育工具。尽管 DeepXDE 适用于教育和研究，但由 Nvidia 开发的 SimNet 专为 Nvidia GPU 进行了优化，用于解决大规模工程问题。

表 2-2　用于物理信息机器学习的主要软件库

软件名	用法	语言	后端	参考文献
DeepXDE	求解器	Python	TensorFlow	[70]
SimNet	求解器	Python	TensorFlow	[71]
PyDEns	求解器	Python	TensorFlow	[72]
NeuroDiffEq	求解器	Python	Pytorch	[73]
NeuralPDE	求解器	Julia	Julia	[74]
SciANN	封装器	Python	TensorFlow	[75]
ADCME	封装器	Julia	TensorFlow	[76]
GPyTorch	封装器	Python	Pytorch	[77]

2.3.2　原理

嵌入物理知识神经网络通过使用自动微分将偏微分方程嵌入神经网络的损失函数中，无缝地整合了来自测量和 PDE 的信息。这些 PDE 可以是整数阶

PDE、积分微分方程、分数阶 PDE 或随机 PDE。

在这里，我们介绍使用黏性伯格斯（Burgers）方程作为示例解决前向问题的 PINN 算法。

$$\frac{\partial u}{\partial t}+u\frac{\partial u}{\partial x}=v\frac{\partial^2 u}{\partial x^2} \tag{2-145}$$

式（2-145）带有适当初始条件和 Dirichlet 边界条件。在图 2-17 中，左侧（物理未知）网络表示 PDE 解 $u(x, t)$ 的代理，而右侧（物理知识）网络描述了 PDE 残差 $\frac{\partial u}{\partial t}+u\frac{\partial u}{\partial x}-v\frac{\partial^2 u}{\partial x^2}$。损失函数包括对来自初始和边界条件的 u 的数据测量的监督损失和 PDE 的无监督损失：

$$L=w_{\text{data}}L_{\text{data}}+w_{\text{PDE}}L_{\text{PDE}} \tag{2-146}$$

式中，

$$L_{\text{data}}=\frac{1}{N_{\text{data}}}\sum_{i=1}^{N_{\text{data}}}\left[u(x_i,t_i)-u_i\right]^2 \tag{2-147}$$

$$L_{\text{data}}=\frac{1}{N_{\text{PDE}}}\sum_{i=1}^{N_{\text{PDE}}}\left(\frac{\partial u}{\partial t}+u\frac{\partial u}{\partial x}-v\frac{\partial^2 u}{\partial x^2}\right)^2\Bigg|_{(x_j,t_j)} \tag{2-148}$$

式中，(x_i, t_i) 和 (x_j, t_j) 分别为在初始/边界位置和整个域内采样的两组点；u_i 为在 (x_i, t_i) 处 u 的值；w_{data} 和 w_{PDE} 为用于平衡两个损失项之间相互作用的权重。这些权重可以是用户定义的或自动调整的，并在提高 PINN 的可训练性方面发挥重要作用。

该网络通过梯度优化器（如 Adam[78] 和 L-BFGS[79]）最小化损失，直到损失小于阈值 ε。PINN 算法如下所示，有关 PINN 的更多细节以及推荐的 Python 库 DeepXDE 请参考文献[70]。

如图 2-17 所示，构建一个带有可训练权重 w 和偏差 b 的神经网络（NN）$u(x, t; \theta)$，其中 θ 是可训练参数的集合，σ 表示非线性激活函数。为 u 指定测量数据 $\{x_i, t_i, u_i\}$，并为 PDE 指定残差点 (x_j, t_j)。通过对数据和 PDE 的加权损失求和来指定式（2-146）中的损失 L。通过最小化损失 L 来训练 NN，以找到最佳参数 θ^*。

如果 Γ_D 是一个简单的几何形状，那么可以解析地选择 $\ell(x)$[80-81]。例如，当 Γ_D 是区间 $\Omega=[a, b]$ 的边界，即 $\Gamma_D=\{a, b\}$，我们可以选择 $\ell(x)$ 为 $(x-a)(b-x)$ 或 $(1-\mathrm{e}^{a-x})(1-\mathrm{e}^{x-b})$。对于复杂的区域，很难获得 $\ell(x)$ 的解析公式，因此可以使用样条函数来近似 $\ell(x)$[82]。

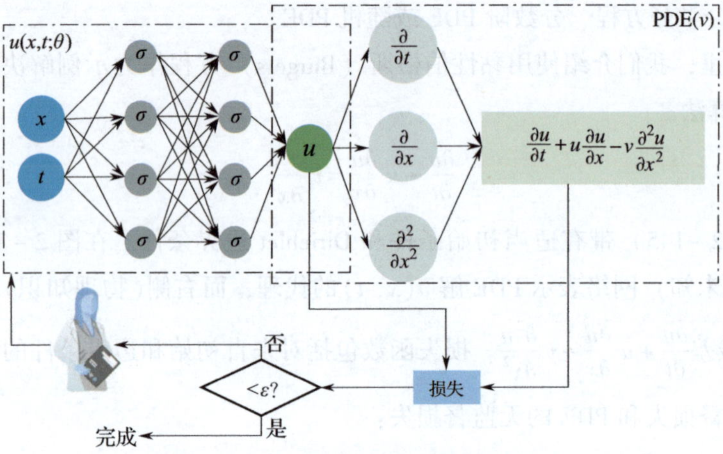

图 2-17　PINN 求解偏微分方程示例[71]

2.3.3　斯托克斯流体拓扑优化

最优设计在许多流体力学问题中具有广泛而有价值的应用。接下来，使用 PINN 方法来解决斯托克斯流体拓扑优化问题。该问题最初由文献［83］引入，并且自引入以来一直被视为许多研究的基准示例。

问题描述：在这个问题中，我们考虑一个设计域 $\Omega = [0,1] \times [0,1]$，由固体材料和流体组成，如图 2-18 所示。目标是确定在 Ω 的哪些位置应该是流体，哪些位置应该是固体，以最小化一个关于耗散功率的目标函数。使用 $\rho = 0$ 表示固体，$\rho = 1$ 表示流体。因此，这个问题是一个关于 ρ 的离散拓扑优化问题。解决大规模的离散拓扑优化问题通常在计算上是困难的。为了解决这个问题，常见的做法是允许 ρ 在 0～1 之间取值。

我们考虑流动是斯托克斯流，流体和固体满足广义斯托克斯方程，将固体视为一个多孔介质，其流动由达西定律决定[83-85]：

$$-\nu \Delta \boldsymbol{u} + \nabla p = f$$
$$\nabla \boldsymbol{u} = 0 \tag{2-149}$$

式中，$\boldsymbol{u}$ 为流速，$\boldsymbol{u} = (u, v)$；p 为压强。ν 为黏度，$\nu = 1$；f 为达西定律中的 Brinkman 项，$f = \alpha \boldsymbol{u}$，$\alpha$ 为与 ρ 有关的反渗透率，使用以下插值函数表示[78]：

$$\alpha(\rho) = \bar{\alpha} + (\underline{\alpha} - \bar{\alpha})\rho \frac{1+q}{\rho+q} \tag{2-150}$$

式中，$\bar{\alpha}$ 和 α 分别为固体和流体相的反渗透率，$\bar{\alpha} = \dfrac{2.5\nu}{0.01^2}$，$\alpha = 0$；$q$ 为参数，$q > 0$，用于控制固体和流体相之间的过渡。当 q 较大时，插值具有更陡峭的过渡，优化问题变得更加病态。在这里，选择 $q=0.1$。在边界上，速度是恒定的，$u=(1,\ 0)$，且右边界的压力为零，如图 2-18a 所示。

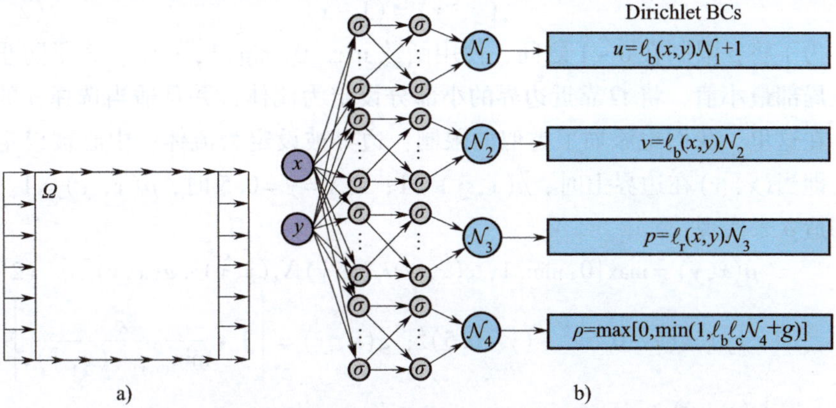

图 2-18　斯托克斯流中的问题设置和神经网络架构[86]

耗散功率的目标函数定义为

$$J=\int_{\Omega}\left(\frac{1}{2}\nabla\boldsymbol{u}:\nabla\boldsymbol{u}+\frac{1}{2}\alpha\boldsymbol{u}^2\right)\mathrm{d}x\mathrm{d}y \tag{2-151}$$

为了使问题有意义，我们需要考虑流体体积的约束：

$$\int_{\Omega}\rho\mathrm{d}x\mathrm{d}y\leqslant\gamma \tag{2-152}$$

式中，γ 为体积分数，被选择为 0.9。没有这个体积约束，最优解将是 $\rho=1$。

微分方程损失函数为

$$L_{\mathrm{F}}=\frac{1}{3M}\sum_{j=1}^{M}(F_1[x_j])^2+(F_2[x_j])^2+(F_3[x_j])^2 \tag{2-153}$$

式中，F_1 和 F_2 分别对应式（2-149）中的 u 和 v 分量；F_3 对应式（2-149）中的第二个等式约束。在这个问题中，我们还有一个流体体积的不等式约束：

$$h(\rho)=\int_{\Omega}\rho\mathrm{d}x\mathrm{d}y-\gamma\leqslant 0 \tag{2-154}$$

式（2-154）用来计算以下损失：

$$\begin{aligned}\min_{\theta_u,\theta_\gamma}L^k(\theta_u,\ \theta_\gamma)=J\neq\mu_{\mathrm{F}}^kL_{\mathrm{F}}+\mu_h^kL_{\{h>0\vee\lambda_h^k>0\}}h^2+\\\frac{1}{MN}\sum_{j=1}^{M}\sum_{i=1}^{N}\lambda_{i,j}^kF_i[\hat{\boldsymbol{u}}(x_j);\hat{\gamma}(x_j)]+\lambda_h^kh\end{aligned} \tag{2-155}$$

式中，符号 ∨ 为逻辑“或”；$\lambda_{i,j}^k$ 和 λ_h^k 为乘子。

构建了四个网络来近似 u，v，p，ρ，如图 2-18b 所示，每个网络有 5 层，每层 64 个神经元。为了将 u 和 v 的 Dirichlet 边界条件强加到网络中，选择

$$\ell_{\mathrm{b}}(x,\ y)=16xy(1-x)(1-y) \tag{2-156}$$

式中，在边界处等于零；系数“16”用于缩放函数，在 Ω 内部为一阶。类似地，对于 p 在右边界的边界条件，我们使用

$$\ell_r(x, y) = (1 - x) \tag{2-157}$$

为了将 ρ 限制在 0~1 之间，使用函数 $\max[0, \min(1, \cdot)]$。为了防止优化陷入局部最小值，将 Ω 靠近边界的小部分设定为流体，并且适当选择 ρ 的初始值。在这里，我们也添加了类似的限制：边界被设定为流体，中心被设定为固体，即当 (x, y) 在边界上时，$\rho(x, y) = 1$；当 $x = y = 0.5$ 时，$\rho(x, y) = 1$。这通过构造 ρ 来实现：

$$\rho(x,y) = \max\{0, \min[1, \ell_b(x,y)\ell_c(x,y)N_4(x,y) + g(x,y)]\} \tag{2-158}$$

式中，$\ell_c(x, y) = (x-0.5)^2 + (y-0.5)^2$；$g(x, y) = \left[1 + \dfrac{\varepsilon}{\min_{(x,y)} \ell_c(x, y)}\right][1 - \ell_b(x, y)]\dfrac{\ell_c(x, y)}{\ell_c(x, y) + \varepsilon}$。

通过选择一个小的正数 $\varepsilon > 0$，很容易检查当 (x, y) 处于边界时，$\rho(0.5, 0.5) = 0$，$\rho(x, y) = 1$。得到的仿真结果如图 2-19 所示。

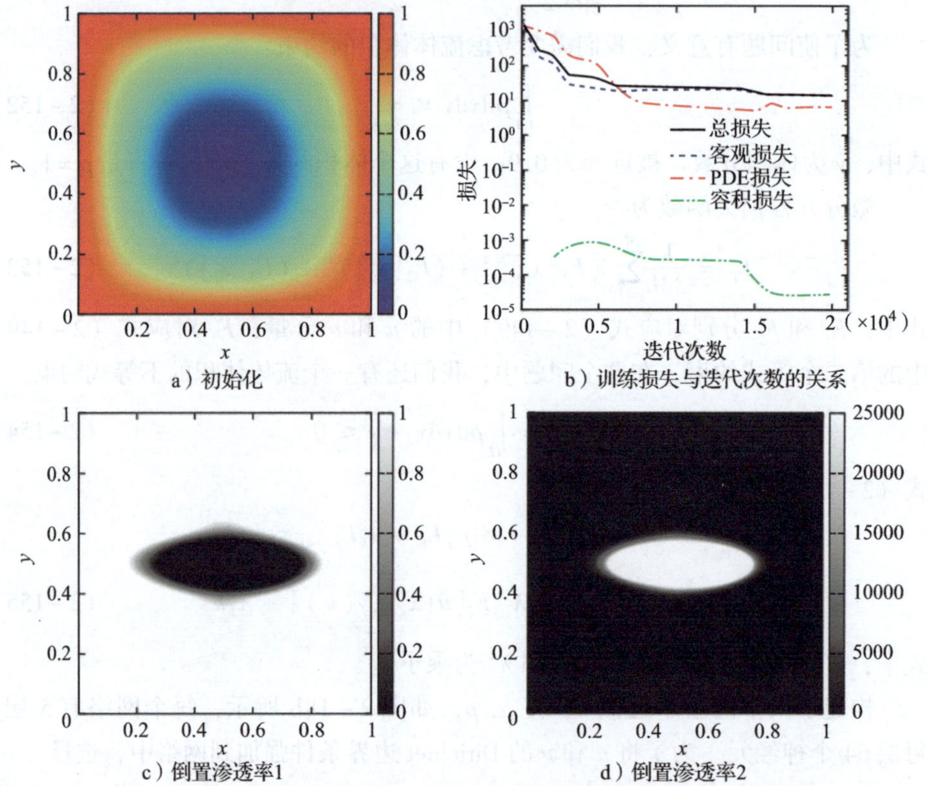

图 2-19　PINN 优化斯托克斯流体拓扑结构仿真结果[86]

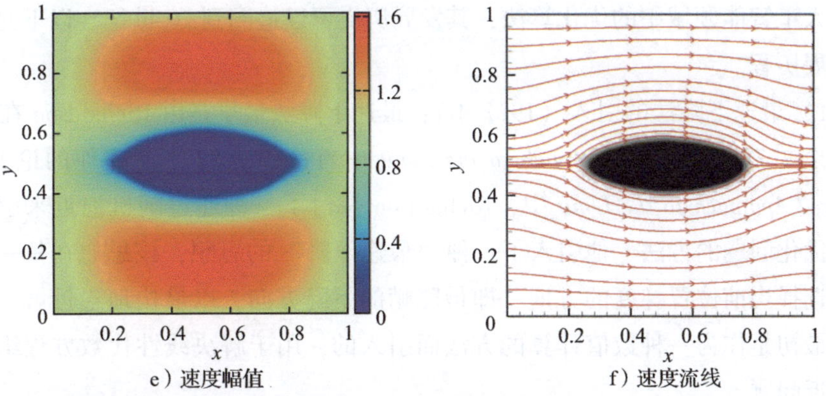

图 2-19　PINN 优化斯托克斯流体拓扑结构仿真结果[86]（续）

2.4 人工智能中的优化算法

优化算法属于数学和计算方法领域的实际应用，旨在通过调整人工智能模型的参数，以最大限度地提升算法性能、降低计算误差以及提高计算效率。这些优化算法在机器学习、深度学习等领域被广泛应用，帮助学习模型逐步接近直至达到最优解。其中一些常见的优化算法包括梯度下降与共轭梯度算法、动量与 Nesterov 动量优化算法、Adagrad、RMSProp、Adam 等。这些算法采用不同的策略和技巧来搜索最优解的参数配置。不同算法的选择通常取决于某一特定任务的性质以及数据的特征。总的来说，这些算法通过不断地调整模型参数，使得人工智能系统能够更好地适应复杂的数据输入，提高其性能和泛化能力。人工智能中的优化算法如图 2-20 所示。

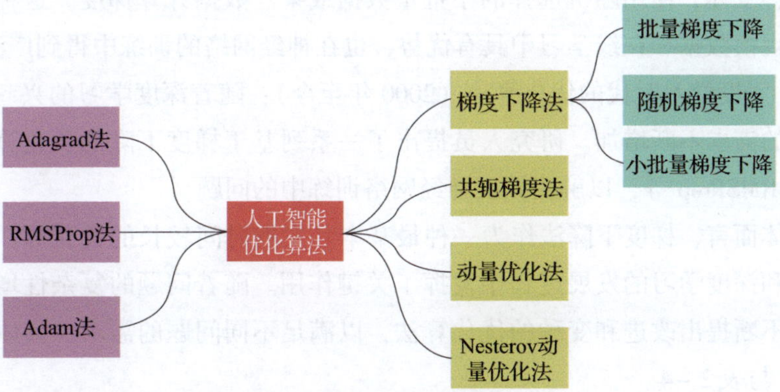

图 2-20　人工智能中的优化算法

人工智能领域中的优化算法，其发展历史可以追溯到20世纪。以下是其主要发展历程。

1）最速下降法的引入（1927年）：最速下降法最早是由Richardson在1927年的论文*The Deferred Approach to the Limit*中首次引入的[87]。在他的论文*The Deferred Approach to the Limit*中，Richardson探讨了一种通过随机逼近来解决确定性优化问题的方法。他引入了一种“最速下降”的思想，该思想在每一步迭代中选择当前位置梯度的方向，即最陡峭的下降方向，以最快地逼近解。这个思想最初是作为一种数值计算的方法而引入的，用于解决线性代数方程组和数值逼近问题。

2）共轭梯度法的提出（1952年，但在机器学习中的应用较晚）：共轭梯度法是一种改进的梯度下降算法，最早由Hestenes和Stiefel于1952年提出[88]。然而，其在人工智能中的广泛应用相对较晚，主要是在20世纪70年代末和20世纪80年代初。

3）牛顿法和拟牛顿法的发展（20世纪50年代至70年代）：牛顿法是一种使用二阶导数信息的优化算法，能够更快地收敛到最优解。然而，尤其是在高维问题中，牛顿法的计算开销较大。为了克服这个问题，拟牛顿法被提出，通过近似二阶导数信息来减少计算开销。

4）梯度下降法在人工智能领域中的应用（20世纪60年代至70年代）：梯度下降法在人工智能领域的应用逐渐增多，尤其是在线性回归等任务中。研究人员开始关注如何调整学习率以及如何处理不同问题中的梯度消失或爆炸等问题。

5）随机梯度下降法的兴起（20世纪80年代）：随机梯度下降法是梯度下降的一种变体，使用随机选择的小批量数据或某一数据计算梯度。这种方法在处理大规模数据和在线学习中具有优势，也在神经网络的训练中得到广泛应用。

6）深度学习时代的优化算法（2000年至今）：随着深度学习的兴起，对优化算法的需求不断增加。研究人员提出了一系列基于梯度下降的优化算法，如Adam、RMSProp等，以解决深度神经网络训练中的问题。

总体而言，梯度下降法作为一种最基本且发展时间较长的优化算法，在机器学习和深度学习的发展过程中发挥了关键作用。随着问题的复杂性增加，研究人员不断提出改进和变种的优化算法，以满足不同问题的需求。具体情况见表2-3与表2-4。

表 2-3　人工智能领域优化算法发展历程

时间	方法
20 世纪 20 年代	最速下降法的引入
20 世纪 50 年代	共轭梯度法的提出
20 世纪 50 年代至 70 年代	牛顿法和拟牛顿法的发展
20 世纪 60 年代至 70 年代	梯度下降法在人工智能领域中的应用
20 世纪 80 年代	随机梯度下降法的兴起
2000 年至今	深度学习时代的优化算法

表 2-4　优化算法求解过程统计

算法	模型参数迭代更新策略	“学习率”参数	“梯度”计算
梯度下降法	$\theta_{k+1}=\theta_k-\alpha\nabla J(\theta_k)$	α	$\nabla J(\theta_k)$
共轭梯度法	—	—	—
动量优化法	$\theta_{k+1}=\theta_k-\eta v_k$	η	$v_k=\beta v_{k-1}+(1-\beta)\nabla J(\theta_k)$
Nesterov 动量优化法	$\theta_{k+1}=\theta_k-v_k$	—	$v_k=\beta v_{k-1}+\eta\nabla J(\theta_k-\beta v_{k-1})$
Adagrad 法	$\theta_{k+1}=\theta_k-\frac{\eta}{\sqrt{G_k+\varepsilon}}\nabla J(\theta_k)$	$\frac{\eta}{\sqrt{G_k+\varepsilon}}$	$\nabla J(\theta_k)$
RMSProp 法	$\theta_{k+1}=\theta_k-\frac{\eta}{\sqrt{E[g^2]_k+\varepsilon}}\nabla J(\theta_k)$	$\frac{\eta}{\sqrt{E[g^2]_k+\varepsilon}}$	$\nabla J(\theta_k)$
Adam 法	$\theta_{k+1}=\theta_k-\frac{\eta}{\sqrt{\hat{v}_k+\varepsilon}}\hat{m}_k$	$\frac{\eta}{\sqrt{\hat{v}_k+\varepsilon}}$	$\hat{m}_k$

2.4.1　梯度下降与共轭梯度法

1. 梯度下降法

梯度下降算法是一种较为基础的迭代优化算法，用于寻找目标函数的最小值以及对应的参数。其基本思想是通过计算目标函数在当前参数点处的梯度（导数），然后沿着梯度的反方向更新参数，以逐步减小目标函数的值。这一过程重复进行，直到达到满足迭代停止条件的收敛点。梯度下降分为批量梯度下降（Batch Gradient Descent）、随机梯度下降（Stochastic Gradient Descent，SGD）和小批量梯度下降（Mini-batch Gradient Descent）等不同变体。

（1）批量梯度下降

批量梯度下降算法是一种基本的梯度下降算法，用于最小化损失函数或目标函数。以下是批量梯度下降算法的流程：

1）目标函数的选择：批量梯度下降的目标是最小化一个损失函数或目标函数 $J(\theta)$，其中 θ 是模型的参数。

2）梯度计算：在每次迭代中，计算目标函数关于参数 θ 的梯度 $\nabla J(\theta)$。这里梯度的计算与输入数据的总批量相关，因为它涉及对整个训练数据集进行梯度计算。

3）参数更新：使用梯度信息更新模型参数。批量梯度下降算法下的模型参数更新规则如下：

$$\theta_{t+1} = \theta_t - \alpha \nabla J(\theta_t)$$

式中，α 为学习率，以控制每次参数更新的步长。

4）迭代：重复执行上述梯度计算和参数更新的步骤，直到满足停止条件，如达到最大迭代次数或梯度值足够小。

批量梯度下降算法具备以下优缺点。

其优点主要包括：

1）全局最优解：批量梯度下降在每次迭代中使用整个数据集，有助于更准确地朝着全局最优解的方向前进。

2）收敛稳定：相对于随机梯度下降，批量梯度下降通常更稳定，收敛较为平滑。

其缺点主要包括：

1）计算开销大：在大规模数据集上对整个数据集进行梯度计算占用的计算资源可能会非常多，尤其是在内存有限的情况下。

2）不适用于在线学习：批量梯度下降需要在每次迭代中使用整个数据集，因此不适用于动态或在线学习。

3）可能陷入局部最小值：存在陷入局部最小值的风险，特别是对于非凸优化问题。

批量梯度下降算法适用于较小的数据集或能够通过分布式计算等手段处理大规模数据集的情况。在实际应用中，人们常常会选择使用随机梯度下降或小批量梯度下降等变体来平衡计算效率和优化性能。

（2）随机梯度下降

随机梯度下降（SGD）是梯度下降算法的一种变体，用于最小化损失函数或目标函数。与批量梯度下降不同，SGD 在每次迭代中仅使用整个训练数据集中的一个训练样本来计算梯度和更新模型参数。以下是随机梯度下降算法的流程。

1）目标函数：随机梯度下降的目标是最小化一个损失函数或目标函数 $J(\theta)$，其中 θ 是模型的参数。

2）随机选择样本：在每次迭代中，随机选择一个训练样本用于计算梯度。这与批量梯度下降在每次迭代中使用整个数据集的方式不同。

3）梯度计算：在每次迭代中，计算目标函数关于参数 θ 的梯度 $\nabla J(\theta)$。这里梯度的计算与输入数据的批量相关，因为它涉及对整个训练数据集进行梯度计算。

4）参数更新：使用梯度信息更新模型参数。随机梯度下降的参数更新规则如下：

$$\theta_{k+1} = \theta_k - \alpha \nabla J(\theta_k)$$

式中，α 为学习率，以控制每次参数更新的步长。

5）迭代：重复执行上述梯度计算和参数更新的步骤，直到满足停止条件，例如达到最大迭代次数或梯度值足够小。

随机梯度下降算法具备一定的优缺点，总结如下。

其优点在于：①计算开销小，随机梯度下降在每次迭代中只使用一个样本，因此计算开销较小，尤其在大规模数据集上更具优势；②在线学习，适用于在线学习，能够动态地适应新的数据；③可能逃离局部最小值，由于每次迭代只使用一个样本，有机会跳出局部最小值，对于非凸优化问题有一定优势。

其缺点主要包括：①收敛不稳定，由于使用单个样本进行梯度估计，收敛路径可能会出现嘈杂和不稳定的情况；②不适用于高度并行化，随机性使得难以实现高度并行化，与批量梯度下降相比，无法充分利用并行计算资源。

随机梯度下降在大规模数据集和在线学习等场景中具有一些明显的优势，但在一些问题上可能需要仔细调参以及采用一些改进方法，如随机梯度下降的变体（如 Mini-Batch SGD、Momentum SGD、Adagrad、Adam 等），以提高算法稳定性和收敛速度。

（3）小批量梯度下降

小批量梯度下降是梯度下降算法的一种折中形式。它在每次迭代中使用整体训练集中的小部分训练数据（称为小批量）来计算梯度和更新模型参数。以下是小批量梯度下降算法的流程。

1）目标函数设定：小批量梯度下降的目标是最小化一个损失函数或目标函数 $J(\theta)$，其中，θ 是模型的参数。

2）小批量的选择：在每次迭代中，随机选择一个包含固定数量训练样本的小批量（通常以2的幂次方为宜）。小批量梯度下降既不像批量梯度下降使用整个数据集，也不像随机梯度下降只使用一个样本。

3）梯度计算：在每次迭代中，使用选定的随机样本计算目标函数关于参数θ的梯度$\nabla J(\theta)$。

4）参数更新：使用梯度信息更新模型参数。小批量梯度下降的参数更新规则如下：

$$\theta_{k+1} = \theta_k - \alpha \nabla J(\theta_k)$$

式中，α为学习率，以控制每次参数更新的步长。

5）迭代：重复执行上述梯度计算和参数更新的步骤，直到满足停止条件，例如达到最大迭代次数或梯度值足够小。

小批量梯度算法具备一系列的优点与缺点，总结如下。

优点：①计算开销相对较小，相较于批量梯度下降，小批量梯度下降在计算开销和内存占用方面取得了折中；②更稳定的收敛，相较于随机梯度下降，小批量梯度下降通常更稳定，能够受益于硬件加速（如GPU）；③适用于处理大规模数据集，同时能够利用批量计算的优势。

缺点：需要调整小批量大小，小批量大小的选择对性能有影响，需要进行调整。

小批量梯度下降成为很多深度学习任务的首选算法，因为它综合了批量梯度下降和随机梯度下降的优点，适用于大规模数据集并能够在一定程度上充分利用并行计算资源。

三种梯度下降算法的优化效果对比如图2-21所示。

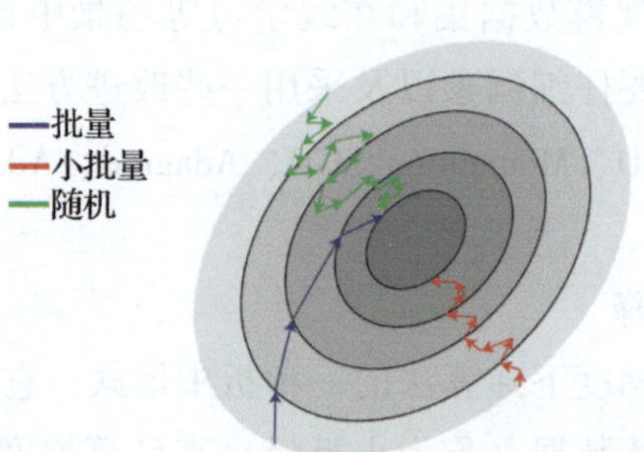

图2-21　三种梯度下降算法的优化效果对比

总的来说，梯度下降算法是一种常用的优化算法，但它也有一些优点和缺点。优点：①应用广泛，梯度下降是许多优化问题的通用解决方案，被广泛应用于机器学习、深度学习等领域；②简单易理解，算法思想简单，易于理解和实现；③易于并行化，对于大规模数据集，梯度下降计算的过程可以有效地并行化，提高训练速度。

缺点：①学习率的选择，学习率的选择对梯度下降的性能影响很大，过小的学习率可能导致收敛缓慢，而过大的学习率可能导致振荡或无法收敛；②可能陷入局部最小值，梯度下降对于非凸优化问题存在陷入局部最小值的风险，而无法保证找到全局最小值；③对初始参数值敏感，初始参数值的选择对梯度下降的性能影响较大，不同的初始值可能导致不同的优化结果；④不适用于稀疏数据，在处理稀疏数据时，梯度下降可能会表现不佳，需要使用其他优化算法，如 Adagrad 或 Adam；⑤计算梯度过程时间成本高，对于大规模数据集或复杂模型，计算目标函数梯度的过程可能是计算密集型的，这会导致训练时间较长。

2. 共轭梯度法

共轭梯度算法（Conjugate Gradient Algorithm）也是一种迭代算法，用于求解线性方程组或最小化二次型函数的问题。相比于梯度下降算法，共轭梯度算法具有更快的收敛速度。其基本思想是构建一个共轭方向的序列，每次沿着某一个共轭方向进行搜索。这些共轭方向相互垂直，使得算法能够更有效地在多维空间中搜索最优解。共轭梯度通常用于解决大规模的线性系统方程组或无约束的二次规划问题。

（1）构建优化问题

解决如下的无约束二次规划问题：

$$\min_{\boldsymbol{x}\in\mathbb{R}^n}\frac{1}{2}\boldsymbol{x}^{\mathrm{T}}\boldsymbol{G}\boldsymbol{x}+\boldsymbol{b}^{\mathrm{T}}\boldsymbol{x}$$

（2）值的初始化

共轭梯度法需要一个初始解 $\boldsymbol{x}_0$、初始梯度 $\boldsymbol{g}_0$ 和初始搜索方向 $\boldsymbol{d}_0$。

（3）迭代步骤

在每个迭代步骤中，共轭梯度法按以下步骤操作。

1）步长计算：在选择的共轭方向上进行线搜索，以找到最优的步长：

$$\boldsymbol{\alpha}_k=\arg\min_{\alpha} f(\boldsymbol{x}_k+\alpha\boldsymbol{d}_k)=\frac{\boldsymbol{g}_k^{\mathrm{T}}\boldsymbol{g}_k}{\boldsymbol{d}_k^{\mathrm{T}}\boldsymbol{G}\boldsymbol{d}_k}$$

2）更新迭代点：

$$\boldsymbol{x}_{k+1}=\boldsymbol{x}_k+\boldsymbol{\alpha}_k\boldsymbol{d}_k$$

3）计算迭代点的梯度：

$$\boldsymbol{g}_{k+1}=\nabla f(\boldsymbol{x}_{k+1})=\boldsymbol{G}\boldsymbol{x}_{k+1}+\boldsymbol{b}$$

4）计算组合系数 $\boldsymbol{\beta}_k$：存在多种组合系数的计算方式，如 Hestenes-Stiefel 公式为 $\boldsymbol{\beta}_k^{\mathrm{HS}} = \dfrac{\boldsymbol{g}_{k+1}^{\mathrm{T}} \boldsymbol{G} \boldsymbol{d}_k}{\boldsymbol{d}_k^{\mathrm{T}} \boldsymbol{G} \boldsymbol{d}_k}$；Fletcher-Reeves 公式为 $\boldsymbol{\beta}_k^{\mathrm{FR}} = \dfrac{\boldsymbol{g}_{k+1}^{\mathrm{T}} \boldsymbol{g}_{k+1}}{\boldsymbol{g}_k^{\mathrm{T}} \boldsymbol{g}_k}$。

5）计算下一步的共轭方向：

$$\boldsymbol{d}_{k+1} = -\boldsymbol{g}_{k+1} + \boldsymbol{\beta}_k \boldsymbol{d}_k$$

式中，$\boldsymbol{d}_{k+1}$ 为下一迭代步骤的搜索方向。

（4）收敛条件

共轭梯度法通常在满足一定的收敛条件时停止，如达到预定的迭代次数或梯度值足够小。

共轭梯度算法具备一些优缺点，总结如下。

优点：收敛速度较快，共轭梯度法通常比梯度下降等方法收敛得更快，特别是在解决大规模线性方程组时；不需要存储全部数据，由于每个迭代步骤只需要存储前一步的信息，对于大规模问题，内存占用较小。

缺点：不适用于非二次型问题，共轭梯度法在非二次型问题上的应用有限，因此通常仅用于解决特定形式的优化问题。

总体而言，共轭梯度法是一种有效的优化算法，特别适用于解决大规模线性方程组和二次型函数最小化问题。相较于梯度下降算法，共轭梯度算法的优化效果如图 2 – 22 所示。

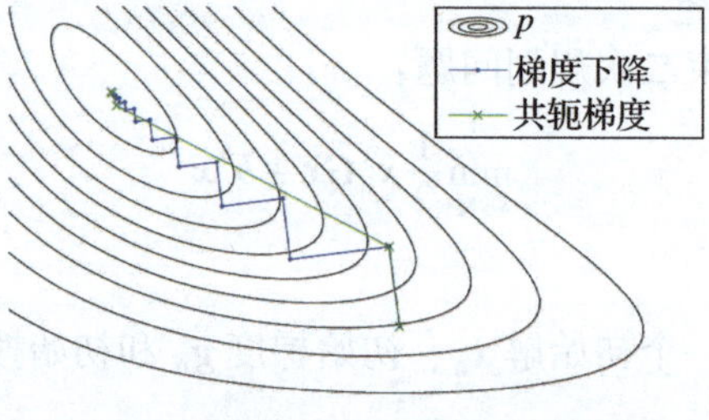

图 2 – 22　共轭梯度法与梯度下降法优化效果图

2.4.2　动量优化与 Nesterov 动量优化算法

动量优化（Momentum Optimization）和 Nesterov 动量（Nesterov Accelerated Gradient，NAG）优化算法都是优化算法中的变体，用于加速收敛并克服梯度下降过程中的一些问题。

1. 动量优化算法

动量优化法是一种优化神经网络中的梯度下降算法。动量优化法的历史可以追溯到 20 世纪 60 年代。最早的一种动量优化算法是由 Polyak 于 1964 年提出的[89]。近年来，动量优化法才在深度学习和优化领域广泛应用起来。

相比于传统的梯度下降算法，动量优化算法主要优化了在更新参数时面临的两个主要问题：

1）收敛速度慢。标准的梯度下降在更新参数时只依赖于当前梯度，因此可能在目标函数的曲面上振荡，导致收敛速度较慢。如果目标函数表面存在狭长的谷底时，梯度下降算法可能需要很长的时间才能越过谷底。

2）易陷入局部最小值。在目标函数存在多个局部最小值的情况下，标准梯度下降算法容易陷入局部极小值。由于只根据当前梯度更新参数，梯度下降算法的优化动作可能会在局部极小值处停滞。

面对上述问题，动量优化算法引入了动量这一概念进行优化，其优化效果主要有以下几个方面：

1）动量优化算法中对动量的引入，使更新方向不仅依赖于当前梯度，还依赖于过去的梯度。通过累积之前梯度的指数加权平均，动量项帮助在梯度方向上积累速度，从而加速收敛过程。

2）动量优化算法中动量具备一定的累积效果，这使得算法更有可能跳出局部最小值，尤其是跳出求解曲面中的峡谷。这样的特点有助于避免局部极小值对优化结果的影响。

以下是动量优化算法的流程：

1）初始化参数：初始化模型的参数 θ_0，通常为随机值。

2）初始化动量：初始化动量变量 v_0，初始值为零。

3）迭代训练：对于每个训练样本，执行以下步骤。

①计算梯度：使用当前参数 θ_k，计算损失函数对各个参数的梯度，即 $\nabla J(\theta_k)$。

②更新动量：更新动量变量 v_k，计算方法为

$$v_k = \beta v_{k-1} + (1-\beta)\nabla J(\theta_k)$$

式中，β 为动量衰减系数，以抑制过去梯度对当前动量的影响，通常取接近于 1 的值。

③更新参数：使用动量来更新模型参数，计算方法为

$$\theta_{k+1} = \theta_k - \eta v_k$$

式中，η 为全局学习率。

4）重复迭代：重复步骤 3），直到达到预定的迭代次数或满足停止条件。

动量优化法的关键在于引入了动量变量 v。该变量综合考虑了当前梯度和过

去梯度的信息，使得模型参数的更新方向更加平滑。这有助于加速模型参数在梯度方向上的移动，特别是在遇到曲折和平台时，减小了振荡，提高了算法的稳定性。具体优化效果对比情况如图2-23所示。动量优化算法具备的优缺点总结如下。

优点：①加速收敛，动量的引入使得更新方向不仅依赖于当前梯度，还依赖于过去的梯度。这有助于在梯度方向上积累速度，从而加速收敛过程；②减小振荡，动量项可以减小参数更新的方差，有助于减小振荡，特别是在目标函数曲面弯曲或存在噪声的情况下；③避免局部最小值问题，动量的累积效果使得算法更有可能跳出局部最小值，尤其是在曲面中的一个狭窄的谷底时；④适用于深度学习，在深度学习领域，动量优化法常常比标准的梯度下降表现更好，特别是在处理大规模和高维的数据集时。

缺点：①动量系数调整问题，如果动量系数 β 设置过大，可能导致算法无法收敛，或者在最小值附近振荡；②不适用于所有优化问题，虽然在许多情况下表现良好，但动量并不适用于所有问题，在一些情况下，可能存在过度拟合或无法收敛的问题；③需要调整学习率，学习率是一个关键的超参数，需要进行调整以确保在不同任务和数据集上的效果，学习率设置不当可能导致性能下降；④效果可能不如一些自适应方法，在某些优化场景下，Adam等自适应学习率方法可能更优于动量优化法。

动量优化法是一种有效的算法，特别适用于深度学习中的参数优化。在使用时，需要根据具体问题和数据集进行适当的调参，以更好地实现优化过程。

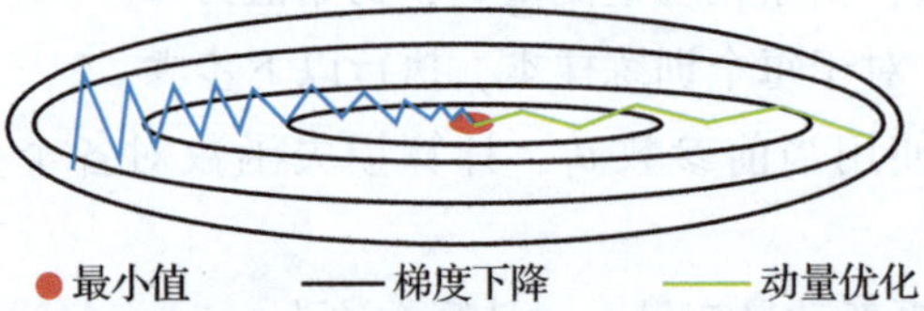

图2-23　动量优化算法与梯度下降算法优化效果对比[88]

2. Nesterov动量优化算法

Nesterov动量优化是在20世纪80年代由俄国数学家、计算数学家Yurii Nesterov提出的[90]，其在深度学习时代得到了更为广泛的应用。它的提出为优化算法领域引入了一种有效的改进方法，对解决大规模和高维优化问题具有重要意义。在深度学习中，Nesterov动量常作为一种高效的梯度下降算法被广泛采用。

Nesterov 动量是对标准动量方法的改进，通过在梯度下降的位置提前计算下一步的梯度，从而更准确地更新参数。

以下是 Nesterov 动量优化算法的流程：

1）初始化参数：初始化模型的参数 θ_0，通常为随机值。

2）初始化动量：初始化动量变量 v_0，初始值为零。

3）迭代训练：对于每个训练样本，执行以下步骤。

①计算梯度：使用当前参数以及上一次计算得到的动量计算损失函数对各个参数的梯度，即 $\nabla J(\theta_k - \beta v_{k-1})$。

②更新动量：更新动量变量 v，计算方法为

$$v_k = \beta v_{k-1} + \eta \, \nabla J(\theta_k - \beta v_{k-1})$$

式中，η 为全局学习率；β 为动量衰减系数。

③更新参数：使用更新的动量来更新模型参数，计算方法为

$$\theta_{k+1} = \theta_k - v_{k+1}$$

4）重复迭代：重复步骤 3），直到达到预定的迭代次数或满足停止条件。

Nesterov 动量优化算法中，先根据当前位置 θ_k 和动量项 v_{k-1} 计算下一步位置的梯度，再使用此梯度来更新参数。这使得 Nesterov 动量在接近最优解时更加稳定，能够减少摆动。一般的动量优化算法与 Nesterov 动量优化算法的优化效果对比如图 2-24 所示。同样地，Nesterov 动量优化算法具备一定的优缺点，这里总结如下。

a）动量优化算法　　　　b）Nesterov 动量优化算法

$\bigcirc \Rightarrow \dfrac{\partial L}{\partial w_0} = \dfrac{\text{Negative}(-)}{\text{Positive}(+)}$　　$\bullet \Rightarrow \dfrac{\partial L}{\partial w_0} = \dfrac{\text{Negative}(-)}{\text{Negative}(-)}$

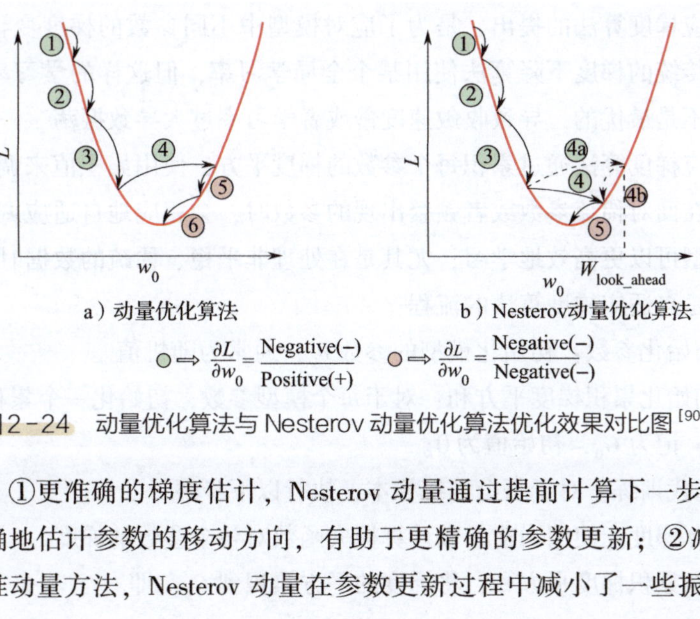

图 2-24　动量优化算法与 Nesterov 动量优化算法优化效果对比图[90]

优点：①更准确的梯度估计，Nesterov 动量通过提前计算下一步位置的梯度，更准确地估计参数的移动方向，有助于更精确的参数更新；②减小振荡，相较于标准动量方法，Nesterov 动量在参数更新过程中减小了一些振荡，使得

在梯度方向上更加稳定；③更快的收敛速度，由于可以更准确地进行梯度估计和更稳定的参数更新，Nesterov 动量通常能够更快地收敛到最优解；④更好地探索模型参数空间，Nesterov 动量的更新规则，使算法能够更好地探索模型的参数空间，有助于更快地找到全局最优解。

缺点：①需要额外的计算，与标准动量方法相比，Nesterov 动量需要额外计算提前位置的梯度，增加了一些计算开销；②对超参数敏感，学习率 α 和动量系数 β 仍然是需要调整的超参数，对于不同的问题需要进行仔细的调参；③在一些优化问题上可能表现不佳，尽管在许多深度学习任务中表现出色，但在一些问题上，Nesterov 动量未必总是比标准动量方法更好，具体效果可能取决于优化问题的性质和数据集的特征。

Nesterov 动量优化在深度学习等领域中广受应用，尤其是对于大规模和高维数据集。然而，在算法的实际使用中，需要根据具体问题进行调参和评估，以确保其在特定优化问题的优越性。

2.4.3 自适应梯度优化算法

自适应梯度优化算法（Adagrad）（简称自适应梯度算法）是由 John Duchi、Elad Hazan 和 Yoram Singer 于 2011 年提出的[91]。该算法旨在解决传统梯度下降算法中需要手动调整学习率的问题。其通过自适应地调整每个参数的学习率，提升了模型在训练过程中的性能。

自适应梯度算法的提出，是为了应对模型中不同参数的梯度变化差异较大的问题。传统的梯度下降算法使用某个全局学习率，但这样的学习率对所有参数可能都不是最优的，导致收敛速度慢或者学习率过大导致振荡。

自适应梯度算法通过累积每个参数的梯度平方，使用累积值来调整学习率，使得算法在面对稀疏参数或者频繁出现的参数时，会相应地自适应调整学习率。这样，模型可以更高效地学习，尤其是在处理非平稳、稀疏的数据时表现较好。

以下是自适应梯度算法的流程：

1）初始化参数：初始化模型的参数 θ_0，通常为随机值。

2）初始化累积梯度平方和：对于每个模型参数，初始化一个累积梯度平方和的变量，记为 G_0，初始值为 0。

3）迭代训练：对于每个训练样本，执行以下步骤。

①计算梯度：使用当前参数计算损失函数对各个参数的梯度。

②更新累积梯度平方和：将梯度的平方累积到 G_k，即

$$G_k = G_{k-1} + [\nabla J(\theta_{k-1})]^2$$

式中，$\nabla J(\theta)$ 为损失函数对参数的梯度。

③更新参数：使用 Adagrad 的更新规则，更新模型参数，计算方法为

$$\theta_{k+1} = \theta_k - \frac{\eta}{\sqrt{G_k + \varepsilon}} \nabla J(\theta_k)$$

式中，η 为全局学习率；ε 为一个小常数，防止除零错误。

4）重复迭代：重复步骤 3），直到达到预定的迭代次数或满足停止条件。

自适应梯度算法是一类优化算法，其学习率不是固定的，而是根据模型参数的梯度信息进行调整。以下是自适应梯度算法的优缺点。

优点：①自适应学习率，Adagrad 可以自适应地调整每个参数的学习率，面对不同参数的梯度变化差异较大的情况，能够更有效地进行更新；②稀疏数据处理，适用于处理稀疏数据。对频繁出现的参数，学习率减小；对不经常出现的参数，学习率增加。这样的性质有助于更好地学习稀疏特征。

缺点：①学习率衰减过快，Adagrad 在累积梯度平方时可能导致学习率衰减过快，尤其是对于频繁出现的参数，可能在训练过程中提前停止学习；②累积梯度平方，累积梯度平方可能导致参数的更新变得非常小，尤其是在训练的早期阶段，这可能影响模型的收敛速度；③不适用于非凸问题，Adagrad 可能不适用于非凸优化问题，因为它的自适应学习率可能导致参数在一些方向上过早收敛；④内存需求，累积梯度平方需要保留每个参数的历史信息，因此，当处理大规模数据和模型时，可能需要较大的内存空间。

为了克服 Adagrad 的一些缺点，一些研究人员提出了一些改进算法，如 RMSprop 和 Adam，以解决一些学习率调整过快的问题，并在实践中更加广泛地使用。这些算法在不同的场景中可能表现更好。

2.4.4　RMSProp 优化算法

RMSProp 优化算法（简称 RMSProp 算法）是由 Geoffrey Hinton 于 2012 年提出的[92]。这个算法的提出是为了解决 Adagrad 算法中学习率衰减过快的问题。Adagrad 通过累积梯度的平方自适应地调整学习率，但这可能导致学习率在训练过程中衰减得太快，使得模型过早停止学习。

RMSProp 算法引入了一种新的梯度平方的累积方式，采用指数加权移动平均，使得过去梯度平方的影响逐渐减小。这种机制有助于平衡过去和当前梯度的贡献，从而更好地适应非平稳的数据。

RMSProp 算法在深度学习领域引起了广泛关注，并成为后续自适应学习率优化算法的基础之一。其后，RMSProp 算法被进一步发展和改进，例如，Adam 算法就是基于 RMSProp 进行了扩展和改进。

以下是 RMSProp 算法的流程：

1）初始化参数：初始化模型的参数，通常为随机值。

2）初始化梯度平方的指数加权移动平均：对于每个模型参数，初始化一个变量，记为 $E[g^2]$，表示过去梯度平方的指数加权移动平均。初始值可以设为 0。

3）迭代训练：对于每个训练样本，执行以下步骤。

①计算梯度：使用当前参数计算损失函数对各个参数的梯度，即 $\nabla J(\theta_k)$。

②更新梯度平方的指数加权移动平均：对于每个参数 θ，将更新梯度平方的指数加权移动平均 $E[g^2]$，即

$$E[g^2]_k = \beta E[g^2]_{k-1} + (1-\beta)[\nabla J(\theta_k)]^2$$

式中，β 为衰减系数，通常取接近于 1 的值。

③更新参数：使用 RMSProp 的更新规则，更新模型参数，计算方法为

$$\theta_{k+1} = \theta_k - \frac{\eta}{\sqrt{E[g^2]_k + \varepsilon}} \nabla J(\theta_k)$$

式中，η 为全局学习率；ε 为一个小常数，防止除零错误。

4）重复迭代：重复步骤 3)，直到达到预定的迭代次数或满足停止条件。

RMSProp 算法作为一种自适应学习率的优化算法，在某些情况下表现出色，但也存在一些优缺点。以下是 RMSProp 算法的一些优缺点。

优点：

1）自适应学习率：RMSProp 算法能够自适应地调整每个参数的学习率，使得对于频繁出现的参数，学习率减小；而对于不经常出现的参数，学习率增加。这有助于更有效地更新模型参数。

2）稳定性：相对于传统的梯度下降算法和一些自适应学习率算法，RMSProp 对于非平稳数据表现更为稳定，能够更好地适应变化。

3）处理稀疏数据：与 Adagrad 相比，RMSProp 对稀疏数据的处理更为合理，避免了学习率衰减过快的问题。

缺点：

1）超参数选择问题：需要调整的超参数较多，包括全局学习率 η、衰减系数 β 和防止除零错误的常数 ε。不同问题可能需要不同的超参数设置，需要进行一定的调优。

2）非凸优化问题：在处理非凸优化问题时，RMSProp 算法可能由于自适应学习率的特性而导致在一些方向上过早停止学习。

3）内存需求：与 Adagrad 类似，RMSProp 算法需要保存每个参数的历史信息，因此可能需要较大的内存空间，尤其是在处理大规模数据和模型时。

总体而言，RMSProp 算法在深度学习中得到了广泛的应用，特别是在处理非平稳数据时进行应用。研究人员后来提出的一些改进算法，如 Adam，对于某些问题可能表现得更好。选择优化算法通常取决于具体的任务和数据特性。

2.4.5　Adam 优化算法

Adam 优化算法（Adaptive Moment Estimation）（简称 Adam 算法）是由 Diederik P. Kingma 和 Jimmy Ba 于 2014 年提出的[93]。这个算法的提出是为了克服一些传统梯度下降算法和自适应学习率算法的一些缺点，旨在同时具备梯度下降的稳定性和自适应学习率的优势。

Adam 算法的名字来源于“Adaptive Moments”，其中“Moment”指的是梯度的一阶矩（Mean）和二阶矩（Uncentered Variance）。Adam 结合了 RMSProp 和动量（Momentum）的思想，通过计算梯度的一阶矩和二阶矩的指数加权移动平均，自适应地调整每个参数的学习率。

以下是 Adam 算法的流程：

1）初始化参数：初始化模型的参数，通常为随机值。

2）初始化梯度的一阶矩和二阶矩的指数加权移动平均：对于每个模型参数，初始化两个变量 m 和 v，分别表示梯度的一阶矩和二阶矩的指数加权移动平均。初始值可以设为 0。

3）迭代训练：对于每个训练样本，执行以下步骤。

①计算梯度：使用当前参数计算损失函数对各个参数的梯度，即 $\nabla J(\theta_k)$。

②更新一阶矩和二阶矩的指数加权移动平均：

$$m_k = \beta_1 m_{k-1} + (1-\beta_1)\nabla J(\theta_k)$$

$$v_k = \beta_2 v_{k-1} + (1-\beta_2)[\nabla J(\theta_k)]^2$$

式中，β_1 和 β_2 分别为一阶矩和二阶矩的衰减系数，通常取接近于 1 的值。

③修正一阶矩和二阶矩的偏差：

$$\hat{m}_k = \frac{m_k}{1-\beta_1^k}$$

$$\hat{v}_k = \frac{v_k}{1-\beta_2^k}$$

④更新参数：使用修正后的一阶矩和二阶矩，更新模型参数，计算方法为

$$\theta_{k+1} = \theta_k - \frac{\eta}{\sqrt{\hat{v}_k + \varepsilon}} \hat{m}_k$$

式中，η 为全局学习率；ε 是一个小常数，防止除零错误。

4）重复迭代：重复步骤 3)，直到达到预定的迭代次数或满足停止条件。

Adam 算法存在一些优缺点，下面是对 Adam 算法主要优缺点的总结。

优点：①自适应学习率，Adam 算法能够自适应地调整每个参数的学习率，通过计算梯度的一阶矩和二阶矩的指数加权移动平均，减小频繁出现参数的学习率，增加不经常出现参数的学习率；②稳定性，Adam 算法结合了动量优化算法和 RMSProp 优化算法的思想，具备梯度下降的稳定性和自适应学习率的优势，使得模型在训练过程中更加稳健；③适用于大规模数据和参数，Adam 算法对于处理大规模数据和模型参数的情况表现较好，相对于一些传统的优化算法更具优势；④无须手动调整学习率，由于 Adam 算法具有自适应学习率的特性，因此通常无须手动调整全局学习率，这也简化了超参数的选择。

缺点：①内存需求，Adam 需要保存每个参数的一阶矩和二阶矩的历史信息，因此在处理大规模数据和参数时，可能需要较大的内存空间；②对超参数敏感，Adam 的性能对于超参数的选择相当敏感，包括衰减系数 β_1、β_2、全局学习率 η 和防止除零错误的常数 ε。不同的问题可能需要不同的超参数设置，因此需要进行一定的调整；③不适用于非凸问题，在处理非凸优化问题时，Adam 可能由于其自适应学习率的特性而导致在一些可能的优化方向上过早地停止学习行为。

尽管 Adam 算法有一些缺点，但在实际应用中，它是如今深度学习领域中最常用的优化算法之一。研究人员也一直在提出改进版本来解决一些问题，例如 Adagrad 等优化算法。

2.5 人工智能中的反馈机制

2.5.1 反馈的基本思想

在人工智能领域，反馈机制是一种关键的概念，如仿效生物系统中的自我调整和学习机制，被广泛应用于优化算法、控制系统和机器学习模型等领域。反馈机制的基本原理是通过不断调整系统的参数，使系统输出更接近预期目标。这一调整过程可以是增加或减少系统的某些部分，以便更好地适应输入和实现

所需的输出。这种迭代的过程允许系统适应环境变化，并提高性能。本节将深入探讨反馈机制的基本思想，探讨其在人工智能系统中的重要性和应用。

都江堰水利工程是我国古代的一项伟大工程。反馈思想在其设计过程中起到了至关重要的作用，使得该水利工程更具有适应性和灵活性，为这一伟大工程的长期运行奠定了坚实基础。以下针对都江堰水利工程进行实例分析，来体现反馈思想的具体运用。

如图 2－25 所示，都江堰渠首枢纽主要由鱼嘴（分水堤）、飞沙堰（溢洪道）、宝瓶口（进水口）三大主体工程构成。鱼嘴把河道分成内外不均的形状，外江底浅口大，内江底深口小，起到一级分水作用，将岷江分成内、外二江，如图 2－26 所示；飞沙堰利用弯道水动力学进行排沙；宝瓶口起到引清排浑的作用，表层流入平原，底层流入外江。

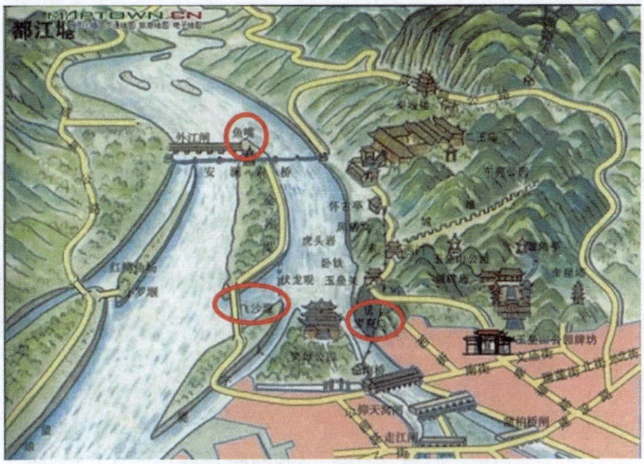

图 2－25　都江堰水利工程

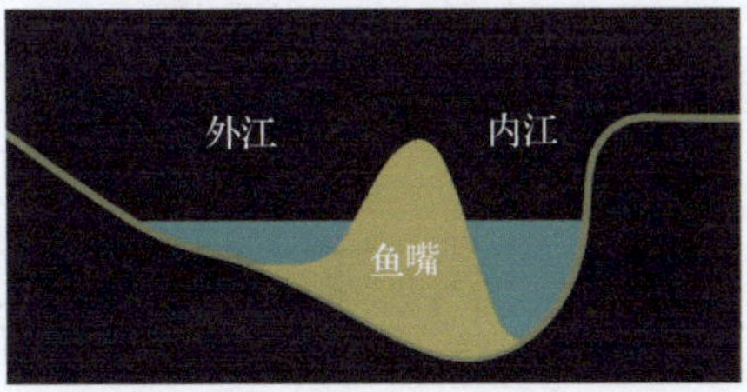

图 2－26　鱼嘴示意图

鱼嘴是都江堰水利工程的核心部件之一，主要用于调节水流的流量。通过合理设计鱼嘴的形状和开度，可以实现对水流量的有效控制。这些鱼嘴能够感知水流的变化，当需要灌溉时，自动开启分水堰，将水引入灌溉渠道；当需要防洪时，分水堰关闭，将多余的水流引导到其他渠道，以维持整个水系的平衡。这种开启和关闭的机制就是一种基本的反馈控制，上述原理可用图 2-27 所示的都江堰水利工程控制框图来描述。

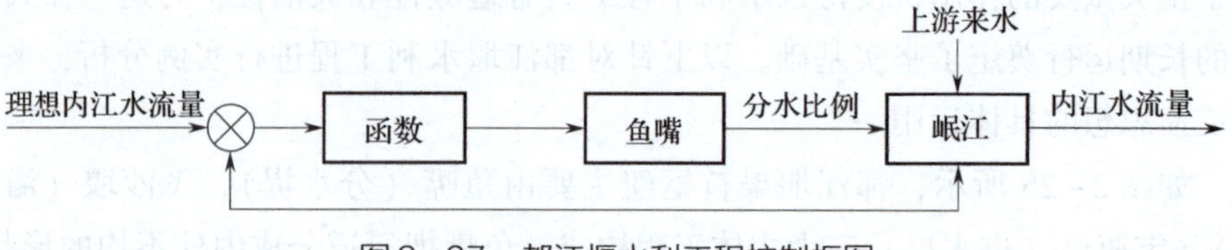

图2-27　都江堰水利工程控制框图

在自动控制原理中，反馈、系统、动力学是极其重要的概念。这些概念构建了自动控制理论的基础，对于设计、分析和优化控制系统具有重要意义。通过理解系统的结构（系统）、学习系统的变化规律（动力学），并运用反馈原理来设计控制策略，以达到对系统行为的预期控制目标。

开环系统（Open-Loop System）和闭环系统（Closed-Loop System）是控制系统中两种基本的结构，它们之间的主要区别在于是否有反馈，如图 2-28 所示。在开环系统中，控制器的输出（控制信号）不受系统输出的影响，系统的操作没有反馈机制，控制器仅根据输入信号和系统的预期行为来生成输出。在闭环系统中，系统的输出会被反馈到控制器，以便根据实际输出来调整控制器的输入。这种反馈机制使系统能够更好地适应外部变化和不确定性。

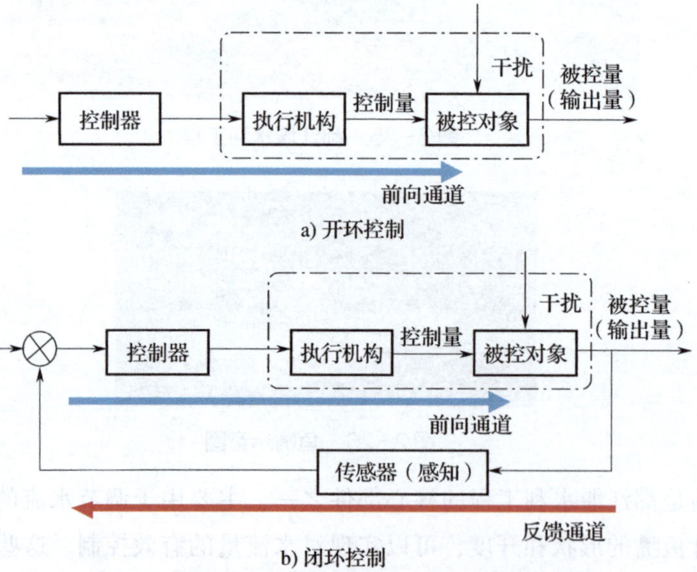

图2-28　开环控制系统与闭环控制系统控制框图

以下将同一被控对象的开环控制和闭环控制进行对比，如图 2-29 所示，来体现反馈控制的重要性。

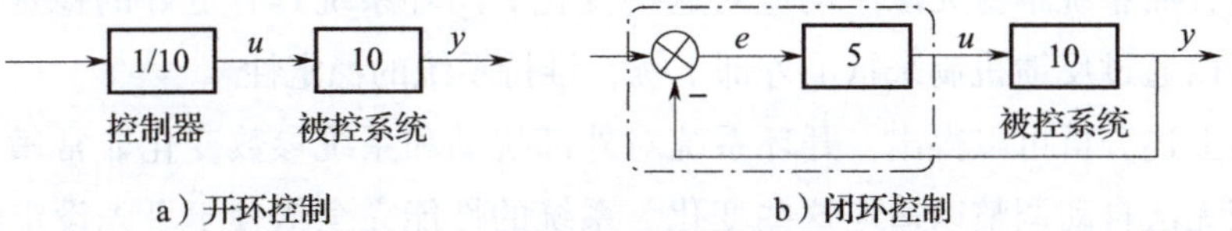

图 2-29　同一被控对象的开环控制与闭环控制

针对上述同一被控对象的开环系统和闭环系统，其传递函数分别如下：

$$\frac{y}{r}=\frac{1}{10}\times 10=1 \tag{2-159}$$

$$\frac{y}{r}=\frac{5\times 10}{1+5\times 10}=\frac{50}{51}\approx 0.98 \tag{2-160}$$

在没有干扰的情况下，两者近似。但如果将增益变成 15，则传递函数分别如下：

$$\frac{y}{r}=\frac{1}{10}\times 15=1.5 \tag{2-161}$$

$$\frac{y}{r}=\frac{5\times 15}{1+5\times 15}=\frac{75}{76}\approx 0.9868 \tag{2-162}$$

此时，开环系统对干扰和参数变化极为敏感。可能会发生振荡、不稳定的情况，因此更容易失去稳定。而闭环系统可以通过反馈来抑制不稳定性，因此在增益较大时更为稳定。

当有外部干扰时，如图 2-30 所示，输出与干扰的比值分别如下所示：

$$\frac{y}{d}=1 \tag{2-163}$$

$$\frac{y}{d}=\frac{1}{1+KG}=\frac{1}{51}\approx 0.02 \tag{2-164}$$

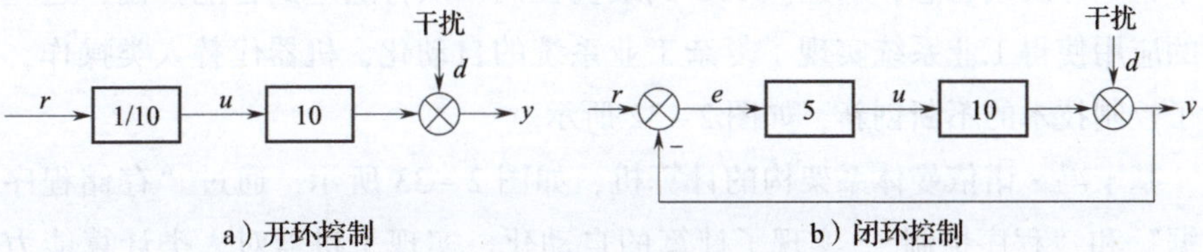

图 2-30　有干扰时的开环控制与闭环控制

由于没有反馈机制来对抗外部干扰，开环系统的鲁棒性较差。开环系统对外部变化和系统参数的变化非常敏感。任何干扰或参数变化都会直接影响系统的输出，而系统本身无法主动应对这些变化。闭环系统具有更好的稳定性，因为它可以通过反馈机制来抵消外部干扰，维持系统的稳定性。

经上述分析可以得出，开环系统对外部扰动和系统参数变化非常敏感，因为它们无法自动调整以适应这些变化。系统的性能完全依赖于事先设定的控制策略。闭环系统对系统的不确定性具有鲁棒性，能够在外部扰动下维持系统的性能。通过反馈，系统可以更准确地达到期望的状态，对于误差和干扰有更好的抵抗能力。在实际工作中，控制器、执行器和被控对象都可能受到各种不确定性的影响，如噪声、摩擦、温度变化等。闭环系统通过反馈机制可以一定程度上抑制这些不确定性，提高系统的稳定性。因此，反馈是控制系统应对不确定性、拥有鲁棒性的机制保障，如图 2-31 所示。

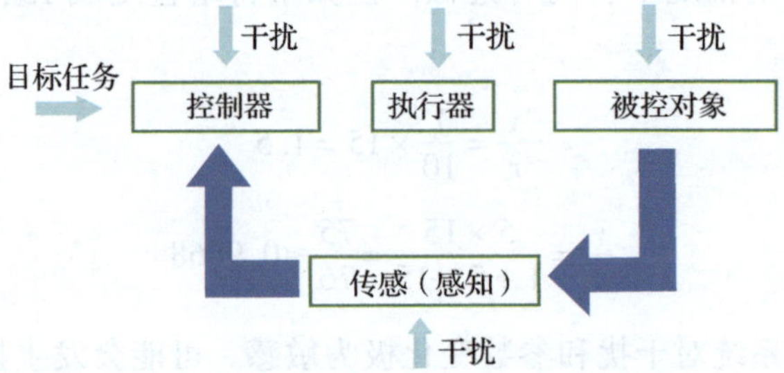

图 2-31 反馈是控制系统应对不确定性、拥有鲁棒性的机制保障

反馈思想的起源可以追溯到 *Cybernetics* 的提出。*Cybernetics* 是诺伯特·维纳于 20 世纪 40 年代撰写的一本重要著作。它分析了人工系统、生命系统中的信息流，在通用意义上阐明了这些系统的控制机制，并将反馈归纳为基本原理。这种机制使得系统能够适应外部变化，提高系统的稳定性和鲁棒性，从而奠定了控制工程和自动控制原理的基础，成为后来控制理论发展的重要里程碑。控制学科坚守反馈思想，从经典 PID 到最优控制，从自适应到智能控制，这些方法的应用使得工业系统实现了复杂工业系统的自动化，机器代替人类操作，推动了控制技术的不断创新，如图 2-32 所示。

基于冯·诺依曼体系架构的计算机，如图 2-33 所示，通过“存储程序与数据”和“程序控制”，实现了计算的自动化，实现了机器对人类计算能力的全面超越。

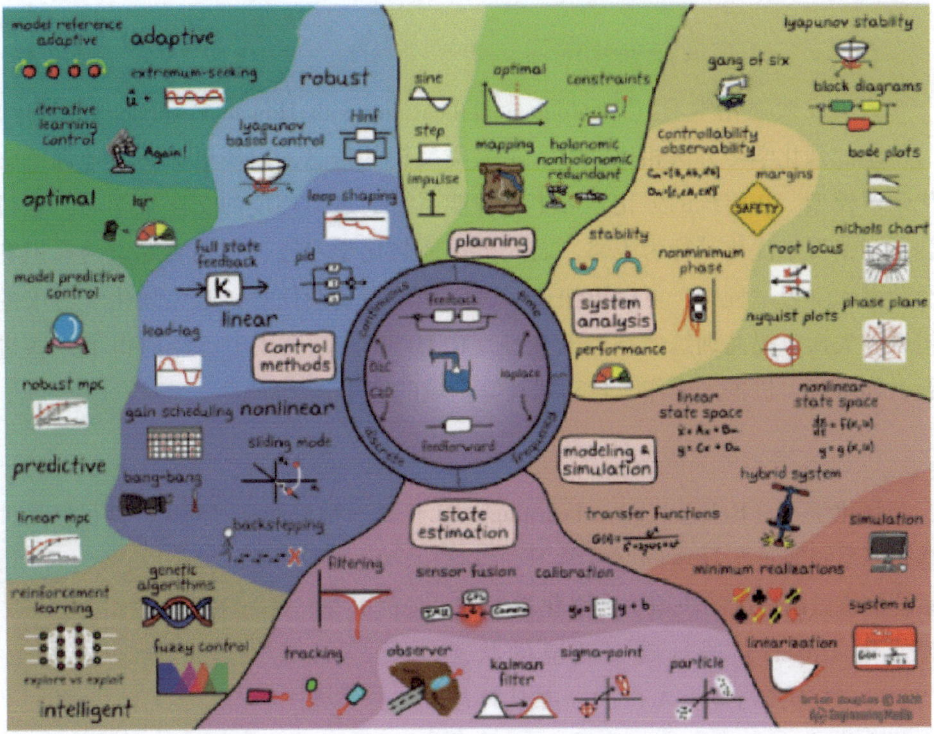

图 2-32　控制理论图谱

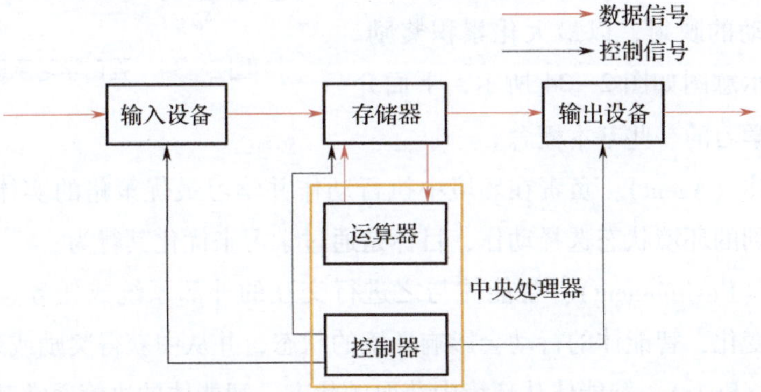

图 2-33　冯·诺依曼体系架构

随着计算机技术的飞速发展，人工智能逐渐崭露头角。人工智能致力于模拟、延伸和扩展人类的智能，通过机器学习、深度学习等方法，从联结主义到行为主义再到联结主义，一次次试图冲击机器智能对人类智能的超越。

综上所述，反馈思想从 *Cybernetics* 开始，贯穿了自动控制原理和人工智能的发展历程，推动了人类对复杂系统和智能机器的理解与创新。

2.5.2 人类反馈强化学习

人类反馈强化学习（Reinforcement Learning with Human Feedback，RLHF）与传统的强化学习方法相比，加入了人类反馈的信息，以便更加高效地训练强化学习模型。在传统的强化学习中，智能系统通过与环境的交互来学习，通过尝试和错误来优化其行为策略。而人类反馈强化学习通过将人类专家的知识和经验融入学习过程中，可以更快速、稳定地学习复杂任务，避免强化学习中的错误和失误，提高训练效率和安全性。RLHF 在实际应用中已经取得了一些进展，如游戏、机器人操作、自动驾驶等领域的应用。

1. 强化学习基本概念

强化学习（Reinforcement Learning，RL）是一种机器学习范式，其目标是训练智能系统通过与环境的交互学习，以使系统能够做出最优的决策。在强化学习中，智能体（Agent）通过观察环境的状态（State）来选择行动（Action），并从环境中获取奖励（Reward）或惩罚，以反馈其行为的好坏。智能体的目标是通过学习从状态到行动的映射，以最大化累积奖励。强化学习示意图如图 2-34 所示，下面介绍下强化学习的一些基本概念。

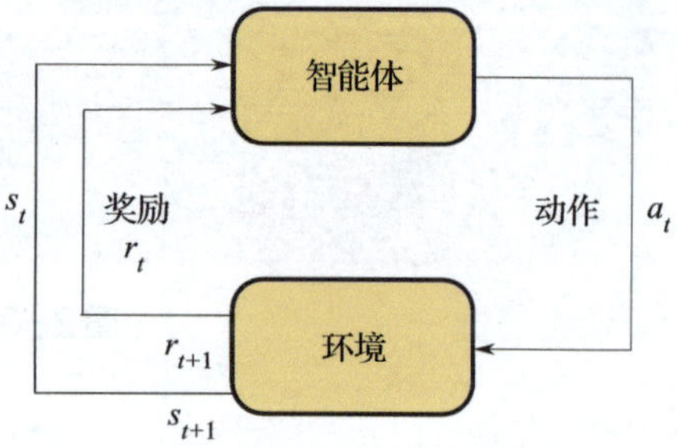

图2-34 强化学习示意图

智能体（Agent）：负责在环境中执行动作并学习最优策略的实体。智能体根据观察到的环境状态选择动作，目标是通过学习来优化其行为。

环境（Environment）：智能体与之进行交互的外部系统或任务。环境的状态随时间变化，智能体的行动会影响环境的状态，并从中获得奖励或惩罚。

状态（State）：智能体从环境中获取的状态。智能体的决策通常基于当前状态，但有时也考虑历史状态。

奖励（Reward）：表示智能体在某个状态下执行某个动作后所获得的数值反馈。奖励是智能体学习的主要驱动力，其目标是最大化累积奖励。

动作（Action）：智能体在给定状态下可以执行的操作或决策。强化学习的目标是学习在不同状态下选择最优动作的策略。

策略（Policy）：定义了智能体在给定状态下选择动作的规则或概率分布。

目标是找到最优策略，使得在长期内能够获得最大累积奖励。策略是智能体的动作模型，它决定了智能体的动作。它其实是一个函数，用于把输入的状态变成动作。策略可以划分为随机性策略和确定性策略。

随机性策略，即 π 函数，$\pi(a \mid s) = p(a_t = a \mid s_t = s)$。输入状态 s 输出智能体的动作概率分布，然后对这个概率分布进行采样，可得到智能体将采取的动作。确定性策略则是直接采取最有可能的动作，$a^* = \underset{a}{\operatorname{argmax}}\pi(a \mid s)$。一般情况下，强化学习采用的是随机性策略，在学习时可以通过引入一定的随机性来更好地探索环境且具有多样性。

价值函数（Value Function）：是对未来奖励的预测，其主要用于评估智能体在当前状态下对后续奖励的影响，价值函数越大，说明智能体进入该状态更加有利。价值函数中有一个折扣因子，希望在尽可能短的时间里面得到尽可能多的奖励。价值函数的定义一般可以表示为

$$V_\pi(s) = E_\pi[G_t \mid s_t = s] = E_\pi\left[\sum_{k=0}^{\infty}\gamma^k r_{t+k+1} \mid s_t = s\right] \tag{2-165}$$

式中，E_π 为 π 函数的期望。此外还有另外一种价值函数，即 Q 函数，其包含状态与动作两个变量，可以表示为

$$Q_\pi(s,a) = E_\pi[G_t \mid s_t = s, a_t = a] = E_\pi\left[\sum_{k=0}^{\infty}\gamma^k r_{t+k+1} \mid s_t = s, a_t = a\right] \tag{2-166}$$

Q 函数是强化学习算法里面要学习的一个函数。因为当得到 Q 函数后，进入某个状态要采取的最优动作可以通过 Q 函数得到。

强化学习中的模型决定了下一步的状态，而下一步的状态则取决于当前的状态以及动作。其由状态转移概率与奖励函数组成。状态转移概率表示为

$$p_{ss'}^a = p(s_{t+1} = s' \mid s_t = s,\ a_t = a) \tag{2-167}$$

奖励函数是指在当前状态下采取某个动作所得到的奖励值：

$$R(s,\ a) = E[r_{t+1} \mid s_t = s,\ a_t = a] \tag{2-168}$$

强化学习的应用的场景通常为马尔可夫决策过程（Markov Decision Processes，MDP）。MDP 是指一个包含状态、动作、奖励等要素的数学模型，其中智能体可以在状态之间进行转移并采取不同的动作，通过与环境交互获得奖励，以此来学习和优化决策策略。强化学习的目标是在一个 MDP 中学习最优的决策策略，使智能体未来的累积奖励最大化。贝尔曼方程就是当前状态与未来状态的

迭代关系，表示当前状态的价值函数可以通过下个状态的价值函数来计算。贝尔曼方程定义了状态之间的迭代关系，表示为

$$
\begin{aligned}
V(s) &= E[G_t \mid s_t = s] \\
&= E[r_{t+1} + \gamma r_{t+2} + \gamma^2 r_{t+3} + \cdots \mid s_t = s] \\
&= E[r_{t+1} \mid s_t = s] + \gamma E[r_{t+2} + \gamma r_{t+3} + \gamma^2 r_{t+4} + \cdots \mid s_t = s] \\
&= R(s) + \gamma E[G_{t+1} \mid s_t = s] \\
&= R(s) + \gamma E[V(s_{t+1}) \mid s_t = s] \\
&= R(s) + \gamma \sum_{s' \in S} p(s' \mid s) V(s')
\end{aligned} \tag{2-169}
$$

式中，s'为未来状态；$p(s' \mid s)$为从当前状态转移到未来状态的概率；$V(s')$为未来某个状态对应的值函数；$\gamma \sum_{s' \in S} p(s' \mid s) V(s')$ 为未来奖励的总折扣。可以将迭代算法应用于马尔可夫决策过程的奖励计算，如动态规划、蒙特卡洛以及时序差分算法。强化学习目前在许多领域有着广泛应用，如游戏领域、机器人领域、自然语言处理、工业控制、自动驾驶等。下面来介绍一些强化学习的基本算法。

（1）时序差分预测

时序差分（Temporal Difference，TD）是强化学习的核心算法，其结合了动态规划与蒙特卡洛方法的思想，能够在不需要完整轨迹的情况下学习价值函数。TD 算法的基本思想是通过比较在当前状态和下一状态之间的估计值，来更新当前状态的价值估计。这种更新方法使得算法可以在每一步都进行学习，而不是等到整个轨迹结束[94-95]。

时序差分利用差异值进行学习，即估计目标值与估计值在不同时间步的差异，它使用自举（Bootstrapping）的原因是它需要从观察到的回报和对下个状态的估值来构造其目标。最基本的时序差分的更新方式如下：

$$V(s_t) \leftarrow V(s_t) + \alpha[r_{t+1} + \gamma V(s_{t+1}) - V(s_t)] \tag{2-170}$$

这个方法也被叫作 TD(0) 或者单步 TD。估计回报 $r_{t+1} + \gamma V(s_{t+1})$ 被称为时序差分目标，也就是带衰减的未来奖励的总和。时序差分误差（TD error）表示为 $\delta = r_{t+1} + \gamma V(s_{t+1}) - V(s_t)$。与增量式的蒙特卡洛法相似，给定回合 i，可以通过更新价值函数 $V(s_t)$ 来逼近真实的奖励 G_t。具体的更新过程表示为

$$V(s_t) \leftarrow V(s_t) + \alpha[G_{i,t} - V(s_t)] \tag{2-171}$$

时序差分方法是指在不清楚马尔可夫状态转移概率的情况下，以采样的方式得到不完整的状态序列，估计某状态在该状态序列完整后可能得到的奖励，

并通过不断地采样持续更新价值。蒙特卡洛则需要经历完整的状态序列后，再来更新状态的真实价值。还可以将时序差分方法从只往前走一步推广到走 n 步，即 n 步时序差分 TD(n)，这样就可以通过调整步数来调整算法实际的奖励与自举，具体表示为

$$\begin{aligned}
&n=1\,(\mathrm{TD}) && G_t^{(1)}=r_{t+1}+\gamma V(s_{t+1})\\
&n=2 && G_t^{(2)}=r_{t+1}+\gamma r_{t+2}+\gamma^2 V(s_{t+2})\\
& && \cdots\cdots\\
&n=\infty\,(\mathrm{MC}) && G_t^{(2)}=r_{t+1}+\gamma r_{t+2}+\cdots+\gamma^{n-1}r_{t+n}+\gamma^n V(s_{t+n})
\end{aligned} \tag{2-172}$$

由式（2-172）可知，通过调整步数可以实现蒙特卡洛与时序差分之间的权衡。时序差分的更新过程如图 2-35 所示。

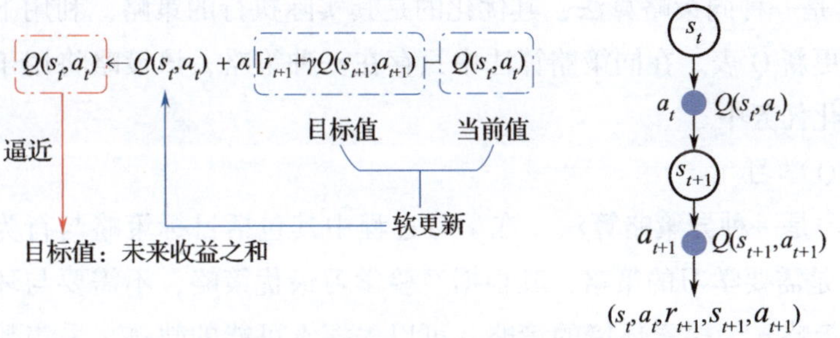

图 2-35　时序差分的更新过程

（2）同策略时序差分控制（Sarsa）

时序差分方法是基于给定的策略去估计价值函数。Sarsa 是利用时序差分方法来估计 Q 函数，即将原本时序差分方法更新价值函数的过程变为更新 Q 函数。具体表示为

$$Q(s_t,a_t)\leftarrow Q(s_t,a_t)+\alpha[r_{t+1}+\gamma Q(s_{t+1},a_{t+1})-Q(s_t,a_t)] \tag{2-173}$$

Sarsa 直接估计 Q 表格，得到 Q 表格后，就可以更新策略。将 $r_{t+1}+\gamma Q(s_{t+1},a_{t+1})$ 作为目标值，$Q(s_t,a_t)$ 则为想要逼近的目标值。最开始 Q 函数值都是随机初始化或者是初始化为 0，所以它需要不断地去逼近它理想中真实的 Q 函数值(时序差分目标)。$r_{t+1}+\gamma Q(s_{t+1},a_{t+1})-Q(s_t,a_t)$ 就是时序差分误差，用软更新的方式来逼近。软更新的方式就是每次只更新一点，α 类似于学习率，最终 Q 函数值是可以慢慢地逼近真实的目标值的。该方法在每一步的更新值函数时需要知道当前的状态、当前的动作、奖励、下一步的状态、下一步的动作，即 $(s_t, a_t, r_{t+1}, s_{t+1}, a_{t+1})$。Sarsa 的更新过程可以表示为

$$Q(s,a) \leftarrow Q(s,a) + \alpha[r + \gamma Q(s',a') - Q(s,a)] \tag{2-174}$$

Sarsa 的更新与时序差分类似，就是利用下一步的 $Q(s', a')$ 来更新当前的 $Q(s,a)$，不断强化 Q 函数值。

$$\begin{aligned} n=1(\text{Sarsa}) \quad & Q_t^1 = r_{t+1} + \gamma Q(s_{t+1}, a_{t+1}) \\ n=2 \quad & Q_t^2 = r_{t+1} + \gamma r_{t+2} + \gamma^2 Q(s_{t+2}, a_{t+2}) \\ & \cdots\cdots \\ n=\infty(\text{MC}) \quad & Q_t^{\infty} = r_{t+1} + \gamma r_{t+2} + \cdots + \gamma^{T-t-1} r_T \end{aligned} \tag{2-175}$$

Sarsa 是单步更新算法，每执行一个动作更新一次价值与策略，Sarsa 也可以扩展到多步更新，即 n 步 Sarsa，其在 n 步的 Q 回报为

$$Q_t^n = r_{t+1} + \gamma r_{t+2} + \cdots + \gamma^{n-1} r_{t+n} + \gamma^n Q(s_{t+n}, a_{t+n}) \tag{2-176}$$

Sarsa 是一种同策略算法，其优化的是其实际执行的策略，利用下一步执行的动作来更新 Q 表。在同策略算法中只存在一种策略，该策略将用于动作的选取以及优化任务中。

（3）Q 学习

Q 学习是一种异策略算法，在学习过程中其包括目标策略与行为策略，目标策略 π 是需要学习的策略，其根据经验学习最优策略，不需要与环境进行交互。行为策略 μ 为探索环境的策略，可以去探索可能的轨迹，采集数据用于目标策略的学习。

在异策略学习中，通过行为策略与环境交互产生轨迹，而后利用轨迹来更新目标策略。目标策略 π 直接在 Q 表格上使用贪心策略，取其在下一步所能得到的所有状态：

$$\pi(s_{t+1}) = \underset{a'}{\operatorname{argmax}} Q(s_{t+1}, a') \tag{2-177}$$

行为策略 μ 可以是一个随机策略，一般可以采用 ε - 贪心策略，让行为策略不至于是完全随机的，而是基于 Q 表格逐渐改进的。Q 学习的目标函数可以表示为

$$r_{t+1} + \gamma Q(s_{t+1}, a') = r_{t+1} + \gamma Q[s_{t+1}, \operatorname{argmax} Q(s_{t+1}, a')] = r_{t+1} + \gamma \max_{a'} Q(s_{t+1}, a') \tag{2-178}$$

可以将 Q 学习写成增量学习的形式，时序差分目标变为 $r_{t+1} + \gamma \max_a Q(s_{t+1}, a)$，更新形式表示为

$$Q(s_t, a_t) \leftarrow Q(s_t, a_t) + \alpha[r_{t+1} + \gamma \max_a Q(s_{t+1}, a) - Q(s_t, a_t)] \tag{2-179}$$

Q 学习是异策略的时序差分学习，而 Sarsa 是同策略的时序差分学习，Sarsa

在更新 Q 表格时用到了下一时刻的动作 a'。即在获取下一时刻的 Q 函数值时一定会执行动作 a'，其可能是由贪心搜索得到的，也可能是最大化 Q 函数值对应的动作，也可能是一个随机动作。而 Q 学习在更新 Q 表格时用到的动作是 Q 函数值 $Q(s', a)$ 对应的动作，但其不一定是下一时刻所采用的动作。Q 学习默认的下一个动作不是通过行为策略选取的，Q 学习直接利用 Q 表格选取最大 Q 函数值对应的动作，其默认 a' 是最佳策略的选取动作。Q 学习与 Sarsa 的区别如图 2－36 所示。

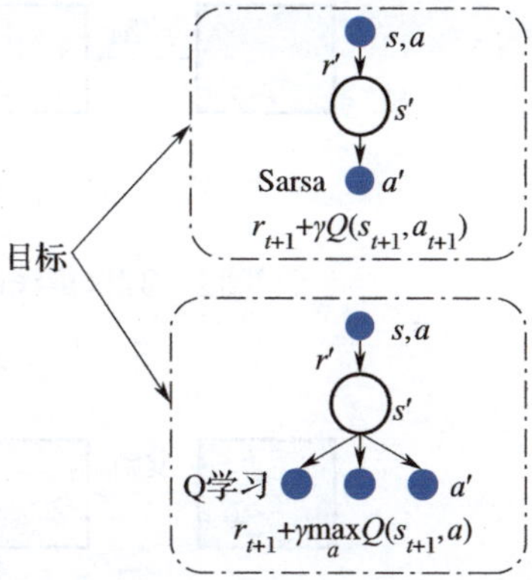

图 2－36　Q 学习与 Sarsa 的区别

2. 强化学习闭环反馈

强化学习的研究最早可以追溯到 20 世纪 50 年代，起始于基于奖励信号的自适应控制研究。直到 20 世纪 80 年代，强化学习才成为一个独立的学科领域，并诞生了许多经典的算法，如 Q 学习算法，其基于 MDP 过程，通过不断更新 Q 函数值来学习最优策略。此外，Actor-Critic 算法结合了基于价值函数与策略函数的学习方法，提高了算法的稳定性与高效性。近年来，随着深度学习技术的发展，强化学习与深度学习逐渐融合，通过将深度神经网络引入强化学习，价值函数可以用神经网络来近似，以实现端到端的优化学习，使得强化学习可以应用于更加复杂的任务与环境。

强化学习的闭环反馈是指智能体与环境之间的相互作用，其中智能体通过执行动作来影响环境，同时从环境中获取反馈信息。这个反馈信息通常包括当前状态的观测值和执行动作后获得的奖励（或惩罚）。闭环反馈机制使得智能体能够根据实际的环境反馈不断调整和改进其决策策略，适应复杂和动态的环境。在 MDP 假设下，强化学习可以“近似”为动态规划（通过神经网络逼近贝尔曼方程的解），与动态规划的区别在于，强化学习不需要有关 MDP 的先验知识。

而传统强化学习中的反馈控制存在着一定的局限性，在 MDP 的假设下，强化学习可以看作一个用于逼近贝尔曼方程的解的闭环控制系统 $u = C(X \mid \mathrm{MDP})$。图 2－37 所示为离线训练过程中强化学习的反馈示意图。然而在实际的应用场景中，如对话场景、自动驾驶等存在高度不确定性的场景，如果不满足 MDP 假设或者出现了在训练集中未曾出现的场景，可能会导致强化学习无法做出正确的决策，如图 2－38 所示。

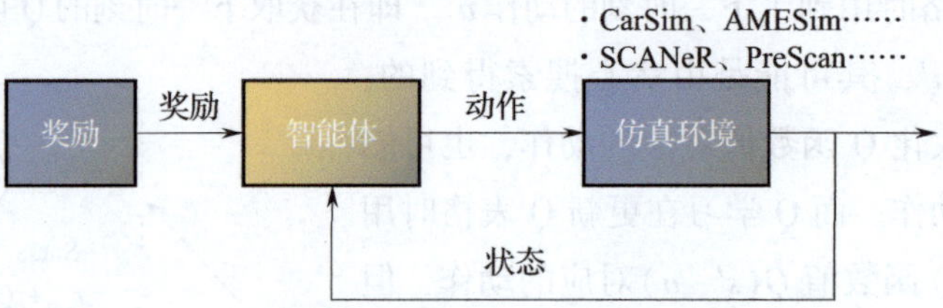

图2-37　离线训练过程中强化学习中的反馈示意图

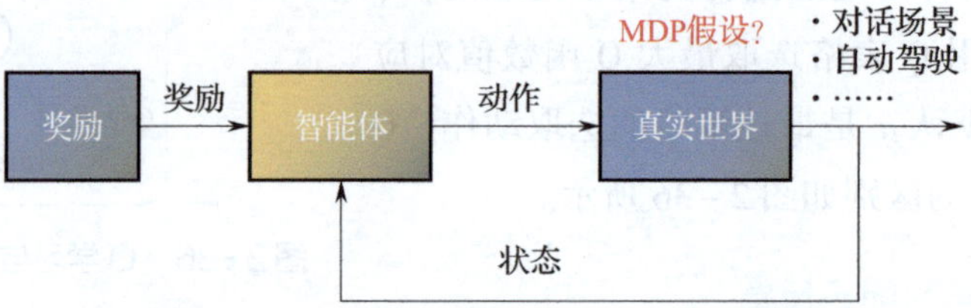

图2-38　在线应用强化学习中的反馈示意图

上述存在的问题说明，常规的反馈机制可能无法满足在真实世界中应用的需求，这就需要引入新的反馈机制。常规反馈机制是指在各种系统中，通过监测和评估系统的输出，提供信息用于调整和改进系统的运行或性能，常用于系统不确定性的处理，如图 2-39a 所示。常规反馈控制的信号主要包括压力、流量、湿度、温度、力/力矩、加速度等。在此基础上，多模态反馈机制主要用于解决环境不确定性，如图 2-39b 所示。多模态反馈是指在反馈机制中同时使用多种不同的传感或信息来源，以提供更全面、多层次的反馈。每个模态代表一种独特的信息源或数据类型，可以包括文本、图像、音频、视频、点云、触觉等不同的感知方式。整合这些多模态信息可以更全面地理解和评估系统的状态或性能，为系统的调整和优化提供更多的信息。而真实世界场景往往存在着评价偏差的不确定性，多模态反馈与常规反馈难以解决这种问题，这就需要引入人类反馈。人类反馈是指人类在与技术系统或智能体交互时提供的信息、评价、建议或指导，以帮助系统适应环境、改进性能或满足用户需求。这种反馈可以是明确的，如用户提供的评论或评分，也可以是隐含的，例如用户的操作行为和反应。对于一些需要人类高度参与的任务，如对话、驾驶等复杂任务，引入人类反馈对于提升方法的适用性与可行性是至关重要的。人类反馈机制如图 2-39c 所示，其也可以应用于测试、维修、评价、操控、医疗诊断、智能交通导航等多种需要人类高度参与的任务中，如图 2-40 所示。

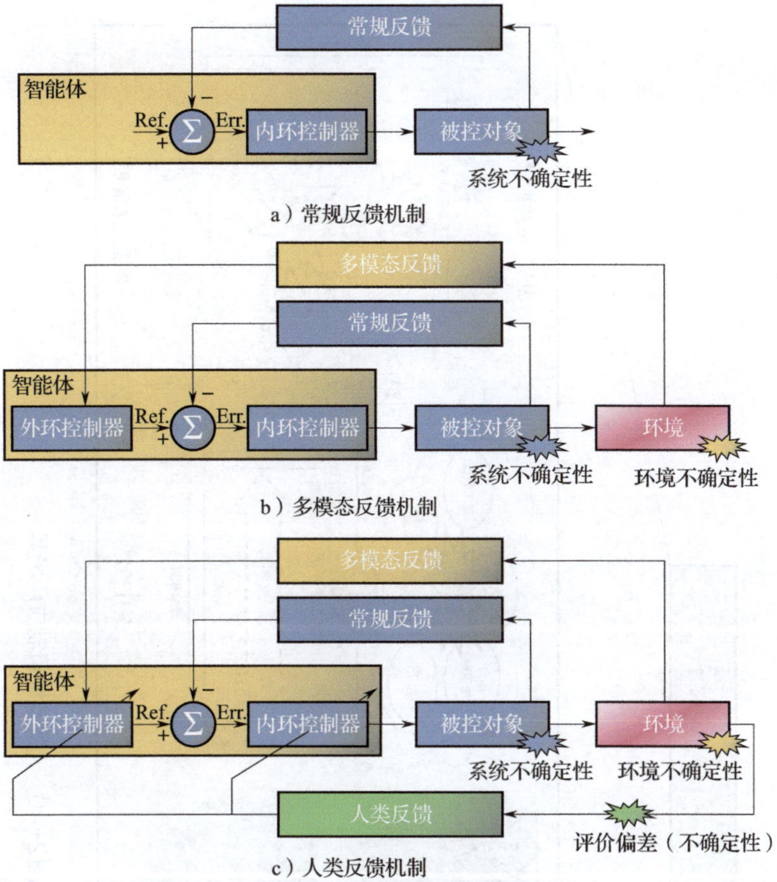

图2-39　几种反馈机制示意图

3. 人类反馈强化学习的应用

人类反馈强化学习的应用广泛，涵盖多个领域，其中智能体通过与人类专家的交互，借助专家提供的反馈信息来加速学习过程。其在多个领域也有着广泛的应用前景。例如，在机器人控制领域，人类反馈强化学习用于教导机器人执行特定任务或在复杂环境中移动。人类专家可以通过遥控方式或者提供任务相关的指导，帮助机器人学习如何执行特定动作，避免障碍物，或者完成复杂任务。在医疗诊断和治疗中，人类反馈强化学习可以用于训练智能系统来解读医学影像、制定治疗计划，或者提供个性化的医疗建议。医疗专业人员可以通过提供专业知识和反馈来引导系统的学习过程。在交通领域，人类反馈强化学习可以用于优化交通流，制定智能交通信号灯控制策略，并提高道路的通行效率。交通专家可以提供关于流量状况、道路条件等方面的反馈，以改进交通管

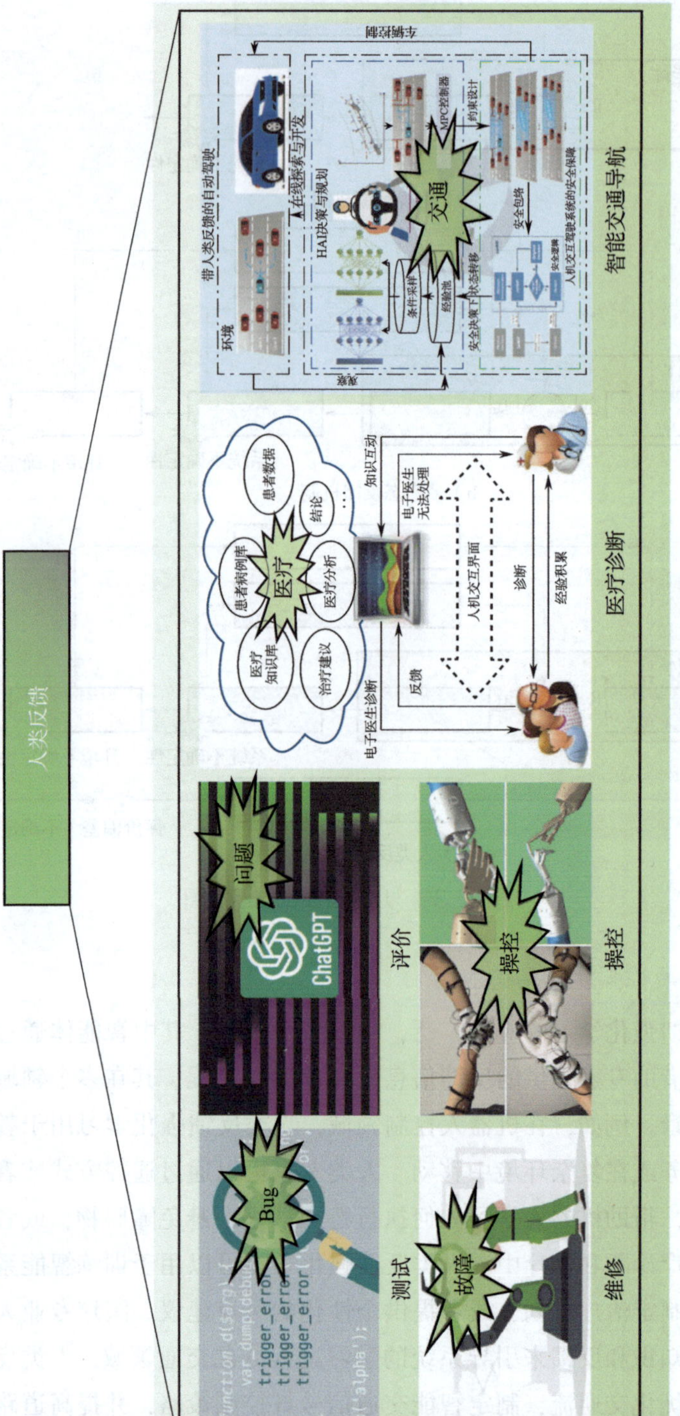

图2-40　人类反馈机制应用场景

理系统。在自动驾驶领域，可以通过与有经验的人类驾驶员的交互学习驾驶策略。人类专家可以提供关于不同驾驶场景、交通规则和紧急状况的反馈，帮助系统更好地理解和应对各种驾驶情境。此外，自动驾驶系统可以通过人类专家的反馈来学习解释和理解复杂的驾驶场景。这包括识别其他车辆、行人、交通标志和道路条件等。人类反馈有助于提高系统对不同对象和环境的识别准确性。下面将对人类驾驶强化学习的几个主要应用进行介绍。

（1）ChatGPT

ChatGPT 是由 OpenAI 开发的大型语言模型，采用了强化学习和监督学习的混合方法进行训练。其训练过程如图 2-41 所示，主要包括以下几个部分。

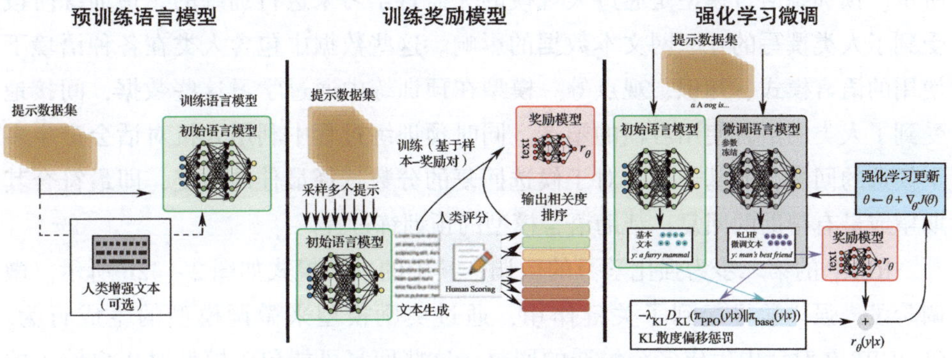

图 2-41　ChatGPT 的训练过程

预训练（Pretraining）语言模型：初始阶段，模型在大规模的文本数据上进行预训练。这个阶段的目标是让模型学会语法、语义和世界知识等各种语言模式，但模型并不知道特定的任务或问题。随后，模型通过在人类 AI 训练师的监督下进行微调。在这个阶段，使用了对话数据，包括 AI 训练师扮演用户和模型扮演助手的对话。AI 训练师还可以使用一些提示来引导模型生成更准确、更有帮助的回复。

训练奖励模型：通过强化学习中的“比较”或“对比”方法进行训练。首先生成了多个生成候选响应，即在模型与 AI 训练师进行对话时，模型生成多个候选的回复。然后是对比度评分，即使用 AI 训练师来对这些候选回复进行排名和评分。AI 训练师将选择最好的回复，即最符合其期望或最有帮助的回复，并将其与其他候选回复进行比较。接下来基于 AI 训练师的比较，建立了一个奖励模型，该模型能够对生成的回复进行评估并为其分配相应的奖励分数。这个奖励模型的目标是在训练中指导 ChatGPT 生成更好的回复。

强化学习微调：使用一种称为近端策略优化（Proximal Policy Optimization，

PPO）的算法进行模型的进一步微调。模型在与 AI 训练师进行对话的同时，通过与自己进行对话来收集更多的训练数据。强化学习的目标是通过与 AI 训练师的对话和通过自我对话进行的学习来提高模型的生成质量。

ChatGPT 中蕴含着丰富的人类反馈机制，AI 训练师在微调过程中的角色至关重要。他们提供对话的一方，与模型进行交互，扮演用户或助手的角色。AI 训练师还能够对模型生成的响应进行编辑和评价，以指导模型朝着更准确和可靠的方向进行学习。这种人类反馈机制在训练过程中对于模型的表现起到了关键的引导作用。

ChatGPT 中 RLHF 的第一步即预训练语言模型，其中的反馈机制如图 2－42a 所示。预训练语言模型是通过大规模的无监督学习来进行训练的，预训练阶段受到了人类撰写的互联网文本数据的影响。这些数据中包含人类在各种语境下使用的语言模式、知识、观点等。模型在预训练中通过学习这些数据，间接地受到了人类的语言使用习惯的塑造。同时预训练过程中利用人机对话会产生多个候选的回复，而基于人类对于候选回复的分数选择最佳的回复，即最符合其期望或最有帮助的回复，帮助语言模型的预训练过程。

RLHF 的第二步为强化学习的微调，其中的反馈模式如图 2－42b 所示。微调阶段，强化学习起到了关键作用，通过奖励模型来微调模型的生成行为。ChatGPT 在对话中生成多个候选的回复，这些回复可能包含模型对用户输入的不同理解和生成。AI 训练师对这些生成的候选回复进行比较和评分。他们选择最佳的回复，并标注其相对于其他回复的质量。基于大量的问答数据以及 AI 训练师的比较，建立一个奖励模型。这个奖励模型能够对生成的回复进行评估，并为其分配相应的奖励分数。奖励模型的目标是捕捉人类 AI 训练师的喜好和期望。通过最大化奖励模型分配的奖励来更新模型的参数，以提高生成的对话质量。模型的参数被调整，以使生成回复更受到奖励模型的指导。模型在生成回复后，奖励模型的分数被用作强化学习的回报信号。这个奖励信号被用于调整模型的参数，以鼓励生成更受欢迎的回复。

RLHF 的第三步为人类价值模型学习，通过比较式方法引入人类的反馈，进一步微调模型以使其生成更符合人类期望的回复，如图 2－42c 所示。在微调阶段，引入了多个 AI 训练师（对比度源），这些训练师的角色是模拟用户的对话伙伴。这些对比度源提供了多样化的反馈，有助于模型更全面地理解和适应不同类型的对话。对比度源对生成的候选回复进行比较和评估。他们将选择最符合其期望、有帮助或更合适的回复。对于每个对话轮次，通过构建对比损失来比较最佳回复和其他候选回复之间的质量差异。这个对比损失的目标是引导模型生成与人类期望更为一致的回复。这种比较式的人类价值模型学习的方式允许模型在微调阶段中通过多样的人类反馈来提高对话的质量，并更好地适应各种用户需求和期望。这也有助于缓解一些不良生成的问题，使 ChatGPT 生成更加有针对性和高质量的回复。

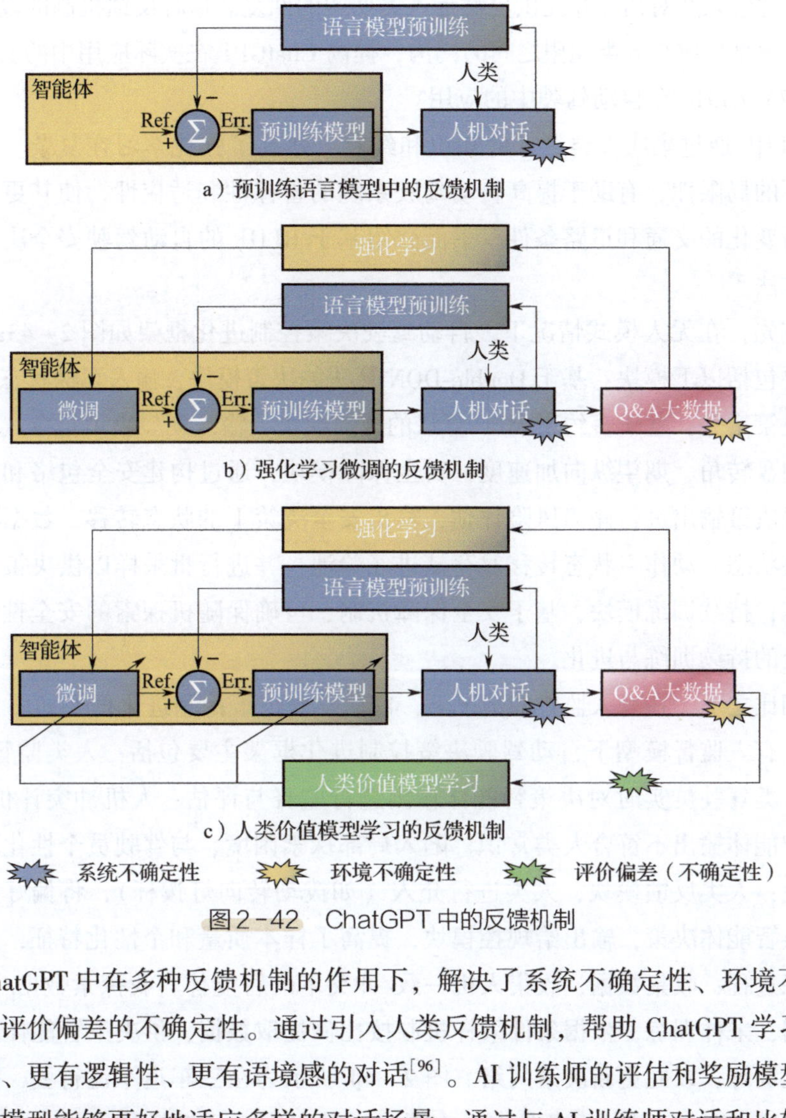

图 2-42　ChatGPT 中的反馈机制

ChatGPT 中在多种反馈机制的作用下，解决了系统不确定性、环境不确定性以及评价偏差的不确定性。通过引入人类反馈机制，帮助 ChatGPT 学习生成更准确、更有逻辑性、更有语境感的对话[96]。AI 训练师的评估和奖励模型的指导使得模型能够更好地适应多样的对话场景。通过与 AI 训练师对话和比较，模型能够更好地理解和满足用户的期望。这有助于确保 ChatGPT 生成的回复符合用户的需求，提高用户满意度。同样，反馈机制有助于减少模型可能产生的不当回复、不理想表达或不准确信息的问题。通过引导模型生成更受欢迎的回复，可以降低不当生成的可能性。通过人类反馈，ChatGPT 可以学习更好地生成个性化回复，更好地理解用户的语境和需求。这有助于提供更有针对性和用户友好的对话体验。

总而言之，反馈机制在 ChatGPT 中起到了引导和优化模型学习的作用，使其更好地适应人类对话，并提供更贴近人类期望的回复。这种反馈机制的设计有助于缩小模型生成与人类期望之间的鸿沟，提高 ChatGPT 在实际应用中的实用性。

（2）RLHF 在自动驾驶中的应用

RLHF 通过集成人类专家的知识和经验，弥补了强化学习在复杂、不确定环境下的局限性，有助于提高自动驾驶系统的鲁棒性和适应性，使其更好地适应不断变化的交通和道路条件。下面介绍基于 RLHF 的自动驾驶安全决策控制进化方法[97]。

首先，在无人模式情况下，自动驾驶决策控制进化框架如图 2－43a 所示，其主要包括以下模块：基于 Double-DQN 算法的决策模块，输入车辆状态，输出期望决策指令；基于多约束 MPC 算法的规控模块，输入期望决策指令，输出期望方向盘转角、期望纵向加速度；安全保障模块，通过构建安全包络和安全逻辑，对决策输出进行碰撞风险评估，输出安全决策下的状态转移；数据收集模块，将状态－动作－状态转移对存储进经验池，并进行批采样以供决策神经网络训练；持续训练模块，基于安全保障机制，可确保随机探索的安全性，实现了安全的持续训练与进化。

相比之下，在有人监督的情况下，自动驾驶决策控制进化框架如图 2－43b 所示。有人监督模型下自动驾驶决策控制进化框架主要包括：人类监督模块，用于人类驾驶员实时对决策智能体输出进行监督与评估；人机冲突评价模块，决策智能体输出不符合人类常识、陷入局部探索困境、与驾驶员个性化驾驶风格冲突；人类反馈模块，人类进行介入（如拨动转向灯拨杆），将偏好决策指令替换智能体决策，输出给规控模块，提高了样本质量和个性化特征，并加速了训练过程；收集数据，收集人机一致/冲突下的智能体自我探索数据/人类决策数据；采样训练，依据条件采样机制按比例提取数据，供决策智能体神经网络的批训练，以此更新决策网络。图 2－44 所示为在三车道车流行驶，交通流平均速度 40km/h 的仿真条件下，在无人反馈与有人反馈模式下，主车当前时刻前 1min、30min、1h 的平均奖励和平均速度曲线。由主车平均速度曲线可以看出，二者最终平均速度均超过交通流速度，达到 55km/h，且引入人类在环反馈后，曲线收敛速度明显加快（20000 步→5000 步）。

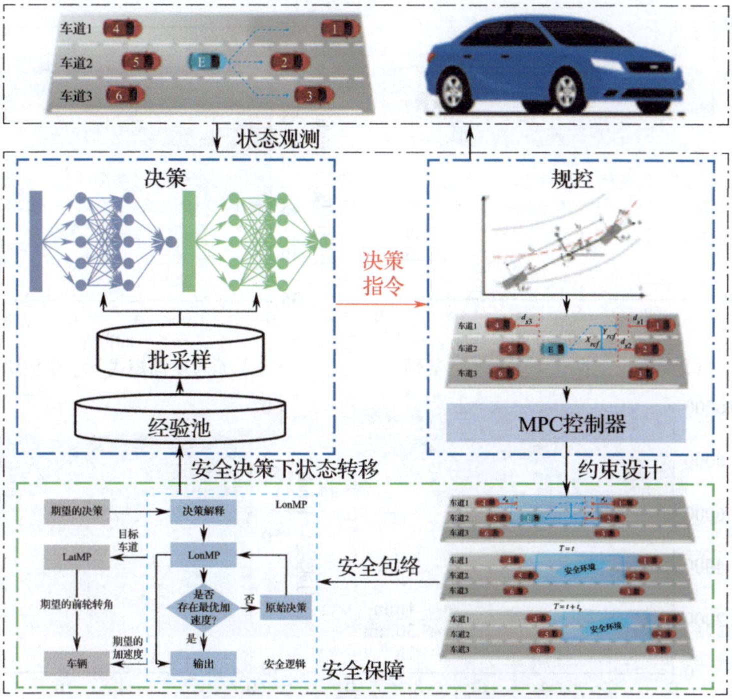

a）无人模式下自动驾驶决策控制进化框架

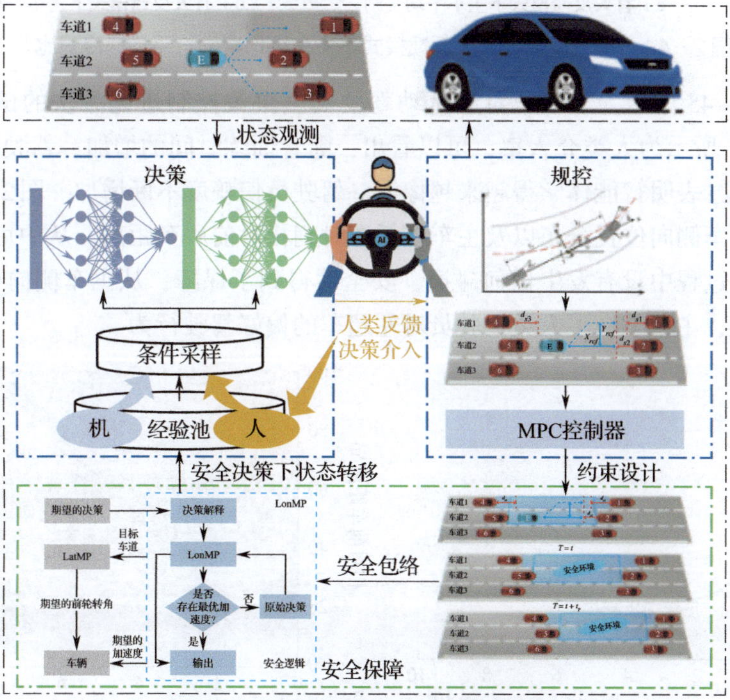

b）有人监督下自动驾驶决策控制进化框架

图 2-43　自动驾驶决策控制进化框架[97]

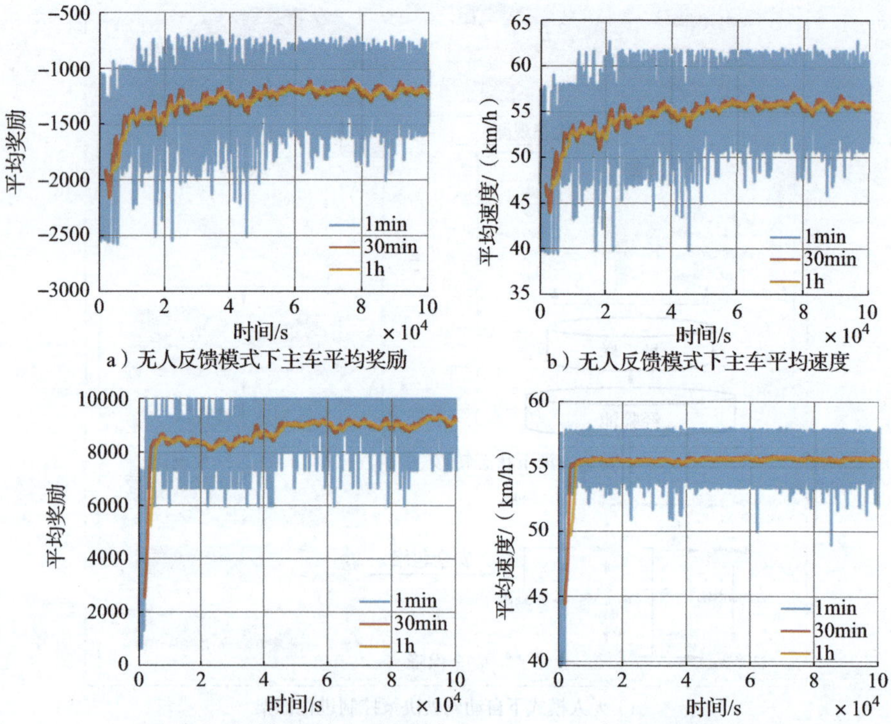

a）无人反馈模式下主车平均奖励　b）无人反馈模式下主车平均速度

c）有人反馈模式下主车平均奖励　d）有人反馈模式下主车平均速度

图2-44　有人反馈与无人反馈模式下主车平均奖励与平均速度对比[97]

图2-45所示为RLHF对于自动驾驶安全决策控制进化方法的试验结果。图2-45a所示为人类介入率，可以看出，随着训练时间的增加，驾驶员介入率越来越低，表明智能体学得越来越像人，驾驶员信赖度不断增加。图2-45b~d所示为主车侧向位置分布以及主车在任意时刻相对前后车距离。从中可以看出，整个训练过程中没有发生任何碰撞，安全性得到了保障，从主车侧向位置分布可以看出，主车学会了人类驾驶员对左超车的偏好驾驶行为。

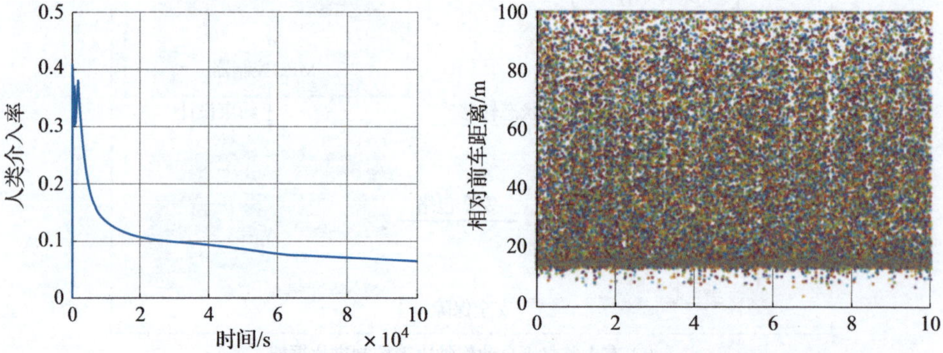

a）人类介入率　b）主车相对前车距离

图2-45　有人反馈模式下的试验结果[97]

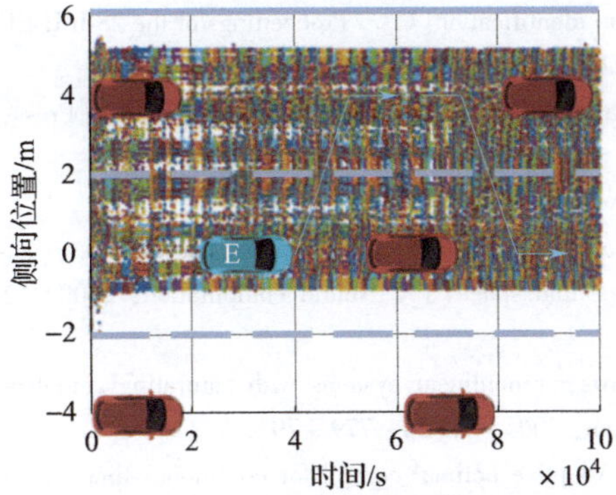

c）主车侧向位置分布

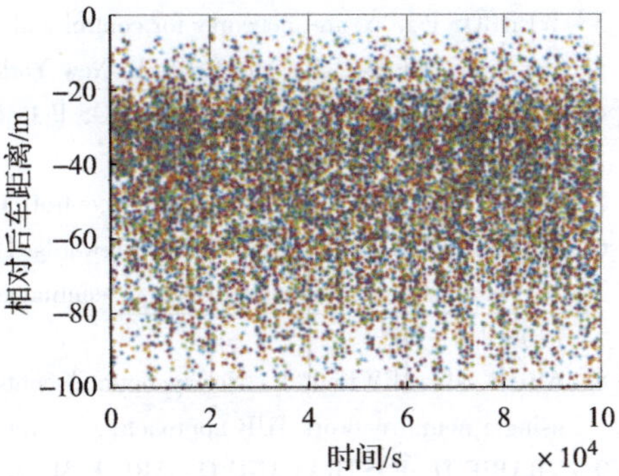

d）主车相对后车距离

图 2-45　有人反馈模式下的试验结果[97]（续）

除了在安全决策进化中的应用外，RLHF 的应用还包括人类知识增强的主动强制换道方法[98]。通过提高复杂场景下的样本效率，加速强化学习训练并提高强制换道场景下的换道能力，在传统强化学习回路上引入人类知识在环监督，实时对自动驾驶汽车探索进行引导，提高了样本质量并加速了训练过程。此外还有人类经验增强的交互强化学习方法[99]，从经验回放中索引专家示例策略，构建同步/异步策略学习混合的交互强化学习架构，这种方法的学习效率等性能远高于常规强化学习算法。

综上所述，人类反馈强化学习结合人类专家知识和机器学习技术的方法，可以提高自动驾驶系统的性能和安全性。在自动驾驶车辆的训练中，通过人类专家的反馈，可以改进数据集的质量。专家可以标注数据，指导模型学习正确的行为，尤其是在复杂或紧急情况下的驾驶行为。人类专家可以在仿真环境中提供实时反馈，引导模型进行改进。这有助于加速自动驾驶系统的训练过程，减少在真实道路上的测试次数。人类反馈可以用于验证自动驾驶系统在不同场景下的安全性。专家可以模拟各种危险情况，评估系统的应对能力，提高系统对不同交通状况的适应性。通过实时监控自动驾驶车辆的运行，人类专家可以提供及时反馈，使系统能够在线学习和调整策略，适应实际交通和道路状况的变化，让自动驾驶汽车学习得更加“智能”。

参考文献

[1] BARTO A G, SUTTON R S, ANDERSON C W. Neuronlike adaptive elements that can solve difficult learning control problems[J]. IEEE Transactions on Systems, Man, and Cybernetics, 1983 (5): 834–846.

[2] SUTTON R S. Learning to predict by the methods of temporal differences[J]. Machine Learning, 1988, 3: 9–44.

[3] WERBOS P J. Neural networks for control and system identification[C]//Proceedings of the 28th IEEE Conference on Decision and Control. New York: IEEE, 1989: 260 - 265.
[4] MILLER W T, SUTTON R S, WERBOS P J. Neural networks for control[M]. Cambridge: MIT Press, 1995: 67 - 95.
[5] WERBOS P. Handbook of intelligent control[M]. New York: Van Nostrand, 1992.
[6] WATKINS C. Learning from delayed rewards[D]. Cambridge: University of Cambridge, 1989.
[7] DOYA K. Reinforcement learning in continuous time and space[J]. Neural computation, 2000, 12(1): 219 - 245.
[8] ABU K M, LEWIS F L. Nearly optimal control laws for nonlinear systems with saturating actuators using a neural network HJB approach[J]. Automatica, 2005, 41(5): 779 - 791.
[9] VRABIE D, PASTRAVANU O, ABU K M, et al. Adaptive optimal control for continuous-time linear systems based on policy iteration[J]. Automatica, 2009, 45(2): 477 - 484.
[10] VAMVOUDAKIS K G, LEWIS F L. Online actor-critic algorithm to solve the continuous-time infinite horizon optimal control problem[J]. Automatica, 2010, 46(5): 878 - 888.
[11] HEYDARI A, BALAKRISHNAN S N. Optimal switching and control of nonlinear switching systems using approximate dynamic programming[J]. IEEE Transactions on Neural Networks and Learning Systems, 2013, 25(6): 1106 - 1117.
[12] HEYDARI A, BALAKRISHNAN S N. Optimal switching between autonomous subsystems[J]. Journal of the Franklin Institute, 2014, 351(5): 2675 - 2690.
[13] HEYDARI A. Optimal scheduling for reference tracking or state regulation using reinforcement learning[J]. Journal of the Franklin Institute, 2015, 352(8): 3285 - 3303.
[14] HEYDARI A, BALAKRISHNAN S N. Optimal switching between controlled subsystems with free mode sequence[J]. Neurocomputing, 2015, 149: 1620 - 1630.
[15] HEYDARI A. Feedback solution to optimal switching problems with switching cost[J]. IEEE Transactions on Neural Networks and Learning Systems, 2015, 27(10): 2009 - 2019.
[16] SUTTON R S, BARTO A G. Reinforcement learning: An introduction[M]. Cambridge: MIT press, 2018.
[17] LEAKE R J, LIU R W. Construction of suboptimal control sequences[J]. SIAM Journal on Control, 1967, 5(1): 54 - 63.
[18] HOWARD R A. Dynamic programming and markov processes[J]. Mathematical Gazette, 1960. DOI: 10.2307/1266484.
[19] LEWIS F L, VRABIE D, SYRMOS V L. Optimal control[M]. Hoboken: John Wiley & Sons, 2012.
[20] LEWIS F L, ZHANG H, HENGSTER M K, et al. Cooperative control of multi-agent systems: optimal and adaptive design approaches[M]. Berlin: Springer Science & Business Media, 2013.
[21] WANG C R, WU H N. Off-policy reinforcement learning for optimal preview tracking control of linear discrete-time systems with unknown dynamics[C]//2018 Chinese Automation Congress (CAC). New York: IEEE, 2018: 1402 - 1407.
[22] BERTSEKAS D, TSITSIKLIS J N. Neuro-dynamic programming[M]. Cambridge: Athena Scientific, 1996.
[23] WERBOS P J. Neural networks for control and system identification[C]//Proceedings of the 28th IEEE Conference on Decision and Control. New York: IEEE, 1989: 260 - 265.
[24] LI Z, XIA Y, SU C Y, et al. Missile guidance law based on robust model predictive control using neural-network optimization[J]. IEEE Transactions on Neural Networks and Learning Systems, 2014, 26(8): 1803 - 1809.
[25] AL T A, LEWIS F L, ABU K M. Discrete-time nonlinear HJB solution using approximate dynamic

programming: Convergence proof[J]. IEEE Transactions on Systems, Man, and Cybernetics, Part B (Cybernetics), 2008, 38(4): 943 – 949.

[26] HE P, JAGANNATHAN S. Reinforcement learning neural-network-based controller for nonlinear discrete-time systems with input constraints [J]. IEEE Transactions on Systems, Man, and Cybernetics, Part B (Cybernetics), 2007, 37(2): 425 – 436.

[27] DIERKS T, JAGANNATHAN S. Online optimal control of nonlinear discrete-time systems using approximate dynamic programming[J]. Journal of Control Theory and Applications, 2011, 9: 361 – 369.

[28] LUO Y, ZHANG H. Approximate optimal control for a class of nonlinear discrete-time systems with saturating actuators[J]. Progress in Natural Science, 2008, 18(8): 1023 – 1029.

[29] SOKOLOV Y, KOZMA R, WERBOS L D, et al. Complete stability analysis of a heuristic approximate dynamic programming control design[J]. Automatica, 2015, 59: 9 – 18.

[30] HEYDARI A. Theoretical and numerical analysis of approximate dynamic programming with approximation errors[J]. Journal of Guidance, Control, and Dynamics, 2016, 39(2): 301 – 311.

[31] DONG L, ZHONG X, SUN C, et al. Adaptive event-triggered control based on heuristic dynamic programming for nonlinear discrete-time systems [J]. IEEE Transactions on Neural Networks and Learning Systems, 2016, 28(7): 1594 – 1605.

[32] SAHOO A, XU H, JAGANNATHAN S. Near optimal event-triggered control of nonlinear discrete-time systems using neurodynamic programming[J]. IEEE Transactions on Neural Networks and Learning Systems, 2015, 27(9): 1801 – 1815.

[33] AGHAEI V T, ONAT A, EKSIN I, et al. Fuzzy PID controller design using Q-learning algorithm with a manipulated reward function[C]//2015 European control conference (ECC). New York: IEEE, 2015: 2502 – 2507.

[34] BRADTKE S J, YDSTIE B E, BARTO A G. Adaptive linear quadratic control using policy iteration[C]//Proceedings of 1994 American Control Conference-ACC'94. New York: IEEE, 1994, 3: 3475 – 3479.

[35] WATKINS C J C H, DAYAN P. Q-learning[J]. Machine Learning, 1992, 8: 279 – 292.

[36] LEWIS F L, VRABIE D. Reinforcement learning and adaptive dynamic programming for feedback control[J]. IEEE Circuits and Systems Magazine, 2009, 9(3): 32 – 50.

[37] LEWIS F L, VAMVOUDAKIS K G. Reinforcement learning for partially observable dynamic processes: Adaptive dynamic programming using measured output data [J]. IEEE Transactions on Systems, Man, and Cybernetics, Part B (Cybernetics), 2010, 41(1): 14 – 25.

[38] KIUMARSI B, LEWIS F L. Actor-critic-based optimal tracking for partially unknown nonlinear discrete-time systems[J]. IEEE Transactions on Neural Networks and Learning Systems, 2014, 26(1): 140 – 151.

[39] KIUMARSI B, LEWIS F L, MODARES H, et al. Reinforcement Q-learning for optimal tracking control of linear discrete-time systems with unknown dynamics[J]. Automatica, 2014, 50(4): 1167 – 1175.

[40] BELLMAN R. Dynamic programming and Lagrange multipliers [J]. Proceedings of the National Academy of Sciences, 1956, 42(10): 767 – 769.

[41] KIUMARSI B, LEWIS F L, NAGHIBI S M B, et al. Optimal tracking control of unknown discrete-time linear systems using input-output measured data[J]. IEEE Transactions on Cybernetics, 2015, 45(12): 2770 – 2779.

[42] VRABIE D, LEWIS F. Neural network approach to continuous-time direct adaptive optimal control for partially unknown nonlinear systems[J]. Neural Networks, 2009, 22(3): 237 – 246.

[43] BHASIN S, KAMALAPURKAR R, JOHNSON M, et al. A novel actor-critic-identifier architecture for approximate optimal control of uncertain nonlinear systems[J]. Automatica, 2013, 49(1): 82 – 92.

[44] DIERKS T, JAGANNATHAN S. Optimal control of affine nonlinear continuous-time systems[C]//Proceedings of the 2010 American control conference. New York: IEEE, 2010: 1568 – 1573.

[45] KAMALAPURKAR R, KLOTZ J R, DIXON W E. Concurrent learning-based approximate feedback-Nash equilibrium solution of N-player nonzero-sum differential games[J]. IEEE/CAA journal of Automatica Sinica, 2014, 1(3): 239 - 247.
[46] MODARES H, LEWIS F L, NAGHIBI S M B. Integral reinforcement learning and experience replay for adaptive optimal control of partially-unknown constrained-input continuous-time systems[J]. Automatica, 2014, 50(1): 193 - 202.
[47] CHOWDHARY G, YUCELEN T, MÜHLEGG M, et al. Concurrent learning adaptive control of linear systems with exponentially convergent bounds[J]. International Journal of Adaptive Control and Signal Processing, 2013, 27(4): 280 - 301.
[48] VAMVOUDAKIS K G. Event-triggered optimal adaptive control algorithm for continuous-time nonlinear systems[J]. IEEE/CAA Journal of Automatica Sinica, 2014, 1(3): 282 - 293.
[49] DONG L, ZHONG X, SUN C, et al. Event-triggered adaptive dynamic programming for continuous-time systems with control constraints[J]. IEEE Transactions on Neural Networks and Learning Systems, 2016, 28(8): 1941 - 1952.
[50] NARAYANAN V, JAGANNATHAN S. Distributed adaptive optimal regulation of uncertain large-scale interconnected systems using hybrid q-learning approach[J]. IET Control Theory & Applications, 2016, 10(12): 1448 - 1457.
[51] NARAYANAN V, JAGANNATHAN S. Approximate optimal distributed control of uncertain nonlinear interconnected systems with event-sampled feedback[C]//2016 IEEE 55th Conference on Decision and Control (CDC). New York: IEEE, 2016: 5827 - 5832.
[52] NARAYANAN V, JAGANNATHAN S. Distributed event-sampled approximate optimal control of interconnected affine nonlinear continuous-time systems[C]//2016 American Control Conference (ACC). New York: IEEE, 2016: 3044 - 3049.
[53] JIANG Y, JIANG Z P. Robust adaptive dynamic programming and feedback stabilization of nonlinear systems[J]. IEEE Transactions on Neural Networks and Learning Systems, 2014, 25(5): 882 - 893.
[54] LI J, MODARES H, CHAI T, et al. Off-policy reinforcement learning for synchronization in multiagent graphical games[J]. IEEE Transactions on Neural Networks and Learning Systems, 2017, 28(10): 2434 - 2445.
[55] JIANG Y, JIANG Z P. Computational adaptive optimal control for continuous-time linear systems with completely unknown dynamics[J]. Automatica, 2012, 48(10): 2699 - 2704.
[56] MODARES H, LEWIS F L. Linear quadratic tracking control of partially-unknown continuous-time systems using reinforcement learning[J]. IEEE Transactions on Automatic control, 2014, 59(11): 3051 - 3056.
[57] MODARES H, LEWIS F L. Optimal tracking control of nonlinear partially-unknown constrained-input systems using integral reinforcement learning[J]. Automatica, 2014, 50(7): 1780 - 1792.
[58] MODARES H. Optimal tracking control of uncertain systems: On-policy and off-policy reinforcement learning approaches[D]. Arlington: Univ. Texas Arlington, 2015.
[59] BIAN T, JIANG Y, JIANG Z P. Adaptive dynamic programming and optimal control of nonlinear nonaffine systems[J]. Automatica, 2014, 50(10): 2624 - 2632.
[60] KIUMARSI B, KANG W, LEWIS F L. H∞ control of nonaffine aerial systems using off-policy reinforcement learning[J]. Unmanned Systems, 2016, 4(1): 51 - 60.
[61] LIMÓN D, ALAMO T, SALAS F, et al. On the stability of constrained MPC without terminal constraint[J]. IEEE Transactions on Automatic Control, 2006, 51(5): 832 - 836.
[62] LIMON D, ALAMO T, RAIMONDO D M, et al. Input-to-state stability: A unifying framework for robust model predictive control[J]. Nonlinear Model Predictive Control: Towards New Challenging

Applications, 2009. DOI:10. 1007/978 - 3 - 642 - 01094 - 1 - 1.

[63] HOWELL A, HEDRICK J K. Nonlinear observer design via convex optimization[C]//Proceedings of the 2002 American Control Conference (IEEE Cat. No. CH37301). New York: IEEE, 2002, 3: 2088 - 2093.

[64] TITS A L, YANG Y. Globally convergent algorithms for robust pole assignment by state feedback[J]. IEEE Transactions on Automatic Control, 1996, 41(10): 1432 - 1452.

[65] MAIWORM M, LIMON D, MANZANO J M, et al. Stability of Gaussian process learning based output feedback model predictive control[J]. IFAC-Papers on Line, 2018, 51(20): 455 - 461.

[66] RAISSI M, PERDIKARIS P, KARNIADAKIS G E. Physics-informed neural networks: A deep learning framework for solving forward and inverse problems involving nonlinear partial differential equations[J]. Journal of Computational Physics, 2019, 378: 686 - 707.

[67] DARBON J, MENG T. On some neural network architectures that can represent viscosity solutions of certain high dimensional Hamilton - Jacobi partial differential equations[J]. Journal of Computational Physics, 2021, 425: 109907.

[68] WU J L, KASHINATH K, ALBERT A, et al. Enforcing statistical constraints in generative adversarial networks for modeling chaotic dynamical systems [J]. Journal of Computational Physics, 2020, 406: 109209.

[69] GENEVA N, ZABARAS N. Modeling the dynamics of PDE systems with physics-constrained deep auto-regressive networks[J]. Journal of Computational Physics, 2020, 403: 109056.

[70] LU L, MENG X, MAO Z, et al. DeepXDE: A deep learning library for solving differential equations [J]. SIAM Review, 2021, 63(1): 208 - 228.

[71] HENNIGH O, NARASIMHAN S, NABIAN M A, et al. NVIDIA SimNet™: An AI-accelerated multi-physics simulation framework [C]//International Conference on Computational Science. Cham: Springer International Publishing, 2021:447 - 461.

[72] KORYAGIN A, KHUDOROZKOV R, TSIMFER S. PyDEns: A python framework for solving differential equations with neural networks[J]. arXiv preprint arXiv:1909. 11544, 2019.

[73] CHEN F, SONDAK D, PROTOPAPAS P, et al. Neurodiffeq: A python package for solving differential equations with neural networks [J]. Journal of Open Source Software, 2020, 5 (46): 1931.

[74] RACKAUCKAS C, NIE Q. Differential equations. jl-a performant and feature-rich ecosystem for solving differential equations in julia[J]. Journal of Open Research Software, 2017. DOI:10. 5334/ JORS. 151.

[75] HAGHIGHAT E, JUANES R. SciANN: A Keras/TensorFlow wrapper for scientific computations and physics-informed deep learning using artificial neural networks [J]. Computer Methods in Applied Mechanics and Engineering, 2021, 373: 113552.

[76] XU K, DARVE E. ADCME: Learning spatially-varying physical fields using deep neural networks [J]. arXiv preprint arXiv:2011. 11955, 2020.

[77] GARDNER J, PLEISS G, WEINBERGER K Q, et al. Gpytorch: Blackbox matrix-matrix gaussian process inference with GPU acceleration [J]. Advances in Neural Information Processing Systems, 2018. DOI:10. 48550/arXiv. 1809. 11165.

[78] NOVAK R, XIAO L, HRON J, et al. Neural tangents: Fast and easy infinite neural networks in python[J]. arXiv preprint arXiv:1912. 02803, 2019.

[79] KINGMA D P, BA J. Adam: A method for stochastic optimization [J]. arXiv preprint arXiv: 1412. 6980, 2014.

[80] BYRD R H, LU P, NOCEDAL J, et al. A limited memory algorithm for bound constrained

optimization[J]. SIAM Journal on Scientific Computing, 1995, 16(5): 1190 – 1208.

[81] LAGARI P L, TSOUKALAS L H, SAFARKHANI S, et al. Systematic construction of neural forms for solving partial differential equations inside rectangular domains, subject to initial, boundary and interface conditions [J]. International Journal on Artificial Intelligence Tools, 2020, 29 (5): 2050009.

[82] LAGARIS I E, LIKAS A, FOTIADIS D I. Artificial neural networks for solving ordinary and partial differential equations[J]. IEEE transactions on neural networks, 1998, 9(5): 987 – 1000.

[83] SHENG H, YANG C. PFNN: A penalty-free neural network method for solving a class of second-order boundary-value problems on complex geometries [J]. Journal of Computational Physics, 2021, 428: 110085.

[84] BORRVALL T, PETERSSON J. Topology optimization of fluids in Stokes flow [J]. International Journal for Numerical Methods in Fluids, 2003, 41(1): 77 – 107.

[85] GUEST J K, PRÉVOST J H. Topology optimization of creeping fluid flows using a Darcy-Stokes finite element[J]. International Journal for Numerical Methods in Engineering, 2006, 66(3): 461 – 484.

[86] LU L, PESTOURIE R, YAO W, et al. Physics-informed neural networks with hard constraints for inverse design[J]. SIAM Journal on Scientific Computing, 2021, 43(6): B1105 – B1132.

[87] RICHARDSON L F. The deferred approach to the limit[J]. Philosophical Transactions of the Royal Society of London. Series A, Containing Papers of a Mathematical or Physical Character, 1927, 226 (636 – 646): 299 – 361.

[88] HESTENES M R, STIEFEL E. Methods of conjugate gradients for solving linear systems[J]. Journal of Research of the National Bureau of Standards, 1952, 49(6): 409 – 436.

[89] POLYAK B T. Some methods of speeding up the convergence of iteration methods [J]. USSR Computational Mathematics and Mathematical Physics, 1964, 4(5): 1 – 17.

[90] NESTEROV Y E. A method of solving a convex programming problem with convergence rate $O(1/k^2)$ [J]. Sov. Math. Dokl, 1983, 269(3): 543 – 547.

[91] DUCHI J, HAZAN E, SINGER Y. Adaptive subgradient methods for online learning and stochastic optimization[J]. Journal of Machine Learning Research, 2011, 12(7): 2121 – 2159.

[92] KRIZHEVSKY A, SUTSKEVER I, HINTON G E. Imagenet classification with deep convolutional neural networks [J]. Advances in Neural Information Processing Systems, 2012. DOI: 10.1145/3065386.

[93] KINGMA D P, BA J. Adam: A method for stochastic optimization [J]. arXiv preprint arXiv: 1412.6980, 2014.

[94] SUTTON R S, ANDREW G B. Reinforcement learning: An introduction [M]. Cambridge: MIT press, 2018.

[95] PLAAT A. Deep reinforcement learning [M]. New York: Springer, 2022.

[96] CHEN H, YUAN K, HUANG Y, et al. Feedback is all you need: from ChatGPT to autonomous driving[J]. Science China Information Sciences, 2023, 66: 166201.

[97] YUAN K, HUANG Y, YANG S, et al. Evolutionary decision-making and planning for autonomous driving: A hybrid augmented intelligence framework [J]. IEEE Transactions on Intelligent Transportation System, 2023, 33(2): 108 – 120.

[98] HUANG Y, GU Y, YUAN K, et al. Human knowledge enhanced reinforcement learning for mandatory lane-change of autonomous vehicles in congested traffic [J]. IEEE Transactions on Intelligent Vehicles, 2024, 9(2): 3509 – 3519.

[99] HUANG Y, YANG S, WANG L, et al. An efficient self-evolution method of autonomous driving for any given algorithm[J]. IEEE Transactions on Intelligent Transportation Systems, 2024, 25(1): 602 – 612.

第 3 章
自动驾驶感知中的人工智能

目标识别与追踪是自动驾驶感知中的上游模块。目标识别指的是给定传感器的输入，然后从传感器的输入中得到周围目标的具体信息。2D 信息的边界框参数为 x、y、l、w、score、class，分别代表该目标在图像平面的中心位置、长、宽、置信度和类别信息。3D 信息的边界框参数为 x、y、z、l、w、h、θ、score、class，分别表示该目标的中心位置、长、宽、高、偏航角、置信度和类别信息。通过这些信息可以还原出自动驾驶车辆周围存在的物体。

目标追踪指的是通过追踪算法将该帧的检测目标和历史轨迹进行关联，确定历史轨迹在当前帧对应的目标位置，赋予相同的轨迹 ID，从而便于下游的预测模块对历史轨迹进行未来时刻速度和轨迹的预测。

目标识别和追踪根据输入的传感器划分，可以分为基于图像的目标识别与追踪和基于传感器融合的目标识别与追踪。

3.1 基于图像的目标识别与追踪

3.1.1 基于图像的目标识别

先从图像的 2D 目标识别开始。图像的 2D 目标检测网络中，比较经典的是一阶段目标检测网络 YOLO 系列和二阶段检测网络 RCNN 系列。RCNN[1] 是第一个将卷积神经网络（Convolutional Netural Network，CNN）用于图像目标识别的深度学习模型，其流程框架如图 3-1 所示。

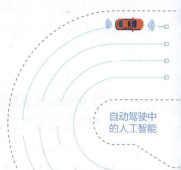

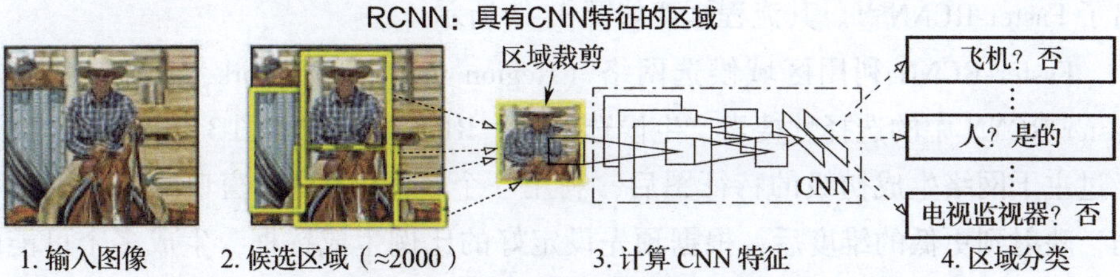

图 3-1 RCNN 的流程框架[1]

首先输入一张图像，在这张图像上采用无监督的选择性搜索算法将输入图像中相似的区域进行递归合并，产生大约2000个候选区域，然后根据候选区域在图像上进行裁剪，并将裁剪后的像素块缩放至统一的尺寸。对每个像素块，利用CNN进行特征的提取，然后将特征输入到支持向量机（Support Vector Machine，SVM）分类器中进行分类以及线性回归边界框位置和尺寸，最后对最终的检测结果进行非极大值抑制，除去冗余的目标检测框。

RCNN的问题在于需要对所有候选区域从头到尾执行2000次CNN特征提取，花费时间很长。同时整个检测流程的每一步都是分裂的，特征提取器通过CNN获得，最终分类结果由SVM获得，边界框（Bounding Box，BBOX）位置则是通过回归器调整而获得，不是端到端的操作。在此基础上Girshick提出了Fast-RCNN[2]，其流程框架如图3-2所示。

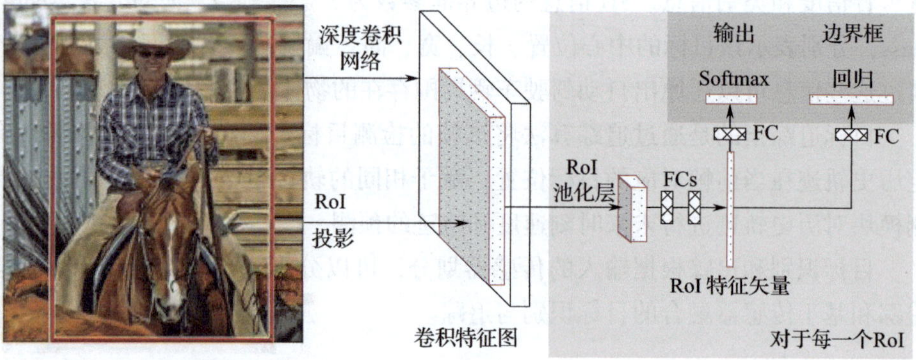

图3-2　Fast-RCNN的流程框架[2]

Fast-RCNN对整张图像只执行一次完整的CNN特征提取，然后将候选区域根据下采样倍数将其投影到特征图上，获取对应的候选区域在特征图上的位置。之后利用感兴趣区域（Region of Interest，RoI）池化操作，将候选区域在特征图上裁剪出来的特征块池化到统一尺寸，再使用Softmax代替SVM层进行分类，从而实现了端到端的神经网络预测。然而，Fast-RCNN中，候选区域的生成仍然占用了大量的计算时间，基于这一点，任少卿等人在Fast-RCNN的基础上提出了Faster-RCNN[3]。其流程框架如图3-3所示。

Faster-RCNN利用区域候选网络（Region proposal Network，RPN）代替了Faster-RCNN中的选择性搜索产生候选区域。RPN的结构如图3-4所示，图像经过主干网络生成初级的特征图后，利用一个3×3的滑动窗口在特征图上移动，映射到更低的维度后，根据预先设定好的比例生成锚框，生成多个可能的候选区域。RPN最终输出k个候选区域，对于每个候选区域，输出的信息含有候选区域的位置和其置信度。获得了候选区域后，接下来的流程和 Faster-RCNN 基本一致，将其输入到后续的网络中进行分类和回归。在某种意义上，Faster-RCNN = RPN + Fast-RCNN。

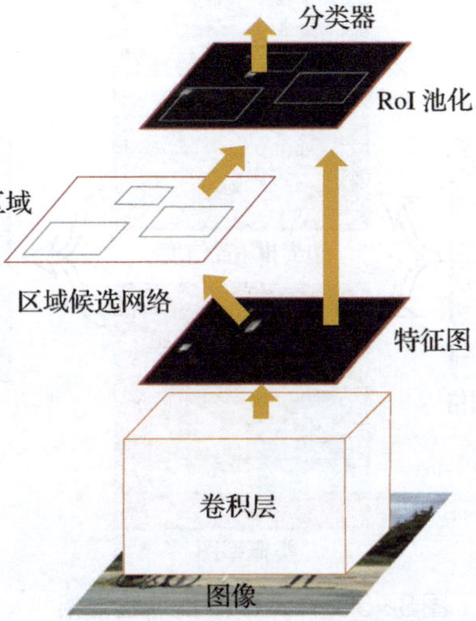

图 3－3　Faster-RCNN 的流程框架[3]

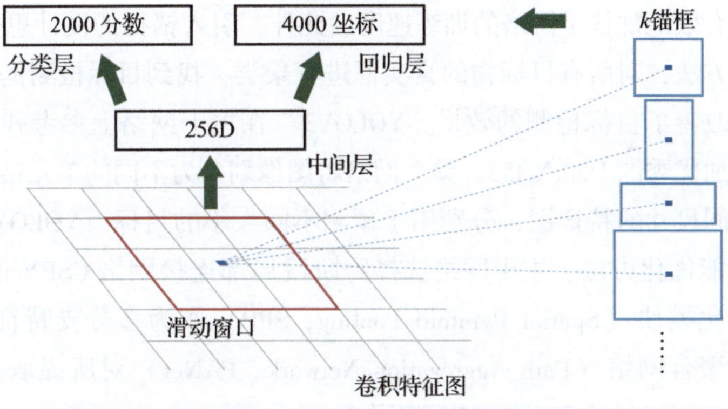

图 3－4　Faster-RCNN 的 RPN 结构[3]

RCNN 系列是典型的二阶段目标检测器，第一阶段生成候选区域，第二阶段提取候选区域的特征进行分类和回归，其在网络结构、目标检测的损失函数等方面的设计对于该领域有着深远的影响。另一比较常用的目标识别网络是 YOLO 系列。YOLOV1[4]没有显式的求取候选区域的过程，将整张图像作为网络的输入后，直接在输出层回归边界框的位置和所属类别。其流程框架如图 3－5 所示，将输入图像划分为多个网格，如果某个目标的中心落在这个网格中，则这个网格负责预测这个目标。每个网格预测多个边界框，包括边界框的位置回归以及置信度信息。YOLOV1 的一阶段检测过程，虽然在精度上不及二阶段检测器，但运行速度得到了很大的提高。

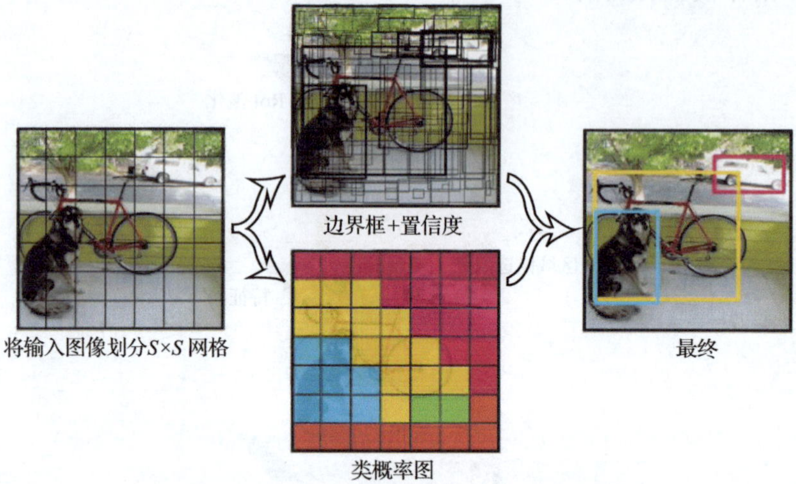

图3-5 YOLOV1的流程框架[4]

YOLOV2[5] 在遵循 YOLOV1 框架的同时，每一个卷积操作后面都紧跟一个批量正则化，有效地加快了网络的训练速度。此外，引入锚框的设计思想和 K 均值聚类的统计方法，对所有目标物的真实框进行聚类，找到目标检测框的统计分布规律，从而改善了目标检测的效果。YOLOV3[6] 在主干网络上参考残差网络，搭建了效果更加优秀的 DarkNet53。整个网络将图像划分为不同的单元格区域，同时输出三组不同尺寸的特征图，分别用于预测不同大小的目标。YOLOV4[7] 则是结合了多种性能优化方法，主干网络选择跨阶段局部连接网络 CSPNet53，加入空间金字塔池化模块（Spatial Pyramid Pooling，SPP）作为多分支特征挖掘网络，并提出路径聚合网络（Path Aggregation Network，PANet）对所提取到的特征进行合并，其他网络结构和 YOLOV3 相同。

最新的 YOLOX[8] 的精度和速度都大幅提升。YOLOX 将检测头和分类头分离，解耦处理后学习的过程会变得简单。模型的收敛速度更快，且舍弃了使用聚类的方法去生成多种宽高比的锚框的方式，之前的 YOLOX 系列预测边界框其实预测的是边界框的中心点和相对于中心点锚框的偏移以及宽高比例。YOLOX 让模型在预测边界框时会直接预测边界框的宽高值。此外，YOLOX 还使用了最新的数据增强方式 Mosaic 和 Mixup，进一步增强模型的性能。

除了传统的卷积神经网络，在自然语言处理领域有着优秀性能表现的 Transformer[9]，近年来在目标识别领域也有许多深入的应用。DETR[10] 是一个端到端的基于 Transformer 的 2D 目标检测器，其网络结构如图 3-6 所示。

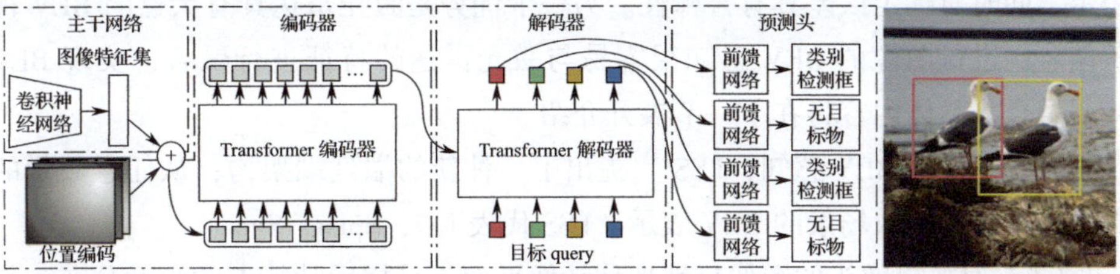

图 3-6　DETR 的网络结构[10]

DETR 的结构整体与 Transformer 类似，将图像经过主干网络后得到的特征图展平，作为 Transformer 的 key 和 value。同时，初始化生成 100 个目标 query。这 100 个 query 经过 Transformer 的注意力机制后，从图像中聚合信息，得到更新过后的 query。更新后的 query 经过多个线性层解析得到该 query 对应的目标置信度、目标框位置和尺寸、类别等信息。某种意义上，初始化的 object query 等价于传统目标检测网络中的锚框。

以上介绍的都是 2D 图像识别，而在自动驾驶领域，我们需要的是目标的 3D 信息。对于 2D 检测信息，一种做法是加入深度估计获取对应目标的深度，从而确定 2D 目标在 3D 世界中的位置；另一种做法是利用图像直接实现 3D 目标识别。

在 DETR 的基础上，DETR3D[11] 实现了基于 Transformer 的 3D 目标检测。其网络结构如图 3-7 所示。object query 通过 Transformer 的解码器进行初步解码，得到每个 query 对应的初始 3D 位置信息，根据摄像头的内、外参将 3D 位置投影到图像上，将 3D 位置编码和图像上对应位置的图像特征与初步解码的目标 query 进行特征融合，再进行深度解码，得到最终每个 query 对应的目标框信息。

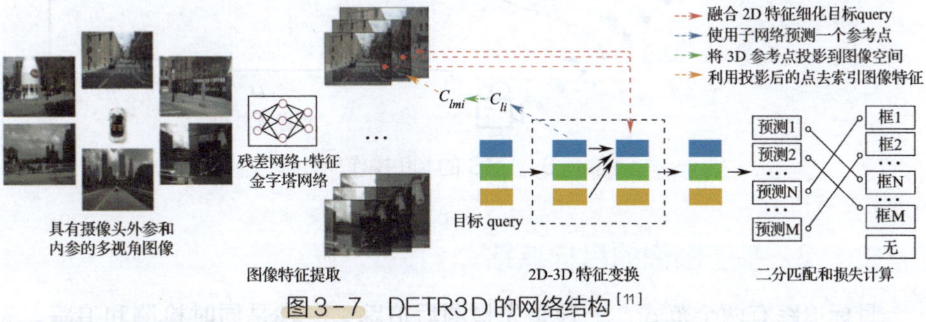

图 3-7　DETR3D 的网络结构[11]

对于自动驾驶的 3D 感知，一种更好的方法是进行鸟瞰图（Bird's Eye View，BEV）视角下的感知。由于目前的自动驾驶汽车的输入往往是 6 个环视摄像头，对其分别进行前视图特征提取然后融合信息是比较困难的。而在 BEV 视角下进行环视摄像头的特征级融合，能够将所有摄像头的信息融合为一个场景的统一表示，同时对标定误差具有鲁棒性。另一个优势是激光雷达具有天然的 BEV 视角信息，进行图像的 BEV 感知很容易与激光雷达的特征进行融合，实现 BEV 特征融合，具体内容将在下一节展开介绍。

基于图像的 BEV 感知，LSS[12] 提出了一种新的端到端架构，从任意数量的摄像头中直接提取场景的 BEV 表示。LSS 代表 Lift，Splat，Shoot。

Lift：对各摄像头的图像显性地估计像平面下采样后特征点的深度分布，得到包含图像特征的视锥体。

Splat：结合摄像头内、外参把所有摄像头的视锥体分配到 BEV 网格中，对每个栅格中的多个视锥点进行 sum-pooling 计算，形成 BEV 特征图。

Shoot：用任务头网络处理 BEV 特征图，输出感知结果。

Splat 和 Shoot 都是比较常规的将点云转换到 BEV 视角获取感知结果的操作，LSS 的核心在于 Lift，即如何利用神经网络将图像信息转换为视锥点云，获得和激光雷达点云一样的数据结构。图 3-8 所示为 LSS 的 Lift 操作，模型对每个图像特征点预测维度为 C 的语义特征 c 以及维度为 D 的深度分布概率 α，然后将 α 与 c 做外积，得到 $H \times W \times D \times C$ 维的特征图，可以理解为 $H \times W \times D$ 个视锥点的 C 维语义特征，它编码了自适应深度下的逐个图像特征点的语义信息。图 3-8 中深度为 α_2 的视锥点的深度分布概率比较大，深度分布与图像特征点相乘后，这个图像特征点的信息更多地被编码到了视锥点 α_2。

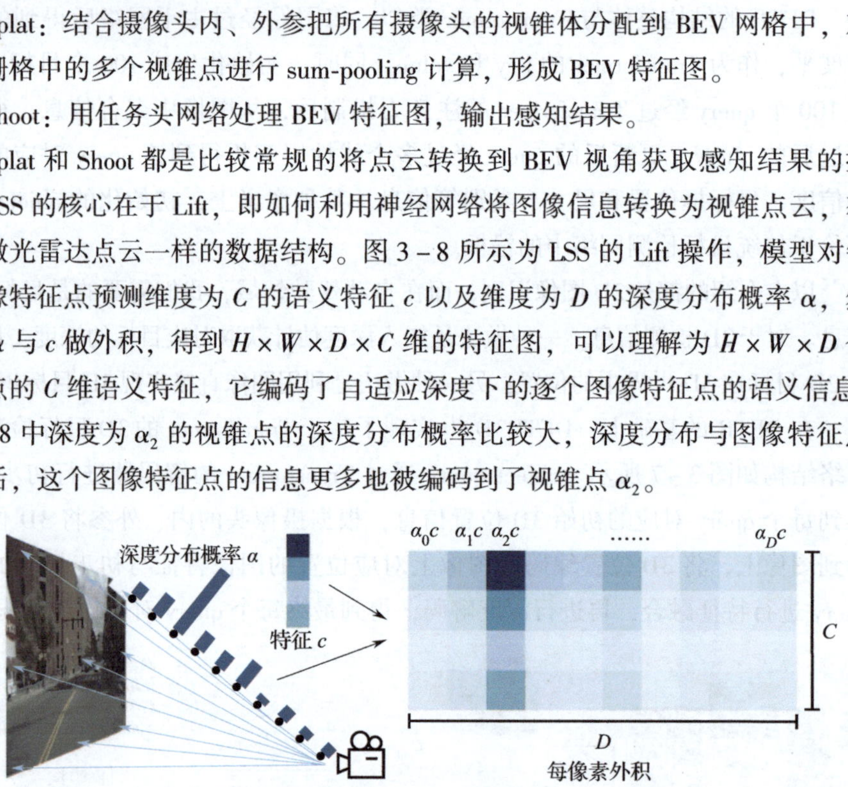

图 3-8　LSS 的 Lift 操作[12]

3.1.2　基于图像的目标追踪

目标追踪有两个范式，一种是先检测后追踪，一种是同时检测和追踪。先检测后跟踪指的是先获取目标检测器的结果，然后执行追踪算法，其速度较慢，检测模块和跟踪模块是串联式的，需要检测网络完成后才能进行追踪。同时检测和追踪指的是通过一个神经网络，端到端地输出目标框和其对应的 ID，该范式整体实现目标识别和追踪的速度较快，但也使得检测器与追踪器是紧耦合的，不便于检测算法的迭代更新，且两者对神经网络的特征需求不太一致，会相互影响双方的精度。

先检测后追踪的范式大致可以分为两种方法。一种是利用基于卡尔曼滤波的运动模型进行预测，将预测值和检测值进行损失计算和匹配。对于基于图像的追踪，如果是 2D 目标，则预测 2D 目标检测框在图像中平移后在下一帧的位置；如果是 3D 目标，则预测 3D 目标检测框在全局坐标系中运动后在下一帧的位置。典型的 2D 图像追踪算法 Sort[13] 的跟踪流程如图 3-9 所示。卡尔曼滤波对历史轨迹进行预测得到的目标框与目标检测器在当前帧检测得到的目标框利用交并比[14]（Intersection over Union，IoU）进行距离损失计算。IoU 的计算公式为

$$\mathrm{IoU}=\frac{A\cap B}{B\cup B} \tag{3-1}$$

IoU 的数值为两个边界框的交集与并集之比。得到距离损失矩阵后，本质上是要解决一个二部图的最小权重匹配问题，即在给定的成本矩阵中找到一种分配方案，使得总权重最小，一般使用匈牙利算法进行匹配。成功的匹配对用于更新历史轨迹的参数，未匹配上的检测目标视为新轨迹生成，历史轨迹如果连续多帧未匹配上，将会从轨迹管理器中删除。

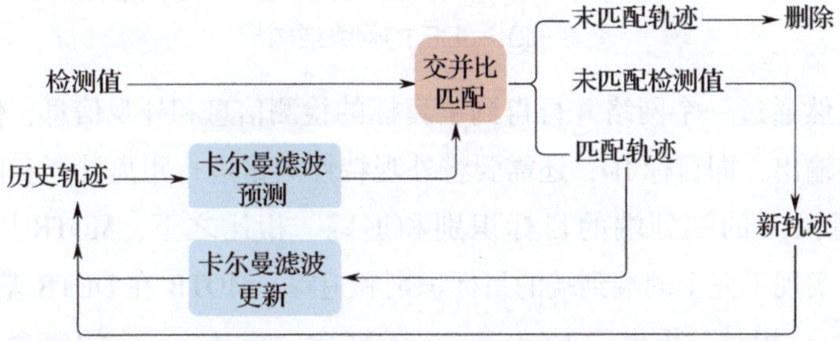

图 3-9　Sort 的跟踪流程[13]

对于存在于图像上的 2D 目标来说，IoU 足以用来衡量边界框的距离。对于 3D 目标，距离损失计算常用的是泛化交并比[15]（Generalized Intersection over Union，GIoU）。GIoU 是衡量两个边界框的有效计算方式。GIoU 的计算公式为

$$\mathrm{GIoU}=\mathrm{IoU}-\frac{C-A\cup B}{C} \tag{3-2}$$

式（3-2）中，C 为边界框 A 与 B 的最小共有凸面积。相比于基础的交并比 IoU，在目标追踪的距离衡量上，GIoU 可以反映出两个边界框在没有相交面积时的距离远近。IoU 对于任意两个没有相交面积的边界框，其值均为 0，无法很好地反映没有相交面积的边界框的距离大小。

另一种方式是借鉴计算机视觉行人重识别领域的知识，将目标检测框在图像中对应的像素块裁剪出来，线性插值到同一尺寸后输入到特征提取网络中提取目标的外观特征，利用损失函数拉近属于同一 ID 的外观特征，推远属于不同 ID 的外观特征。外观特征除了单独使用，也可以和第一种方式得到的运动损失结合使用。

同时检测和跟踪的范式中，同样分为 2D 目标与 3D 目标。JDE[16] 算法实现了 2D 目标的实时检测与跟踪，其网络结构如图 3－10 所示。整个结构的主体为 YOLOV3，但在最后预测头输出的特征图中，除了原本 YOLOV3 中每个网格负责预测的目标位置和类别等检测信息，还额外预测了网格对应目标的外观特征。设 YOLOV3 最后输出的特征图尺寸为 $H \times W \times C_{\text{det}}$（$H$ 表示特征图的高度，W 表示特征图的宽度，C_{det} 表示特征图的通道数），那么 JDE 最后输出的特征图尺寸为 $H \times W \times (C_{\text{det}} + C_{\text{embed}})$，$C_{\text{embed}}$ 为对应的外观特征的维度。

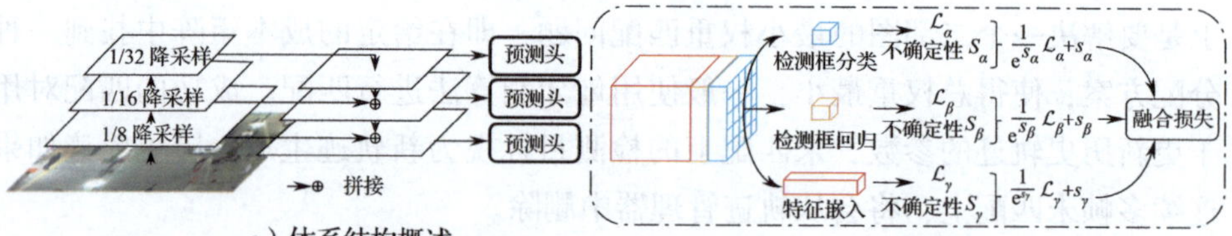

a）体系结构概述　　b）预测头

图 3－10　JDE 的网络结构[16]

JDE 虽然通过一个网络并行得到了目标的检测信息和外观信息，但对于追踪算法的最终输出，即目标 ID，还需要将外观特性向量进行距离计算和匹配，仍然不是真正意义上的端到端的目标识别和追踪。相比之下，MOTR[17] 则是利用 Transformer 实现了完全的端到端的目标识别和追踪。MOTR 在 DETR 基础上改进，与 object query 相对，提出了 track query 的概念。track query 的概念如图 3－11 所示，MOTR 会将当前帧得到的 detect query 和上一帧代表历史轨迹的 track query 拼接起来，作为 Transformer 解码器的输入。此时 detect query 只负责检测新生成的目标，track query 一旦成功匹配上了一个具体的目标 ID，则在接下来的图片序列中一直负责这个 ID 的生命周期。推理时在输出最终结果的时候，可以从这些 query 中直接解码得到当前帧下目标的检测结果和对应的目标 ID。

基于 MOTR，MUTR3D[18] 实现了 3D 端到端的联合目标检测与追踪算法。MUTR3D 与 MOTR 的关系，在某种意义上类似于 DETR3D 与 DETR 的关系，都是从 2D 推演到 3D。MUTR3D 的网络结构如图 3－12 所示，在 MOTR 的基础上，MUTR3D 会根据 query 解码得到的 3D 位置，投影回图像特征层提取对应位置的图像特征，类似于 DETR 到 DETR3D 的改进。整个网络的输入是当前自动驾驶汽车常用的 6 个环视摄像头，输出为 3D 目标框的位置信息和追踪结果。

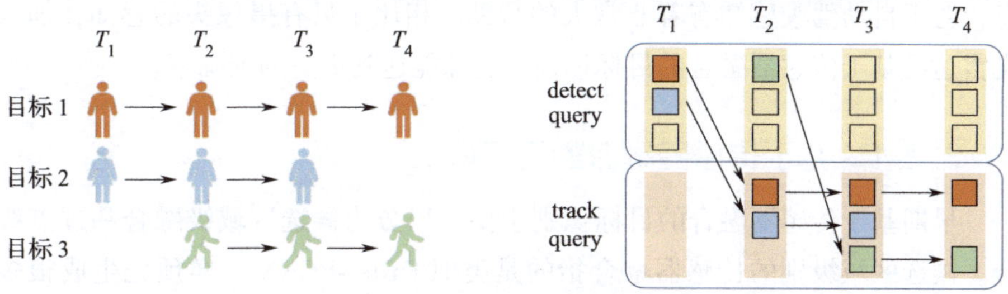

图 3-11　track query 的概念[17]

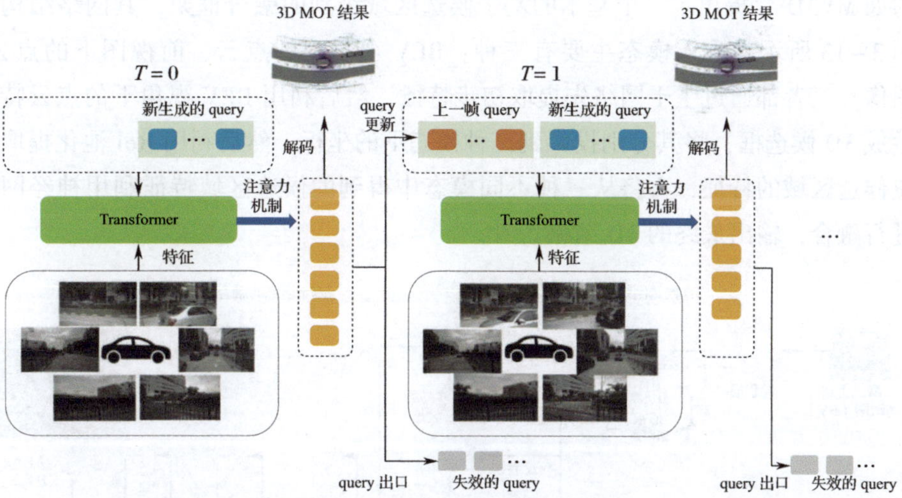

图 3-12　MUTR3D 的网络结构[18]

真正用于自动驾驶感知层面的检测和追踪算法，都是对应 3D 空间下的目标。而基于 3D 目标的算法基本都源自一些经典的基于 2D 目标的算法的改进。对于纯图像的 3D 目标检测，其实是在整个网络中隐式地实现了一个深度估计，从而在图像中得到目标的 3D 位置，然而这往往带来很多误差。为了获得更准确的 3D 目标的感知结果，除了摄像头，激光雷达也是自动驾驶车辆中一个经常使用到的传感器。下一节将具体介绍激光雷达和摄像头融合的目标识别和追踪算法。

3.2 基于传感器融合的目标识别与追踪

激光雷达大致的工作原理是发射激光束探测目标，遇到障碍物时返回，根据返回时间和发射角可以推导出点云的坐标。点云的数据格式为 $N \times C$，N 为点的数量，C 为数据维度，一般会包含基础的雷达坐标系下的三维坐标(x, y, z)和反射强度。因此，与摄像头相比，激光雷达可以获取十分准确的 3D 位置信息，对于自动驾驶感知有着非常大的帮助。相比于只有摄像头的感知，加入激光雷达后基于传感器融合的目标识别与追踪能达到更高的准确率。

3.2.1 基于传感器融合的目标识别

早期基于传感器融合的目标识别主要可以分为候选区域级融合和逐点级融合。候选区域级别的传感器融合指的是类似 Faster-RCNN 一样预先生成很多的候选区域，然后根据候选区域对不同传感器的特征进行提取再融合。比较早期的如 MV3D[19] 提出了一个基本的基于候选区域级别的融合框架，其网络结构如图 3-13 所示。输入模态主要有三种：BEV 视角下的点云、前视图下的点云、图像。三者都通过主干网络先提取初步特征，然后利用 BEV 视角下的点云特征生成 3D 候选框，将其分别投影到三种模态下的坐标，然后利用 RoI 池化提取对应候选区域的特征，再将从三种不同模态中得到的候选区域特征利用神经网络进行融合，输出最终的 3D 结果。

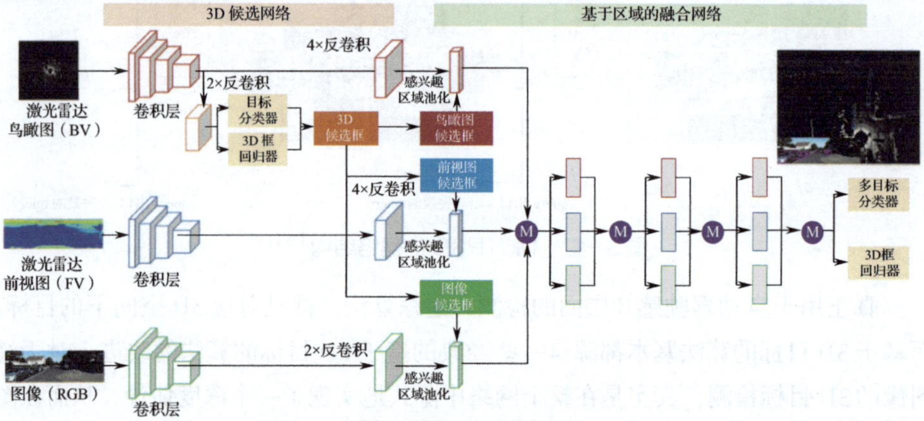

图 3-13　MV3D 的网络结构[19]

FUTR3D[20] 同样是候选区域级别的传感器融合，不过候选区域变成了参考点，其网络结构如图 3-14 所示。利用各种模态的主干网络提取初级特征后，参考点分别投影到不同模态的特征图上进行特征采样，将聚合后的特征和参考点的位置编码相加作为 Transformer 解码器的输入。Transformer 解码器是多层结构，除了第一层的参考点输入不依赖于任何模态的特征，每一层经过多模态的特征提取后，都会输出相对于参考点的一个偏置，下一层参考点的位置为上一层参考点的位置加上偏置。

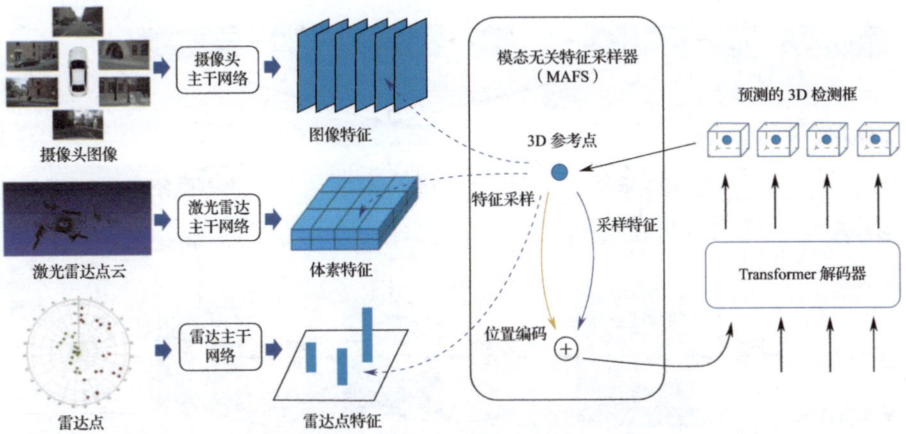

图 3－14　FUTR3D 的网络结构[20]

逐点级融合指的是将图像语义特征绘制到点云的前视图中，并对上色后的点云执行基于激光雷达的 3D 目标识别算法。PointPainting[21] 的网络结构如图 3－15 所示，首先图像通过语义分割网络，获取像素级别的语言分割结果。然后，激光雷达点被投影到分割结果中，并用前一步骤中获得的分割结果进行上色。最后，可以在这个上色的点云上使用基于激光雷达的物体检测器，以获得 3D 检测结果。

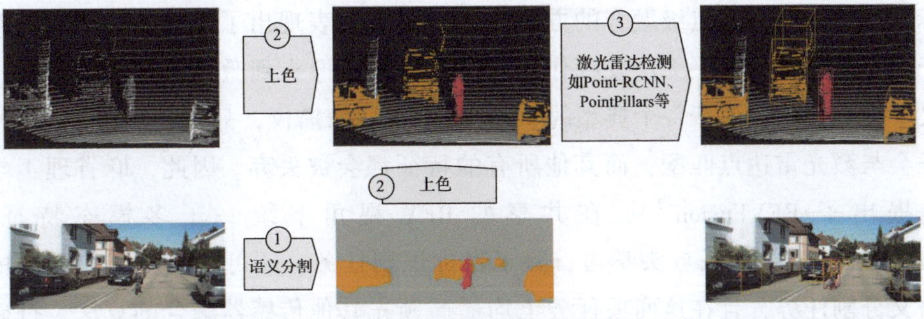

图 3－15　PointPainting 的网络结构[21]

Deep Continuous Fusion[22] 的网络结构如图 3－16 所示，提出了一种基于 BEV 视角的 3D 目标检测器。整个网络利用连续卷积对 BEV 空间中的每个点距离最近的图像进行信息提取，将不同分辨率的图像和激光雷达特征图融合在一起。总体架构包括两个流，一个流提取图像特征，另一个流从点云的 BEV 视角提取特征，通过连续融合层能够编码两种模式下位置之间精确的几何关系。

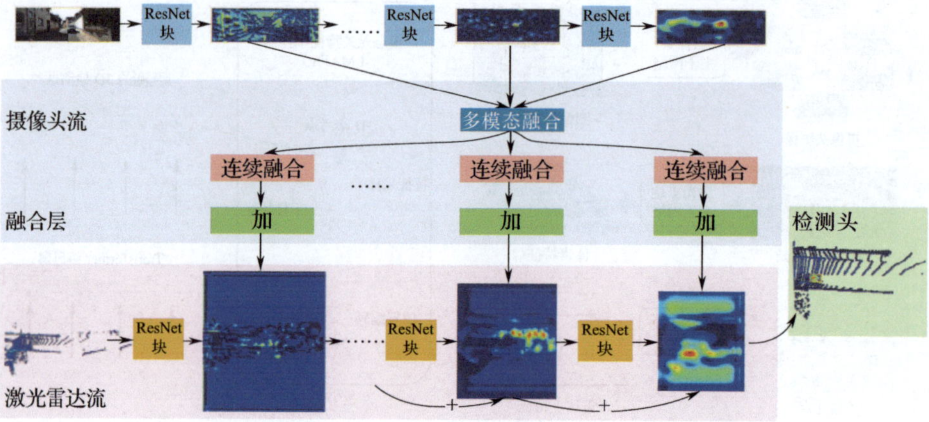

图 3-16　Deep Continuous Fusion 的网络结构[22]

早期的摄像头和激光雷达融合的方法，由于 2D 感知方面已经取得了巨大的成功，一种方法是将激光雷达点云投影到摄像头上，并使用 2D 卷积神经网络处理 RGB-D 数据。然而，这种激光雷达到摄像头的投影引入了严重的几何畸变，这使得它在几何导向的任务（如 3D 物体识别）中效果较差。

另一种投影方法是通过语义标签、CNN 特征或来自 2D 图像的虚拟点来增强激光雷达点云，然后应用现有的基于激光雷达的 3D 目标检测器来识别目标。尽管这些基于点级融合的方法在目标识别上表现出了出色的性能，但对于语义分割任务几乎无法发挥作用。这是因为摄像头到激光雷达的投影在语义上会有损失：对于一个典型的 32 束激光雷达扫描仪，只有 5% 的摄像头特征会与激光雷达点匹配，而其他所有的特征都会被丢弃。因此，麻省理工学院提出了 BEVFusion[23]，在共享的 BEV 视角下统一了多模态特征。BEVFusion 支持多任务头学习，除了目标识别任务，还可以同时实现地图的语义分割任务，且在这两项任务上均遥遥领先其他传感器融合的算法，打破了长期以来逐点级融合是多传感器融合的最佳解决方案的观念。

BEVFusion 的网络结构如图 3-17 所示，十分简洁。由于点云天然就是 BEV 结构，点云到 BEV 特征的转换十分简单。对于图像到 BEV 特征的转换，可以使用现有的基于图像 BEV 感知的算法，如 LSS、BEVFormer 等。得到两者的 BEV 特征后，拼接在一起得到融合后的 BEV 特征，再接入检测头和分割头进行识别与语义分割任务。

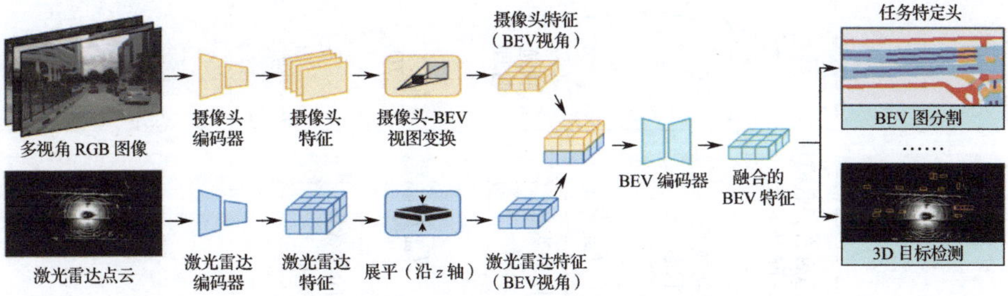

图 3-17　BEVFusion 的网络结构[23]

3.2.2　基于传感器融合的目标追踪

对于目标追踪，基于传感器融合的方式一般体现在先检测后跟踪的范式上，常见的有两种方法。一种是同时利用运动损失和外观损失进行追踪的匹配，另一种是利用图像的 2D 检测结果对基于 3D 的目标追踪进行改进。对于第一种，运动损失由基于卡尔曼滤波的运动估计模型得到，外观损失通过将 3D 目标边界框投影到 2D 图像平面，提取出对应位置的外观特征得到。CAMO-MOT 是其中一种典型结构，其融合追踪流程如图 3-18 所示[24]。CAMO-MOT 在上述流程的基础上加入了一个遮挡头，在从图像裁剪出来的图像块经过神经网络后判断对应的目标是否处于遮挡状态，用于优化外观特征的选择。

除了利用目标在图像区域对应的外观特征，还可以利用图像的 2D 检测结果。许多用于自动驾驶的 3D 追踪方法只依赖于雷达点云进行跟踪，但由于远距离的物体只能打到非常少的点，因此很难检测到并进行追踪。图像对于即使是远距离的点也有丰富的纹理和细节信息，比较容易检测到，但是对于距离的测量并不准。基于这点，EagerMOT[25] 利用图像的 2D 检测结果对 3D 追踪进行改进，能够同时利用点云距离测量比较准和图像检测比较准的特性，实现远距离的跟踪，且不需要在融合和匹配阶段引入任何神经网络。

EagerMOT 的融合追踪流程如图 3-19 所示，先把 3D 目标边界框投影到 2D 图像平面上，和 2D 目标边界框利用 IoU 进行预先匹配，然后进行一个二阶段的数据关联。第一阶段将当前帧检测到的 3D 目标边界框与历史轨迹的预测值进行匹配，第二阶段在 2D 图像上，将没有预先匹配 3D 目标的 2D 检测结果和第一阶段未匹配上的 3D 历史轨迹、2D 历史轨迹进行匹配，整个跟踪架构同时维护着 3D 轨迹和 2D 轨迹。

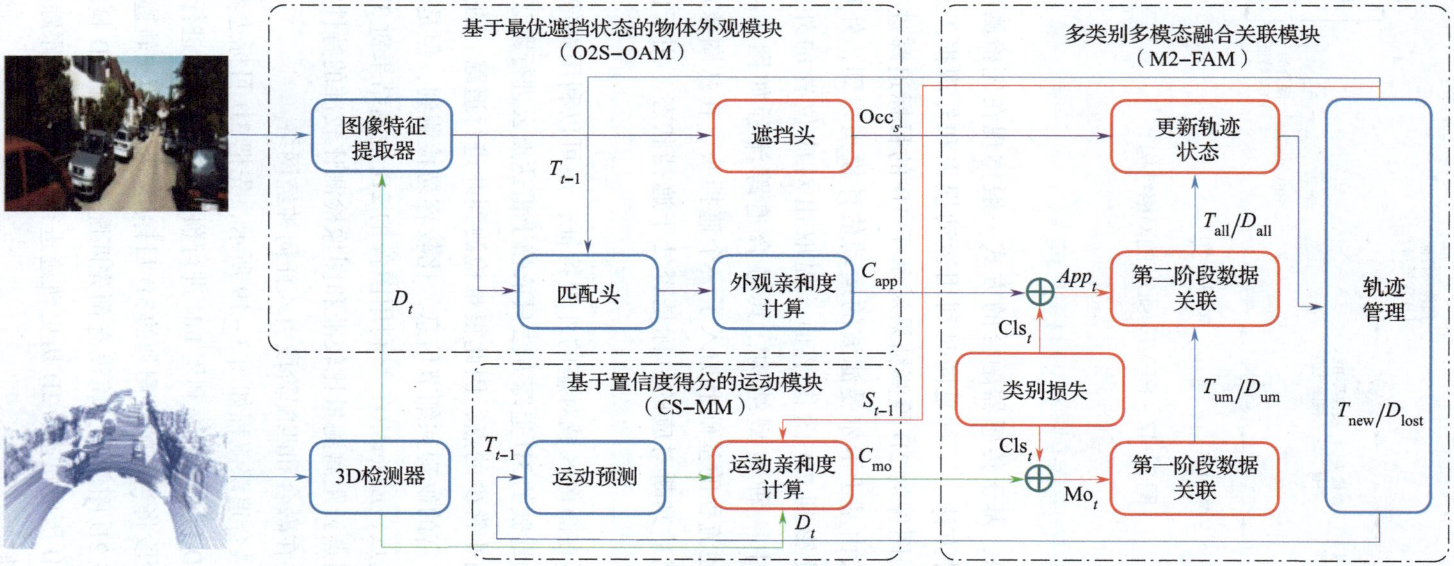

图3-18 CAMO-MOT的融合追踪流程[24]

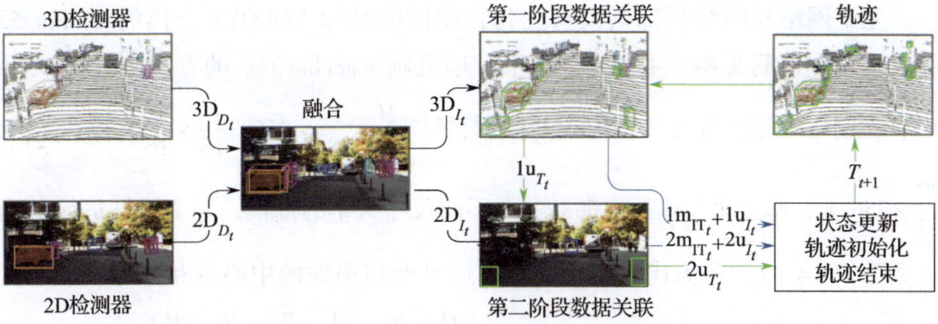

图 3-19　EagerMOT 的融合追踪流程[25]

3.3 案例研究

本节以 YOLOX + DeepSort[26] 为例，详细介绍如何利用先检测后跟踪的范式在 KITTI 自动驾驶数据集下实现基于图像的 2D 目标识别和追踪。YOLOX 是在 YOLOV3 上进行的改进，网络结构如图 3-20 所示，分为四部分：图像输入、主干网络、网络颈部和预测头。

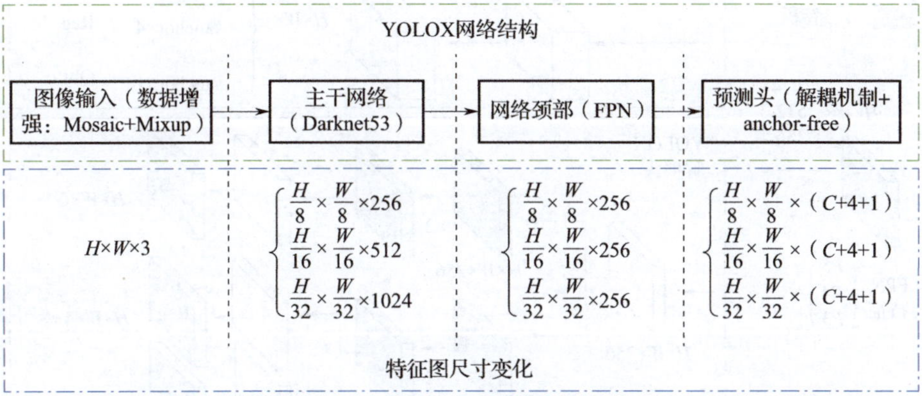

图 3-20　YOLOX 的网络结构[8]

在图像的输入端使用了 Mosaic、Mixup 两种更为优秀的数据增强方式。Mosaic 采用 4 张图片，按随机缩放、随机裁剪、随机排布的方式进行了拼接，大大丰富了检测数据集，特别是随机缩放的方式给数据集中带来了很多的小目标样本，增强了检测网络的鲁棒性。Mixup 将两张图片按照一定的融合系数进行融合，保留融合后的所有目标框，从而实现数据增强，可以在几乎没有增加额外计算开销的情况下，稳定提升网络的性能。

主干网络和网络颈部则没有变化，使用的是和 YOLOV3 一样的 Darknet53 和 FPN。在预测头中，主要是加入了解耦机制 + anchor-free 的方式。YOLOV3 ~ V5，在网络颈部输出的三个不同尺寸的特征图$\frac{H}{8}\times\frac{W}{8}\times256$、$\frac{H}{16}\times\frac{W}{16}\times256$、$\frac{H}{32}\times\frac{W}{32}\times256$上，基于每个单元格都有三个不同尺寸大小的锚框，每个锚框最终的通道数为$C+4+1$，分为代表类别数量、边界框与锚框的中心点和尺寸偏差、置信度。最终预测结果的数量为$3\times\left(\frac{H}{8}\times\frac{W}{8}+\frac{H}{16}\times\frac{W}{16}+\frac{H}{32}\times\frac{W}{32}\right)\times(C+5)=\frac{63H\times W(C+5)}{1024}$。YOLOX 一方面不再设置锚框，直接回归每个单元格预测的边界框中心位置和尺寸偏差，使得参数量减少了三分之二，同时不用烦琐地设置锚框的初始尺寸。另一方面将类别、边界框的回归和置信度解耦，如图 3 - 21 所示，分为三个特征图，分别为预测分类、回归和置信度结果。使用 YOLOX 在 KITTI 数据集上进行推理的结果如图 3 - 22 所示。

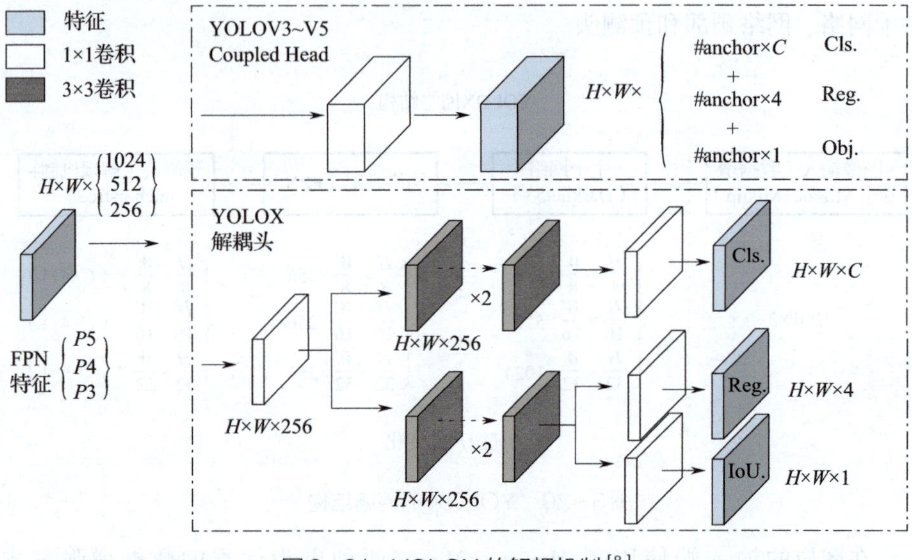

图 3 - 21 YOLOX 的解耦机制[8]

在获得了检测结果后，我们还不知道连续多帧目标之间的关系，需要执行跟踪算法将多帧的检测结果关联起来。DeepSort 的跟踪流程如图 3 - 23 所示。

DeepSort 在 Sort 的基础上加入了外观信息作为匹配度量。根据检测结果裁剪出图像中对应的图像块，输入到外观特征提取网络获取外观信息，和历史轨

图 3-22　YOLOX 在 KITTI 数据集上的检测结果可视化

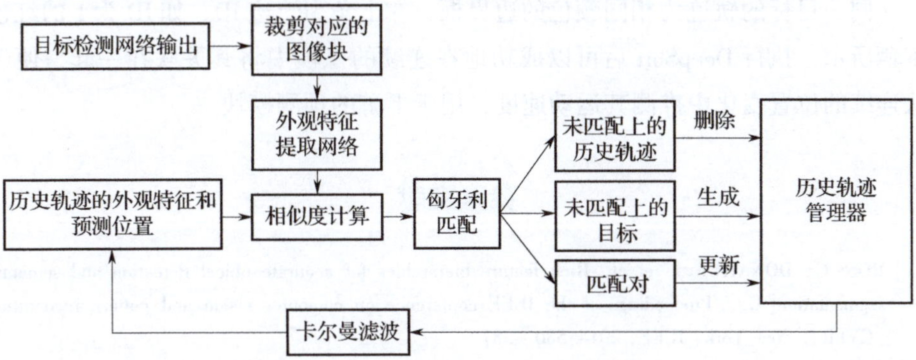

图 3-23　DeepSort 的跟踪流程[26]

迹的外观特征以及根据卡尔曼滤波预测得到的预测边界框进行相似度计算。在 DeepSort 的实际代码中，会先利用外观特征相似度匹配，未匹配上的检测目标再和未匹配上的历史轨迹的预测边界框计算 IoU 相似度进行第二次匹配。DeepSort 对图 3-22 中连续三帧的跟踪结果如图 3-24 所示。

图3-24 YOLOX+DeepSort的跟踪结果可视化

同一目标的轨迹为相同颜色的边界框，左上角为轨迹ID。如ID为1的红色车辆所示，执行DeepSort后可以成功地在连续的三帧中将其关联在一起，便于从连续的位置变化中推测其运动速度，用于下游的预测模块。

参考文献

[1] ROSS G, DONAHUE J, et al. Rich feature hierarchies for accurate object detection and semantic segmentation[C]//Proceedings of the IEEE conference on computer vision and pattern recognition (CVPR). New York: IEEE, 2014:580-587.

[2] ROSS G. Fast r-cnn[C]//Proceedings of the IEEE International Conference on Computer Vision (ICCV). New York: IEEE, 2015:1440-1448.

[3] REN S, HE K, GIRSHICK R, et al. Faster r-cnn: Towards real-time object detection with region proposal networks[J]. IEEE Transactions on Pattern Analysis and Machine Intelligence, 2017,39(6): 1137-1149.

[4] REDMON J, SANTOSH D, ROSS G, et al. You only look once: Unified, real-time object detection [C]//Proceedings of the IEEE Conference on Computer Vision and Pattern Recognition (CVPR). New York: IEEE, 2016:779-788.

[5] REDMON J, ALI F. YOLO9000: Better, faster, stronger[C]//Proceedings of the IEEE conference on computer vision and pattern recognition (CVPR). New York: IEEE, 2017: 7263 - 7271.

[6] REDMON J, ALI F. YOLOV3: An incremental improvement [J]. arXiv preprint arXiv: 1804.02767, 2018.

[7] BOCHKOVSKIY A, WANG C Y, LIAO H Y M, et al. YOLOV4: Optimal speed and accuracy of object detection[J]. arXiv preprint arXiv:2004.10934, 2020.

[8] ZHENG G, LIU S T, WANG F, et al. YOLOX: Exceeding YOLO series in 2021[J]. arXiv preprint arXiv:2107.08430, 2021.

[9] VASWANI A, NOAM S, et al. Attention is all you need[C]//Advances in Neural Information Processing Systems (NIPS). New York: IEEE, 2017. DOI. 10.48550/arXiv.1706.03762.

[10] CARION N, FRANCISCO M, GABRIEL S, et al. End-to-end object detection with transformers[C]// European Conference on Computer Vision (ECCV). Cham: Springer Cham, 2020: 213 - 229.

[11] WANG Y, VITOR C G, ZHANG T Y, et al. Detr3d: 3d object detection from multi-view images via 3d-to-2d queries[C]//Conference on Robot Learning. London: [s. n.], 2022: 180 - 191.

[12] PHILION J, SANJA F. Lift, splat, shoot: Encoding images from arbitrary camera rigs by implicitly unprojecting to 3d[C]//European conference on computer vision (ECCV). Cham: Springer Cham, 2020: 194 - 210.

[13] BEWLEY A, GE Z Y, et al. Simple online and realtime tracking[C]// IEEE international conference on image processing (ICIP). New York: IEEE, 2016: 3464 - 3468.

[14] YU J H, JIANG Y N, WANG Z Y, et al. Unitbox: An advanced object detection network[C]// Proceedings of the 24th ACM International Conference on Multimedia. New York: ACM, 2016: 516 - 520.

[15] REZATOFIGHI H, NATHAN T, GWAK J Y, et al. Generalized intersection over union: A metric and a loss for bounding box regression[C]//Proceedings of the IEEE/CVF Conference on Computer Vision and Pattern Recognition (CVPR). New York: IEEE, 2019: 658 - 666.

[16] WANG Z D, ZHENG L, LIU Y X, et al. Towards real-time multi-object tracking[C]//European Conference on Computer Vision (ECCV). Cham: Springer Cham, 2020: 107 - 122.

[17] ZENG F G, DONG B, ZHANG Y, et al. Motr: End-to-end multiple-object tracking with transformer [C]//European Conference on Computer Vision (ECCV). Cham: Springer Cham, 2022: 659 - 675.

[18] ZHANG T Y, CHEN X Y, WANG Y, et al. Mutr3d: A multi-camera tracking framework via 3d-to-2d queries[C]//Proceedings of the IEEE/CVF Conference on Computer Vision and Pattern Recognition (CVPR). New York: IEEE, 2022: 4537 - 4546.

[19] CHEN X Z, MA H M, WAN J, et al. Multi-view 3d object detection network for autonomous driving [C]//Proceedings of the IEEE Conference on Computer Vision and Pattern Recognition (CVPR). New York: IEEE, 2017: 1907 - 1915.

[20] CHEN X Y, ZHANG T Y, WANG Y, et al. Futr3d: A unified sensor fusion framework for 3d detection[C]//Proceedings of the IEEE/CVF Conference on Computer Vision and Pattern Recognition (CVPR). New York: IEEE, 2023: 172 - 181.

[21] VORA S, ALEX H L, BASSAM H, et al. Pointpainting: Sequential fusion for 3d object detection [C]//Proceedings of the IEEE/CVF conference on computer vision and pattern recognition (CVPR). New York: IEEE, 2020: 4604 - 4612.

[22] LIANG M, YANG B, WANG S L, et al. Deep continuous fusion for multi-sensor 3d object detection [C]//Proceedings of the European Conference on Computer Vision (ECCV). Cham: Springer, 2018: 641 - 656.

[23] LIU Z J, TANG H T, ALEXANDER A, et al. Bevfusion: Multi-task multi-sensor fusion with unified bird's-eye view representation [C]//IEEE International Conference on Robotics and Automation (ICRA). New York: IEEE, 2023: 2774-2781.

[24] WANG L, ZHANG X Y, QIN W Y, et al. Camo-mot: Combined appearance-motion optimization for 3d multi-object tracking with camera-lidar fusion[J]. IEEE Transactions on Intelligent Transportation Systems, 2023, 24(11): 11981-11996.

[25] KIM A, ALJOŠA O, et al. Eagermot: 3d multi-object tracking via sensor fusion[C]//IEEE International conference on Robotics and Automation (ICRA). New York: IEEE, 2021: 11315-11321.

[26] WOJKE N, ALEX B, et al. Simple online and realtime tracking with a deep association metric[C]//IEEE International Conference on Image Processing (ICIP). New York: IEEE, 2017: 3645-3649.

第 4 章
自动驾驶决策中的人工智能

4.1 人工智能决策的可解释性

4.1.1 人工智能决策可解释性方法概述

本节将从模型的内在解释和事后解释两个层面对可解释性人工智能（Explainable Artificial Intelligence，XAI）方法进行探讨。其中，内在解释聚焦于从模型的结构和运作机制本身获取洞见，而事后解释则侧重于在模型运行后，通过分析其输出结果和输入数据的关系来提供洞察。

1. 模型内在解释

模型内在解释是指构建模型时考虑到解释性的设计和特性。这种方法使模型本身具有可解释性，以便用户或研究人员可以理解模型的决策过程和推理过程[1-3]。常见的模型内在解释方法包括决策树、线性回归以及规则模型等，这些模型直观展示了决策过程，使得对模型的理解更为直接。例如决策树模型[4-6]，通过分支和节点的划分，解释模型对输入数据的决策过程。线性回归模型则使用线性函数来建模输入特征和输出目标之间的关系。模型的系数可以解释为特征对输出的影响程度，从而提供了一种可解释的方式。广义上，线性模型还包括广义线性模型（Generalized Linear Models，GLM）[7]和广义加性模型（Generalized Additive Models，GAM）[8]。GLM 用于描述变量之间的线性关系，可以处理各种类型的响应变量。在 GLM 中，响应变量的分布被假定属于指数族分布，这包括诸如正态分布、二项分布、泊松分布等常见的分布。GAM 则扩展了 GLM 的概念。GAM 结合了 GLM 的灵活性和非参数回归的优点，使得模型能够适应数据中更复杂的非线性关系。规则模型使用一组规则来表示模型的决策过程。如图 4-1 所示，尽管可解释模型在提供解释性方面具有优势，但它们在实现高性能预测方面受到限制[9]。为了权衡模型可解释性和准确性，某些复杂模型通过引入可解释性结构来增强其可解释性。在这类模型中，可解释卷积神经网络（Interpretable CNN）[10-13]通过限制卷积神经网络的结构，使其能够匹配重要特征的表达，从而增加其可解释性。然而，这种限制可能会减弱模型的表达能力和预测准确性。基于注意力的模型（Attention-based Model）[14-16]使用模型内在的注意力机制作为特征重要性的指标。学习特征对于模型决策的影响程度，提供特征的重要性解释。

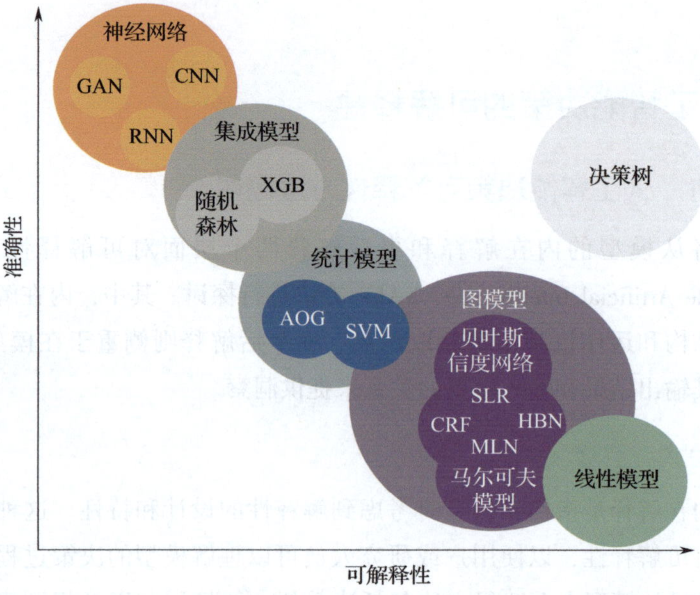

图4-1 机器学习模型可解释性和性能的一般关系示意图

2. 模型事后解释

事后解释是指在构建模型之后，通过使用额外的方法和技术来解释模型的决策和预测结果。这类方法可以应用于任何类型的模型，包括那些本身并不具有高度可解释性的模型，如深度神经网络、集成模型等[17-18]。其中局部特征归因解释和反事实解释[19]最为被广泛研究和应用。

（1）局部特征归因解释

局部特征归因方法是指量化模型的输入对模型决策的贡献程度[2]。例如，图4-2a中展示了针对结构化特征输入的心脏病预测模型，特征归因解释呈现为：相对于基值0.4，年龄=65这一特征值归因了0.4的概率，性别=女这一特征归因了-0.3的概率。在图4-2b展示的图像分类模型中，归因解释呈现为：模型将图片识别为猫鼬，主要关注的是图像中猫鼬头部的像素区域。

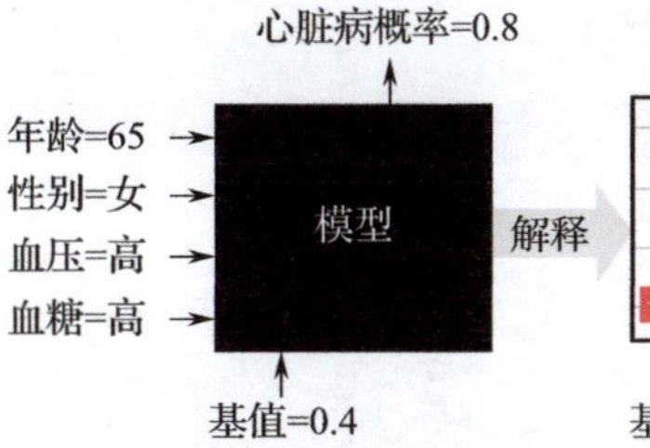

a）心脏病预测模型归因解释（例如，相对于基值0.4，年龄=65为心脏病概率贡献了0.4）

b）图像分类模型归因解释（例如，模型关注的区域主要在猫鼬的头部）

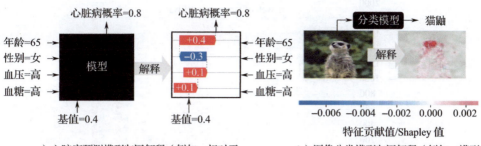

图 4-2　特征归因解释示意图

局部特征归因解释方法已经被广泛研究，包括积分梯度（Integrated Gradients，IG）[20]、逐层关联传播（Layer-wise Relevance Propagation，LRP）[21]、深度学习重要特征（Deep Learning Important FeaTures，DeepLIFT）[22]和局部可解释的模型无关解释（Local Interpretable Model-Agnostic Explanations，LIME）[23]。其中，IG 通过从参考输入到实际输入的梯度积分沿路径的贡献来计算每个特征的贡献，解决了梯度消失问题。LRP 使用反向传播的算法将预测的相关性向后传播到输入特征，将其分解为每个层的贡献。DeepLIFT 通过比较输入中每个特征的激活与参考激活来分配特征重要性。LIME 则围绕预测样本点拟合一个简单的可解释模型，并通过扰动输入特征的变化来解释预测。尽管这些方法能够帮助用户解释复杂模型的预测，但往往不清楚这些方法之间的关系以及何时更适合使用其中一种方法。为了解决这个问题，Lundberg 等[24]提出了一个统一的预测解释框架，即 Shapley 加性解释（Shapley Addition ExPlanation，SHAP）。这是一个基于合作博弈论中 Shapley 值的特征归因解释统一框架，已被证明是满足一组期望属性的唯一分配规则：①效率性，特征归因之和等于预测值；②对称性，如果两个特征对所有可能的特征联盟具有相同的贡献，则它们的归因应相同；③虚拟性，表示不影响预测的特征应具有零的归因；④可加性/线性，意味着在由两个独立游戏组成的游戏中，玩家的 Shapley 值应该是每个单独游戏中玩家的 Shapley 值之和。如图 4-3 所示，在过去的十年中，Shapley 值作为一种特征归因解释方法广受欢迎。Shapley 值的计算涉及对所有特征组合进行遍历，计算复杂度随特征数量增加成指数增长，使得其在大规模特征问题中应用变得困难。因此，近似加速计算 Shapley 值的方法层出不穷，大致分为模型无关的和模型特定的两类[25-26]。

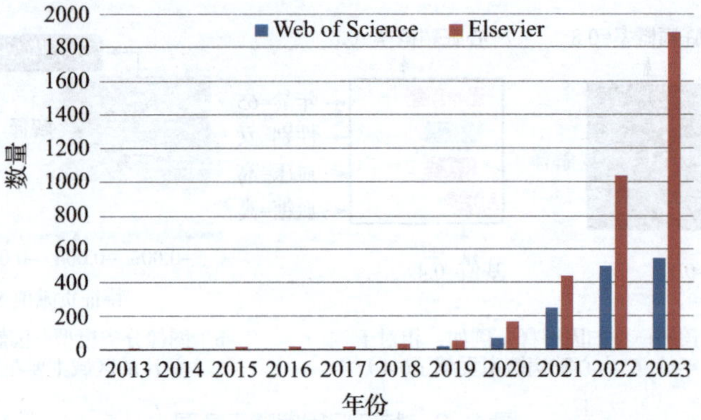

图4-3 以“Shapley Value, Machine Learning”为关键词的文献统计

模型无关的 Shapley 值近似方法，指的是一类不依赖于特定机器学习模型类型的 Shapley 值近似方法。其中一类近似方法定义为特征的随机排序，其中玩家特征的信用是它们在许多可能蒙特卡洛采样排序中的平均边际贡献，如 Castro 等[27]采用抽样方式得到多项式时间复杂度的 Shapley 值估计方法。Strumbelj 等[28]进一步利用蒙特卡洛积分来加速收敛；最小二乘值[29-30]视角将 Shapley 值定义为加权最小二乘（Weighted Least Squares，WLS）问题的解。然而，该方法需要指数级的“数据点”（每个子集一个），这意味着关键挑战不在于解决 WLS 问题，而是在于处理大量的数据点。Shapley 值近似方法包括以下几种：KernelSHAP[24]是自然的近似方法，它对少量子集进行抽样，然后解决近似的 WLS 问题；SGD-Shapley，类似地，对少量子集进行抽样，但是通过投影随机梯度下降（SGD）[31]迭代地估计 WLS 解；FastSHAP[32]使用一个独立的解释模型将 WLS 问题分摊到许多样本中，使开发人员能够提前为解释器模型的训练付出成本，提供快速的 Shapley 值解释；基于多线性采样的 Shapley 值近似方法，将联合博弈扩展为 d-cube $[0,1]^d$ 上的函数，该函数在每个变量中分别为线性。然后根据多线性扩展的偏导数的积分来定义 Shapley 值。基于此，Okhrati 等[33]引入了一个无偏抽样估计来近似这个积分，称为多线性扩展抽样；另一个有趣的进展则是广义 DeepSHAP[4]，它是对特定于神经网络 Shapley 值近似方法 DeepSHAP 的扩展。其核心在于通过引入广义缩放规则来解释一系列复杂模型，从而将 DeepSHAP 扩展到解释任何线性、深度和树模型的组合。总的来说，模型无关的 Shapley 值近似方法提供了更大的灵活性，但同时也伴随着显著的计算负担。

模型特定的 Shapley 值近似方法指的是根据不同类型的机器学习模型的特定属性和结构，高效地计算 Shapley 值。其中，在线性模型中，Shapley 值的计算最为简便，源于特征与输出之间的直接线性关联。这种计算方式允许直接从模型权重中提取 Shapley 值，在文献［24,28］中已经得到证明。基于树结构的 Shapley 值计算方法利用树的分层结构进行高效的计算。它从底向上计算每个特征的 Shapley 值，并利用特征分裂条件将计算复杂性降低到可接受的水平。典型方法包含基于路径的 TreeSHAP[34] 和干预 TreeSHAP[24,35]。干预 TreeSHAP 允许精确计算基线和边际 Shapley 值，其时间复杂度与树的大小和基线值的数量呈线性关系。基于路径的 TreeSHAP 提供了条件 Shapley 值的确定性估计，但通过假设树模型本身可以近似条件期望，引入了偏差。得益于 Shapley 值的可加性，其可以估计树集成树模型的 Shapley 值，即为每棵树模型计算 Shapley 值，然后进行线性组合；基于神经网络的 Shapley 值近似方法利用神经网络的分层结构，以较低的计算复杂性近似 Shapley 值。Shrikumar 等[22] 提出了 DeepLIFT，通过递归乘法器近似 Shapley 值。值得注意的是，DeepSHAP 建立了 DeepLIFT 与 Shapley 值的联系。在不考虑基值的选择时，DeepSHAP 和 DeepLIFT 两种方法是等效的。Ancona 等[36] 通过引入不确定性传播的概念，在深度神经网络中提出了一种多项式时间的 Shapley 值估计近似方法。Wang 等[37] 提出了 Shapley 解释网络（Shapley Explanation Network，SHAPNET），将 Shapley 值用作深度模型的潜在表示，实现了分层解释和解释正则化。与模型无关方法相比，基于模型特定的 Shapley 值近似方法显著提高了计算效率，但在灵活性方面受到限制。

值得注意的是，无论采用模型无关的 Shapley 值方法还是依赖于特定模型结构的 Shapley 值方法，都必须合适地选择用于替换 Shapley 值计算中的缺失特征。这包括零基线替换[20,36]（即用 0 值替换缺失特征）和均值基线[38]（即用平均值替换缺失特征）等策略。然而，这种选择往往基于主观判断，缺乏系统性和公理化的设计原则。此外，在应用于如端到端视觉自动驾驶任务等复杂任务时，Shapley 值的归因解释往往是像素级的解释，即只提供模型关注的位置，而不确定模型所关注的语义。

（2）反事实解释

相比于特征归因解释，反事实解释方法的核心是找到对查询输入最微小但有意义的修改，这些修改足以改变模型的决策[39]。通过对查询和解释之间的差异进行对比，用户可以逆向推断出模型依赖的关键因素和模型决策的边界[40]。例如，在图 4－4a 所示的以结构化输入的自动驾驶纵向决策模型中，其反事实解释呈现为：如果与前车的相对距离从 50m 缩短到 10m，车辆决策将从加速转为减速。又如图 4－4b 所示的端到端视觉自动驾驶决策模型，反事实解释为：

如果交通信号灯由绿色变为红色，模型决策将从继续前进变为停止。反事实解释并非唯一，且需要满足稀疏性和接近性等反事实解释指标要求。根据输入数据类型，反事实解释方法可以分为针对结构化数据和图像数据的两类。

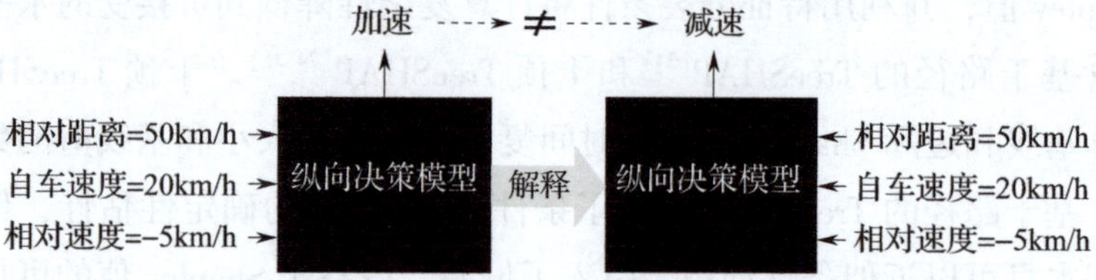

a）以结构化特征为输入的自动驾驶纵向决策模型反事实解释

b）端到端视觉自动驾驶决策模型反事实解释

图4-4　反事实解释示意图

对于结构化数据，基于扰动的反事实解释生成技术包括通过引入诸如添加或删除特定特征之类的变化来改变输入数据[41-42]。相反，基于梯度的方法依赖于模型的梯度来识别并随后修改输入数据中的特征[39]。然而，必须注意的是，这两种方法都涉及人工选择优化特征或随机优化特征。这种人工干预可能会引入潜在的问题，包括次优解释和有偏见解释的风险。最近的研究将 Shapley 值和反事实解释结合起来[43]，基于特征贡献生成反事实样本。然而，这些方法通常涉及删除重要特征以生成反事实样本，未能提供关于模型实际决策边界的见解，特别是关于特征变化如何影响模型决策的见解。

将反事实解释应用于以图像为输入的模型具有挑战，这种困难源于解释通过这些微小的像素级变化生成的反事实解释的复杂性。对于人类而言，理解这些变化的像素变化及其对模型决策的影响可能是一项艰巨的任务。然而，最近在生成模型方面，特别是应用于图像生成的模型[44-45]，已经取得了一些显著成果。这为揭示和阐明嵌入在图像中的语义内容提供了有效工具。因此，融合反事实解释和生成式模型，为理解和解释基于图片数据的模型行为开辟了新的途径。Paul 等[46]提出了一种利用语义到图像模型在保持整体场景结构的同时创建合理稀疏的图像修改的方法，核心在于“区域目标对准的反事实解释”，它允许用户通过指定感兴趣的语义区域来引导反事实生成。Zemni 等[47]利用了最近无监督合成生成建模的进展，提供了一种灵活的反事实解释生成方法。利用这种建模，我们能够评估场景中每个对象的独立贡献，并寻找与它们的位置、样式或二者结合相关的解释。Samadi 等[48]提出了一种称为 SAFE 的方法，结合了显著性图和反事实解释。在端到端的决策模型中，SAFE 确定并突出显示影响当前决策的最重要区域，并采用生成对抗网络生成反事实图片样本。

总体而言，当前的大多反事实解释方法通常对特征或图像进行随机的反事实优化。然而，在复杂场景中，关键特征或语义是作用于模型的决定性因素。因此，针对关键特征和语义的定向反事实优化是提供具有代表性反事实解释的有效方案。

4.1.2 语义 Shapley 值引导的视觉反事实解释及自动驾驶应用

计算机视觉中高维像素级扰动通常会生成难以理解的反事实图像。因此，本节基于语义 Shapley 值确定关键语义，进而对关键的语义进行反事实优化，生成视觉反事实解释，其框架如图 4-5 所示。

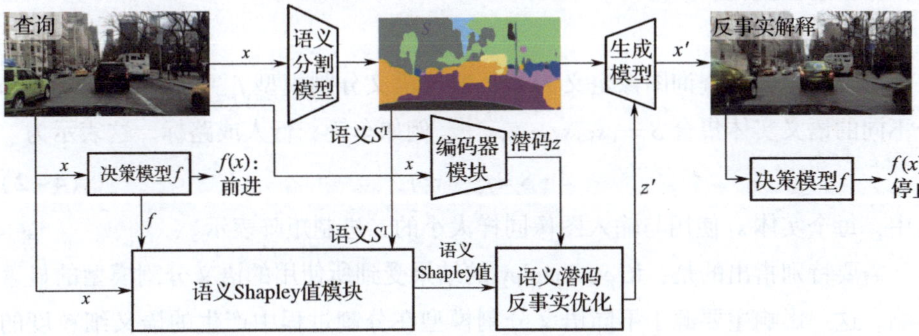

图 4-5 Shapley 值引导端到端视觉反事实解释框架

1. 问题描述和优化目标

给定一个可微的计算机视觉决策模型 f，一个查询图像 x^{q}，以及一个目标决策 $y \neq f(x^{\mathrm{q}})$，反事实解释指的是优化得到一个与查询图像 x^{q} 接近但经修改使得模型决策 $f(x^{\mathrm{c}})$ 变为 y 的目标图像 x^{c}。然而，不同于前面介绍的低维的结构化数据输入的反事实解释方法，计算机视觉中高维像素级扰动通常会生成难以理解的反事实图像。因此，通常采用表示原始图像语义特征的低维潜码 $z^{\mathrm{q}} \in Z$，并通过生成器 G，使得 $G(z^{\mathrm{q}}) \approx x^{\mathrm{q}}$。通过这种方式能够使得优化目标从高维的原始像素转化到低维的潜码空间，形式化定义为

$$\arg\min_{z^c \in Z} L_{\text{decision}}\{M[G(z^c)], y\} + \lambda L_{\text{dist}}(z^q, z^c) \tag{4-1}$$

式中，第一项 L_{decision} 的作用是将模型 f 对生成图像 $G(z)$ 的决策推向目标类别 y；第二项 L_{dist} 为查询图像潜码 z^q 和生成图像潜码 z^c 的距离，它确保查询图像和生成的反事实图像保持相似；λ 为一个超参数，用于控制这两项之间的相对权重。获取 z 后，$G(z)$ 能够恢复关于查询图像 x^q 和决策模型 f 的反事实图像 x^c。

基于式（4-1）的视觉反事实图片优化目标，Paul 等提出了一种基于语义的反事实解释的通用方法 STEEX[46]。该方法首先使用一个编码器 E_z 将查询图像及其相关的语义 S^I 映射到潜码 z^q，这里图像的语义通过语义分割模型 E_{seg} 获得。然后使用生成器 G，将潜码 z 和语义 S^I 转化为图像 x^q。

2. 语义 Shapley 值引导的反事实解释

本节自然地采用语义 Shapley 值作为语义重要性的表示，并将其融入视觉反事实解释的优化目标中。该方法分为两个阶段：语义 Shapley 值生成和融合重要语义的反事实优化。

（1）语义提取

形式化地，将查询图像定义为 x^q，通过语义分割模型 f_{seg}，图像被分割为 n 个不同的语义实体集合 $S=\{s_1,s_2,\cdots,s_n\}$，例如车辆、行人或路标。这表示为

$$S=f_{\text{seg}}(x^q) \tag{4-2}$$

其中，每个实体 s_i 使用与输入图像同样大小的二进制矩阵表示。

需要特别指出的是，语义 Shapley 的结果受到所使用的语义分割模型的显著影响。这一影响主要源于不同语义分割模型在分割过程中产生的语义细粒度的差异。为了深入探讨这一现象，本节选取了两种具有代表性的语义分割模型作为意义分割实现方式。这两种模型的选择基于它们是否需要在目标数据集上进行重新训练。

1）不需要重新训练的语义分割模型："Segment Anything"[49]，其功能正如模型名字一样，能够应用于任何图像的语义分割任务，具有即插即用的优势。然而，它产生的分割语义粒度更高。例如，在自动驾驶场景中，"Segment Anything"可能会将车辆分割成更细的语义元素，如轮胎、车门和灯，从而增加语义信息的复杂性。

2）需要重新训练的语义分割模型："DeepLabV3"[50]在自动驾驶的语义分割任务中常用。其优势在于能够在带有语义标签的数据集上训练，以分割全面

的语义信息，例如车辆、交通灯和车道线。然而，该模型增加了额外的训练成本，需要在具有语义标注的数据集上进行重新训练。

（2）语义 Shapley 值

考虑到在第一阶段提取的每个语义实体作为合作游戏中的一个参与者，可以根据 Shapley 值分配每个参与者对模型决策的贡献。在这个上下文中，第 i 个语义的 Shapley 值表示它在所有可能的语义组合中的边际贡献，表达为

$$\phi_i = \sum_{S' \subseteq S, \{s_i\}} \frac{|S'|!(|S| - |S'| - 1)!}{|S|!}[f(S' \cup \{s_i\}) - f(S')] \tag{4-3}$$

式中，S'为不包括 s_i 的实体子集，满足 $S' \subseteq S$；$f(S')$为决策模型f对于子集S'的输出。为了计算这个值，构造一个与原始输入图像同尺寸的图像 $x_{S'}$，在像素级定义为

$$x_{S'}(p) = \begin{cases} x^{q}(p) & \text{如果存在 } s_i \in S'\text{，使得 } p \in R(s_i) \\ x^{b}(p) & \text{其他} \end{cases} \tag{4-4}$$

式中，$x^{q}(p)$为原始图像中像素 p 的值；$x^{b}(p)$为基准图像 x^{b}（在图像问题中，基准图像通常由 RGB 三通道像素均为 0 的图像表示）中像素 p 的值；$R(s_i)$为与实体 s_i 相关联的图像区域。因此，

$$f(S') = f(x_{S'}) \tag{4-5}$$

然而，使用式（4-3）~式（4-5）计算确切的 Shapley 值涉及迭代所有特征子集，导致计算时间指数级增长。在这里，我们使用 kernel SHAP[24]方法来近似语义 Shapley 值。它通过构建加权线性回归模型来近似每个语义对模型预测的贡献。其中，定义线性回归模型 g 的表达式为

$$g(z') = \phi_0 + \sum_{i=1}^{M} \phi_i z_{i'} \tag{4-6}$$

式中，z'为表示语义子集的二进制向量（1 表示语义存在，0 表示不存在）；在该问题背景下，ϕ_i 则为第 i 个语义的 Shapley 值；ϕ_0 为基准输入下模型的输出（通常在图像问题中，基值为 RGB 三通道像素值均为 0 的图像[22]）。进一步地，kernel SHAP 使用一个核函数来定义权重：

$$w(z') = \frac{n-1}{\binom{n}{|z'|}|z'|(n-|z'|)} \tag{4-7}$$

式中，$|z'|$为向量z'中值为 1 的元素数量。最后，通过求解加权最小二乘问题来估计 ϕ 值：

$$\min_{\phi} \sum_{z' \subseteq \{0,1\}^n} \{f[h(z')] - g(z')\}^2 w(z') \tag{4-8}$$

式中，$h(z')$为将二进制表示z'转换为实际的语义子集S'的映射函数。进而获取所有语义的 Shapley 值$\boldsymbol{\phi}_S$：

$$\boldsymbol{\phi}_S = [\phi_{s_1} \quad \cdots \quad \phi_{s_i} \quad \cdots \quad \phi_{s_n}] \tag{4-9}$$

3. 融合重要语义的目标优化

获取所有语义的 Shapley 值，即可以根据语义 Shapley 值大小确定关键语义。与结构化反事实生成方法相同（将结构化特征看作语义），给定一个整数k来控制需要改变的显著语义的数量，这通过定义一个二进制掩码向量$\boldsymbol{V}$来实现：

$$\boldsymbol{V} = [v_1 \quad \cdots \quad v_i \quad \cdots \quad v_n]$$

$$v_i = \begin{cases} 1, & \text{如果 } i \in I = \arg\max\limits_{I}(\{\phi_{s_i}\}_{i=1}^{n}, k) \\ 0, & \text{其他} \end{cases} \tag{4-10}$$

式中，I为在$F_{i=1}^{n}$中排名前k的元素对应的索引集。通过结合式（4-9）和式（4-10），得到考虑语义 Shapley 值的反事实加权优化目标：

$$\arg\min_{z^c \in Z} L_{\text{decision}}\{f[G(z^c)], y\} + \lambda L_{\text{dist}} \| \boldsymbol{V} \cdot \boldsymbol{\phi}_S \cdot (z^q - z^c) \|$$
$$\text{s.t.} \quad z_i^q = z_i^c, \text{ 如果 } v_i = 0 \tag{4-11}$$

根据式（4-11）可以计算得到任意端到端视觉决策模型f关于查询图像x^q的反事实解释图像$x^c \approx G(z^c)$。值得注意的是，获取语义 Shapley 值引导的反事实解释涉及几个关键组件，包括语义分割模型E_{seg}、潜在空间编码模型E_z、图片生成式模型G。对于组件的实例化，将在后面内容中进行介绍。

4. 案例：端到端视觉自动驾驶决策模型反事实解释

伴随特斯拉、华为等在端到端视觉自动驾驶技术方面取得的显著进展，以及 2023 年的计算机视觉与模式识别会议（Conference on Computer Vision and Pattern Recognition，CVPR）上，最佳论文奖被授予“端到端自动驾驶决策”研究，这些成就标志着端到端视觉自动驾驶技术的巨大潜力正逐渐显现。虽然这些理论研究和实际应用的进步为自动驾驶的未来发展指明了方向，但要将其发展成为广泛应用的成熟技术，仍然面临着众多挑战。其中之一是端到端视觉自动驾驶系统的可解释性问题。鉴于此，本节将以端到端视觉自动驾驶决策模型为研究对象，以证明本节提出的语义 Shapley 值引导的反事实解释方法的有效性和实用性。

(1) 数据集

在实验中，我们采用了 BDD-OIA[51] 图像数据集，其分辨率为 256×512，共涵盖 20000 个场景。该数据集包含复杂多变的场景，涵盖丰富的交通语义信息，包括车辆、行人、交通灯等。每张图片都标有“前进”“停止”“左转”“右转”等行为标签。如图 4-6 所示，一个场景可能对应多个合理的行为（绿色箭头所示）。表 4-1 统计了对应不同标签的样本数量，其中“前进”标签样本 12491 个，“停止”标签样本 10432 个，“左转”标签样本 5902 个，“右转”标签样本 6541 个。

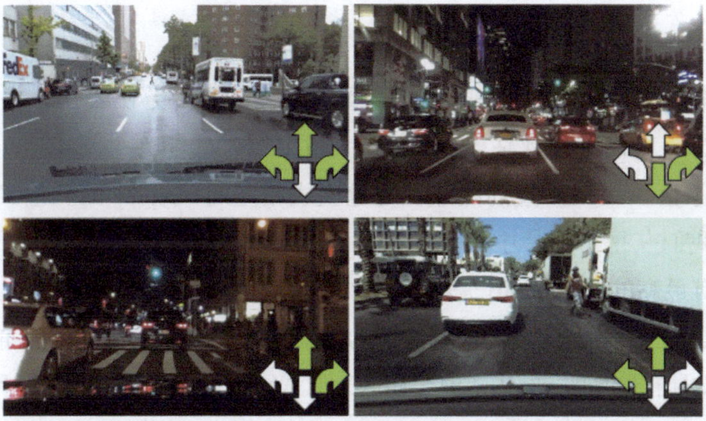

图 4-6　BDD-OIA 中的场景。右下角的绿色箭头显示了场景对应的可能行为

表 4-1　BDD-OIA 数据集中不同行为标签样本数量统计

行为标签	数量	行为标签	数量
前进	12491	左转	5902
停止	10432	右转	6541

(2) 模型配置

端到端视觉自动驾驶决策模型的结构如图 4-7 所示。模型采用 ResNet-50 作为主干网络进行训练，并连接了一个输出层为 4 的全连接网络。模型训练参数见表 4-2。

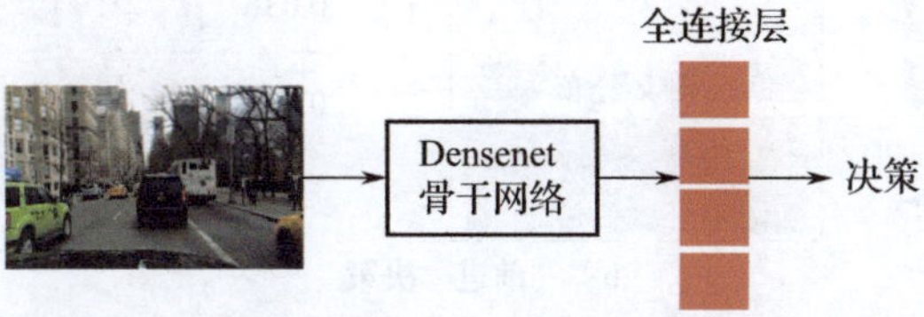

图 4-7　端到端视觉自动驾驶决策模型的结构

表 4-2　端到端视觉决策模型的训练参数

参数	说明	值
批大小（Batch Size）	一次训练中处理的数据样本数量	8
迭代次数（Epochs）	完整数据集上的训练循环次数	5
优化器（Optimizer）	用于调整模型权重的算法	Adam
学习率（Learning Rate）	优化器的学习率，控制权重调整的速度	0.0001

实验中的语义分割模型 E_{seg} 采用 DeepLabV3 模型，编码模型 E_z 和生成式模型 G 采用了文献［56］中提供的方法。

5. Shapley 值引导的反事实视觉解释

鉴于本节强调基于语义 Shapley 的反事实解释（为方便表达，将该方法命名为 SSCE），我们首先评估了 SSCE 识别重要语义的能力。图 4-8a 展示了一个做出“停止”决策的查询图片。通过生成相应的 Shapley 图和语义分割并进行整合，我们获得了图片中每个语义的 Shapley 值。在这一场景中，前方车辆的语义具有最高的 Shapley 值，表明其对模型当前停止决策的贡献最大。类似地，图 4-8b 展示了一个做出“前进”决策的场景。语义 Shapley 值显示，前方绿色交通灯的语义具有最高的 Shapley 值，相比于像素级可视化，这提供了一种更符合人类理解的解释方式。与基于像素的 Shapley 图可视化（即像素级解释）相比，这种语义级别的 Shapley 值归因解释提供了一种更符合人类直觉的解释方法。

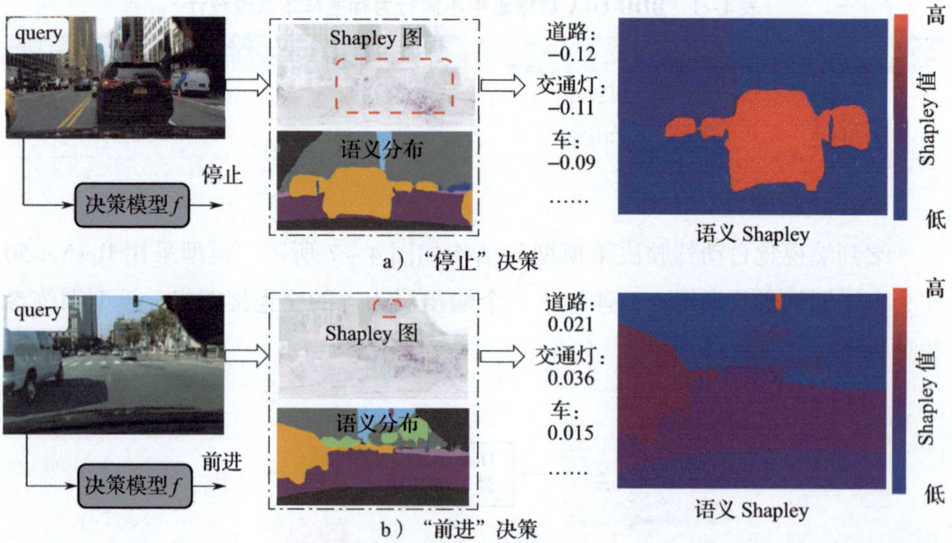

图 4-8　语义 Shapley 值引导的视觉反事实解释

这里我们展示了 SSCE 如何根据查询图片中的关键语义生成反事实解释。图 4-9a 展示了之前介绍的同一查询图片，该图片场景导致了停车决策。SSCE 对关键语义特征——前方车辆进行了修改，值得注意的是，与查询图片中亮起的前车前照灯相比，反事实图片中的前照灯是熄灭的。这表明在该场景中，前车亮起的前照灯使得模型决定停车，当前照灯熄灭时，决策则转变为前进。图 4-9b 同样展示了之前介绍的查询图片，该图片导致了"前进"的决策。然后 SSCE 修改了关键语义特征——交通灯。观察到，与查询图片中的绿灯相比，反事实图片中的交通灯被优化为红灯。这表明在该场景中，绿色交通灯对"前进"的决策贡献最大。当交通灯变为红色时，决策改变为"停止"。以上结果表明，对关键语义进行反事实修改可以提供对模型决策过程的洞察。

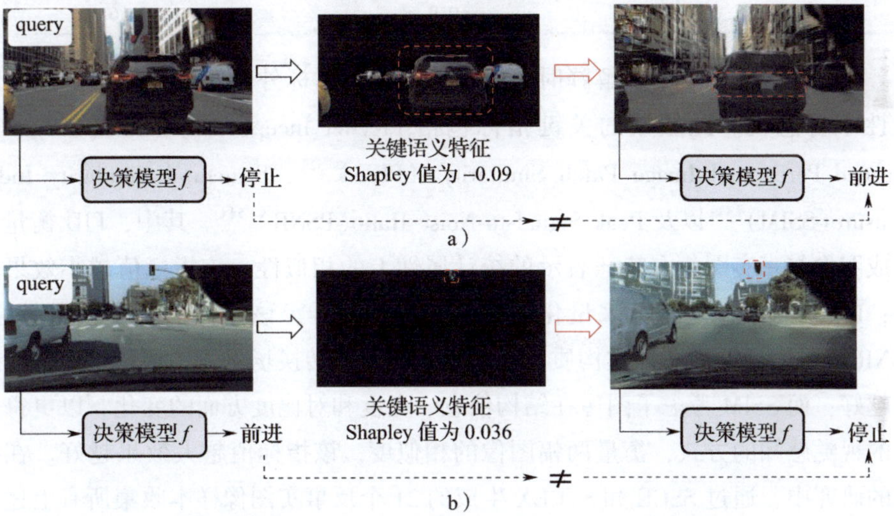

图 4-9　语义 Shapley 值引导的视觉反事实解释

6. 解释的质量

与面向结构化特征的反事实解释类似，在评估视觉反事实解释的有效性时，稀疏性和接近性是两个关键的指标。不同的是，视觉反事实应用中，采用原始图像低维的语义潜码 z^{q} 和反事实图像的低维语义掩码 z^{c} 的稀疏性和接近性表示。

稀疏性可以表示为改变的语义潜码数量，数学上表达为

$$\text{稀疏性}(z^{\mathrm{c}}, z^{\mathrm{q}}) = \sum_{i=1}^{n} \mathbf{1}_{z_i^{\mathrm{c}} \neq z_i^{\mathrm{q}}} \tag{4-12}$$

式中，n 为特征的总数；z_i 和 z_i^{q} 分别为原始数据点和反事实解释中的第 i 个特征；函数 $\mathbf{1}_{z_i^{\mathrm{c}} \neq z_i^{\mathrm{q}}}$ 为一个指示函数，当 z_i 和 z_i^{q} 不相等时取值为 1，否则为 0。

接近性指标表示为

$$接近性(z^c, z^q) = \sqrt{\sum_{i=1}^{n}(z_i^c - z_i^q)^2} \tag{4-13}$$

随机采样关于换道预测模型中的 21 个数据点，并分别采用所有样本点稀疏性以及接近性的平均值来评价 SSCE 解释性能。进一步将我们的方案与文献［46］中的反事实解释优化方法 STEEX 进行比较。比较结果见表 4－3，SSCE 在稀疏性和接近性指标方面明显优于 STEEX。

表 4－3　针对结构化输入模型的不同反事实解释方法稀疏性比较

指标	SSCE	STEEX
稀疏性(z^c, z^q)	1.0	6.1
接近性(z^c, z^q)	0.9	1.56

在评估生成的反事实解释时，除了传统性能指标外，衡量视觉逼真度的重要性不容忽视。此领域的关键指标包括 Fréchet Inception Distance (FID)[51]、Learned Perceptual Image Patch Similarity (LPIPS)[52]、Structural Similarity Index Measure (SSIM)[53]以及 Peak Signal-to-Noise Ratio (PSNR)[54]。其中，FID 衡量了生成图像与真实图像在特征表示的统计属性上的相似性，该指标值越小效果越好；LPIPS 通过视觉特征来量化图像间的感知差异，该指标值越小效果越好；PSNR 主要用于评估图像重构质量，尤其是在有损转换场景下，该指标值越大效果越好；而 SSIM 考虑了图像在结构信息、亮度和对比度方面的变化，以更符合人的视觉感知的方式，衡量两幅图像的相似度，该指标值越大效果越好。在我们的研究中，通过 SSCE 和 STEEX 生成的 21 个反事实图像样本收集所有上述指标的值。如图 4－10 所示，分别绘制了相应的 FID 与 LPIPS 值。观察结果显示，SSCE 在几乎所有测试样本中均能生成视觉逼真度极高的图像。

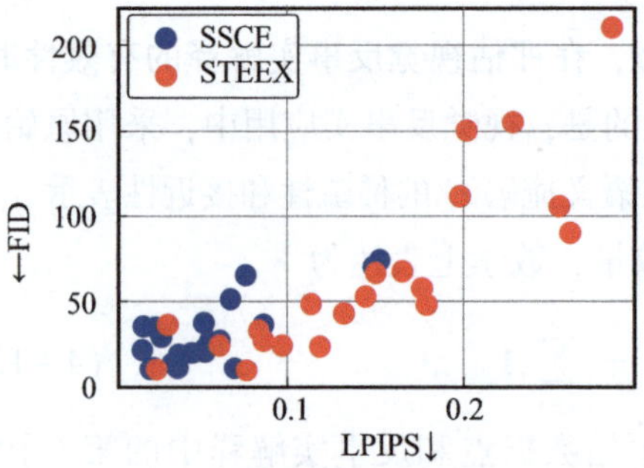

a）FID对比LPIPS

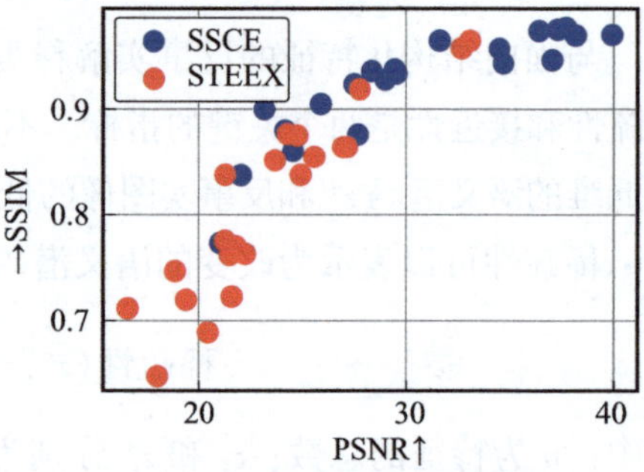

b）SSIM对比PSNR

图 4－10　SSCE 与 STEEX 的比较

4.2 基于可解释奖励机强化学习的自动驾驶决策

在事后解释层面，上一节分别从 Shapley 值归因解释和反事实解释两个解释维度增强机器学习模型可解释性并在自动驾驶决策问题中应用。本节将进一步在内在解释层面研究可解释自动驾驶决策方法。在特定于强化学习的自动驾驶决策中，智能体必须通过大量的尝试和交互来学习哪些行为会导致更好的奖励[55-57]。同时，当任务变得复杂时，智能体很难准确理解奖励函数的含义，从而限制了对决策过程的透明度和可解释性。例如，在自动驾驶中，汽车转向可能是为了更接近目标，也可能是为了避开障碍(例如避免碰撞)，这导致决策的原因并不是一目了然[58]。

在先前的研究中，为了赋予机器学习代理以奖励函数的知识，研究者们集中致力于定义任务规范语言，这些语言通常基于分层结构[59-60]或线性时态逻辑[61]。尽管这些方法为任务规范提供了选择，但它们在灵活性和奖励函数可解释性方面仍存在限制。针对这一问题，最近的研究[62-64]中提出了一种名为奖励机(Reward Machine，RM)的奖励塑造方法，专门用于定义奖励函数。这种方法的核心优势在于它允许灵活地组合不同的奖励函数，从而能够为代理在任何特定时间点提供合适的奖励函数。这种灵活性在处理复杂任务时特别有价值，因为它有助于更精确地理解奖励函数的含义，即奖励的可解释性。

因此，本节提出了一种基于可解释奖励机强化学习的自动驾驶决策算法。具体地说，该方法根据自动驾驶决策的具体需求定制奖励函数，使自动驾驶汽车能够做出更可理解、更有效的决策。这种算法的优势如下：①提供了一种形式化的规范语言，将高级的、丰富的奖励机与先验的特定自动驾驶决策领域知识集成在一起；②使奖励产生过程易于理解，并产生可解释的智能体行为；③将周车的行为预测引入奖励机中以更充分地理解交通态势。此外，在宏观的奖励机解释基础上，结合了上一节的事后解释方法的细粒度解释，增强了模型的可解释性。

4.2.1 可解释奖励机

在这一部分中，我们介绍一种奖励塑造方法，即 RM。其主要目标是使智能体能够根据在 RM 内部的转换接收不同的奖励。这允许创建与环境相对非马尔可夫的时间延伸任务和行为。形式上，一个奖励机可以定义为一个有限状态机，它以抽象的环境描述作为输入，并生成奖励函数作为输出[64]。

形式化定义为：给定一组命题符号，状态集合，动作集合，奖励机（RM）是一个元组，表示为

$$R_{\mathrm{PSA}} = \langle U, u_0, \delta_u, \delta_r \rangle \tag{4-14}$$

式中，U 为有限状态集合；u_0 为初始状态，$u_0 \in U$；δ_u 为奖励状态的转换函数，$\delta_u: U \times 2^{\mathrm{P}} \to U$；$\delta_r$ 为奖励转换函数，$\delta_r: U \times U \to [S \times A \times S \to \mathbb{R}]$。

奖励机 R_{PSA} 的行为可以描述如下：它从特定状态 u_0 开始，并在每个时间步转换到其他状态 $u \in U$。在每一步中，奖励机接收一个真值 σ_t 作为输入，这是由 P 中当前状态 s 中为真的命题组成的集合。然后奖励机根据状态转换函数移动到下一个状态 $u' = \delta_u(u, \tau)$，并根据奖励转换函数输出一个奖励函数 $r = \delta_r(u, u')$。因此，RM 通过接收一个真值赋值作为输入，转换到一个新状态，并根据转换产生奖励。奖励机允许在更大的状态空间上定义单一的奖励函数。

通过利用奖励机，可以定义自动驾驶车辆的特定需求的奖励函数，使它们在决策过程中更加具有可解释性和高效性。以高速公路换道为例，在一般的奖励机制下，自动驾驶车辆的奖励通常侧重于高速和避免碰撞。然而，这种宏观的奖励策略往往稀疏且缺乏针对性，导致学习过程缓慢且缺乏解释性。相较之下，RM 能够为强化学习在自动驾驶决策中提供更加细粒度的奖励指标，有效引导其学习过程。如在换道场景中，RM 可以根据不同的行驶状态和环境因素，如车辆间距、换道后的交通流状态、操作的平滑性等，分配相应的奖励值，从而能够加速自动驾驶车辆对特定交通场景的适应过程，同时提升决策的可解释性。

4.2.2 高速公路场景下的奖励机强化学习决策设计

在本节中，介绍奖励机强化学习在高速公路场景下自动驾驶决策中的设计。首先，构建双车道高速公路自动驾驶决策模型中状态空间和动作空间的定义，并对高速公路上的交通规则进行形式化表示。然后设计一个辅助自动驾驶汽车在高速公路上决策的奖励机。最后，演示如何将特定的奖励机与深度强化学习相结合。

1. 状态动作空间表示

本节对双车道高速公路驾驶场景中自动驾驶车辆的状态空间和动作空间进行定义。

(1) 状态空间

图 4-11 所示为状态空间示意图。为了使场景更具一般性，其中包括一个

自主车辆（EV）和几辆周围车辆（SV）。SV 采用 IDM 纵向控制模型和 MOBILE 横向控制模型[65-66]执行给定的换道、加减速等上层决策。共有四辆周围车辆（SV）被考虑为影响本车决策交通参与者，分别位于以下位置：一辆在自主车辆（EV）的前方、一辆在自主车辆的后方、一辆在另一个车道上的自主车辆前方，以及一辆在另一个车道上的自主车辆后方。对于每个 SV，考虑的状态包括：纵向位置 $x_{\mathrm{SV}i}$、横向位置 $y_{\mathrm{SV}i}$、纵向速度 $v_{\mathrm{SV}i;x}$、横向速度 $v_{\mathrm{SV}i;y}$以及朝向角 $\theta_{\mathrm{SV}i}$，其中 $i=1,\cdots,4$。

主车的初始横向位置从车道 ID 集合 $\mathrm{Lane\_ID}(\cdot)=\{0,1\}$ 随机选择。注意，$\mathrm{Cur\_ID}=\mathrm{Lane\_ID}(\mathrm{EV})=0$ 表示主车在左车道，而 $\mathrm{Tar\_ID}=\mathrm{Lane\_ID}(\mathrm{EV}')=1$ 表示主车的目标车道是右车道。主车的纵向相对位置始终固定在 $x_{\mathrm{EV}}=0\mathrm{m}$，而其横向位置用 y_{EV}表示。主车的纵向和横向速度，以及朝向角分别用 $v_{\mathrm{EV};x}$、$v_{\mathrm{EV};y}$ 和 θ_{EV}表示。$\mathrm{Mid_Lane}(y_{\mathrm{EV}})\in\{0,1\}$ 用于表示主车是否靠近道路中心线，其定义如下：

$$\mathrm{Mid\_Lane}(y_{\mathrm{EV}})=\begin{cases}0 & |y_{\mathrm{EV}}-2|\geqslant 1\\ 1 & \text{其他}\end{cases} \tag{4-15}$$

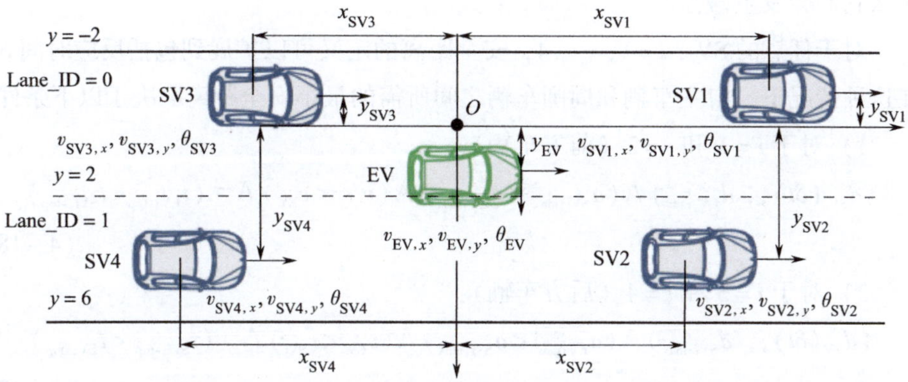

图 4-11　状态空间示意图

（2）动作空间

主车的决策行为由以下离散变量组成：

$$a=\{\mathrm{Faster}\quad \mathrm{Idle}\quad \mathrm{Slower}\quad \mathrm{Lane\_Left}\quad \mathrm{Lane\_Right}\} \tag{4-16}$$

式中，Faster：$v_{\mathrm{EV};x}=v_{\mathrm{EV};x}+\delta v_1$、Idle：$v_{\mathrm{EV};x}=v_{\mathrm{EV};x}$ 以及 Slower：$v_{\mathrm{EV};x}=v_{\mathrm{EV};x}-\delta v_2$ 分别为增加、保持和减少主车目标速度 $v_{\mathrm{EV};x}$的决策，这里 δv_1 和 δv_2 为两个速度增量；Lane_Left 和 Lane_Right 为主车目标车道决策。计算逻辑定义如下：

$$\text{Tar\_ID}=\begin{cases}\text{Cur\_ID}-1 & \text{如果}\ (a=\text{Lane\_Left})\wedge(\text{Cur\_ID}=1)\\ \text{Cur\_ID}+1 & \text{如果}\ (a=\text{Lane\_Right})\wedge(\text{Cur\_ID}=0)\\ \text{Cur\_ID} & \text{其他}\end{cases}\tag{4-17}$$

在决策模块确定目标车道 Tar_ID 和目标速度 $\bar{v}_{\mathrm{EV},x}$ 之后，它们会传递给规划控制模块。

2. 形式化交通规则

将交通规则融入强化学习自动驾驶决策设计，是提高模型性能的关键。为了实现这一目标，本节以安全距离作为核心设计指标，以保证安全自动驾驶。

使用 EV，SVi 示例来解释安全距离的概念，如图 4－12 所示。在不失一般性的情况下，EV 与车辆 SV1 之间的安全距离 $d_{\mathrm{SV1,safe}}>0$ 必须足够大，以便在 SV1 执行最大绝对加速度 $a_{\mathrm{SV1,max}}$ 的紧急制动时，EV 能够安全地停在 SV1 后面。需要注意的是，车辆在某一时间点 $t\geqslant 0$ 的未来位置可以通过通用运动方程式来描述：$d(t)=d_0+vt+0.5at^2$，其中 $d_0\in\mathbb{R}$ 代表在 t_0 时车辆的位置。如果对于某些 $t\geqslant 0$，自主车辆和领先车辆 SV_1 的位置相等，即 $\exists t\geqslant 0$：$d_{\mathrm{EV}}(t)=d_{\mathrm{SV1}}(t)$，那么它们会发生碰撞。

对于任意的 SV_i，$i=1$，…，4，安全距离的定义可以扩展到包括反应时间 δt。在这种情况下，自主车辆和周围车辆之间所需的最小安全距离取决于以下条件：

1）对于 $i=1$ 和 $i=2$（前方车辆）：

$$(d_{\mathrm{SV}i}(\delta t),,\ d_{\mathrm{EV;max}})\wedge(a_{\mathrm{SV}i;\mathrm{max}}<a_{\mathrm{EV;max}})\wedge(v_{\mathrm{SV}i}<v_{\mathrm{EV}})\wedge\neg\ (t_{\mathrm{EV;stop}}<t_{\mathrm{SV}i;\mathrm{stop}})\tag{4-18}$$

2）对于 $i=3$ 和 $i=4$（后方车辆）：

$$(d_{\mathrm{EV}}(\delta t),,\ d_{\mathrm{SV}i;\mathrm{max}})\wedge(a_{\mathrm{EV;max}}<a_{\mathrm{SV}i;\mathrm{max}})\wedge(v_{\mathrm{EV}}<v_{\mathrm{SV}i})\wedge\neg\ (t_{\mathrm{SV}i;\mathrm{stop}}<t_{\mathrm{EV;stop}})\tag{4-19}$$

式中，$d_{\mathrm{SV}i}(\delta t)$ 为时间 δt 后的 SVi 的未来位置；$d_{\mathrm{EV;max}}$ 为自主车辆在反应时间 δt 内的停止距离。自主车辆的停止时间计算为 $t_{\mathrm{EV,stop}}=\dfrac{v_{\mathrm{EV}}}{a_{\mathrm{EV,max}}}$，而SV$i$ 的停止时间计算为

$$t_{\mathrm{SV}i,\mathrm{stop}}=\frac{v_{\mathrm{SV}i}}{a_{\mathrm{SV}i,\mathrm{max}}}\tag{4-20}$$

然后，自主车辆 EV 和SV_i 之间的安全距离被定义为

$$d_{\mathrm{SV}i,\mathrm{safe}_1}=v_{\mathrm{EV}}\delta t+\frac{v_{\mathrm{EV}}^2}{2a_{\mathrm{EV}}}\tag{4-21}$$

$$d_{\mathrm{SV}i,\mathrm{safe}_2} = d_{\mathrm{SV}i,\mathrm{safe}_1} - v_{\mathrm{SV}i}\delta t + \frac{1}{2}a_{\mathrm{SV}i}\delta t^2 \tag{4-22}$$

$$d_{\mathrm{SV}i,\mathrm{safe}_3} = \begin{cases} \dfrac{(v_{\mathrm{EV}} - |a_{\mathrm{EV,max}}|\delta_t - v_{\mathrm{SV}i})^2}{-2(|a_{\mathrm{EV,max}}| - |a_{\mathrm{SV}i,\max}|)} - v_{\mathrm{EV}}\delta_t + & \text{如果是真} \\ \dfrac{1}{2}|a_{\mathrm{EV,max}}|\delta_t^2 + v_{\mathrm{SV}i}\delta_t & \\ \dfrac{v_{\mathrm{EV}}^2}{-2|a_{\mathrm{EV,max}}|} - \dfrac{v_{\mathrm{SV}i}^2}{-2|a_{\mathrm{SV}i,\max}|} + v_{\mathrm{SV}i}\delta_t & \text{其他} \end{cases} \tag{4-23}$$

通过引入纵向相对距离 $d_{\mathrm{SV}i} = x_{\mathrm{FV}i} - x_{\mathrm{RV}i}$，可以为自主车辆和$\mathrm{SV}_i$ 设立交通规则。表示前车和其他后车的相对距离为 $d_{\mathrm{SV}i} = x_{\mathrm{FV}i} - x_{\mathrm{RV}i}$，并提出满足维也纳公约的新制定的交通规则如下：

$$\mathrm{Rule\_SV}i = \begin{cases} 0 & \text{如果}\ (d_{\mathrm{SV}i} \leqslant 0) \lor \left(d_{\mathrm{SV}i} \leqslant v_{\mathrm{RV}i}\delta_t - v_{\mathrm{FV}i}\delta_t + \dfrac{1}{2}a_{\mathrm{FV}i}\delta_t^2\right) \\ 1 & \text{如果}\ (d_{\mathrm{SV}i} > d_{\mathrm{SV}i,\mathrm{safe}_1}) \lor \\ & (\delta_t \leqslant t_{\mathrm{FV}i,\mathrm{stop}}) \land (d_{\mathrm{SV}i} > d_{\mathrm{SV}i,\mathrm{safe}_2}) \\ d_{\mathrm{SV}i} > d_{\mathrm{SV}i,\mathrm{safe}_3} & \text{其他} \end{cases} \tag{4-24}$$

式中，$i=1, \cdots, 4$；对于 $i=1, 2$，下标$(\mathrm{FV}i, \mathrm{RV}i) = (\mathrm{EV}, \mathrm{SV}i)$，对于 $i=3, 4$，$(\mathrm{FV}i, \mathrm{RV}i) = (\mathrm{SV}i, \mathrm{EV})$。需要注意的是，与文献［67－68］中原始交通规则的主要区别在于使用逻辑条件$(x_{\mathrm{SV}i} \leqslant 0) \lor \left(x_{\mathrm{SV}i} \leqslant v_{\mathrm{RV}i}\delta t - v_{\mathrm{FV}i}\delta t + \frac{1}{2}a_{\mathrm{FV}i}\delta t^2\right)$来表征在时间 δt 时自主车辆的位置已经在周围车辆的前面。如果自主车辆持续在安全空间内行驶，即 $\forall t \geqslant 0$: $\boldsymbol{p}_{\mathrm{EV}} = [x_{\mathrm{EV}}, y_{\mathrm{EV}}]^{\mathrm{T}} \in S_{\mathrm{safe}}$，则当 t 趋近无穷大时，对于无限时间长度保证了安全，自主车辆不会对任何碰撞负责。接下来将使用式（4.18）~式（4－24）规范化的交通规则来设计高速公路上自主车辆的奖励机。

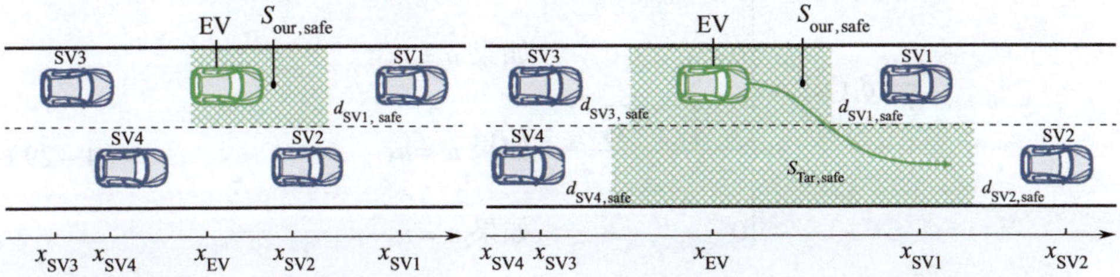

a）在车道保持情况下，领先车辆的安全空间（阴影区域）和安全距离（黄色区域）

b）在车道变换情况下，多辆车辆的安全空间（阴影区域）和安全距离（黄色区域）

图 4－12　安全空间和安全距离的可视化

3. 形式化交通规则的奖励机设计

下面利用奖励机将复杂自动驾驶环境的抽象描述作为强化学习（RL）的输入输出奖励函数。设计 RM 背后的动机是确保自主车辆（agent）在不同的行为中获得不同的奖励。对于高速公路上的自动驾驶汽车来说，主要有两种机动方式：保持车道和变道。按照形式化的交通规则，有两种交通状态：安全状态和非安全状态。如图 4 - 12a 所示，车道保持只考虑前车的安全距离。如果满足车道保持的交通规则，且 EV 的当前车道与目标车道相同，则 EV 遵循第一个 RM 状态 u_1。如果 EV 不满足车道保持的安全条件，奖励机切换到第二个状态 u_2。与保持车道相比，变道需要同时考虑所有四辆 SV 的安全距离，如图 4 - 12b 所示。因此，定义状态 u_3 表示主车在满足安全条件情况下进行变道，状态 u_4 表示主车在变道机动过程中违反了形式化交通规则。综上所述，高速公路上自动驾驶汽车奖励机的状态为

$$u_1=\delta_u(\sigma_1),\ \sigma_1=\neg\ \text{Mid\_Lane}(y_{\text{EV}})\wedge (|y_{\text{EV}}-\text{Tar\_ID}\times\text{Lane\_Width}|<2)\wedge\text{Rule\_SV1} \tag{4-25}$$

$$u_2=\delta_u(\sigma_2),\ \sigma_2=\neg\ \text{Mid\_Lane}(y_{\text{EV}})\wedge (|y_{\text{EV}}-\text{Tar\_ID}\times\text{Lane\_Width}|<2)\wedge\neg\ \text{Rule\_SV1} \tag{4-26}$$

$$u_3=\delta_u(\sigma_3),\ \sigma_3=[\text{Mid\_Lane}(y_{\text{EV}})\vee(|y_{\text{EV}}-\text{Tar\_ID}\times\text{Lane\_Width}|\geqslant 2)]\wedge \text{Rule\_SV1}\wedge\text{Rule\_SV2}\wedge\text{Rule\_SV3}\wedge\text{Rule\_SV4} \tag{4-27}$$

$$u_4=\delta_u(\sigma_4),\ \sigma_4=[\text{Mid\_Lane}(y_{\text{EV}})\vee(|y_{\text{EV}}-\text{Tar\_ID}\times\text{Lane\_Width}|\geqslant 2)]\wedge (\neg\ \text{Rule\_SV1}\vee\neg\ \text{Rule\_SV2}\vee\neg\ \text{Rule\_SV3}\vee\neg\ \text{Rule\_SV4}) \tag{4-28}$$

式中，$|y_{\text{EV}}-\text{Tar\_ID}\times\text{Lane\_Width}|$ 用来检查目标车道是否与主车当前车道相同，安全条件由式（4 - 24）中形式化的交通规则决定。基于上述奖励机状态，现在可以正式定义最终奖励如下：

$$r=\delta_r(u)=\begin{cases}\dfrac{\sqrt{v_{\text{EV},x}^2+v_{\text{EV},y}^2}}{v_{\text{EV}}^*} & \text{如果 } u=u_1\\ 0 & \text{如果 } u=u_2\\ \dfrac{\sqrt{v_{\text{EV},x}^2+v_{\text{EV},y}^2}}{v_{\text{EV}}^*} & \text{如果 } u=u_3\\ 0 & \text{如果 } u=u_4\end{cases} \tag{4-29}$$

$$v_{\text{EV}}^*=\begin{cases}v_{\text{SV1},x} & \text{如果}(x_{\text{SV1}}\leqslant d_{\text{ACC}})\wedge(\vee_{i=1}^4\neg\ \text{Rule\_SV}i)\\ v_{\max} & \text{其他}\end{cases}$$

式中，d_{ACC}为自适应巡航控制（ACC）的阈值。值得注意的是，式（4-29）中的奖励函数可以支持多任务学习：激励代理在安全空间 S_{safe} 内以高速移动，同时在违反任何交通规则时维持零奖励。

4. 双车道高速场景下奖励机强化学习决策算法实例化

通过定义奖励机，可以利用它来对智能体进行奖励。与标准强化学习决策的主要区别在于，它学习了交叉乘积$\boldsymbol{Q}$值，即$\boldsymbol{Q}(s, u, a)$，通常由神经网络进行表示。特别地，在自动驾驶场景中，模型需要具备过滤信息的能力，仅关注对决策过程至关重要的信息。例如，智能体应优先考虑那些与其距离较近或在决策上更为关键的车辆。为此，本研究采用了注意力机制网络作为$\boldsymbol{Q}(s, u, a)$值的映射。

值函数网络的模型架构如图 4-13 展示。其结构包括编码器、自注意力层和全连接层。编码器部分采用参数贡献的线性层。其中自注意力层的结构如图 4-13 所示：自车首先发出一个单一的查询 $\boldsymbol{Q}=[\boldsymbol{q}_0]\in\mathbb{R}^{1\times d_k}$，通过线性编码器的一组线性投影 $\boldsymbol{L}_q\in\mathbb{R}^{d_x\times d_k}$对自车原始输入映射得到。接下来，此查询与一组键 $\boldsymbol{K}=[\boldsymbol{k}_0, \cdots, \boldsymbol{k}_N]\in\mathbb{R}^{N\times d_k}$进行比较，其中第 i 辆车的 $\boldsymbol{k}_i$ 键通过线性投影 $\boldsymbol{L}_k\in\mathbb{R}^{d_x\times d_k}$对原始输入 $x\in\mathbb{R}^{d_x}$映射得到。查询 q_0 和任何键 $\boldsymbol{k}_i$ 之间的相似性通过它们的点积 $\boldsymbol{q}_0\boldsymbol{k}_i^{\mathrm{T}}$ 来评估。这些相似性随后被反向平方根维度 $1/\sqrt{d_k}$缩放，并通过 Softmax 函数 $\boldsymbol{\sigma}$ 进行标准化。从而获得注意力矩阵，该矩阵最终被用来收集一组输出值 $\boldsymbol{V}=[\boldsymbol{v}_0, \cdots, \boldsymbol{v}_N]$，其中每个值 v_i 是通过一个共享的线性投影 $\boldsymbol{L}_v\in\mathbb{R}^{d_x\times d_v}$计算得到的特征。总的来说，每个注意力头的计算可以写为

$$\text{Attention}(\boldsymbol{Q}, \boldsymbol{K}, \boldsymbol{V})=\text{Softmax}\left(\frac{\boldsymbol{QK}^{\mathrm{T}}}{\sqrt{d_k}}\right)\boldsymbol{V} \tag{4-30}$$

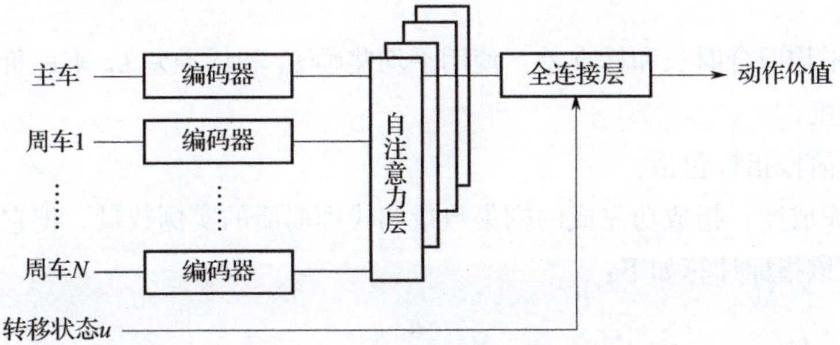

图 4-13 值函数网络的模型架构。由编码器、自注意力层和一个全连接层组成

在我们的模型中，自注意力层输入的主车和周车的状态分别为：自车状态 x_{EV}、y_{EV}、$v_{EV,x}$、$v_{EV,y}$、θ_{EV} 以及周车状态 x_{SVi}、y_{SVi}、$v_{SVi,x}$、$v_{SVi,y}$ 和 θ_{SVi}，其中，$i=1$，2，3，4。此外，还考虑了Cur_ID、Tar_ID、Mid_Lane、Tar_Speed、u_i，其中，$i=0$，…，4，Tar_Speed表示自车的目标速度，u_0 是奖励机的初始状态。

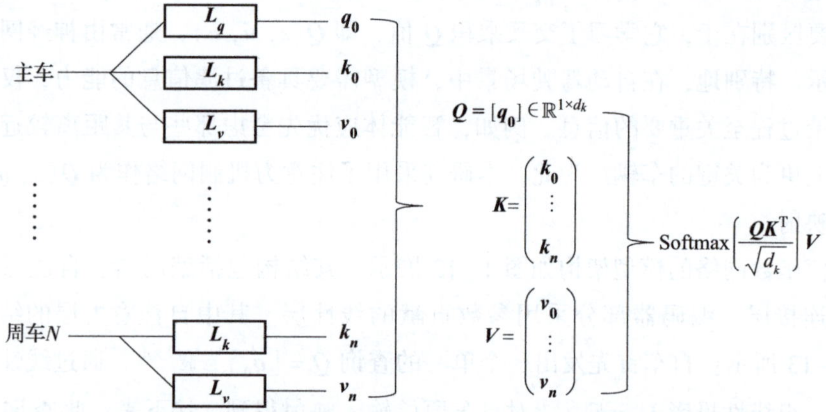

图4-14　自注意力层的结构。L_q、L_k、L_v 是线性层。键 K 和值 V 是从所有车辆中连接起来的，而查询 Q 仅由主车产生

4.2.3 仿真分析

1. 评价指标

在本节中，将在高速公路环境中对所建议的方法进行量化评估。分别从训练阶段和部署阶段设计指标。

其中训练阶段指标包括：

1）平均奖励和标准差：使用平均奖励 M_A 和标准差 M_D 来评价强化学习的收敛程度。

2）平均回合时长和标准差：使用平均奖励 L_A 和标准差 L_D 来评价强化学习的收敛程度。

部署阶段指标包括：

1）完成度：指成功完成的剧集数量和代理崩溃的实例数量。把它转换成误差测量。该指标计算如下：

$$M_C=\frac{n_{collision}}{n_{total}} \tag{4-31}$$

式中，$n_{collision}$ 为碰撞的回合；n_{total} 为测试的总回合。

2）平均速度：这个指标衡量代理完成一集的平均速度。它旨在捕捉自动驾驶算法的效率：

$$M_S = \frac{1}{n_{\text{total}}}\sum_{i=1}^{n_{\text{tot}}}\left(\frac{1}{n_{i,\max}}\sum_{j=1}^{n_{4,\max}} |v_{\text{EV}}(i,j)|\right) \tag{4-32}$$

式中，$n_{i,\max}$ 为第 i 集的采样数量，直到第 i 个回合，由于车辆碰撞或达到时间限制而终止。

2. 基准模型

选择两个已建立的基线进行比较：不结合奖励机的 DQN 和近端策略优化（PPO）算法。这些测试的目的是评估奖励机是否能提高高速公路上自动驾驶的安全性和性能。

3. 性能比较

进行随机实验，以测试每个算法，其中周围车辆的数量设置为 10 辆，时间限制为 40s，策略频率为 8Hz。周围车辆的初始位置是均匀分布的，而自车的初始横向位置是从集合Lane_ID(·) = {0, 1} 中随机选择的。主车的初始速度设定为 25m/s，周围车辆的初始速度随机选择在 23 ~ 25m/s 的范围内。此外，主车的感知距离为 100m，因此对于状态空间中在感知距离之外的周车，将其距离设为 100m，其他状态与主车保持相同。

在 highway-env 环境中对所提出的方法进行了评估。在每次训练中，均采用 $\varepsilon = 0.1$ 作为探索参数，$\gamma = 0.8$ 作为折扣率，以及 $\alpha = 5 \times 10^{-4}$ 作为学习率。分别对算法在训练阶段和部署阶段的性能进行了对比分析。训练阶段，比较了奖励机结合自注意力网络（Attention + RM）、奖励机结合全连接网络（FC + RM）、基线奖励结合全连接网络（FC without RM）与基线奖励结合自注意力网络（Attention without RM）的模型结果。同时，也对 PPO 强化学习方法进行了类似的比较。

如图 4 – 15 与图 4 – 16 所示，结果表明，所提出的方法能够学习到最优且稳定的驾驶策略，而基线方法则收敛于次优策略，并出现明显的性能波动。这一结果说明，基线方法的训练步骤并不足以发现最佳策略。部署阶段见表 4 – 4 对不同算法的评估指标进行了详尽列举。值得注意的是，所提出的方法几乎达到了 100% 的任务完成率，这体现了所提方法的高效性，而且极大提升了驾驶安全性。

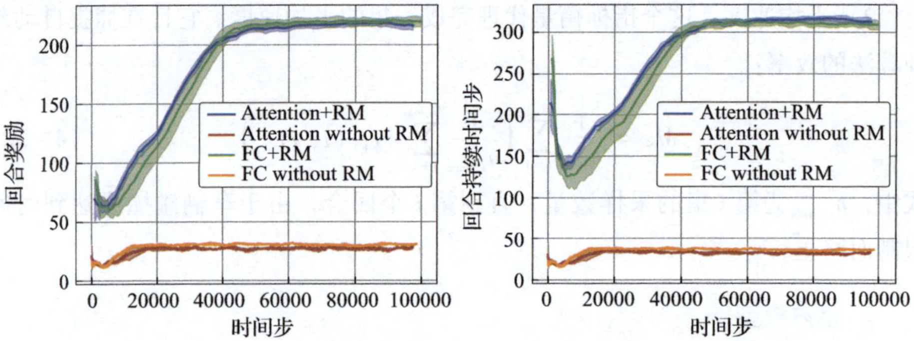

图 4-15 高速公路环境下 DQN 的实验结果

表 4-4 不同奖励策略下 DQN 算法任务完成率和平均速度比较

算法	任务完成率 M_C(%)	平均速度 M_S/(m/s)
FC without RM	87	23.6
FC + RM	100	21.6
Attention without RM	85	23.5
Attention + RM	100	21.5

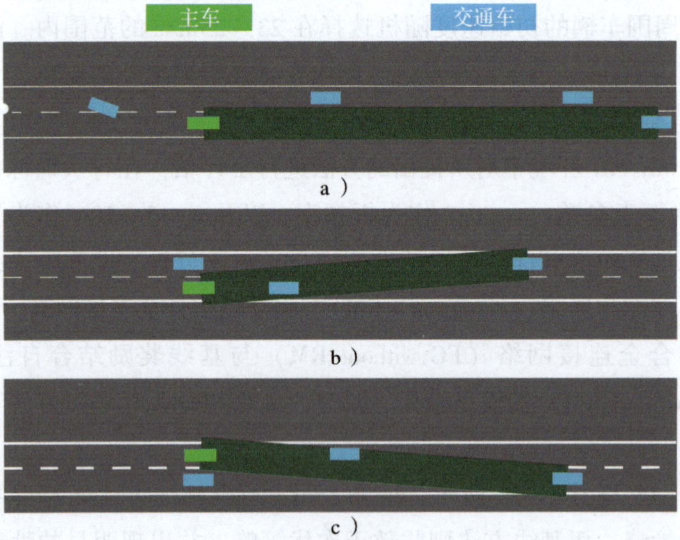

图 4-16 Attention 解释机制显示主车每一步决策中关注的目标交通车辆

参考文献

[1] 赵延玉，赵晓永，王磊，等. 可解释人工智能研究综述[J]. 计算机工程与应用，2023，14(59)：1-14.

[2] 李瑶，左兴权，王春露，等. 人工智能可解释性评估研究综述[J]. 导航定位与授时，2022，9(6)：13－24.
[3] 陈冲，陈杰，张慧，等. 深度学习可解释性综述[J]. 计算机科学，2023，50(5)：52－63.
[4] ELMACHTOUB A N, LIANG J C N, MCNELLIS R. Decision trees for decision-making under the predict-then-optimize framework[C]//Proceedings of the 37th International Conference on Machine Learning. New York: PMLR, 2020: 2858－2867.
[5] CHARBUTY B, ABDULAZEEZ A. Classification based on decision tree algorithm for machine learning [J]. Journal of Applied Science and Technology Trends, 2021, 2(1): 20－28.
[6] SAGI O, ROKACH L. Approximating XGBoost with an interpretable decision tree[J]. Information Sciences, Elsevier, 2021, 572: 522－542.
[7] LI S, ZHANG L, CAI T T, et al. Estimation and inference for high-dimensional generalized linear models with knowledge transfer[J]. Journal of the American Statistical Association, Taylor & Francis, 2023, 119: 1274－1285.
[8] BORDT S, VON LUXBURG U. From shapley values to generalized additive models and back[C]//Proceedings of the 26th International Conference on Artificial Intelligence and Statistics. New York: PMLR, 2023: 709－745.
[9] 刘晗，李凯旋，陈仪香. 人工智能系统可信性度量评估研究综述[J]. 软件学报，2023，34(8)：3774－3792.
[10] ZHANG Q, WU Y N, ZHU S C. Interpretable convolutional neural networks[A]. 2018 IEEE/CVF Conference on Computer Vision and Pattern Recognition[C]//New York: IEEE, 2018: 8827－8836.
[11] YEH C K, KIM B, ARIK S Ö, et al. On completeness-aware concept-based explanations in deep neural networks[C]//Proceedings of the 2020 Neural Information Processing Systems. [s. l.: s. n.], 2020.
[12] CHEN S, REN S, WANG G, et al. Interpretable CNN-multilevel attention transformer for rapid recognition of pneumonia from chest X-ray images[J]. IEEE Journal of Biomedical and Health Informatics, IEEE, 2023. DOI: arXiv. org/pdf/2210. 16584.
[13] WANG H, LIU Z, PENG D, et al. Interpretable convolutional neural network with multilayer wavelet for noise-robust machinery fault diagnosis[J]. Mechanical Systems and Signal Processing, Elsevier, 2023, 195: 110314.
[14] VASWANI A, SHAZEER N, PARMAR N, et al. Attention is all you need[C]//Advances in Neural Information Processing Systems. Long Beach: Curran Associates, Inc., 2017: 6000－6010.
[15] WIEGREFFE S, PINTER Y. Attention is not Explanation[C]//Proceedings of the 2019 Conference on Empirical Methods in Natural Language Processing and the 9th International Joint Conference on Natural Language Processing (EMNLP-IJCNLP). Hong Kong: [s. n.]. 2019: 11－20.
[16] CHEFER H, GUR S, WOLF L. Transformer interpretability beyond attention visualization[C]//Proceedings of the IEEE/CVF Conference on Computer Vision and Pattern Recognition. New York: IEEE, 2021: 782－791.
[17] SCHWALBE G, FINZEL B. A comprehensive taxonomy for explainable artificial intelligence: a systematic survey of surveys on methods and concepts[J]. Data Mining and Knowledge Discovery, Springer, 2023. DOI: arXiv/org/pdf/2105. 07190.
[18] SAEED W, OMLIN C. Explainable AI (XAI): A systematic meta-survey of current challenges and future opportunities[J]. Knowledge-Based Systems, Elsevier, 2023, 263: 110273.
[19] STEPIN I, ALONSO J M, CATALA A, et al. A survey of contrastive and counterfactual explanation generation methods for explainable artificial intelligence[J]. IEEE Access, 2021, 9: 11974－12001.

[20] SUNDARARAJAN M, TALY A, YAN Q. Axiomatic Attribution for Deep Networks[C]//Proceedings of the 34th International Conference on Machine Learning. New York: ACM,2017: 3319 – 3328.

[21] BACH S, BINDER A, MONTAVON G, et al. On pixel-wise explanations for non-linear classifier decisions by layer-wise relevance propagation[J]. PLOS ONE, 2015, 10(7): e0130140.

[22] SHRIKUMAR A, GREENSIDE P, KUNDAJE A. Learning important features through propagating activation differences[C]//Proceedings of the 34th International Conference on Machine Learning. New York: ACM, 2017:3145 – 3153 .

[23] RIBEIRO M T, SINGH S, GUESTRIN C. "Why Should I Trust You?": Explaining the predictions of any classifier[C]//Proceedings of the 22nd ACM SIGKDD International Conference on Knowledge Discovery and Data Mining. New York:ACM, 2016: 1135 – 1144.

[24] LUNDBERG S M, LEE S I. A unified approach to interpreting model predictions[J]. Advances in Neural Information Processing Systems, 2017. DOI:10. 48550/arXiv. 1705. 07874.

[25] ROZEMBERCZKI B, WATSON L, BAYER P, et al. The Shapley value in machine learning[C]// Proceedings of the 31th International Joint Conference on Artificial Intelligence. Survey Track. Vienna:[s. n.]. 2022.

[26] CHEN H, COVERT I C, LUNDBERG S M, et al. Algorithms to estimate Shapley value feature attributions[J]. Nature Machine Intelligence, 2023, 5(6): 590 – 601.

[27] CASTRO J, GÓMEZ D, TEJADA J. Polynomial calculation of the Shapley value based on sampling [J]. Computers & Operations Research, 2009, 36(5): 1726 – 1730.

[28] ŠTRUMBELJ E, KONONENKO I. Explaining prediction models and individual predictions with feature contributions[J]. Knowledge and Information Systems, 2014, 41(3): 647 – 665.

[29] BIBBY J P, SENGUPTA J K, KADEKODI G K. Econometrics of planning and efficiency[J]. Journal of the Royal Statistical Society Series A,1989,152(2):210 – 273.

[30] RUIZ L M, VALENCIANO F, ZARZUELO J M. The family of least square values for transferable utility games[J]. Games and Economic Behavior, 1998, 24(1): 109 – 130.

[31] SIMON G, VINCENT T. A projected stochastic gradient algorithm for estimating shapley value applied in attribute importance [C]// Machine Learning and Knowledge Extraction (CD-MAKE 2020). Berlin: Springer, 2020: 97 – 115.

[32] COVERT I, LEE S I. Improving kernelSHAP: Practical Shapley value estimation via linear regression [C]//Proceedings of the 24th International Conference on Artificial Intelligence and statistics. New York: PMLR, 2021:3457 – 3465.

[33] OKHRATI R, LIPANI A. A multilinear sampling algorithm to estimate Shapley values[C]//2020 25th International Conference on Pattern Recognition (ICPR). New York: IEEE, 2021: 7992 – 7999.

[34] MASE M, OWEN A B, SEILER B. Explaining black box decisions by Shapley cohort refinement[J]. arXiv:1911.00467, 2019.

[35] LUNDBERG S M, ERION G G, LEE S I. Consistent individualized feature attribution for tree ensembles[J]. arXiv:1802. 03888,2018.

[36] ANCONA M, ÖZTIRELI C, GROSS M. Explaining deep neural networks with a polynomial time algorithm for Shapley values approximation[C]//International Corference on Machine Learning. New York: PMLR, 2019:272 – 281.

[37] WANG R, WANG X, INOUYE D I. Shapley explanation networks[C]//International Conference on Learning Representations. [S. l. :s. n.], 2021.

[38] DABKOWSKI P, GAL Y. Real time image saliency for black box classifiers[J]. Advances in neural information processing systems, 2017. DOI:10. 48550/arXiv. 1705. 07857.

[39] WACHTER S, MITTELSTADT B, RUSSELL C. Counterfactual explanations without opening the black box: Automated decisions and the GDPR[J]. SSRN Electronic Journal, 2017. DOI: 10.2139/ssrn.3063289.

[40] 李伟卿, 王伟军, 黄炜, 等. 可解释信息推荐研究综述[J]. 情报学报, 2023, 42(7): 870-882.

[41] IVANOVS M, KADIKIS R, OZOLS K. Perturbation-based methods for explaining deep neural networks: A survey[J]. Pattern Recognition Letters, 2021, 150:228-234.

[42] OMEIZA D, KOLLNIG K, WEB H, et al. Why not explain? effects of explanations on human perceptions of autonomous driving[C]// 2021 IEEE International Conference on Advanced Robotics and Its Social Impacts (ARSO). New York: IEEE, 2021: 194-199.

[43] RAMON Y, MARTENS D, PROVOST F, et al. A comparison of instance-level counterfactual explanation algorithms for behavioral and textual data: SEDC, LIME-C and SHAP-C[J]. Advances in Data Analysis and Classification, Springer, 2020, 14:801-819.

[44] KIM S, BAEK J, PARK J, et al. InstaFormer: Instance-aware image-to-image translation with transformer[C]//2022 IEEE/CVF Conference on Computer Vision and Pattern Recognition (CVPR). New York: IEEE, 2022:18300-18310.

[45] SHEN Z, HUANG M, SHI J, et al. Towards instance-level image-to-image translation[A]. 2019 IEEE/CVF Conference on Computer Vision and Pattern Recognition (CVPR). New York: IEEE, 2019: 3678-3687.

[46] JACOB P, ZABLOCKI É, BEN Y H, et al. STEEX: Steering counterfactual explanations with semantics[C]//Computer Vision-ECCV2022. Berlin:Springer,2022:387-403.

[47] ZEMNI M, CHEN M, ZABLOCKI É, et al. OCTET: Object-aware counterfactual explanations[C]// 2023 IEEE/CVF Conference on Computer Vision and Pattern Recognition (CVPR). New York: IEEE, 2023: 15062-15071.

[48] SAMADI A, SHIRIAN A, KOUFOS K, et al. SAFE: Saliency-aware counterfactual explanations for DNN-based automated driving systems[C]//Proceedings of the 26th IEEE International Conference on Intelligent Transportation Systems. New York: IEEE,2023. DOI:10.48550/arXiv.2307.15786.

[49] KIRILLOV A, MINTUN E, RAVI N, et al. Segment anything[J]. arXiv preprint arXiv: 2304.02643, 2023.

[50] CHEN L C, PAPANDREOU G, SCHROFF F, et al. Rethinking atrous convolution for semantic image segmentation[J]. arXiv preprint arXiv:1706.05587, 2017.

[51] WU X, SUN K, ZHU F, et al. Human preference score: Better aligning text-to-image models with human preference[C]// Proceedings of the IEEE/CVF International Conference on Computer Vision. New York: IEEE, 2023:2096-2105.

[52] ERDEMIR E, TUNG T Y, DRAGOTTI P L, et al. Generative joint source-channel coding for semantic image transmission[J]. IEEE Journal on Selected Areas in Communications, IEEE, 2023: 41(8):2645-2657.

[53] CAO S Y, YU B, LUO L, et al. PCNet: A structure similarity enhancement method for multispectral and multimodal image registration[J]. Information Fusion, Elsevier, 2023, 94: 200-214.

[54] NAIN G, GUPTA A. Automatic selection algorithm for region of interest of acne face image compression[J]. Evolutionary Intelligence, Springer, 2023, 16(2): 711-717.

[55] LEURENT E. An environment for autonomous driving decision-making[Z]. 2018.

[56] ZHOU M, YU Y, QU X. Development of an efficient driving strategy for connected and automated vehicles at signalized intersections: A reinforcement learning approach[J]. IEEE Transactions on Intelligent Transportation Systems, 2020, 21(1): 433-443.

[57] NASSEF O, SEQUEIRA L, SALAM E, et al. Building a lane merge coordination for connected vehicles using deep reinforcement learning[J]. IEEE Internet of Things Journal, 2020, 8(4): 2540-2557.
[58] JUOZAPAITIS Z, KOUL A, FERN A, et al. Explainable reinforcement learning via reward decomposition[C]//IJCAI/ECAI Workshop on Explainable Artificial Intelligence. Macao: [s.n.], 2019.
[59] SINGH S P. Transfer of learning by composing solutions of elemental sequential tasks[J]. Machine Learning, 1992, 8(3-4): 323-339.
[60] SUTTON R S, PRECUP D, SINGH S. Between MDPs and semi-MDPs: A framework for temporal abstraction in reinforcement learning[J]. Artificial Intelligence, 1999, 112(1-2): 181-211.
[61] LI X, VASILE C, BELTA C. Reinforcement learning with temporal logic rewards[C]//2017 IEEE/RSJ International Conference on Intelligent Robots and Systems (IROS). New York: IEEE, 2017: 3834-3839.
[62] TORO I R, KLASSEN T Q, VALENZANO R, et al. Using reward machines for high-level task specification and decomposition in reinforcement learning[C]//35th International Conference on Machine Learning (ICML). New York: ACM, 2018: 2107-2116.
[63] TORO I R, WALDIE E, KLASSEN T Q, et al. Learning reward machines for partially observable reinforcement learning[J]. Advances in Neural Information Processing Systems, 2019, 32: 6970-6979.
[64] TORO I R, KLASSEN T Q, VALENZANO R, et al. Reward machines: exploiting reward function structure in reinforcement learning[J]. Journal of Artificial Intelligence Research, 2022, 73: 173-208.
[65] TREIBER M, HENNECKE A, HELBING D. Congested traffic states in empirical observations and microscopic simulations[J]. Physical Review E-Statistical Physics, Plasmas, Fluids, and Related Interdisciplinary Topics, 2000, 62(2): 1805-1824.
[66] KESTING A, TREIBER M, HELBING D. General lane-changing model MOBIL for car-following models[J]. Transportation Research Record, 2007, 1999(1): 86-94.
[67] RIZALDI A, IMMLER F, ALTHOFF M. A formally verified checker of the safe distance traffic rules for autonomous vehicles[C]//NASA Formal Methods: 8th International Symposium. Berlin: Springer International Publishing, 2016: 175-190.
[68] PEK C, ZAHN P, ALTHOFF M. Verifying the safety of lane change maneuvers of self-driving vehicles based on formalized traffic rules[C]//2017 IEEE Intelligent Vehicles Symposium (IV). New York: IEEE, 2017: 1477-1483.

第 5 章 自动驾驶控制中的人工智能

5.1 智能驾驶中的动力系统控制

5.1.1 研究场景与方案综述

目前实际应用于汽车的传统节能控制主要用于改善车辆动力源的工作点、优化档位以及合理化加速踏板和制动踏板的操作[1-2]。在此基础上，目前车辆智能节能控制的研究主要集中在特定场景，利用一些外部信息来优化车辆行驶速度或动力传动系统，以达到节能的目的[3-5]。智能节能技术是在传统节能技术的基础上，利用人-车、车-车、车-路通信的网联信息，对车辆行驶状态进行综合优化控制，从而进一步提高整车能源利用效率。如图 5-1 所示，车辆利用导航、高精度地图和交通环境的预测信息，综合考虑未来交通状态对车辆行驶经济性的影响，利用滚动时域的优化思想，有预见性地协调优化车辆驱动、制动和传动等系统状态，最终实现整车行驶能量的降低。

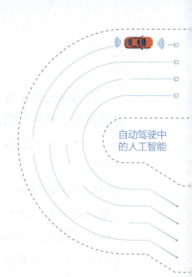

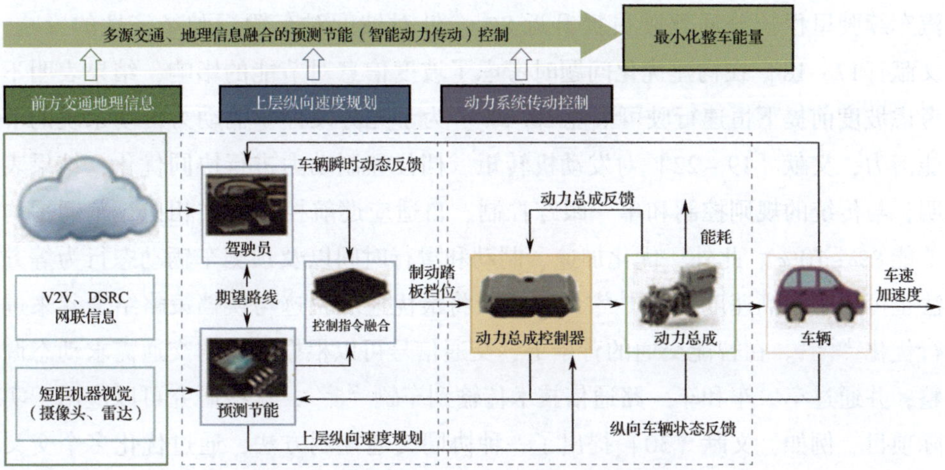

图 5-1 智能网联环境下智能节能控制框图

在高速公路工况下，由于道路交通条件相对简单，车辆节能控制主要考虑道路坡度、曲率等信息，速度规划只允许在驾驶员设定的一定范围内波动。文献［6-9］利用道路坡度和定位信息提出了针对高速公路行驶条件的速度优化策略。该策略假设在没有其他交通限制的情况下，综合考虑整个驾驶任务的驾驶时间和能量消耗。通过“系统直接干预控制”和“引导驾驶员按照优化曲线行驶”两种方式进行控制。高速公路实车测试结果表明，与传统无道路信息的巡航控制相比，该系统在不增加行驶时间的情况下平均节能3.5%[6]。通过在美国多个路段下测试不同坡度，在不考虑坡度信息的情况下可以节省4%的能量[7]。特定工况下的仿真结果和实车测试结果表明，通过为驾驶员提供最优的经济曲线，驾驶员在根据自己的驾驶风格驾驶时可以节省10%~20%的能量[9]。需要指出的是，上述车辆智能节能控制研究主要考虑车辆本身的速度规划，仅适用于外部条件相对单一的高速公路工况。同时，与传统的巡航控制算法相比，其节能潜力很大程度上取决于道路的坡度，对于一般直路的节能潜力较小。

与高速公路相比，城市路况下的汽车智能节能控制由于交通信号灯限制、限速条件、复杂的行驶路线、交通条件等因素，受到更多的限制。因此，城市道路状况的研究主要针对特定条件，只考虑独立因素。为了减少车辆红灯等待时间和闲置能耗，文献［10-14］提出了基于未来交通信号灯信息的车速规划方法。如文献［10-11］提出了考虑前方道路交通信号灯情况的能量管理方法。通过优化速度和能量分配，车辆可以在绿灯时间内到达十字路口。针对固定路段行驶任务下的速度规划问题，文献［15-16］针对纯电动汽车考虑电机和电池效率，优化行驶过程中的电机需求转矩和制动力，实车测试表明，电动汽车续驶里程较普通驾驶员提升近8%。针对坡度对车辆行驶经济性的影响，文献［17-18］在构建优化问题时考虑了坡度信息对节能的影响，结果表明不考虑坡度前提下恒速行驶可节能10.4%。为了充分发挥车辆动力传动系统的节能潜力，文献［19-22］对发动机转矩、档位和制动力进行协同优化，结果表明，与传统的规则控制和单一跟踪控制、自适应巡航控制方式相比，车辆平均节能8%~10%。此外，优化加速、制动和滑行时间以及预测车辆动态行为等方法也可用于车辆速度规划[10,23-25]，以及将最优速度轨迹与换档策略结合起来进行优化[26-27]。在智能交通的背景下，交通信号可以根据当前的交通需求动态调整，并通过车-车和车-路通信技术传输到车辆[28-29]，这些研究可以应用于实际项目。例如，文献［30］提出了一种协同交通控制方法，通过优化多个交叉口的全局吞吐量和车辆行驶时间来减少平均车辆怠速时间。结果表明，多个路口的车辆总出行时间和平均二氧化碳排放量均得到有效降低。

与传统汽车相比，电动汽车、混合功力汽车（Hybrid Electric Vehicle，HEV）等新能源汽车引入电机和电池，为车辆运动提供了新的动力驱动方式，大大提高了整车的节能空间[31-32]。对于混合动力汽车来说，合理的能量管理策略是关键控制问题之一。车载导航系统、全球定位系统和地理信息系统的引入，使车辆获得未来道路和交通信息成为可能，也为车辆提高能源效率提供了更好的条件[33-36]。尤其是节能车速规划与动力传输控制的结合已成为汽车能源管理的重要发展方向之一。例如，文献［36］讨论了考虑道路信息的混合动力电动汽车的节能潜力，并使用数值优化方法来确定最有效的速度轨迹。另外，由于新能源汽车可以采用制动能量回收技术，即将驱动电机作为发电机，将车辆的动能转化为电能进行储存，因此将制动能量回收与行驶速度优化相结合可以进一步提高节能潜力。例如，文献［37-38］提出了一种基于道路信息和执行器效率的能量管理驱动策略，同时考虑电机效率和制动恢复反馈效率，以降低能耗，从而提高电动汽车的续驶里程。混合动力系统优化与速度规划的结合也为降低能耗提供了很大的可能性[39-41]。

事实上，在实际道路行驶条件下，前车的驾驶行为对车辆的速度优化空间影响很大，因此考虑前车及周围动态行为的车辆智能节能控制车辆引起了高度关注。在预测巡航控制系统的框架下，适当放宽巡航速度相对设定值的可变范围以及前后车距离的跟踪要求，为车辆行驶提供节能空间。一般研究表明，当车辆平均巡航速度较低或较高时，应采用匀速策略。当平均巡航速度为中等时，“加速-滑行”策略更为经济。文献［10,42］中预测巡航控制系统获取交通信号灯信息，在满足车间距离安全要求的前提下，适当提高行驶速度，使车辆在绿灯时顺利通过路口。相反，车辆可以适当降低车速，以降低制动速率，通过增加滑行距离，在到达路口时将车辆停下来。这种巡航控制策略可以在满足行车安全的前提下减少制动频率和停车时间，达到降低能耗的目的。针对城市走走停停场景，文献［43］利用车-车、车-路通信技术，在不改变平均车速的情况下，为多辆车提供建议速度，实现整体车流的顺畅通行，取得了整体节能效果。

总体而言，目前车辆智能节能控制的研究主要集中在特定场景下特定外部信息的引入。这样车辆就无法充分发挥整车的节能潜力。因此，车辆节能控制、智能交通和道路信息的融合方法有待进一步完善。

以上分析了汽车智能节能控制场景和策略的研究现状。事实上，即使在不同的场景下和应用不同的研究策略，所使用的理论方法也可以概括为基于经验和校准的、基于规则的方法和基于优化的方法，包括全局优化和实时优化。基于规则的控制方法的控制策略相对简单，易于在嵌入式系统中实现，并且具有良好的鲁棒性。但规则控制策略无法实现节能的最优化，且控制系统难以考虑外部智能信息。全局最优控制策略一般是在已知车速条件或驾驶任务的情况下进行优化，例如动态规划方法。由于计算量较大，全局优化方法很难应用于实时控制，但全局优化结果可以用于实时控制策略的评估和节能潜力的分析[38,44-46]。与全局优化算法相比，实时优化控制策略利用车辆动力学的实时动态控制和周围车辆的反馈信息，可以达到更好的节能效果。汽车智能节能控制本质上是通过采集或预测未来更多的信息来达到更好的节能效果，因此其核心问题是如何将前方已知的信息集成到控制系统中。然而，目前大多数常规算法和离线全局优化算法都无法解决这个问题。预测控制理论以其“预测”+“滚动优化”的框架，可以有效地将未来信息融入控制系统，解决带约束的控制问题。因此，基于预测控制的节能方法受到了广泛的关注[10,24,42]。

虽然汽车智能节能控制的研究已经取得了很大进展，但大部分仍停留在实验室阶段，主要原因是节能控制系统集成了更多的信息，导致了“高维度”“强非线性”“不连续”的优化问题。虽然可以通过简化问题来加快问题的求解速度，例如文献［10,42,47］将车辆的输出功率作为能量指标，而忽略了传动和动力系统的效率，这一策略是一种以牺牲经济绩效为代价的控制方法，类似于基于规则的控制方法，并没有最大限度地发挥车辆的节能潜力。此外，还可以通过研究非线性优化问题的快速求解方法来解决车辆节能的实时优化控制问题。目前解决优化问题的方法主要分为间接法和直接法。在直接方法中，最优控制问题通常转化为非线性规划问题（Nonlinear Programming，NLP）[48-49]，然后使用数值算法进行求解。为了提高直接法的计算效率，文献［50-51］提出了一种基于谱法的求解策略，其主要思想是使用 Gauss-Legendre 离散点而不是一般的 Euler 方法来对系统进行离散化。通过理论分析，该方法可以在保证原解近似精度的同时，将离散点数减少一半，减少求解时间。该方法也已应用于一些汽车控制系统[26,51-52]。此外，直接多重打靶法[53-54]和其他数值迭代方法[55-57]等也常用。

目前，非线性优化问题快速求解的研究已经取得了很大进展，但这些算法大多适用于相对简单的优化控制问题，如要求系统连续性、较少的独立变量和较低维数等。同时，上述算法对硬件要求较高，难以应用于实车实验。主要原因是非线性优化问题快速求解方法的研究理论上是从一般非线性问题出发，因此需要满足大量假设才能找到能够提高迭代速度的算法。然而针对一些实际工程问题的快速算法研究还很少。因此，工程应用的非线性优化问题的快速求解方法是车辆智能节能控制在实车中应用的关键问题。

5.1.2　车 - 路协同下智能预测巡航控制

在一般城市交通环境下（车流量密度较高），车辆很难单独考虑路口、交通灯等进行速度规划而忽略周边车辆的影响。因此，需要面向城市交通环境的汽车节能需求，研究融合周边车辆动态和前方道路信息的经济性预测巡航控制（Eco-Driving Predictive Cruise Control，ED-PCC）方法。通过预测前方车辆驾驶行为建立实时交通环境下的车间动态安全约束，将前方坡度、曲率、限速等道路信息融入优化问题中，最终实现发动机力矩、制动力和档位与行驶路况的动态优化。

以质量为 1420kg 且带有五档自动变速器的乘用车为研究对象，车辆参数见表 5 - 1。选取行驶距离和车速为状态变量，构建离散型纵向动力学系统方程，为

$$\begin{bmatrix} v_h(k+1) \\ s_h(k+1) \end{bmatrix} = \begin{bmatrix} v_h(k) \\ s_h(k) \end{bmatrix} + \begin{bmatrix} f_1(k) \\ f_2(k) \end{bmatrix} \Delta t,\ k=1,\ 2,\ \cdots,\ N \tag{5-1}$$

式中，预测时域被离散为 N 等份且时间间隔为 Δt；s_h 为本车行驶距离；v_h 为本车车速；$f_i(k)(i=1, 2)$ 定义为

$$\begin{bmatrix} f_1(k) \\ f_2(k) \end{bmatrix} = \begin{bmatrix} \dfrac{\eta_t}{Mr_w}T_f(k)I_g(k) - \dfrac{F_b(k)}{M} - a_\kappa(k) \\ v_h(k) \end{bmatrix},\ k=1,\ 2,\ \cdots,\ N \tag{5-2}$$

式中，$a_\kappa(k)$ 为由阻力带来的减速度，$a_\kappa(k) = a_a[v_h(k)] + a_r[\alpha(k)] + a_g[\alpha(k)]$；$T_f$ 为发动机力矩；I_g 为离散的变速比，$I_g \in \{17.23, 9.78, 6.42, 4.89, 4.08\}$；$F_b$ 为制动力。其他参数以及纵向加速度 a_a、a_r、a_g 的定义见表 5 - 1。变速器的变速比 $I_g(k)$ 取决于档位的位置 $n_g(k)$ 且受到如下的约束：$n_g(k) \in \{1, 2, 3, 4, 5\}$，而下一时刻的档位可以用当前档位和换档命令 $u_g(k)$ 决定：$n_g(k+1) = n_g(k) + u_g(k)$，且换档命令定义为 $u_g(k) \in \{-1, 0, 1\}$，分别表示降档、保持和升档。

表 5-1 ED-PCC 系统车辆参数

符号及含义	计算公式或数值	符号及含义	计算公式或数值
整车质量 M	1420(kg)	重力加速度 g	9.81(m/s^2)
空气密度 ρ	1.205(kg/m^3)	摩擦阻力系数 f	0.011
有效迎风面积 A_f	1.7(m^2)	车轮有效半径 r_w	0.364(m)
空气阻力系数 c_d	0.36	传动系传动效率 η_t	0.94
空气阻力带来的减速度 a_a	$a_a=\rho c_d A_f v_h^2/2M(m/s^2)$		
滚动阻力带来的减速度 a_r	$a_r=gf\cos\alpha(m/s^2)$		
坡度阻力带来的减速度 a_g	$a_g=gf\sin\alpha(m/s^2)$		

考虑到系统设计目标，选定预测时域内的燃油消耗为目标函数，同时为保证车辆行驶舒适性和动力性，在燃油消耗的基础上增加其他惩罚项。在参考车速 v_{ref} 和终端车速约束 v_f 给定的情况下，构建目标函数为

$$J=\sum_{k=1}^{N}L[\boldsymbol{x}(k),\boldsymbol{u}(k)]\Delta t+\varphi[v_h(N+1)-v_f]^2 \tag{5-3}$$

式中，$L[\boldsymbol{x}(k),\boldsymbol{u}(k)]$ 定义为

$$L[\boldsymbol{x}(k),\boldsymbol{u}(k)]=\dot{m}_{fuel}(k)+\omega_r[v(k)-v_{ref}]^2+\omega_c P(k) \tag{5-4}$$

式中，$\boldsymbol{x}(k)$ 为系统状态变量，$\boldsymbol{x}(k)=[v_h,s_h]^T$；$\dot{m}_{fuel}$ 为发动机燃油消耗率；ω_r 为动力性能参数，即车辆跟随驾驶员设定车速的能力，该参数可以通过实车调试以达到良好的驾驶效果。目标函数中的 $\omega_c P(k)$ 表示舒适性能参数。

$$P(k)=[T_f(k)I_g(k)-T_f(k-1)I_g(k-1)]^2+F_b^2(k) \tag{5-5}$$

式（5-5）表示通过 ω_c 对车辆驱动和制动力变化进行约束以保证车辆行驶的平顺性。值得指出的是，式（5-3）的终端约束是为了适应周边车辆的动态约束（后面将详细讨论）以保证前后车的安全时距，参数 φ 为调整参数。

为了解析表达上述优化目标函数，本章使用二次多项式对发动机的燃油消耗率 $\dot{m}_{fuel}$(单位为 g/s）进行拟合，如下：

$$\dot{m}_{fuel}=\sum_{i=0}^{2}\sum_{j=0}^{2}\kappa_{i,j}T_f^i(k)\omega_f^j(k) \tag{5-6}$$

式中，$\kappa_{i,j}$ 为拟合参数；$\omega_f(k)$ 为发动机转速，单位为 r/min，由车速和变速比确定，如下：

$$\omega_f(k)=\frac{30I_g(k)v_h(k)}{\pi r_w} \tag{5-7}$$

在对发动机燃油消耗率进行拟合时，为了提高拟合的精度，可以对高转速区域、低转矩区域和常用区域分别进行拟合，参考文献［58］。这主要是因为

对于 ED-PCC 系统，发动机力矩和档位是优化得到的，因此在常规工况中，发动机工作点落在高转速和低转矩区域的情况较少。

在 ED-PCC 系统中，需要考虑多种道路、交通因素，如车辆在某个路段的道路限速 $v_{\mathrm{h}}(k) \leqslant v_{\mathrm{lim}}(k)$、前后车安全时距等。在巡航控制中通常使用前后车的安全制动时距来直观地表征车辆跟随状态。而在制动强度上，为考虑舒适性，目前量产的 ACC 系统在正常的跟车情况下最大制动减速度在 $0.3g \sim 0.4g$ 以内（其中 g 表示重力加速度，数值见表 5-1），而在紧急情况下自动紧急制动（Autonomous Emergency Baking，AEB）系统可以被激活以确保安全。因此，本章设车辆最大制动减速度为 $a_{\mathrm{h,bmax}} = 0.4g$ 且在紧急情况下激活 AEB 以保证安全。前后车安全距离定义如下：当前方车辆以最大减速度制动时（$a_{\mathrm{p,bmax}} = g$）且允许本车反应时间为 T_{react}，此时本车不触发 AEB 的安全制动距离为前后车安全距离。在上述定义下，本车和前车的行驶距离分别为

$$\begin{cases} s_{\mathrm{h,br}} = v_{\mathrm{h}} T_{\mathrm{react}} + \dfrac{1}{2a_{\mathrm{h,bmax}}} v_{\mathrm{h}}^2 \\ s_{\mathrm{p,br}} = \dfrac{1}{2a_{\mathrm{p,bmax}}} v_{\mathrm{p}}^2 \end{cases} \tag{5-8}$$

则避免发生碰撞的最小安全距离为

$$s_{\mathrm{safe}} = \max(v_{\mathrm{h}} T_{\mathrm{react}},\ s_{\mathrm{h,br}} - s_{\mathrm{p,br}}) \tag{5-9}$$

最终，给定前车行驶距离的条件下，k 时刻下的本车行驶距离约束如下：

$$s_{\mathrm{h}}(k) \leqslant s_{\mathrm{p}}(k) - s_{\mathrm{safe}}(k) \tag{5-10}$$

如上所述，前后车最小安全距离实际上取决于前后车的速度和位移。为了简化上述约束条件，ED-PCC 系统将行驶距离约束转化为速度约束，在预测时域内，给定信息 $\{v_{\mathrm{h}}(k-1),\ s_{\mathrm{h}}(k-1),\ v_{\mathrm{p}}(k),\ s_{\mathrm{p}}(k)\}$ 的情况下，将式（5-8）和式（5-9）代入式（5-10），且设 $s_{\mathrm{h}}(k) = s_{\mathrm{h}}(k-1) + v_{\mathrm{h}}(k-1)\Delta t$，则得到预测时域内的最大车速：

$$v_{\mathrm{h,max}}(k) = \min\{v_{\mathrm{h,m1}}(k),\ v_{\mathrm{h,m2}}(k),\ v_{\mathrm{h,m3}}(k),\ v_{\mathrm{lim}}(k)\} \tag{5-11}$$

式中，v_{lim} 为地理信息系统给出的道路限速信息，且

$$\begin{cases} v_{\mathrm{h,m1}}(k) = \dfrac{c}{T_{\mathrm{react}}} \\ v_{\mathrm{h,m2}}(k) = -a_{\mathrm{h,bmax}} T_{\mathrm{react}} + \sqrt{a_{\mathrm{h,bmax}}^2 T_{\mathrm{react}}^2 + 2a_{\mathrm{h,bmax}} c + \dfrac{a_{\mathrm{h,bmax}}}{a_{\mathrm{p,bmax}}} v_{\mathrm{p}}^2(k)} \\ v_{\mathrm{h,m3}}(k) = v_{\mathrm{h}}(k-1) + \left[\dfrac{\eta_{\mathrm{t}}}{M r_{\mathrm{w}}} T_{\mathrm{w,max}} - a_{\kappa}(k)\right]\Delta t \end{cases} \tag{5-12}$$

式中，$c = s_{\mathrm{p}}(k) - s_{\mathrm{h}}(k-1) - v_{\mathrm{h}}(k-1)\Delta t$；$T_{\mathrm{w,max}}$ 为最大车轮处力矩。

车辆以上述最大车速行驶会存在图 5-2 所示的五种情况：在图 5-2a 所示情况下，前车距离本车较远，此时本车在预测时域内加速至设定车速并继续以设定车速匀速行驶；而随着前后车距离的减小，在图 5-2b 和 c 所示情况下，当接近预测时域终端时，本车由于逐渐接近前车而需要减速以保证安全距离；图 5-2d 所示情况通常发生在前后车距离较近时，此时本车不能加速至设定速度且需要减速或者跟随前车的车速以保证安全距离；在图 5-2e 所示情况下，车辆需要立即进行减速或者滑行以保证安全车距，这种情况下可以根据实际减速需求直接推导车辆制动力。在前面四种情况下，为了减少不必要的加速和制动以提高经济性同时改善舒适性，我们在优化问题中增加一个终端约束条件，使得车辆的行驶轨迹如图 5-2 的实线所示。具体来讲，设 $v_{\mathrm{f}}=v_{\mathrm{h,max}}(N+1)$，最终实现平缓加速、增加滑行时间和减少制动的目的。除了上述终端速度约束，还需考虑其他状态和控制约束：

$$\omega_{\mathrm{f}}(k)\leqslant\omega_{\mathrm{f,max}}、T_{\mathrm{f}}(k)\leqslant T_{\mathrm{f,max}}[\omega_{\mathrm{f}}(k)]、F_{\mathrm{b}}(k)\leqslant F_{\mathrm{b,max}} \tag{5-13}$$

式中，$T_{\mathrm{f,max}}[\omega(k)]$、$\omega_{\mathrm{f,max}}$、$F_{\mathrm{b,max}}$ 分别为发动机最大力矩、最高转速和最大制动力。

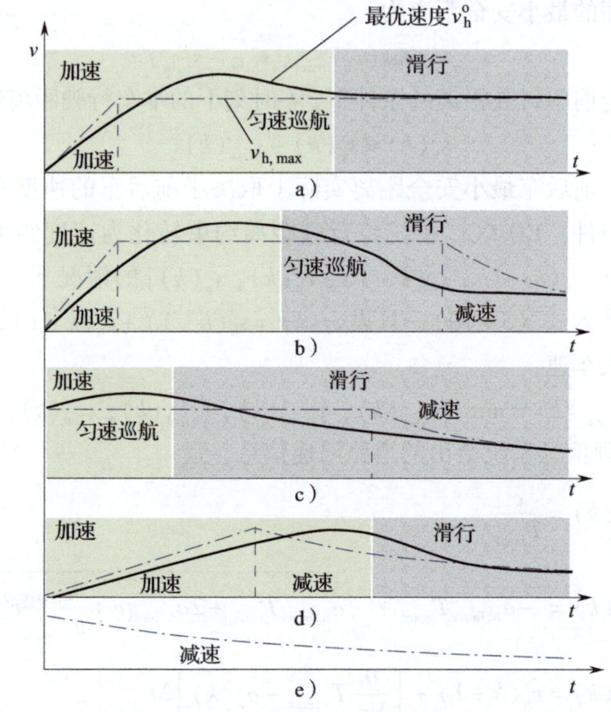

图 5-2　车辆以最大速度行驶和 ED-PCC 速度规划的五种情况

综上所述，预测巡航控制问题可以描述为：找到最优控制变量 $u=\{T_f, F_b, u_g\}$ 使得式（5-3）最小，且满足式（5-1）~式（5-13）的系统动态方程和边界条件 $v_h(1)=v_{h,0}$，$s_h(1)=s_{h,0}$，其中 $v_{h,0}$、$s_{h,0}$ 分别为初始时刻的本车速度和行驶距离。

前面对安全时距约束的讨论基于一个前提条件：前方车辆在预测时域内的速度已知。而当车流量密度较高时，前方车辆对本车的行驶条件具有显著影响。因此如何对预测时域内的前方车辆动态进行有效预测，对于 ED-PCC 系统的构建具有重要意义。为实现这一目的，文献［59］假设前方车辆继续以当前的加速度行驶直到停止或超过最大限速，以此得到预测的车速。但这种方法在现实情况下并不能真实反映驾驶员的驾驶习惯。因此引入一个调整参数使前方车辆的加速度变化符合一般驾驶员的习惯：

$$a_p = a_{p,0}\zeta(v_p) \tag{5-14}$$

式中，$a_{p,0}$ 为前车初始时刻的加速度；$\zeta(v_p)$ 为车速 v_p 的分段函数，表示为

$$\zeta(v_p)=\begin{cases}\dfrac{1}{1+e^{-\beta_1(v_p-\gamma_1)}}, & \text{如果 } a_{p,0}\leqslant 0\\[2ex] \dfrac{1}{1+e^{\beta_2(v_p-\gamma_2)}}, & \text{其他}\end{cases} \tag{5-15}$$

式中，$\beta_1>0$，$\beta_2>0$，决定函数的变化率；γ_1、γ_2 定义了函数的边界。

当初始时刻的前车加速度为正时，其加速度会随着车速的增加而减小直至车速保持稳定；当加速度为负时，在起始一段时间内车辆以当前的减速度进行减速，当车速处于较低水平时，减速度随着车速的减小而逐渐降低至零，如图 5-3 所示。尽管只使用了前方车辆当前的车速和加速度，该预测模型符合一

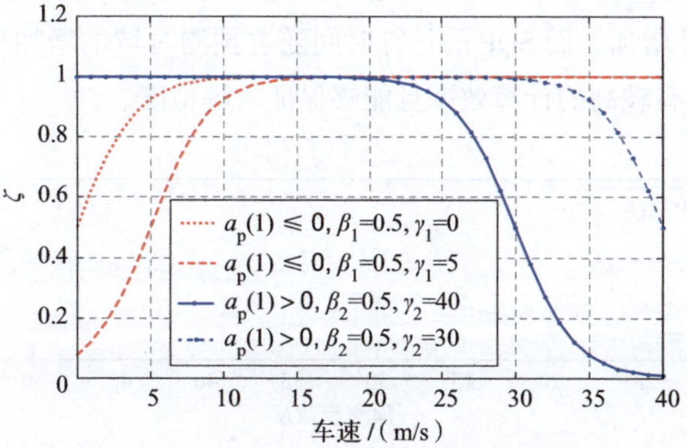

图 5-3　前方车辆预测模型参数随速度变化的曲线

般驾驶员的驾驶特性：在加速过程中随着车速接近期望值而逐渐松开加速踏板以保证平稳行驶；在制动过程中先以匀减速的状态减速，在接近较低的速度期望值时逐渐松开制动踏板以平稳减速。

使用长时域非线性 MPC 快速求解方法，结合二分法对上述最优控制问题进行求解，主要包括两个方面内容：基于极值原理推导出最优必要性条件和使用二分法求出最优协态变量的初值[60]。

最后，针对提出的 ED-PCC 系统进行仿真验证，选定带有五档变速器的内燃机汽车作为被控对象。为了准确模拟车辆的内部动态、精确计算车辆的行驶油耗，根据车辆参数在 AMESim 中搭建被控对象模型，并在 Simulink 中搭建控制器进行联合仿真，该模型由整车、变速器、发动机以及控制器等组成。仿真运行的思路为：由控制器计算出的车辆制动信号、离合器锁止信号、发动机负载率信号以及变速器档位信号分别发送给发动机、变速器以及整车，发动机和变速器在接收到信号后计算出驱动力矩发送给车辆，并计算车辆的速度、加速度以及行驶距离。搭建前车模型以实现纵向的跟车仿真，和本车不同的是，前车使用驾驶员控制。驾驶员模型通过跟踪给定的行驶工况控制车辆，然后本车对前车进行跟车实验。

在实时 MPC 应用中应当充分考虑算法的计算时间，尤其是在预测时域较长的情况下，通过记录不同预测时域的算法计算时间进行计算效率的分析。仿真在 Intel（R）Core（TM）i7-4790 CPU（3.60GHz）硬件条件下进行，且使用 MATLAB 命令获得 CPU 计算时间。为了观察所提出方法的计算性能，将 ED-PCC 的求解时间与序列二次规划（SQP）方法进行对比。图 5-4 所示为不同预测步数的算法计算时间，根据仿真结果可以看出，算法的计算时间随着预测时域的增加而线性增加，而 SQP 的计算时间随着预测时域的增加指数增长，因此 ED-PCC 系统具有较高的计算效率且能够保证求解精度。

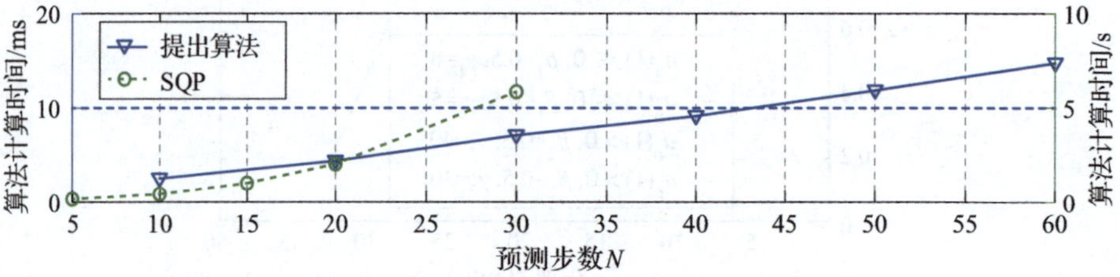

图 5-4　不同预测步数的算法计算时间

选取标准的 ACC 作为对比基准：如果没有前车，则本车加速到设定的巡航速度进行匀速行驶直到接近前车后进行跟车控制且保证安全距离。选择两组由驾驶员驾驶的行驶工况作为前车的速度轨迹，并且设置相同的初始条件 $v_{h,0}=s_{h,0}=0$。为客观比较经济性能，在 ACC 中，档位通过最小化瞬时燃油消耗率来确定，即

$$u_g^o(k)\mid_{ACC}=\arg\min_{u_g\in\{-1,0,1\}}\{\dot{m}_f\mid_{u_g=-1},\ \dot{m}_f\mid_{u_g=0},\ \dot{m}_f\mid_{u_g=1}\}\tag{5-16}$$

对比仿真结果如图 5-5 和图 5-6 所示，循环工况 1 中的 ED-PCC 能耗为 230. 19g（4. 29kg/100km），ACC 能耗为 247. 58g（4. 62kg/100km）；循环工况 2 中的 ED-PCC 能耗为 321. 01g（4. 26kg/100km），ACC 能耗为 351. 17g（4. 67kg/100km）。在 ACC 系统中，车辆快速加速到设定参考车速 v_{ref}，然后以恒定的速度巡航或进行车辆跟随。但在 ED-PCC 系统中，车辆趋于缓慢加速，并且前车的速度变化对本车的影响较小。虽然使用 ED-PCC 的前后车间距变化较大且不恒定，但相比较 ACC，其燃油经济性平均可以提高 8% 以上。

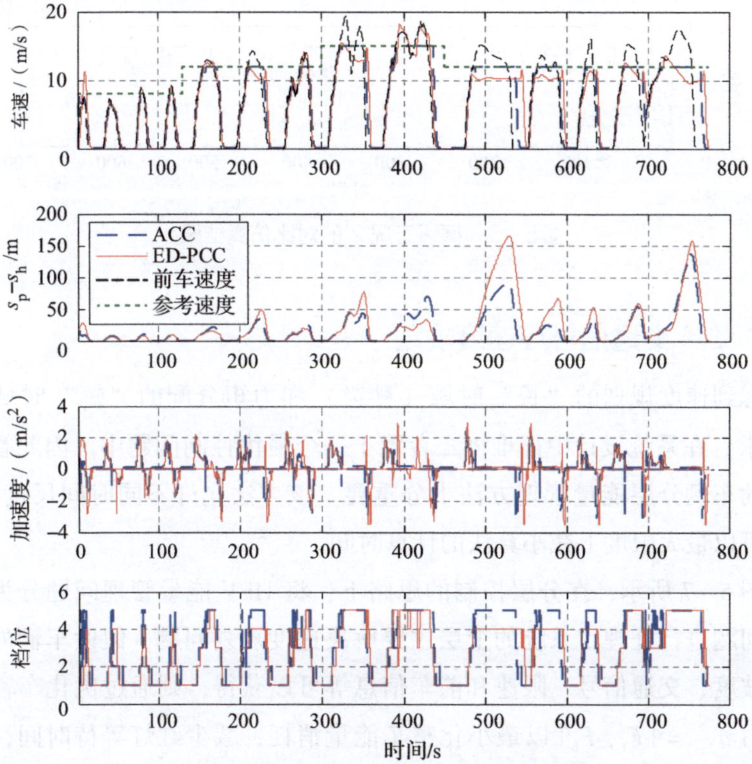

图 5-5　循环工况 1 的对比仿真结果

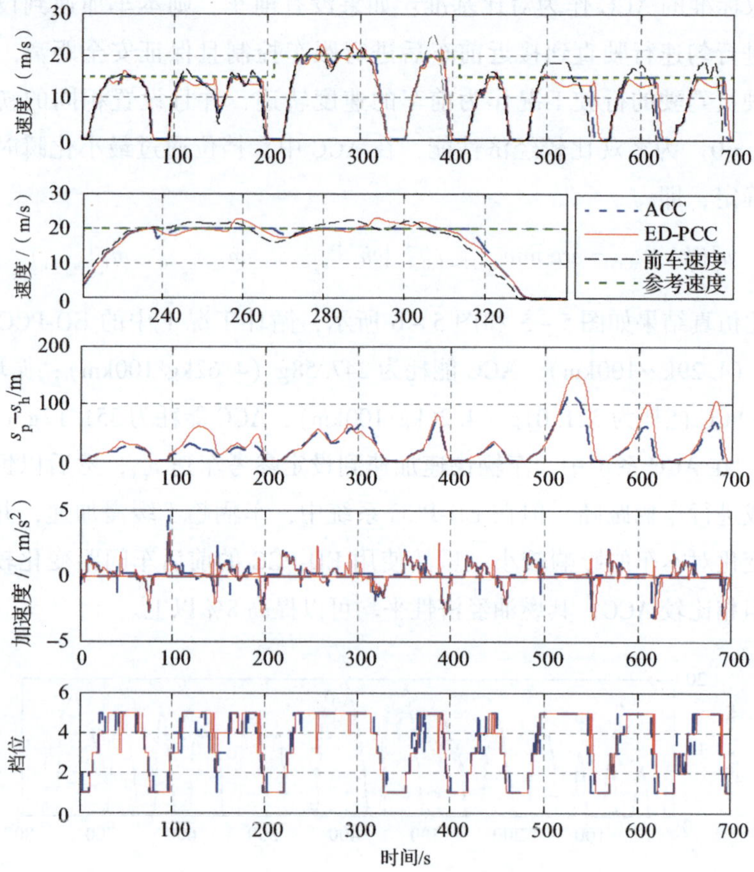

图5-6　循环工况2的对比仿真结果

5.1.3　交通信号灯速度规划

考虑到速度规划的“长”时域（秒级）和力矩分配的“短”时域（毫秒级）要求，在系统设计中很难将二者置于一个最优控制问题中。因此智能驾驶环境下的车辆分层能量管理方法十分重要。该方法允许不同时间尺度的控制，同时也可以最大限度上减小算法的计算时间。

如图5-7所示，在分层控制的思路下，将HEV能量管理问题分为上下层两个子问题进行处理，系统的上层主要解决速度规划问题，假设车辆外界信息如道路坡度、交通信号、限速和前车信息等可以获得，则通过优化车辆的驱动和制动力 $u^{(1)}=\{F_t, F_b\}$ 以最小化整车能量消耗、减少红灯等待时间，并得到预测时域内的最优速度轨迹。在上层优化求解的基础上，下层在短预测时域

$[t, t+\Delta\tau]$内，进行力矩分配和档位的优化。在该系统框架下，上层使用非线性优化问题的快速求解方法进行求解，下层结合极值原理和数值方法得到控制律的解析表达。结果显示，提出的分层能量管理方法可以将交通信号灯信息引入控制系统中，并结合速度规划和动力传动控制以提高能源效率，同时减小系统算法的计算量。

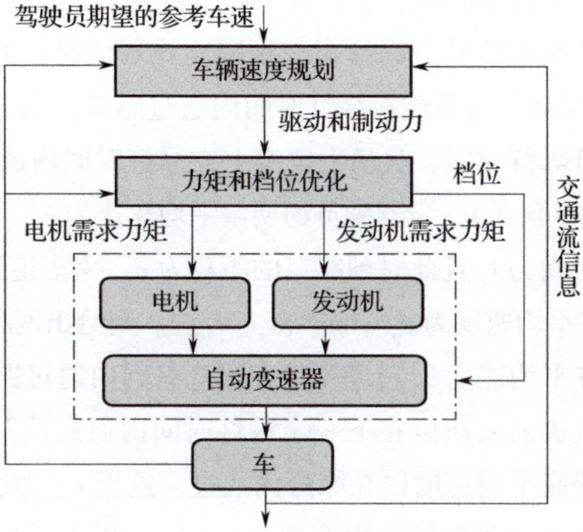

图 5-7　汽车分层能量管理策略

对于上层考虑经济性的速度规划问题，其目标是优化预测时域内的制动力和驱动力以最小化整个时域内的车辆能耗，设控制变量为 $\boldsymbol{u}=[F_t, F_b]^T$，$t' \in [t, t+T]$，则优化问题可以描述为

$$\begin{cases} \min J = \varphi[\boldsymbol{x}(t+T)] + \int_t^{t+T} L(\boldsymbol{x}, \boldsymbol{u}, t')\,\mathrm{d}t' \\ \text{s.t. } \dot{v}(t) = \dfrac{1}{M}\left[F_t(t) - F_b(t) - \dfrac{1}{2}\rho c_d A_f v^2(t)\right] - c_r g \\ \dot{s}(t) = v(t) \end{cases} \tag{5-17}$$

式中，$\boldsymbol{x}$ 为状态变量，$\boldsymbol{x}=[v, s]^T$；$v(t)$、$s(t)$ 分别为车速和行驶距离；M 为整车质量；$F_t(t)$ 为整车驱动力；$F_b(t)$ 为制动力；$\rho c_d A_f/2$ 为空气阻力；$c_r g$ 为重力和坡度带来的滚动阻力和坡度阻力，$c_r = f\cos\alpha + \sin\alpha$（$\alpha$ 表示道路坡度）。

汽车在行驶过程中，从整车功率损失的角度来看，车辆的能量损失 P_{loss} 主要用于克服空气阻力、滚动阻力和坡度阻力，则

$$P_{loss}(\boldsymbol{x}, \boldsymbol{u}, t) = \frac{1}{2}\rho c_d A_f v^3(t) + M c_r g v(t) \tag{5-18}$$

因此，给出如下形式的目标函数：

$$L(\boldsymbol{x},\boldsymbol{u},t)=\omega_1 P_{\text{loss}}(\boldsymbol{x},\boldsymbol{u},t)+\omega_2 F_{\text{b}}^2 \tag{5-19}$$

式中，ω_1 为关于整车能量消耗的权重系数；ω_2 为制动力的权重系数，以避免过大和不必要的制动力。

首先考虑低交通流密度场景下的单车速度规划问题，如图 5-8 所示。设车辆从相同的交通信号灯为起点行驶，为了最大限度上节能且减少红灯等待时间，当车辆接近下一个交通信号灯时给出三种速度规划情况：加速、匀速巡航和滑行[61]。如果保持当前车速不能在绿灯时间内通过路口，则需要提前加速或减速使得车辆减少红灯等待时间，且最大限度上在绿灯时间内通过路口（如图 5-8 中的速度轨迹 2 和 3 所示）。设驾驶员的期望平均车速为 v_{r}，当车辆接近路口时，前方绿灯的剩余时间为 t_{r} 且此时到路口的距离为 d。考虑道路限速信息，定义车辆行驶的最大容许平均速度为 $v_{\text{p}}=\min\{\kappa v_{\text{r}},\ v_{\text{lim}}\}$。则给出两种驾驶策略：如果车辆保持当前的容许平均速度 v_{p} 行驶不能在绿灯时间内通过路口，即 $v_{\text{p}}t_{\text{r}}\leqslant d$，则车辆在路口停车或提前减速以在下一个绿灯时间内通过该路口；相反，车辆也可以通过保持或提高平均速度以在绿灯内通过。这里 v_{lim} 为道路的限速，κ 为车辆行驶平均行驶车速的调整量（本章取 $\kappa=1.2$）。以上描述的两种驾驶策略在速度规划的优化问题中主要体现在终端速度 v_{f}、距离 s_{f} 和时间 t_{f} 的约束条件上，记为 $\varphi[x(t_{\text{f}})]=0$。

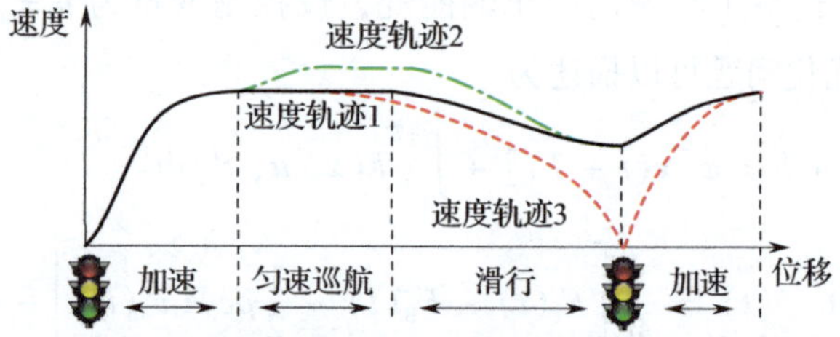

图 5-8　考虑单个交通信号灯信息的三种速度轨迹

另一个驾驶场景考虑前车和交通信息的影响。假设在当前时刻，前车与本车的距离为 γ（注意前后车不是非常接近的情况）且在预测时域内的平均行驶速度为 $v_{\text{f,avg}}(t)$（关于前车在预测时域内的速度预测模型可参见文献［62-63］），则最大容许的平均行驶速度受到前车的影响而需要重新定义。在这种情况下容许的平均车速为 $v_{\text{p}}(t)=\min\{\kappa v_{\text{r}},\ v_{\text{lim}},\ v_{\text{f,avg}}(t)\}$，则能够在绿灯时间内通过路口的条件为

$$\int_{t}^{t+t_{\mathrm{r}}} v_{\mathrm{p}}(t')\,\mathrm{d}t' > d \tag{5-20}$$

最终获得速度规划问题的终端条件。值得指出的是，以上分析是建立在道路通畅的情况下，当车流量密度较高时，本车速度规划的潜力将受到前车状态的较大影响。在这种情况下，需要使用近距离的预测巡航系统以达到节能的目的，但此时由于前车及周边车辆的影响，本车将不能直接根据前方交通信号灯信息进行速度的规划，因此车流量密度较高的场景本章将不再考虑。

由于固定路段下车辆行驶的终端时间由交通信号灯时序确定，因此最优控制问题的终端时间 t_{f} 是固定的，且预测时域随着时间递减。假设当前时刻为 t，则每个时刻下的预测时域为 $T=t_{\mathrm{f}}-t$，需要满足以下约束：

$$\begin{cases}\varphi[x(t_{\mathrm{f}})]=[v(t_{\mathrm{f}})-v_{\mathrm{f}}]^2+[s(t_{\mathrm{f}})-s_{\mathrm{f}}]^2\\ v(t)=v_0,\ s(t)=s_0\\ v_{\min}(t)\leqslant v(t)\leqslant v_{\max}(t)\\ u_{\mathrm{b}}\leqslant F_{\mathrm{t}}(t)\leqslant u_{\mathrm{a}},\ 0\leqslant F_{\mathrm{b}}(t)\leqslant u_{\mathrm{c}}\end{cases} \tag{5-21}$$

式中，$v_{\max}(t)$ 和 $v_{\min}(t)$ 分别为车辆速度约束的上限和下限，该约束取决于道路限速、前车及周边车辆的动态。

求解过程中为简化计算，使用虚拟输入量将不等式约束转化为等式约束[64]，设引入的虚拟变量为 u_{d1}，u_{d2} 和 u_{d3}，则有

$$\begin{cases}\left(F_{\mathrm{t}}-\dfrac{u_{\mathrm{a}}+u_{\mathrm{b}}}{2}\right)^2-\left(\dfrac{u_{\mathrm{a}}-u_{\mathrm{b}}}{2}\right)^2+u_{\mathrm{d1}}^2=0\\ \left(F_{\mathrm{b}}-\dfrac{u_{\mathrm{c}}}{2}\right)^2-\left(\dfrac{u_{\mathrm{c}}}{2}\right)^2+u_{\mathrm{d2}}^2=0\\ \left(v-\dfrac{v_{\min}+v_{\max}}{2}\right)^2-\left(\dfrac{v_{\min}-v_{\max}}{2}\right)^2+u_{\mathrm{d3}}^2=0\end{cases} \tag{5-22}$$

因此上述优化问题中的待优化变量由 $\boldsymbol{u}=[F_{\mathrm{t}},F_{\mathrm{b}}]^{\mathrm{T}}$ 扩展为五个维度的向量，即 $\boldsymbol{u}=[F_{\mathrm{t}},F_{\mathrm{b}},u_{\mathrm{d1}},u_{\mathrm{d2}},u_{\mathrm{d3}}]^{\mathrm{T}}\in R^{m_u}$。为方便表述，将式（5-17）按照如下形式表达：

$$\begin{aligned}&\min J=\varphi[\boldsymbol{x}(t+T)]+\int_{t}^{t+T}L(\boldsymbol{x},\boldsymbol{u},t')\,\mathrm{d}t'\\&\text{s.t. } \dot{x}(t)=f(\boldsymbol{x},\boldsymbol{u},t)\\&C(\boldsymbol{x},\boldsymbol{u},t)=0\end{aligned} \tag{5-23}$$

并使用时间间隔 $\Delta\tau$ 离散化系统，则

$$
\begin{aligned}
&\min J = \varphi[x_N(t)] + \sum_{i=0}^{N-1} L[x_i(t), u_i(t)]\Delta\tau \\
&\text{s.t. } x_{i+1}(t) = x_i(t) + f[x_i(t), u_i(t)]\Delta\tau \\
&C[x_i(t), u_i(t)] = 0
\end{aligned}
\tag{5-24}
$$

式中，$N=T/\Delta\tau$，且随着时间的推移而减小。

构建优化控制问题的哈密顿函数，如下：

$$
\boldsymbol{H} = \boldsymbol{L} + \boldsymbol{\lambda}^{\mathrm{T}}\boldsymbol{f} + \boldsymbol{\mu}^{\mathrm{T}}\boldsymbol{C} \tag{5-25}
$$

式中，$\boldsymbol{\lambda}$ 为协态变量，$\boldsymbol{\lambda}\in R^2$；$\boldsymbol{\mu}$ 为由于等式约束引入的拉格朗日乘子，$\boldsymbol{\mu}\in R^{m_c}$。根据极值原理，在最优轨迹上，控制变量$\{u_i\}_{i=0}^{N-1}$、拉格朗日乘子$\{\mu_i\}_{i=0}^{N-1}$和协态变量$\{\boldsymbol{\lambda}_i\}_{i=0}^{N}$需要满足如下的必要性条件：

$$
\begin{aligned}
&\boldsymbol{H}_u[\boldsymbol{x}_i(t), \boldsymbol{\lambda}_i(t), \boldsymbol{u}_i(t), \boldsymbol{\mu}_i(t)] = \boldsymbol{0} \\
&\boldsymbol{\lambda}_i(t) = \boldsymbol{\lambda}_{i+1}(t) + \boldsymbol{H}_x^{\mathrm{T}}[\boldsymbol{x}_i(t), \boldsymbol{\lambda}_{i+1}(t), \boldsymbol{u}_i(t), \boldsymbol{\mu}_i(t)]\Delta\tau \\
&\boldsymbol{\lambda}_N(t) = \varphi_x^{\mathrm{T}}[\boldsymbol{x}_N(t)]
\end{aligned}
\tag{5-26}
$$

定义由控制输入和拉格朗日乘子构成的待优化变量如下：

$$
\boldsymbol{U}(t) = [\boldsymbol{u}_0^{\mathrm{T}}(t), \boldsymbol{\mu}_0^{\mathrm{T}}(t), \boldsymbol{u}_1^{\mathrm{T}}(t), \boldsymbol{\mu}_1^{\mathrm{T}}(t), \cdots, \boldsymbol{u}_{N-1}^{\mathrm{T}}(t), \boldsymbol{\mu}_{N-1}^{\mathrm{T}}(t)]^{\mathrm{T}} \in R^{m\times N} \tag{5-27}
$$

式中，$m=m_u+m_c$。为了得到上述最优控制问题的解，需要求解以下由必要性条件构成的方程组：

$$
\boldsymbol{F}[\boldsymbol{U}(t), \boldsymbol{x}(t), t] = \begin{bmatrix}
\boldsymbol{H}_u[\boldsymbol{x}_0(t), \boldsymbol{\lambda}_1(t), \boldsymbol{u}_0(t), \boldsymbol{\mu}_0(t)] \\
\boldsymbol{C}[\boldsymbol{x}_0(t), \boldsymbol{u}_0(t)] \\
\vdots \\
\boldsymbol{H}_u[\boldsymbol{x}_{N-1}(t), \boldsymbol{\lambda}_N(t), \boldsymbol{u}_{N-1}(t), \boldsymbol{\mu}_{N-1}(t)] \\
\boldsymbol{C}[\boldsymbol{x}_{N-1}(t), \boldsymbol{u}_{N-1}(t)]
\end{bmatrix} = \boldsymbol{0} \tag{5-28}
$$

即 $\boldsymbol{H}_u=\boldsymbol{0}$ 和 $\boldsymbol{C}=\boldsymbol{0}$ 需要在每一时刻都被满足。

由于数值迭代算法往往需要较长的计算时间而难以实时实现，所以采用一个等价条件来得到上述方程组的解，如下：

$$
\begin{aligned}
&\dot{\boldsymbol{F}}[\boldsymbol{U}(t), \boldsymbol{x}(t), t] = -\zeta\boldsymbol{F}(\boldsymbol{U}(t), \boldsymbol{x}(t), t),\ \zeta>0 \\
&\boldsymbol{F}[\boldsymbol{U}(\boldsymbol{0}), \boldsymbol{x}(\boldsymbol{0}), 0] = 0
\end{aligned}
\tag{5-29}
$$

如果式（5-29）能够满足，则式（5-28）也可以满足，如果雅可比矩阵

$\boldsymbol{F}_U$ 非奇异，则可得到关于 $\boldsymbol{U}(t)$ 的差分方程为

$$\dot{\boldsymbol{U}} = \boldsymbol{F}_U^{-1}(-F_x\dot{\boldsymbol{x}} - F_t - \zeta\boldsymbol{F}) \tag{5-30}$$

式（5-30）可以通过连续广义最小残差法（Continuation and Generalized Minimum Residual，C/GMRES）进行求解，其具体理论及分析见文献［65］。

在每个采样周期下，考虑上层速度规划得到的驱动力和制动力需求，下层控制主要进行节能的力矩分配和换档优化。混合动力汽车动力传动系统中可以有多种动力传递路线，而这些动力传递路线取决于车辆的工作模式，且通过发动机和电机的力矩分配比来表达。该分配比定义为电支路系统所提供的力矩在总力矩需求中的占比[66]，标记为 R_{tor}。在行驶过程中，工作模式可以分为以下几种：纯发动机驱动模式 $R_{\mathrm{tor}}(t)=0$、纯电动模式 $R_{\mathrm{tor}}(t)=1$、混合驱动模式 $0<R_{\mathrm{tor}}(t)<1$，以及制动回收模式 $R_{\mathrm{tor}}(t)<0$。当车辆总的需求力矩和车辆状态使发动机可以在高效率区运行时，车辆由发动机单独驱动；在低速、低转矩等发动机效率低下的情况下，倾向于选择纯电动驱动模式；当电池电量水平较低时，采用混合动力模式，此时发动机提供的力矩和功率高于车辆需求且多余的能量对电池充电，相反，当电池电量处于高水平时，使用纯电动驱动模式；在车辆制动时，离合器使发动机脱离驱动路线，使电机保持接合以回收由制动带来的能量。因此减速阶段的控制器可以单独设计，下面将重点解决驱动阶段下的发动机和电机的力矩分配问题。

整体来讲，下层的优化控制问题可以描述为：在速度规划得到的驱动力 $F_t(t)$ 下，对 $\boldsymbol{u}=[R_{\mathrm{tor}}, i_g]^{\mathrm{T}}$ 进行实时优化使得能量消耗最小，即

$$\min J = \int_t^{t+\Delta\tau} G_{\mathrm{fuel}}[R_{\mathrm{tor}}(t'), i_g(t')] + \omega_{\mathrm{elc}} G_{\mathrm{elc}}[R_{\mathrm{tor}}(t'), i_g(t')]\,\mathrm{d}t' \tag{5-31}$$

式中，$\Delta\tau$ 为上层系统的采样时间间隔；G_{fuel} 和 G_{elc} 分别为发动机燃油消耗率和电机功率；i_g 表示变速器的速比。为了解析表达上述最优控制问题，将发动机的燃油消耗率 G_{fuel} 拟合为关于发动机转速 ω_f 和转矩 T_f 的二次多项式形式：

$$\begin{aligned} G_{\mathrm{fuel}}(R_{\mathrm{tor}}, i_g) &= \sum_{i=0}^{2}\sum_{j=0}^{2} a_{i,j} T_f^i \omega_f^j \\ T_f = (1-kR_{\mathrm{tor}})T_{\mathrm{dem}}&, \omega_f = 30 i_0 i_g v/\pi r_w \end{aligned} \tag{5-32}$$

式中，$a_{i,j}$ 为可调整参数；k 为车辆固定参数，表示电机力矩和发动机力矩输出耦合的齿轮速比；T_{dem} 为总的力矩需求，该力矩需求取决于上层优化的需求驱动力，且定义为 $T_{\mathrm{dem}}=F_t r_w/i_0 i_g$；$r_w$ 为车轮有效半径，$r_w=0.32\mathrm{m}$；i_0 为车辆主减速比，$i_0=3.94$；i_g 为变速器传动比，且数值为{4.16，2.45，1.61，1.20，0.92，

0.70, 0.54}。同样，电机功率模型构建为关于力矩 T_m、转速 ω_m 和效率 η_m 的函数形式：

$$G_{elc}=P_m(T_m,\ \omega_m)=T_m\omega_m\eta_m^{-sign(T_m)}(T_m,\ \omega_m) \tag{5-33}$$

将式（5-33）进行拟合，得到关于电机力矩和转速的二次函数形式：

$$G_{elc}(T_m,\ \omega_m)=\sum_{i=0}^{2}\sum_{j=0}^{2}b_{i,j}T_m^i\omega_m^j,T_m=R_{tor}T_{dem},\ \omega_m=30ki_0i_gv/\pi r_w \tag{5-34}$$

式中，$b_{i,j}$ 为调整参数。拟合数据和实际数据的相关系数分别为 $R_1=99.77\%$ 和 $R_2=99.98\%$。最终，下层混合动力汽车能量管理的最优控制问题描述为

$$\min L=A(i_g,\ v)R_{tor}^2+B(i_g,\ v)R_{tor}+C(i_g,\ v) \tag{5-35}$$

此外，需要满足以下物理约束：

$$\begin{cases}R_{tor}\leqslant 1,\ T_{m,min}\leqslant T_m\leqslant T_{m,max},\ T_{f,min}\leqslant T_f\leqslant T_{f,max}\\0\leqslant\omega_m\leqslant\omega_{m,max},\ 0\leqslant\omega_f\leqslant\omega_{f,max}\end{cases} \tag{5-36}$$

式中，$T_{f,max}$ 和 $T_{f,min}$ 分别为发动机的最大和最小输出力矩；$T_{m,max}$ 和 $T_{m,min}$ 分别为电机的最大和最小输出力矩；$\omega_{m,max}$ 和 $\omega_{f,max}$ 分别为电机和发动机的最大转速。

考虑多个交通信号灯的情况，选取某一城市交通路段，仿真结果如图 5-9 所示。在选定的路段上获取交通信号灯的时序图（交通信号灯的距离和变化规律）。考虑两个行驶策略：第一种行驶策略下，车辆以较高的平均速度行驶，则倾向于加速以提前到达交通路口并在绿灯时间内通过；第二种行驶策略下，车辆以较低的平均行驶速度行驶，则车辆不能按照当前速度顺利通过路口时，通过提前减速增大滑行时间并在下一个绿灯时间内通过路口。两种策略的平均行驶速度分别为 20m/s 和 15m/s。图 5-9 给出了对应的车速、档位和力矩曲线。车辆行驶的总里程为 3.5km，两种行驶策略的燃油消耗分别为 50.6g 和 20.4g。图 5-10 所示为多个路口下的交通信号灯时序以及速度曲线。可以看出，虽然两种策略都可以使车辆在绿灯时间内通过路口、减少车辆由于红灯带来的怠速油耗，但当车辆加速通过路口时（第一种策略），其需要的油耗远比第二种策略高，而通过减速和滑行以避免红灯的做法更加节能，但驾乘感受会受到一定影响。

由于系统离散时间间隔 $\Delta\tau$ 对算法的求解时间和优化性能具有较大影响，因此需要分析不同的 $\Delta\tau$ 对算法准确性和计算效率的影响，在 Intel(R) Core(TM) i7-4790 CPU（3.60GHz）硬件条件下进行仿真，并通过 MATLAB 记录算法的求

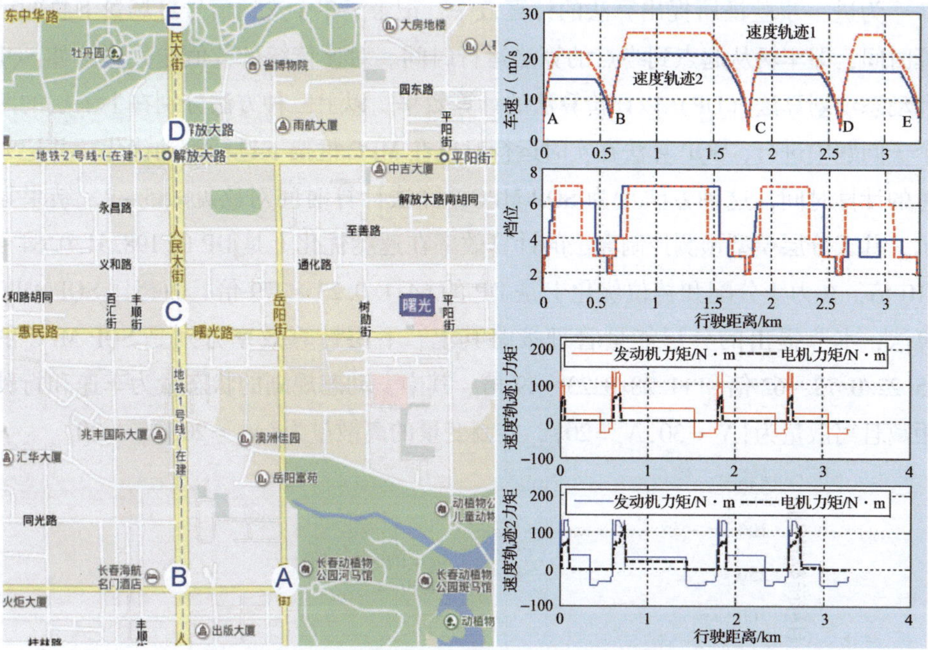

图 5-9　考虑多个交通信号灯信息的仿真结果

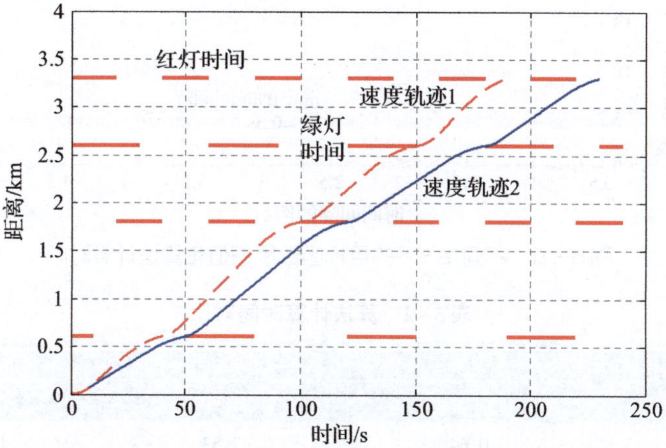

图 5-10　多个路口下的交通信号灯时序以及速度曲线

解时间。图 5-11 所示为不同离散时间间隔 $\Delta\tau$ 下的目标函数累积值和算法计算时间（表 5-2 中的单个交通信号灯下的情况 1）。从结果可以看出，随着 $\Delta\tau$ 的减小，系统的经济性能逐渐提高但计算时间也会增加。根据图中显示的结果，可以综合选定一个离散时间，设为 $\Delta\tau = 0.5\mathrm{s}$ 使得系统在提高经济性能的同时可以降低计算时间。

为进一步验证所提出算法的计算效率，记录了单个交通信号灯场景下总的计算时间，即车辆从起点到终点的算法运行时间。对比传统的数值迭代算法如 SQP 和动态规划算法（DP）以评价算法的计算效率。以上三种方法分别在上下层的两个子问题中进行，SQP 算法在实时运行时也在 MPC 框架下进行滚动优化，并记录总的计算时间，这种方法记为 SQP-MPC。算法计算时间对比见表 5-2。结果显示，基于分层模型预测控制算法的计算效率在速度优化上是 DP 的 198.51/0.64≈310 倍，在力矩分配和档位优化上是 DP 的 64.1/0.23≈279 倍。而相比 SQP-MPC 算法，本节提出的分层能量管理策略其上、下层计算效率分别是 SQP-MPC 的 45.22/0.72≈62 倍和 11.28/0.23≈49 倍。其中，动态规划的状态量为车速和行驶距离且离散量为$\{N_v=30, N_s=20\}$，控制变量的离散量为$\{N_{F_t}=20, N_{F_b}=20\}$。

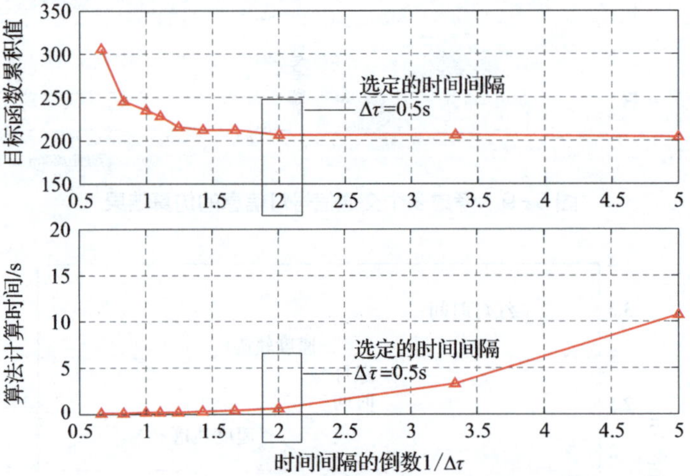

图 5-11　不同 Δτ 下的目标函数累积值和算法计算时间

表 5-2　算法计算时间对比

工况	速度规划问题的计算时间/s		
	分层 MPC	SQP-MPC	DP
情况 1	0.64	42.53	198.51
情况 2	0.57	41.70	197.32
情况 3	0.72	46.22	242.40
工况	力矩分配问题的计算时间/s		
	分层 MPC	SQP-MPC	DP
情况 1	0.20	12.40	63.72
情况 2	0.23	11.28	64.10
情况 3	0.27	16.33	76.27

5.2 基于深度学习的电池健康预测

5.2.1 电池健康管理概述

面对全球范围内日益严峻的能源危机与环境污染问题，全球都在大力推行新能源产业，其中电动汽车作为取代传统燃油车的首要选择。纯电动汽车作为新能源汽车的最重要组成部分，截至 2020 年保有量已经达到 400 万辆，占新能源汽车总保有量的 81.32%。电池作为电动汽车的核心动力，其性能优劣直接影响了电动汽车的驾驶安全、续驶里程和经济性等多方面性能[67]。随着电动汽车的快速发展，电动汽车的安全隐患逐渐成为人们不能够忽视的一个重要问题，严重影响着电动汽车的使用安全。因此，利用电池管理系统（Battery Management System，BMS）对电动汽车的电池进行高效监控与管理，对于保障电动汽车驾驶安全与经济性十分重要。BMS 主要通过对电池状态的监测，从电池内部多状态估计、热管理及故障诊断等多方面达到电池的管理与维护目的[68]，对实现电池系统安全使用、降低运行成本等目标至关重要[69]。先进电池管理系统结构及主要功能示意图如图 5－12 所示。

其中，寿命预测与健康管理（Prognostics and Health Management，PHM）作为 BMS 核心，其主要用于健康状态（State of Health，SOH）及剩余使用寿命（Remaining Useful Life，RUL）预测，旨在对电池的使用安全提供保障[70－71]。电池 PHM 的研究可以尽早地在线诊断电池健康状态，并利用寿命预测指导更换将要达到寿命阈值的电池，避免因电池故障而带来电动汽车安全隐患，对于保障驾驶安全十分重要。

作为 PHM 技术的关键问题，电池的 SOH 与 RUL 都是量化电池老化程度的指标。按不同的时间尺度划分，电池的 SOH 反映的是短期内电池健康程度的变化，而 RUL 则反映较长时间范围内电池健康程度的变化。SOH 一般用可用电池容量或内阻来表示，按容量定义为当前时刻与额定容量的比值：

$$\mathrm{SOH}=\frac{C_{\mathrm{now}}}{C_{\mathrm{rate}}}\times 100\% \tag{5-37}$$

式中，C_{now} 与 C_{rate} 分别为电池当前时刻容量与额定容量。

电池的 SOH 在出厂时为 100%，其值会随电池的使用而逐渐减少。当 SOH 下降至初始 SOH 的 70% 或 80%[72]，就认为电池已达到报废状态。电池的 RUL

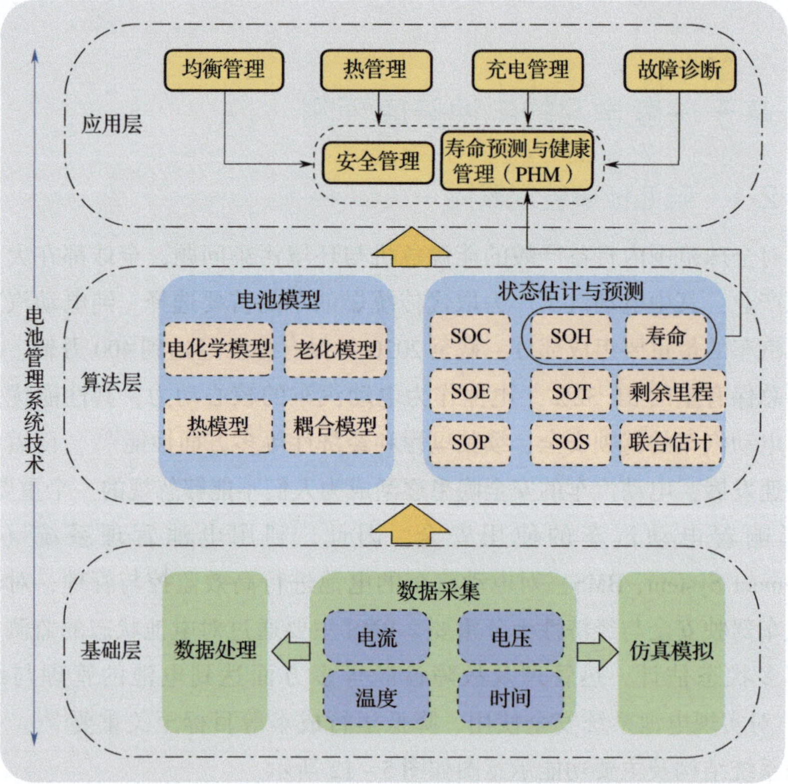

图5-12　先进电池管理系统结构及主要功能示意图

一般用剩余的充放电循环次数表示，代表从当前时刻到寿命终值（End of Life，EOL）所剩余的使用时间。

随着电动汽车的快速发展，电池的 PHM 技术也得到了越来越广泛的关注，对于减少里程焦虑、保障驾驶安全和降低成本有着十分重要的作用。锂离子电池的老化过程会受到如内部电化学反应、放电深度和温度等多方面因素的影响，这给准确地估计锂离子电池的 SOH 与预测 RUL 增加了难度[73]。目前电池 PHM 技术分为基于模型的方法、基于数据驱动的方法与融合方法[74-76]，相关方法分类示意图如图 5-13 所示。

（1）基于模型的方法

基于电池老化机制的先验知识与电池内部的物理化学反应规律，研究者建立了多种电池模型来模拟电池的老化过程，如电化学模型[77]、等效电路模型[78]和经验模型[79]等，结合卡尔曼滤波（Kalman Filter，KF）[80]、粒子滤波（Particle Filter，PF）[81]等方法，实时估计模型的参数，进而实现对于电池 SOH 与 RUL 的估计与预测。

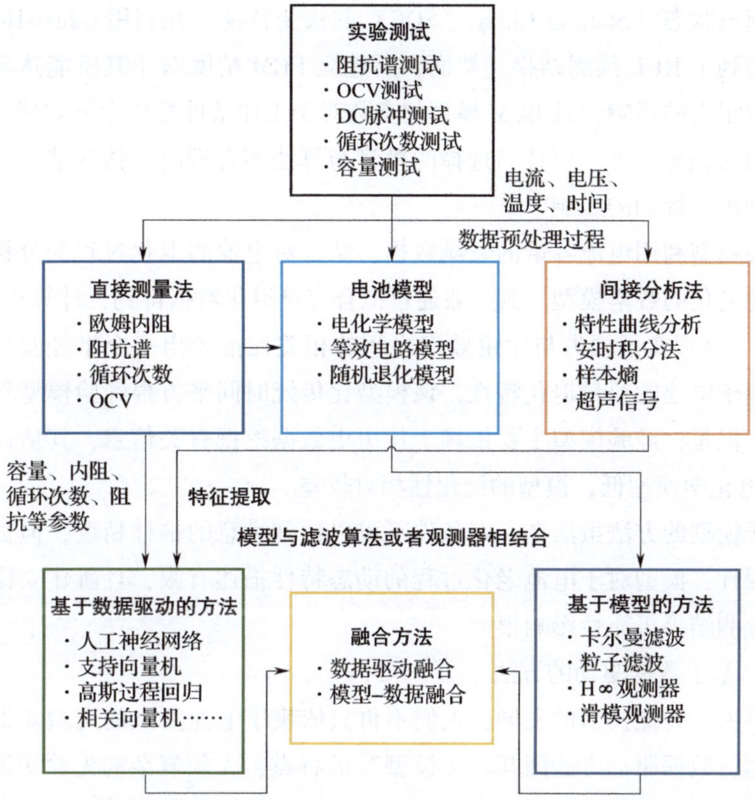

图 5-13　锂离子电池 PHM 技术方法分类示意图

一般来说，电化学模型是反映电池内反应的机理模型，理论上模型精度较高，但其由复杂的偏微分方程组成，存在着模型参数时变，且随温度变化，还存在参数耦合问题，从而导致了机理模型求解困难。韩雪冰等[82]提出了一种电池简化伪二维（Simplified Pseudo Two Dimensional，SP2D）模型用于电池 SOH 估计，该简化模型虽然在保证精度的前提下降低了机理模型的复杂性，但依然有着较高的计算成本。尽管电化学机理模型可以很好地模拟电池的老化过程，但是其存在模型参数辨识困难问题，且大量偏微分方程导致计算复杂，均限制了电化学模型的应用[83]。

考虑到电化学机理模型在实际应用中存在的局限性，等效电路模型（Equivalent Circuit Models，ECM）是目前 BMS 中应用最为广泛的电池模型，其电路主要由电压源、电流源、电阻器、电容器和电感器组成，模拟电池内部电化学反应特性，包括电压特性和极化特性。Ma 等[84]基于 Thevenin 模型提出了一种多尺度扩展卡尔曼滤波器多状态联合估计方法。该方法考虑了 SOH 的慢变特征与荷电状态（State of Charge，SOC）的快变特征，并利用 Gauss-Hermite 滤波方法得到了 RUL 预测结果。然而，所建立 ECM 精度对于其所能达到的预测精度有着很大的影响，且 ECM 模型的参数对于工作条件变化十分敏感，提升了模型参数辨识复杂性，而且当选择的模型与算法不合理时，估计结果很容易受到外界噪声与扰动的影响[85]。

经验模型利用电池容量的衰减数据，结合对电池的退化过程的分析，建立面向电池老化的数学模型。其一般通过拟合容量退化数据得到，计算相对简单。Yang 等[79]从锂离子损失与库伦效率之间的相关性推导出一个半经验模型，以确定锂离子电池的容量退化特性，该模型比传统时间平方根经验模型具有更高的精度。但是，经验模型主要依赖于从历史数据挖掘有关信息，其估计精度比 ECM 与电化学模型低，模型的泛化性相对较差。

基于模型的方法虽然在一定条件下可以达到满意的估计精度，但仍存在较大的局限性，模型对于电池老化过程的动态特性描述有限，且所建立模型准确性对于预测结果可靠性影响很大。

（2）基于数据驱动的方法

随着人工智能技术的发展，人们不再只依赖于电池复杂的先验知识建立电池的模型。数据驱动方法因其“无模型”的特点，无须复杂的先验知识及内部机理，仅利用数据建立电池内部老化过程与外特性间的映射关系，从而得到了广泛应用。基于数据驱动的方法从电池退化数据中学习其中潜在的退化信息与电池 SOH 或容量退化趋势之间的关系，探索电池的健康因子（Health Indicators，HI）与电池老化间的关系，将其应用于电池的 PHM 技术中。数据驱动法包括统计学习、机器学习，以及深度学习等方法[86]。

统计学习方法基于历史数据与经验知识，建立统计模型来描述电池退化趋势并将其应用于电池 PHM 技术中。Hu 等[87]利用电压样本熵作为描述电池老化的因素，并利用稀疏贝叶斯方法探索二者关系，在不同的温度条件下得到了准确的 SOH 预测结果。Zhu 等[88]提出了一种基于灰色－马尔可夫链模型与改进高斯过程回归的混合方法，对于退化趋势与容量再生分别进行模拟，以提升预测精度。统计学习方法虽然使用简单，精度较高，但是模型更新效率低，且需要提供全面的数据[5]。

机器学习无须了解电池详细的老化机理，利用相关算法对历史数据进行训练，从数据中挖掘锂离子电池的老化信息用于电池 PHM 技术。常用算法如支持向量机（Support Vector Machine，SVM）、高斯过程回归（Gaussian Process

Regression，GPR）、相关向量机（Relevance Vector Machine，RVM）等。Wang 等[89]利用差分热伏安曲线（Differential Thermal Voltammetry，DTV）中的相关特征描述电池的老化特性，并与 GPR 方法相结合估计了电池的 SOH 值。与单一学习预测器方法相比，研究人员提出了准确性高、泛化性强的集成学习方法应用于电池 PHM 技术领域。但是集成学习方法实现成本较高，且计算复杂度相对较大。Cao 等[90]提出了一种诱导有序加权几何平均算子方法，解决了异构集成学习中存在的预测器权重分配问题，实现了每个预测器权重实时分配，提升了电池 SOH 估计的精度。

由于在复杂系统非线性建模方面深度学习展示出了强大能力，基于深度学习方法的电池 PHM 技术也得到了广泛关注。常见的深度学习方法一般都是基于神经网络的方法，如深度神经网络（Deep Neural Network，DNN）、长短时记忆神经网络（Long Short-Term Memory，LSTM）、卷积神经网络（Convolutional Neural Network，CNN）、Transformer 等。

DNN 是深度学习中的重要方法之一，主要利用多层神经网络强大的学习能力与特征提取的能力，将通过多层网络计算得到的与电池老化相关的特征信息应用于电池 PHM 技术之中。但是 DNN 的参数数量会随着网络层数的增加而不断增长，对其实际应用也带来了一定的限制。

LSTM 作为循环神经网络（Recurrent Neural Network，RNN）的改进被广泛应用于时序问题。LSTM 通过在预测过程中纳入了历史信息，从原始数据中提取了随时间变化的退化趋势信息，提高了电池 PHM 技术的性能。Zhang 等[91]采用 LSTM-RNN 神经网络方法，针对 RNN 中梯度消失问题，通过在传统的 RNN 单元中加入三个门结构来控制输入信息传递过程，实现对电池容量的准确估计。

CNN 近年来也被应用在电池 PHM 领域实现对电池老化特征的挖掘。Bockrath 等[92]采用时空卷积神经网络与局部充放电曲线相结合的方法，在线预测了电池的 SOH 值。CNN 可以有效处理测量得到的电池数据，提升电池 PHM 的性能，但是存在由于丢失有用信息而导致的估计精度下降的问题[93]。自编码器（Auto-Encoder，AE）的提出是为了解决特征提取过程的降维问题。Gong 等[94]提出了一种基于深度学习的 AE 模型，可以有效地对充电曲线的采样数据进行编码，生成编码序列，得到 SOH 的准确估计结果。

（3）融合方法

基于数据驱动的方法依赖于数据，数据量不足或者存在一定倾向性都会导致预测偏差。而基于模型的方法所建立的模型精度与参数辨识过程的复杂性是需要克服的问题。因此，研究人员采用融合方法用于电池 PHM 技术，主要有模型 - 数据融合方法与数据驱动融合方法[95-96]。

模型 - 数据融合方法主要通过机器学习算法解决传统滤波算法中存在的粒子贫化问题，或者利用数据驱动算法得到容量退化趋势作为观测方程。Li 等[76]提出了一种基于双滤波器与 SVM 的模型 - 数据融合的 RUL 预测框架，采用两个滤波器同时在线迭代更新电池容量退化状态和数据驱动模型的参数。数据驱动融合方法主要针对单一方法的不足，结合多组方法的优势提升预测精度或快速性。Brahim Zraibi 等[97]提出了一种 CNN-LSTM-DNN 混合网络，结合了 CNN 与 LSTM 在空间与时间上特征提取的能力，进一步提升预测的准确性。Liu 等[98]利用经验模态分解，将容量序列分解为反映容量波动的模态函数和与反映退化趋势的残差项。LSTM 与 GPR 分别用于长期退化趋势估计及短期不确定性容量波动模拟，从而可以同时捕捉电池容量退化趋势以及容量自恢复特性，提升了电池容量估计的准确性。Gu 等[99]提出了一种 CNN-Transformer 混合神经网络结构用于估计电池 SOH。Transformer 模型作为 LSTM 网络的变体形式，在时间序列预测领域得到了越来越多研究者的关注。

综上，基于机器学习及深度学习方法无须依赖复杂的电池模型，且在复杂非线性系统建模方面具有强大能力，因此其在电池健康管理领域有着广泛应用。通过无监督学习，自动从原始信号中进行特征提取，避免了因缺乏先验知识而导致选择的特征不当，提高了电池 SOH 的估计精度。

5.2.2 基于 LSTM 神经网络的电池健康状态预测

1. 电池健康因子提取

在电池 PHM 技术研究中，大多数研究采用电池容量作为电池 SOH 估计或寿命预测的评价指标，但是其难以被直接测量。针对实际应用中电池容量难以直接测量的问题，基于电池老化过程中充放电曲线的变化趋势，提取健康因子（Health Indicators，HIs）反映电池退化的潜在信息是一个可行的研究思路。

具体来说，可以将容量作为反映电池老化过程的直接 HIs，而将其他反映电池老化过程的参数作为间接 HIs。根据提取方式不同，电池 HIs 可以划分为可基于测量特征的 HIs 与基于计算特征的 HIs，电池健康因子提取分类如图 5 - 14 所示。

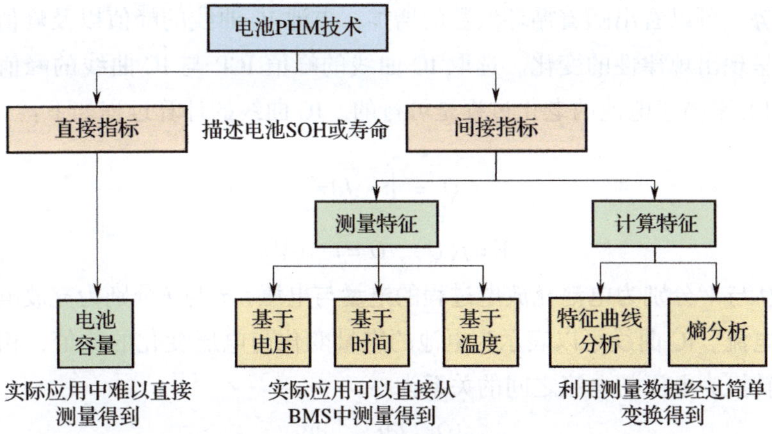

图 5-14　电池健康因子提取分类

1）基于测量特征的健康因子：测量特征是指从电池外特性参数中直接测量得到的一些特征，如电压、温度和时间等。研究人员发现，电池充放电过程的电压、电流和温度等参数均会随着循环次数的增加出现有规律的变化，因此从中提取相关的 HIs 是可行的[100-101]。常见的测量特征包括：基于电压的特征，如等时间间隔下放电过程与充电过程的电压变化、充电电压曲线斜率等；基于充放电时间的特征，如恒流充电时间、恒压充电时间等；基于温度的特征，如温度曲线的峰值、平均温度、最低温度等。

2）基于计算特征的健康因子：直接测量得到的健康因子中所包含的老化信息是有限的。通常是对测量特征进行变换，然后从变换后的曲线中提取 HIs，主要包括特征曲线分析，即增量容量分析（Incremental Capacity Analysis，ICA），热伏安分析，以及熵分析。例如特征曲线的峰值、峰值对应的位置、特征曲线包围的面积等。

图 5-15 所示为 NASA 数据集下某一电池充放电过程电压、电流、温度及增量容量（IC）特征曲线随循环次数增加的变化趋势，其中循环次数用 cyc 表示，可以看出电池达到充电截止电压的时间随着循环次数的增加而逐渐缩短，因此在相同充电时间间隔内的电压增加值也会呈现出一定的变化趋势。电流曲线中的恒流充电时间在图 5-15b 所示的曲线中呈现明显向左移动的趋势。恒流充电时间 t_{cc} 随着循环数增加而下降，同时恒压阶段（CV）充电时间增加。从图 5-15c 中可以看出，温度曲线本身在充放电过程中也呈现出规律的变化，例如放电过程中温度达到峰值的位置在曲线中有明显的向左移动的趋势，可以用于描述电池的退化过程。除了测量特征外，图 5-15d 表示的是 IC 特征曲线的

变化趋势，可以看出随着循环次数的增加，电池 IC 曲线的峰值以及峰值对应的电压都呈现出规律性的变化。选取 IC 曲线的峰值 ICP 与 IC 曲线的峰值对应的电压 ICPL 来描述电池的老化过程是可行的。IC 曲线的计算过程如下：

$$Q = \int_{\tau=1}^{t} I\mathrm{d}\tau \tag{5-38}$$

$$V = f(Q)\text{，}Q = f^{-1}(V) \tag{5-39}$$

式中，Q 与 V 分别为电池充放电过程的电量与电压；τ 与 I 分别为充放电过程的时间与电流。IC 曲线可以表示为电池的容量变化与电压变化的比值，相应地也可以为转换为电压与电流之间的关系为

$$\frac{\mathrm{d}Q}{\mathrm{d}V} = \frac{I\mathrm{d}t}{\mathrm{d}V} = I\frac{\mathrm{d}t}{\mathrm{d}V} \tag{5-40}$$

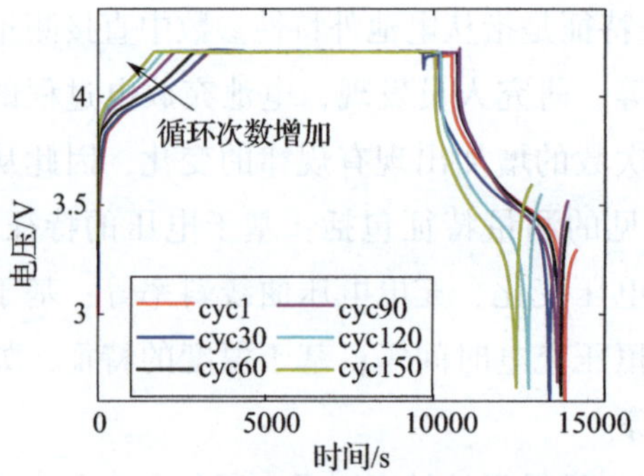

a）NASA数据集充放电过程电压变化曲线

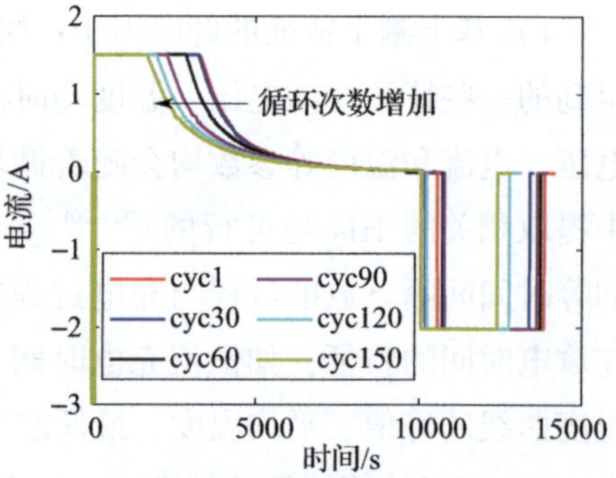

b）NASA数据集充放电过程电流变化曲线

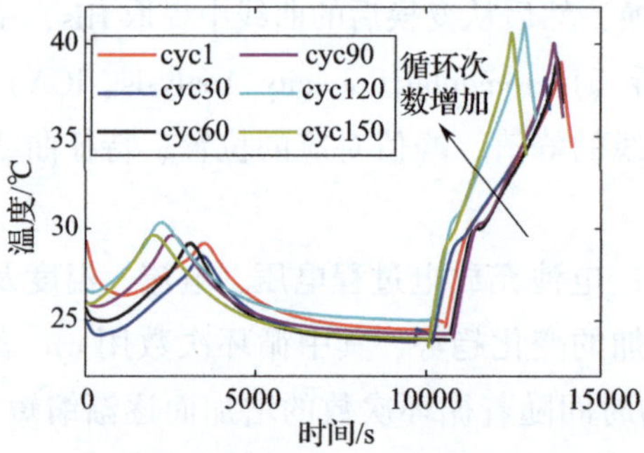

c）NASA数据集充放电过程温度变化曲线

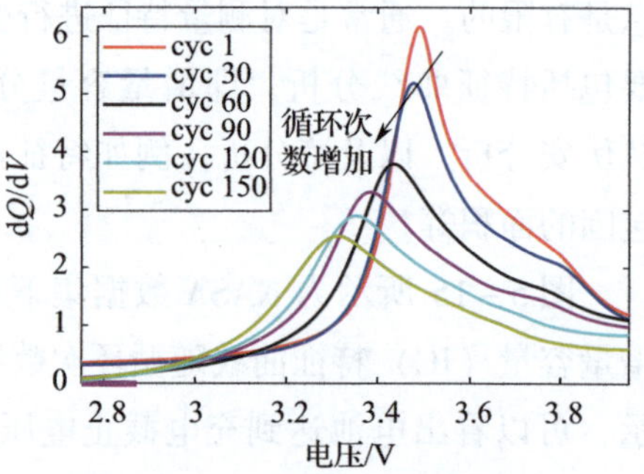

d）NASA数据集IC特征曲线

图 5-15　NASA 数据集下某一电池充放电过程电压、电流、温度及 IC 特征曲线随循环次数增加的变化趋势

综上所述，这里提取了与电池充放电过程中电压、电流、温度等相关的测量特征以及基于特征曲线计算得到的计算特征用于代替传统的容量来描述电池的退化过程。具体提取的特征见表 5-3。这里分别提取了：VIECT，表示等时

间间隔充电电压变化；t_{cc}，表示恒流充电过程的时间；以及与温度相关的特征TPL，表示放电过程中温度峰值对应位置。除了上述三个测量特征，这里还从电池的 IC 曲线中提取了曲线峰值 ICP 与曲线峰值对应的电压 ICPL 用于描述电池的退化过程。此外，还计算了放电电压的样本熵用于描述电池退化过程，主要用于度量序列复杂性。样本熵值越大代表序列越复杂。样本熵 SampEn(M, R, N_c)定义为在窗口长度 M（长度为 N_c 的时间序列的子序列）下，条件概率估计的负自然对数，在扰动 R 内保持相似，并可以匹配下一点的值。

表 5-3　所提取的电池健康因子特征的具体含义

HIs 符号表示	说明	相关特征	类型
VIECT	等时间间隔充电电压变化	充电电压相关	测量特征
t_{cc}	恒流充电过程的时间	充电时间相关	测量特征
TPL	放电过程中温度峰值对应位置	放电温度相关	测量特征
ICP	IC 曲线峰值	IC 曲线相关	计算特征
ICPL	IC 曲线峰值对应电压	IC 曲线相关	计算特征
SampEn	放电电压样本熵	放电电压相关	计算特征

在完成 HIs 的提取后，需要对所提取的 HIs 的有效性进行评估，定量分析其与电池老化过程的相关性。皮尔逊（Pearson）相关系数一般用来定量分析两个变量间的相关程度，其值正、负号分别代表正相关与负相关，取值在 -1 ~ 1 之间。一般认为皮尔逊相关系数的绝对值小于 0.4 为弱相关，0.4 ~ 0.6 为中等相关，0.6 ~ 0.8 为强相关，0.8 以上为极强相关[102]。皮尔逊相关系数定义为

$$\text{Pearson} = \frac{\sum_{i=1}^{n}(X_i - \bar{X})(Y_i - \bar{Y})}{\sqrt{\sum_{i=1}^{n}(X_i - \bar{X})^2 \sum_{i=1}^{n}(Y_i - \bar{Y})^2}} \tag{5-41}$$

式中，X_i 和 Y_i 分别为电池的 HIs 数据与容量的参考值数据；$\bar{X}$ 与 $\bar{Y}$ 分别为 HIs 数据与容量或者寿命参考值数据的平均值。这里也基于皮尔逊相关系数分析了部分电池的 HIs 的相关性。归一化处理原始 HIs 数据：

$$x_{\text{norm}} = \frac{x - \min(x)}{\max(x) - \min(x)} \tag{5-42}$$

式中，x 与 x_{norm} 分别为归一化前后的 HIs 数据。

图 5-16 所示为基于 NASA 数据集[103]的 B5 号电池数据与 MIT 数据集[104]提取的 HIs 归一化后的曲线示意图。可以看出，本节所提取的 HIs 随循环次数的变化趋势与容量衰减的趋势均呈现正相关或负相关的变化趋势。图 5-17 所

示为基于部分电池充放电过程提取的 HIs 与电池老化过程之间的相关性的热力图，可以看出，颜色越接近于黄色表示正相关性越强，越接近于深蓝色表示负相关性越强。

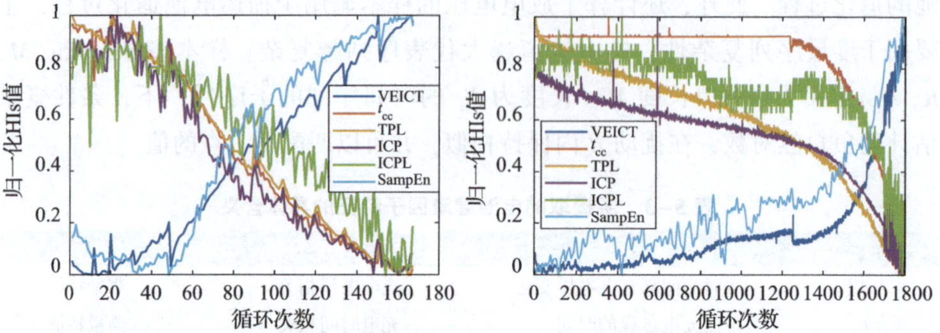

a）NASA#B5归一化HIs随循环次数变化曲线　b）MIT#124归一化HIs随循环次数变化曲线

图 5-16　归一化后电池 HIs 随循环次数变化曲线

	VEICT	t_{cc}	TPL	ICP	ICPL	SampEn
B5	−0.9895	0.9955	0.9976	0.936	0.988	−0.9841
B6	−0.9871	0.9923	0.9958	0.9731	0.973	−0.9518
B7	−0.9869	0.9935	0.9992	0.9813	0.8655	−0.8259
B18	−0.9295	0.9889	0.9994	0.9789	0.9889	−0.974
B30	−0.7528	0.9298	0.9925	0.9429	0.6699	−0.9368
B34	−0.7343	0.7128	0.979	0.883	0.7112	−0.6734
B47	−0.8055	0.9211	0.9485	0.9653	0.6085	−0.9199
B55	−0.7833	0.6961	0.8503	0.818	0.6755	−0.782
#1	−0.9249	0.9312	0.9568	0.9285	0.8598	−0.9066
#61	−0.9242	0.9504	0.9526	0.8604	0.8294	−0.9107
#85	−0.9844	0.9076	0.9831	0.8323	0.8825	−0.6828
#88	−0.9683	0.7439	0.9742	0.9688	0.9841	−0.7496
#100	−0.9894	0.831	0.9874	0.9531	0.8259	−0.6167
#113	−0.9708	0.8915	0.9776	0.967	0.9754	−0.6737
#114	−0.9726	0.9005	0.9807	0.9326	0.9217	−0.6357
#123	−0.9794	0.9009	0.9802	0.9622	0.9449	−0.7212
#124	−0.9603	0.9308	0.9798	0.9829	0.9249	−0.9753

图 5-17　电池 HIs 数据的皮尔逊系数热力图

从图 5-17 中可以看出，所提取的电池 HIs 与电池的容量之间皮尔逊相关系数的绝对值均保持在 0.6 以上，其中大部分电池的 HIs 相关性均为强相关（绝对值大于 0.8），可以用于电池 SOH 的估计研究中。同时对于不同工作条件，不同种类的电池数据，所提取的 HIs 数据的相关性程度也存在着差异，这也体现出不同电池数据之间的不一致性。

2. LSTM 神经网络基本原理

通常情况下，与回归预测建模相比，时间序列有着样本连续且长度不一致的特点，输入变量之间存在的复杂的序列依赖性使预测变得更加困难。在时间序列预测方面，与传统神经网络相比，RNN 的优点在于在预测未来时刻时考虑了历史信息，且有着更强的非线性逼近能力。然而，RNN 存在着神经网络中无法避免的梯度消失问题，影响预测的精度。而 LSTM 神经网络被提出来缓解梯度爆炸问题[105]。近年来，LSTM 在时间序列建模与预测，尤其是电池的健康管理方面有着十分广泛的应用[81,106]，其结构示意图如图 5 - 18 所示。

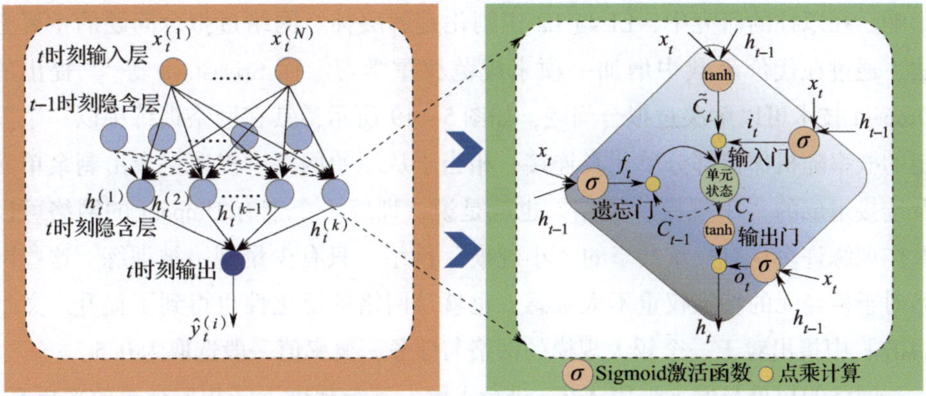

a）多个LSTM单元的信息传递过程　　b）LSTM单元的结构与信息传递过程

图 5 - 18　LSTM 单元结构示意图

图 5 - 18a 所示为多个 LSTM 单元的信息传递过程，每个 LSTM 单元与周围单元及其本身之间存在连接关系。LSTM 单元的输入由输入层获得的数据和上一时刻的输出数据组成。每个 LSTM 单元的结构与信息传递过程如图 5 - 18b 所示。从图 5 - 18b 中可以看出，LSTM 通过引入三个门结构来控制信息传递。其中，遗忘门决定了信息的舍弃与保留；输入门用来传递信息并更新单元状态；输出门则用来决定哪些信息需要输出，计算过程为

$$f_t = \sigma(W_f \cdot [h_{t-1}, x_t] + b_f) \tag{5-43}$$

$$i_t = \sigma(W_i \cdot [h_{t-1}, x_t] + b_i) \tag{5-44}$$

$$\tilde{C}_t = \tanh(W_C \cdot [h_{t-1}, x_t] + b_C) \tag{5-45}$$

$$C_t = \tilde{C}_t * i_t + C_{t-1} * f_t \tag{5-46}$$

$$o_t = \sigma(W_o \cdot [h_{t-1}, x_t] + b_o) \tag{5-47}$$

$$h_t = \tanh(C_t) * o_t \tag{5-48}$$

式中，x_t 为 t 时刻网络输入；f_t、i_t、o_t 分别为三个门在 t 时刻的输出；C_t 与 $\tilde{C}_t$ 分别为单元状态更新值与候选值，h_t 为隐含层输出；$W_\cdot$ 与 $b_\cdot$（对应下标 f，i，o，C）分别为对应各门及单元状态的权重与偏置；上一时刻的单元及隐含层状态由 C_{t-1} 与 h_{t-1} 表示；σ 与 tanh 分别为 sigmoid 及 tanh 激活函数，具体表示如下：

$$\sigma(x)=\frac{1}{1+\mathrm{e}^{-x}} \tag{5-49}$$

$$\tanh(x)=\frac{1-\mathrm{e}^{-2x}}{1+\mathrm{e}^{-2x}} \tag{5-50}$$

神经网络中的过拟合问题一直是难以避免的，会对预测的准确性产生负面影响。在以往的研究中，L1 与 L2 正则化是解决神经网络过拟合问题的主要方法，通过在代价函数中增加一项来规范权重学习。而 Srivastava 等[107]提出的 Dropout 技术可以解决过拟合问题，如图 5-19 所示，其在网络训练中以一个固定的概率随机保留部分单元及连接，相当于从原始网络中提取一个由剩余单元及连接组成的“小规模”网络。也就是说，训练一个带有 Dropout 的网络可以看作训练许多具有权重共享的“小规模”网络，只有少量网络被训练。这些网络对于神经元的特定权重不太敏感，也就是网络的泛化性也得到了提升。文献[107]中指出对于一个较大规模的网络与任务，概率值一般选取为 0.5。

网络的权重与偏置采用 Adam 进行求解，其与梯度下降相比计算效率更高。Adam 可以看作在 RMSProp 的基础上增加了梯度滑动平均及偏差纠正，具体计算步骤如下。

网络的损失函数选取为 SOH 预测值与 SOH 参考值之间的均方误差（Mean Square Error，MSE），具体表示为

$$\mathrm{loss}=\frac{1}{N}\sum_{i=1}^{N}(\widehat{\mathrm{SOH}}_i-\mathrm{SOH}_i)^2 \tag{5-51}$$

式中，N 为数据长度；$i=1，2，\cdots，N$。

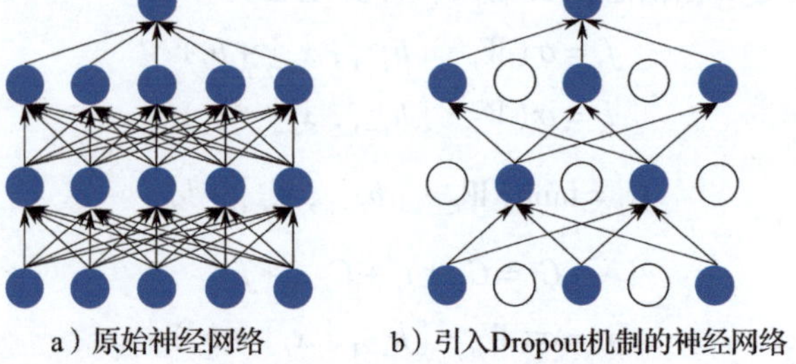

图 5-19　Dropout 原理示意图

损失函数在 t 时刻的梯度可以计算为

$$g_t = \nabla_\theta J(\theta_{t-1}) \tag{5-52}$$

式中，$J(\theta)$ 为模型参数 θ 的损失函数 loss；g_t 为与参数 θ_{t-1} 相关的梯度值。

相比于 RMSProp，Adam 求解器中对累计梯度进行了滑动平均处理，在 t 时刻，累计梯度 m_t 与累计梯度平方滑动均值 v_t 分别为

$$m_t = \zeta_1 m_{t-1} + (1-\zeta_1) g_t \tag{5-53}$$

$$v_t = \zeta_2 v_{t-1} + (1-\zeta_2) g_t^2 \tag{5-54}$$

式中，ζ_1 和 ζ_2 为指数衰减因子，一般分别被设为 0.999 与 0.9，反映的是梯度平方对权重分布的影响；m_t 与 v_t 的初值在这里均设为 0。

累计梯度与累计梯度平方滑动均值的修正过程表示为

$$\hat{m}_t = m_t/(1-\zeta_1) \tag{5-55}$$

$$\hat{v}_t = v_t/(1-\zeta_2) \tag{5-56}$$

式中，$\hat{m}_t$ 与 $\hat{v}_t$ 分别为累计梯度与累计梯度平方滑动均值的修正值。网络参数更新过程如下：

$$\theta_t = \theta_{t-1} - \mathrm{lr} \times \hat{m}_t/(\sqrt{\hat{v}_t} + \varepsilon) \tag{5-57}$$

式中，lr 为学习率，这里采用了分阶段衰减学习率；ε 为一个极小常数用于防止分母为 0，一般为 10^{-8}。

3. 基于多健康因子融合与改进 LSTM 神经网络的电池 SOH 预测

文献［108］提出了一个基于多健康因子融合与改进 LSTM 神经网络方法的电池 SOH 估计框架，具体如图 5-20 所示。主要包括以下几个部分：

首先，采用近邻成分分析（NCA）消除原始 HIs 的信息冗余并保留其主成分，对原始 HIs 数据进行特征选择与融合，以减少后续网络计算的复杂度。

然后，采用改进灰狼算法（Grey Wolf Optimizer，GWO）对 LSTM 模型的参数进行寻优。通过引入 Dropout 技术，解决了网络中存在的过拟合问题。

最后，针对 GWO 全局寻优效果不佳，采用差分进化灰狼（Differential Evolution Grey Wolf Optimizer，DEGWO）算法，修改了原 GWO 中狼群位置更新的问题，扩大了搜索空间，提升了参数全局寻优效率，实现测试集 SOH 的在线估计。

文献［108］从电池充放电过程的易测量参数中提取了与电池老化过程密切相关的多个 HIs 数据，用于电池的 SOH 估计，但是考虑到多维数据的输入会增加神经网络模型预测的计算复杂度，而且相关性较低的 HIs 数据会对预测带来负面影响。因此，剔除原始 HIs 数据中的冗余信息，同时保留 HIs 数据中大部分的原始信息是十分必要的。

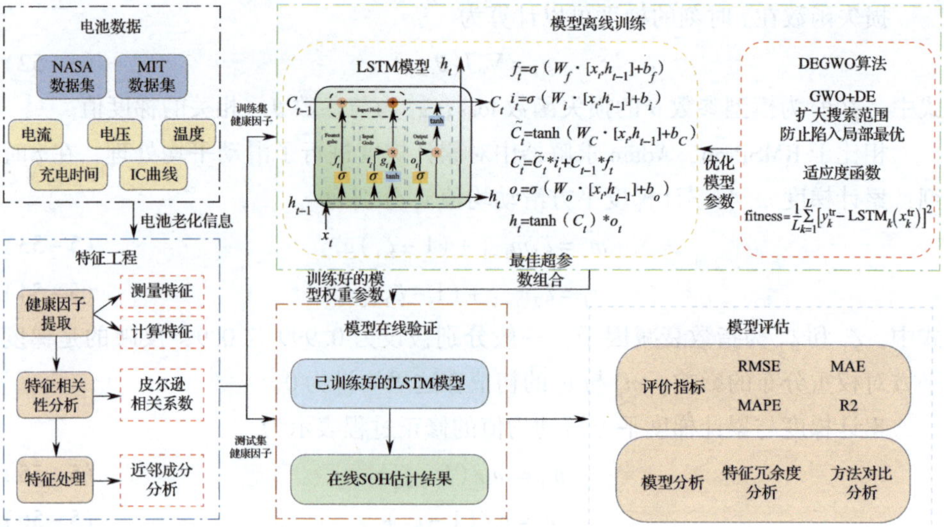

图5-20　基于多健康因子融合与改进 LSTM 神经网络方法的电池 SOH 估计框架

NCA 由 Goldberger 等[109]于 2005 年提出，是一种距离度量学习方法，在保留主要信息的同时将高维数据映射至低维空间。NCA 方法以最近邻方法（K-Nearest Neighbor，KNN）为基础，以马氏距离作为距离度量。通过不断优化 KNN 分类的精度，学习变换矩阵，得到一个可以使原数据维数降低的变换矩阵。NCA 的计算过程如下。

假设一个数据集表示为$\{(\boldsymbol{x}_1,\boldsymbol{y}_1),(\boldsymbol{x}_2,\boldsymbol{y}_2),\cdots,(\boldsymbol{x}_n,\boldsymbol{y}_n)\}$，$\boldsymbol{x}_i\in\mathbb{R}^{\dim}$是一个 dim 维的特征向量，$y_i$ 表示样本的标签。$\boldsymbol{W}\in\mathbb{R}^{d\times\dim}$是变换矩阵，其中，$d$ 与 dim 分别表示降维处理后得到的数据维度与原始数据维度。

利用 Softmax 函数计算样本及其领域点的领域分布，可以表示为

$$\boldsymbol{p}_{ij}=\frac{\exp(-\|\boldsymbol{W}\boldsymbol{x}_i-\boldsymbol{W}\boldsymbol{x}_j\|_2^2)}{\sum_{k\neq i}\exp(-\|\boldsymbol{W}\boldsymbol{x}_i-\boldsymbol{W}\boldsymbol{x}_k\|_2^2)},\ \boldsymbol{p}_{ii}=0 \tag{5-58}$$

令 $\boldsymbol{p}_i$ 表示正确分类样本的概率，C_i 表示与 x_i 同属一类的样本集合，因此，分类精度为

$$\boldsymbol{p}_i=\sum_{j\in C_i}\boldsymbol{p}_{ij} \tag{5-59}$$

优化目标是最大化可以正确分类的样本数目，即

$$f(\boldsymbol{W})=\sum_i\sum_{j\in C_i}\boldsymbol{p}_{ij}=\sum_i\boldsymbol{p}_i \tag{5-60}$$

对变换矩阵 $\boldsymbol{W}$ 求偏导，其梯度为

$$\frac{\partial f}{\partial \boldsymbol{W}} = -2\boldsymbol{W}\sum_{i}\sum_{j\in C_i}\boldsymbol{p}_{ij}\left(\boldsymbol{x}_{ij}\boldsymbol{x}_{ij}^{\mathrm{T}} - \sum_{k}\boldsymbol{p}_{ik}\boldsymbol{x}_{ik}\boldsymbol{x}_{ik}^{\mathrm{T}}\right) = 2\boldsymbol{W}\left(\boldsymbol{p}_i\sum_{k}\boldsymbol{p}_{ik}\boldsymbol{x}_{ik}\boldsymbol{x}_{ik}^{\mathrm{T}} - \sum_{j\in C_i}\boldsymbol{p}_{ij}\boldsymbol{x}_{ij}\boldsymbol{x}_{ij}^{\mathrm{T}}\right) \tag{5-61}$$

式中，$\boldsymbol{x}_{ij} = \boldsymbol{x}_i - \boldsymbol{x}_j$。

在得到目标函数关于变换矩阵 $\boldsymbol{W}$ 的梯度后，迭代次数和变换矩阵的初始值可以随机设置，目标函数的上限利用梯度下降法优化，通过变换矩阵将原始数据的维度降低至为 d 维。为了减少高维特征带来的计算负担，利用降维方法将原有的高维 HIs 数据降至一维，通过特征降维方法融合原始 HIs 数据中反映电池老化的最主要信息。与主成分分析（PCA）相比，NCA 放宽了数据分布的限制且投影选择最佳分类方向。因此将 NCA 用于多源 HIs 融合过程，可以减少 LSTM 的计算负担。

此外，神经网络中的参数选择仍然是一个需要解决的问题。一般来讲，这些参数往往利用经验进行选择，但这种选择方法的随机性较大，往往无法得到最佳的超参数组合，而参数的取值对于网络预测的准确性有着十分重要的影响。

这里选择采用 GWO 优化神经网络的参数，GWO 算法于 2014 年由 Mirjalili 等人[110]首次提出，有收敛性强、参数少、易于实现等优点，通过将优化问题描述为灰狼的分工捕猎活动来求得问题最优解。

灰狼可以分为 4 个层级，分别记作 α、β、χ 与 γ。通过计算所有灰狼的适应度值将最佳的三只记为 α、β 与 χ，其余的记作 γ。优化问题可以描述为由狼 α、β 及 χ 发起的狩猎行动，包围猎物的数学描述如下：

$$\vec{X}_{\mathrm{w}}(t+1) = \vec{X}_{\mathrm{p}}(t) - \vec{A}\times\vec{D} \tag{5-62}$$

$$\vec{D} = |\vec{C}\times\vec{X}_{\mathrm{p}}(t) - \vec{X}_{\mathrm{w}}(t)| \tag{5-63}$$

式中，$\vec{X}_{\mathrm{w}}$ 与 $\vec{X}_{\mathrm{p}}$ 分别为灰狼与猎物位置向量；$\vec{A}$ 与 $\vec{C}$ 为参数向量，具体表示为：$\vec{A} = 2\vec{a}\times\vec{r}_1 - \vec{a}$，$\vec{C} = 2\times\vec{r}_2$，$\vec{a}$ 为随迭代变化的从 2 到 0 的线性变化向量；$\vec{r}_1$ 与 $\vec{r}_2$ 为[0, 1]之间的随机向量。

考虑到最优解（猎物）位置的不确定性，假设前三只狼（α, β, χ）了解猎物大致位置，将其保留为三个最优解，并根据其位置命令剩余的狼 γ 更新自己的位置，更新过程为

$$\begin{cases} \vec{D}_{\alpha} = |\vec{C}_1\times\vec{X}_{\alpha} - \vec{X}_{\mathrm{w}}| \\ \vec{D}_{\beta} = |\vec{C}_2\times\vec{X}_{\beta} - \vec{X}_{\mathrm{w}}| \\ \vec{D}_{\chi} = |\vec{C}_3\times\vec{X}_{\chi} - \vec{X}_{\mathrm{w}}| \end{cases} \tag{5-64}$$

$$\begin{cases}\vec{X}_1 = \vec{X}_\alpha - \vec{A}_1 \times \vec{D}_\alpha \\ \vec{X}_2 = \vec{X}_\beta - \vec{A}_2 \times \vec{D}_\beta \\ \vec{X}_3 = \vec{X}_\chi - \vec{A}_3 \times \vec{D}_\chi\end{cases} \tag{5-65}$$

$$\vec{X}(t+1) = (\vec{X}_1 + \vec{X}_2 + \vec{X}_3)/3 \tag{5-66}$$

式中，$\vec{X}_\alpha$、$\vec{X}_\beta$ 与 $\vec{X}_\chi$ 分别为狼 α、β 和 χ 的位置；系数向量 $\vec{A}_1$、$\vec{A}_2$、$\vec{A}_3$ 与 $\vec{C}_1$、$\vec{C}_2$、$\vec{C}_3$ 可由前面计算得到。

GWO 算法的主要思想是基于位置的更新，其收敛速度快，但是该算法也存在着一定的缺陷，即狼群更新位置信息主要来自前三匹领头狼，搜索猎物的方向依赖于它们，会导致全局搜索困难。此外，领头狼会掌握更多关于猎物的最佳位置信息，但是在实际迭代过程中，β 和 χ 狼的信息也会对 α 狼产生影响。除此之外，式（5-66）在位置更新的过程中对于 α、β 与 χ 狼赋予了相同的权重，这并不符合实际中三只领头狼之间的等级差异。

这里文献［108］采用一种 DEGWO 算法通过扩展式（5-66）的位置更新方程，考虑了狼在等级制度中的不同社会地位。然后，在 DEGWO 算法中，采用了基于排序的突变算子来加快算法的搜索速度，提升全局搜索能力，主要包括以下改进。

（1）改进传统 GWO 的位置更新方程

在传统的 GWO 中，排名前三位的狼 α、β 以及 χ 在狼群有着不同的社会地位，α 狼作为头领负责狼群的管理。β 狼服从于 α 狼，并命令其他的狼。χ 狼则服从于 α 与 β 狼。为了充分利用领头狼 α 的信息，令 β 和 χ 狼在 α 狼的附近搜索，α 狼则进行独自探索，因此位置更新方程为

$$\begin{cases}\vec{X}_\alpha = \vec{X}_\alpha + 2 \times \vec{a} \times \text{rand} \times (\vec{X}_{r_1} - \vec{X}_{r_2}) \\ \vec{X}_\beta = \vec{X}_\beta + 2 \times \vec{a} \times \text{rand} \times (\vec{X}_\alpha - \vec{X}_\beta) \\ \vec{X}_\chi = \vec{X}_\chi + 2 \times \vec{a} \times \text{rand} \times (\vec{X}_\alpha - \vec{X}_\chi)\end{cases} \tag{5-67}$$

式中，$\vec{X}_\alpha$、$\vec{X}_\beta$ 与 $\vec{X}_\chi$ 分别为狼 α、β 与 χ 位置；$\vec{a}$ 为 GWO 算法中从 2 线性减小至 0 的系数；r_1、r_2 为取值为 1 与狼数目间的不同整数；$\text{rand} \in [0, 1]$。

此外，前面提到式（5-66）中为三匹头狼分配相同的权重是不合理的，其权重的高低应该取决于适应度值的大小。越出色的狼，掌握猎物的信息越多，应该被分配更高的权重。因此，权重可以由狼的适应度值计算得到，即

$$(w_\alpha, w_\beta, w_\chi)=[f(\vec{X}_\alpha)+f(\vec{X}_\beta)+f(\vec{X}_\chi)]\times\left[\frac{1}{f(\vec{X}_\alpha)}, \frac{1}{f(\vec{X}_\beta)}, \frac{1}{f(\vec{X}_\chi)}\right] \tag{5-68}$$

$$\vec{X}'(t+1)=\frac{w_\alpha\times\vec{X}_1+w_\beta\times\vec{X}_2+w_\chi\times\vec{X}_3}{w_\alpha+w_\beta+w_\chi} \tag{5-69}$$

式中，$f(\vec{X}_\alpha)$、$f(\vec{X}_\beta)$与$f(\vec{X}_\chi)$为α、β与χ狼所对应的适应度值；w_α、w_β与w_χ分别为各自对应的权重；$\vec{X}_1\sim\vec{X}_3$由式（5-65）得到。式（5-68）与式（5-69）基于前三匹狼的适应度值来计算各自的权重。由于领头狼α掌握的猎物信息最多，因而对其分配最大的权重，接下来是β狼，以此类推，取代了传统 GWO 中采用相同权重的分配方法。

（2）引入差分进化计算

为了找到一个合适的邻域，需要在搜索空间在周围进行搜索以获取潜在的候选，但是搜索过程可能会突然而随机地发生变化，这种行为可以提高潜在候选的多样性。但是，过多的探索也会导致收敛性变差的问题，这里在 GWO 中引入了带有突变算子的 DE 算法，具体表示为

$$\boldsymbol{v}_i=\boldsymbol{x}_{r_1}+F\times(\boldsymbol{x}_{r_2}-\boldsymbol{x}_{r_3}) \tag{5-70}$$

式中，F为一个范围参数；$\boldsymbol{r}_1$、$\boldsymbol{r}_2$、$\boldsymbol{r}_3(\boldsymbol{r}_1\neq\boldsymbol{r}_2\neq\boldsymbol{r}_3)$为三个整数。

为了避免在算法中引入参数F，这里用$2\times\text{rand}\times\vec{a}$代替$F$。式（5-70）可改写为

$$\boldsymbol{v}_i=\boldsymbol{x}_{r_1}+2\times\text{rand}\times\vec{a}\times(\boldsymbol{x}_{r_2}-\boldsymbol{x}_{r_3}) \tag{5-71}$$

将得到的潜在解根据其适应度值进行排序，每个解都对应一个排名指数i（$i=1, 2, \cdots, NP$）。每个解的选择概率根据其排名计算得到：

$$P(i)=(NP-i)/NP \tag{5-72}$$

式中，i为解的排序；NP为可行解的数目。可行解$\boldsymbol{x}_{r_1}$和$\boldsymbol{x}_{r_2}$选择通过基于 rand/1 的 DE 算法结合排序思想实现，而$\boldsymbol{x}_{r_3}$则利用随机选择确定。利用一个交叉算子将x_i与向量$\boldsymbol{v}_i$混合($i=1, 2, \cdots, NP$)，即

$$u_i^j=\begin{cases}\nu_i^j & \text{rand}<0.5\ \|\ J_{\text{rand}}=j\\ x_i^j & \text{其他}\end{cases} \tag{5-73}$$

式中，i代表第i个解($i=1, 2, \cdots, NP$)；j为维度；$J_{\text{rand}}\in[1, NP]$。

最后，采用贪婪选择算法保留适应度更好的解。如果$\boldsymbol{v}_i$的适应度值优于$\boldsymbol{x}_i$，则保持不变，否则将其更换为$\boldsymbol{x}_i$。

这里采用 DEGWO 算法优化 LSTM 神经网络的模型参数。选择网络预测的均方误差作为适应度函数，采用 DEGWO 算法对 LSTM 模型中的参数联合寻优。与标准 GWO 相比，DEGWO 算法在位置更新上动态考虑了不同狼在种群内的社会等级，不仅避免了 GWO 算法陷入局部最优解的问题，还提升了算法的搜索速度使其快速收敛，计算流程图如图 5-21 所示，具体的流程如下：

1）随机产生 n 只灰狼，具体设置为 $\{s_1, s_2, \cdots, s_n\}$，每只灰狼 s_i 对应的个体位置向量 $\mathbf{para}_i$ 表示 LSTM 神经网络模型中的参数。

2）根据每只灰狼 s_i 的个体位置向量 $\mathbf{para}_i$ 所包含的 LSTM 神经网络参数，在样本的训练集上进行训练，得到 LSTM 训练模型 LSTM_i，利用训练得到的结果与实际参考值进行比较，将训练阶段估计结果的均方误差作为适应度函数 fitness，即

$$\text{fitness} = \frac{1}{L}\sum_{k=1}^{L}\left[y_k^{\text{tr}} - \mathrm{LSTM}_k(x_k^{\text{tr}})\right]^2 \tag{5-74}$$

式中，L 为训练集样本数；x_k^{tr} 和 y_k^{tr} 分别为训练集的输入与输出的参考值；$\mathrm{LSTM}_k(x_k^{\text{tr}})$ 为 LSTM 神经网络训练输出值。

3）利用适应度值划分等级并保留最佳适应度的狼（α, β, χ）的位置，并根据式（5-67）更新其他位置。

4）计算位置更新后的狼在新位置的适应度值，与前一轮迭代的最佳适应度进行比较。

5）进入下代种群的个体是差分进化后的父代经过变异交叉等操作得到的。

6）若迭代次数 $m > \mathrm{iter}_{\max}$，执行步骤 7），否则返回步骤 3）重复上述过程。

7）LSTM 模型参数选取为最佳适应度的位置 $\mathbf{para}^*$，构建最终的 LSTM 模型 $\mathrm{LSTM}_{\text{best}}$ 用于训练。选取狼群数目 n 为 30，$\mathrm{iter}_{\max}$ 为 100。将测试集输入 $\mathrm{LSTM}_{\text{best}}$ 并利用反归一化操作得到估计结果。

4. 仿真结果分析

下面主要利用相关数据集对于本章所提出的基于多健康因子融合与改进 LSTM 神经网络的 SOH 预测方法进行验证。与其他几种方法相比，主要从方法准确性、工况差异以及输入特征等方面进行分析与评估。

（1）Case 1：不同预测起点下 SOH 预测效果验证

下面主要从不同的预测时刻以及不同的种类和工况两个角度，分析提出的方法的有效性与可行性。

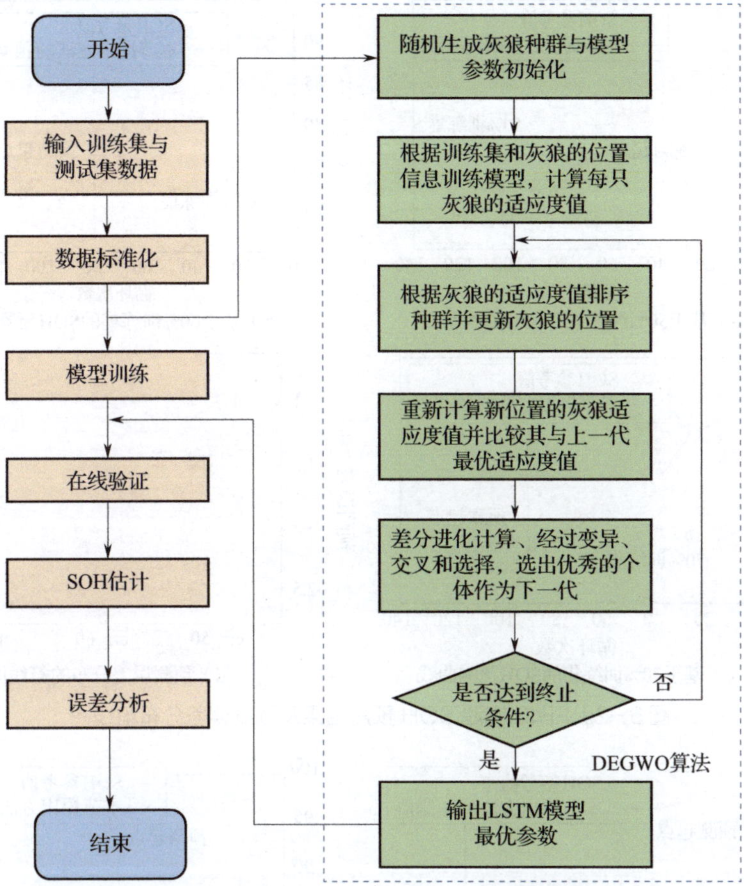

图5-21 DEGWO-LSTM计算流程图

仿真实验1：NASA数据集，放电电流2A，温度24℃（B18）。

第一组仿真实验选取NASA中放电电流2A，24℃条件下的电池数据，基于本工况充放电过程提取的HIs，输入选取经过NCA处理后的HIs数据，利用50%、60%与70%的数据集作为网络模型的训练集，得到的预测结果及预测误差分布箱线图如图5-22所示。从图中可以看出，该方法得到的SOH估计值的变化趋势可以准确地模拟电池SOH实际的衰减趋势，包括模拟NASA电池数据集中存在的容量自恢复效应。

仿真实验2：MIT电池数据集，4.8C充电至80%SOC，放电电流4.8C，温度30℃。

第二组仿真实验采用的是MIT数据集#61电池数据，实验温度为30℃。与实验1步骤类似，分别在50%、60%以及70%的训练集下得到的SOH预测结果及预测误差分布箱线图如图5-23所示。

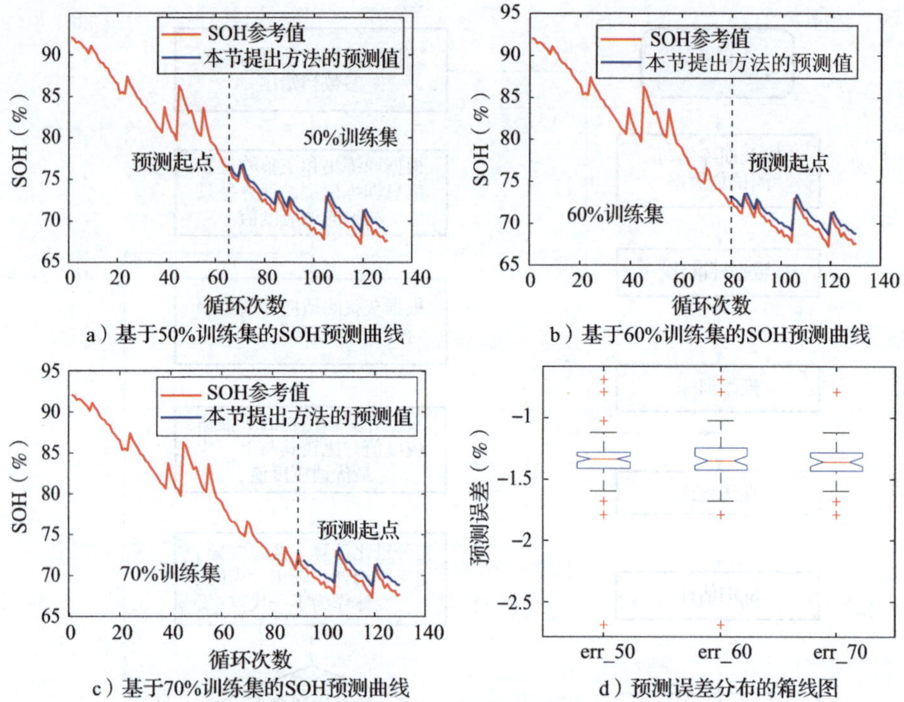

a）基于50%训练集的SOH预测曲线
b）基于60%训练集的SOH预测曲线
c）基于70%训练集的SOH预测曲线
d）预测误差分布的箱线图

图5-22　B18 电池 SOH 预测结果及预测误差分布箱线图

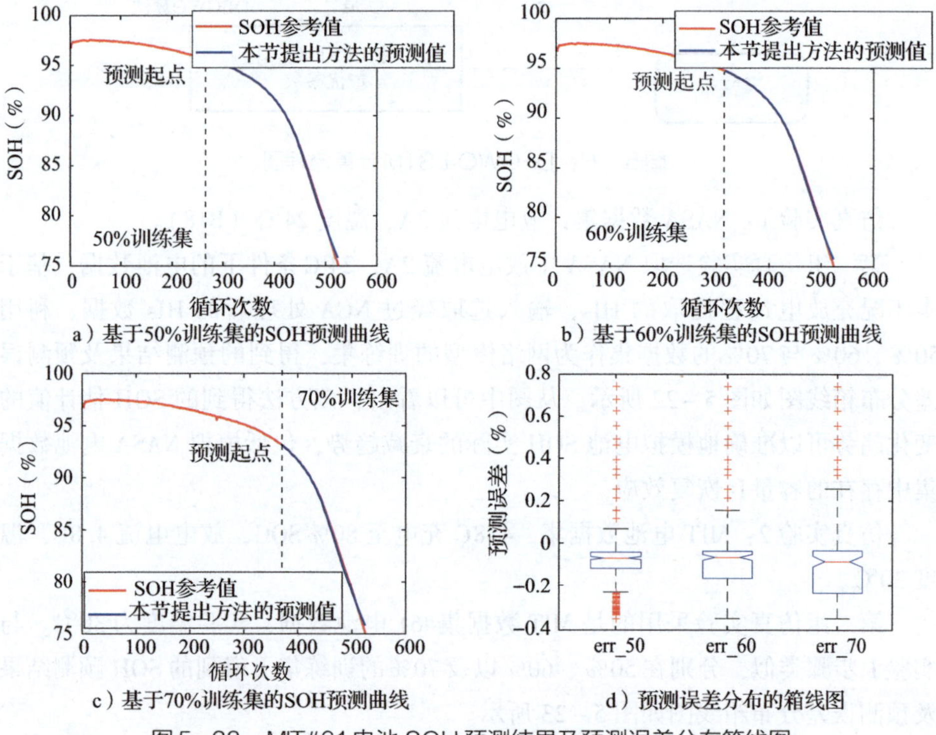

a）基于50%训练集的SOH预测曲线
b）基于60%训练集的SOH预测曲线
c）基于70%训练集的SOH预测曲线
d）预测误差分布的箱线图

图5-23　MIT#61 电池 SOH 预测结果及预测误差分布箱线图

（2）Case 2：基于不同输入特征的 SOH 估计效果验证

通过采用 NCA 方法选取以下几组数据进行对比，即全部 6 组 HIs 数据，相关系数最高以及前三的 HIs 组合数据，来验证基于 NCA 的 HIs 融合的可行性。以下指标将用于方法评估：均方根误差（Root Mean Square Error，RMSE）、平均绝对误差（Mean Absolute Error，MAE）、平均绝对值百分比误差（Mean Absolute Percentage Error，MAPE）、决定系数 R^2，即

$$\mathrm{RMSE} = \sqrt{\frac{1}{N}\sum_{i=1}^{N}(\hat{\mathrm{SOH}}_i - \mathrm{SOH}_i)^2} \tag{5-75}$$

$$\mathrm{MAE} = \frac{1}{N}\sum_{i=1}^{N}\left|\hat{\mathrm{SOH}}_i - \mathrm{SOH}_i\right| \tag{5-76}$$

$$\mathrm{MAPE} = \frac{1}{N}\sum_{i=1}^{N}\left|\frac{\hat{\mathrm{SOH}}_i - \mathrm{SOH}_i}{\mathrm{SOH}_i}\right| \times 100\% \tag{5-77}$$

$$R^2 = 1 - \frac{\sum_{i=1}^{N}(\hat{\mathrm{SOH}}_i - \mathrm{SOH}_i)^2}{\sum_{i=1}^{N}(\overline{\mathrm{SOH}} - \mathrm{SOH}_i)^2} \tag{5-78}$$

式中，SOH_i 与 $\hat{\mathrm{SOH}}_i$ 分别为 SOH 参考值与预测值。RMSE、MAE 及 MAPE 越小表示准确性越高，而 R^2 越接近于 1，模型拟合效果越好。

图 5-24a 与 b 分别表示两组数据集下某一个电池在不同输入特征组合下的评价指标结果。可以看出所提出的方法与对比方法相比有着明显提升，例如对于 NASA 的 B5 电池数据，所提出方法的 SOH 预测的 RMSE 为 0.408%，MAE 为 0.328%，MAPE 为 0.468%，而选取皮尔逊相关系数最高的 HIs 作为输入得到的评价指标结果分别为：0.579%，0.936% 与 2.984%，选取相关系数前三的 HIs 组合得到的 SOH 预测评价指标是：2.068%，2.792% 与 5.841%，而将所有

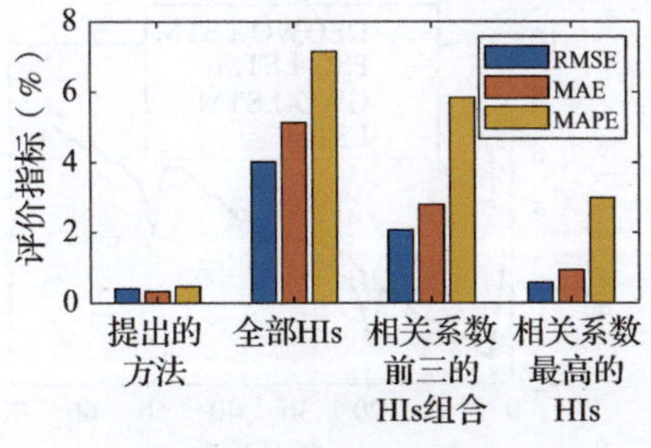

a）基于B5电池数据的评价指标对比

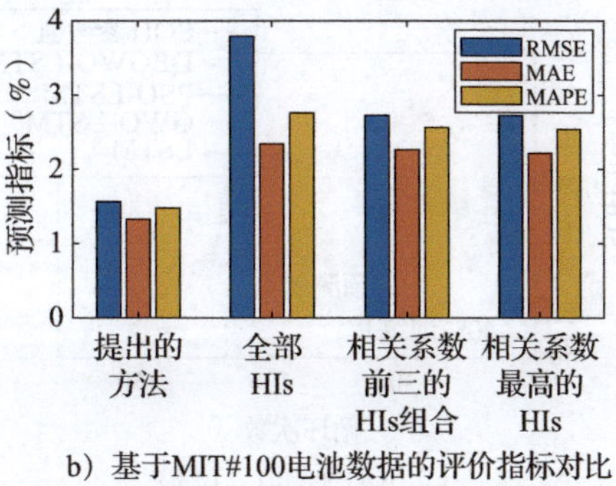

b）基于MIT#100电池数据的评价指标对比

图 5-24　不同输入特征得到的 SOH 估计评价指标对比

HIs 作为输入得到的评价指标则为：4.027%，5.137%与 7.149%。这是由于原始的 HIs 数据中存在冗余信息，且部分 HIs 的相关性与其他 HIs 相比相对较低，会对预测结果带来负面影响。因此，提出的方法可以有效提升 SOH 估计的精度。

（3）Case 3：基于不同方法的 SOH 估计效果对比

下面主要将本节提出的方法与几种典型方法进行对比，以验证本节提出的基于多健康因子融合与改进 LSTM 方法的有效性与准确性。Dropout 层的删除概率选取为 0.5 时，将本节提出的方法与其他方法进行对比。图 5-25 所示为在 NASA 数据集下基于不同方法的 SOH 预测结果及预测误差对比曲线。

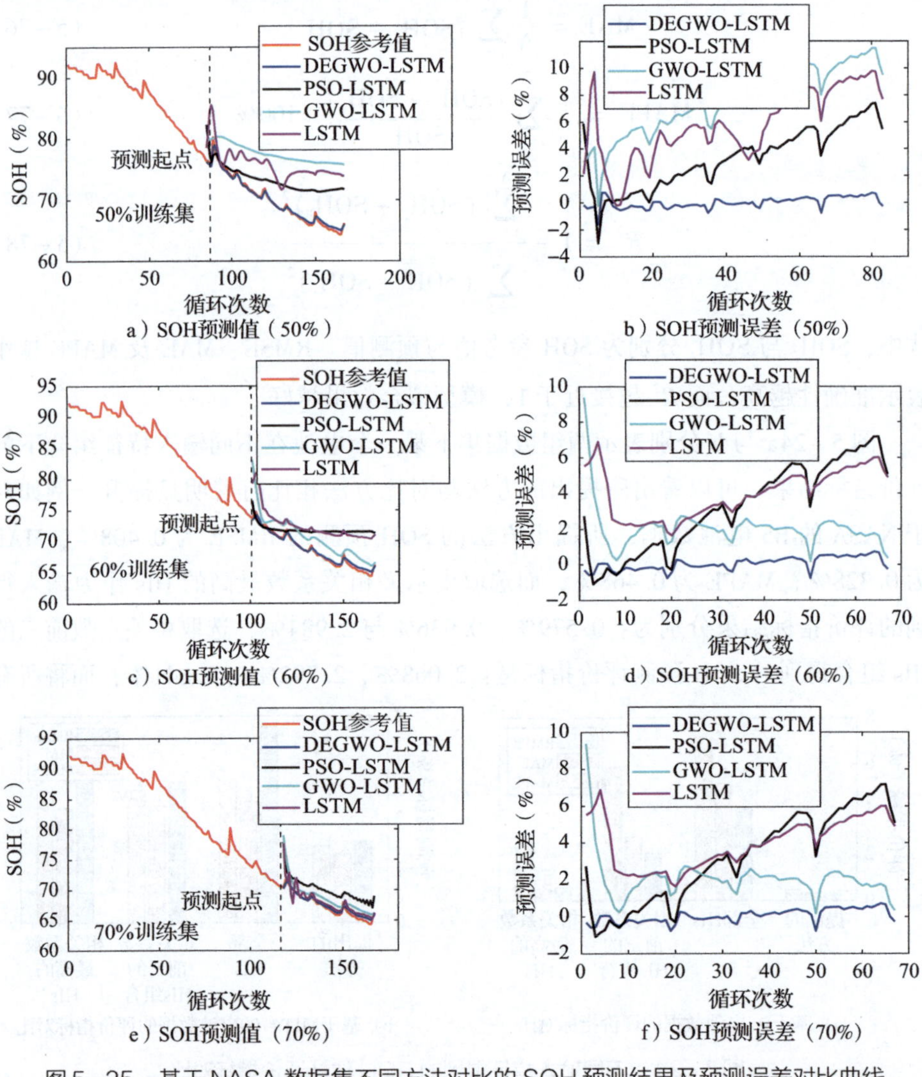

图 5-25　基于 NASA 数据集不同方法对比的 SOH 预测结果及预测误差对比曲线

从图 5-25 可以看出，提出的方法在不同的预测起点下得到的预测误差均保持在 -2%~2% 之间，而其他方法如 GWO-LSTM、PSO-LSTM 以及 LSTM 得到的最大预测误差接近 10%，而且可以看出，在利用 GWO 及 PSO 优化 LSTM 模型参数时容易陷入局部最优的问题，导致优化得到的模型参数的预测效果不如经验选取的。而相比之下，本节提出的方法可以有效缓解其存在的容易陷入最优的问题，经寻优得到的参数可以得到更准确的电池 SOH 预测结果。

5.2.3　基于迁移学习的电池健康状态预测

在传统的机器学习方法中，均是假设训练集与测试集的电池数据服从相同的分布，但这一假设在实际应用中往往并不成立。考虑到电池工况与电池种类的复杂性，基于某一工况的数据训练得到的模型在新场景数据下存在不适用的问题[111]。因此，如何实现在多变工况下的锂离子电池健康管理仍是一个重点的研究问题。

1. 迁移学习基本原理

迁移学习（Transfer Learning，TL）的思想主要利用从某一领域学习到的知识或任务应用在不相同但相关全新领域中以提高算法在新领域的执行效果[70]。迁移学习不再拘泥于训练与测试数据独立同分布的假设，使服从不同的边缘概率或条件概率分布的领域或任务在学习过程也是可行的。迁移学习通过学习不同领域数据与任务间的一般性知识，并将其迁移至新场景下以弥补标签数据缺失对预测精度带来的影响[72]。机器学习与迁移学习间的对比如图 5-26 和表 5-4 所示。

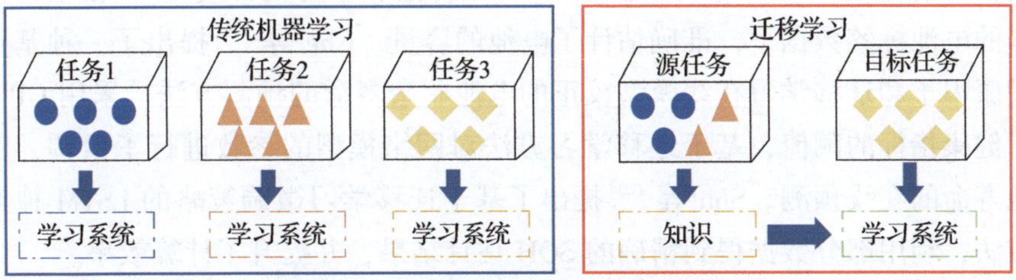

图 5-26　机器学习与迁移学习的对比

表 5-4　机器学习与迁移学习的对比

对比项	传统机器学习	迁移学习
数据分布	训练与测试数据同分布	训练与测试数据不同分布
数据标签	足够的数据标注	不需要足够的数据标注
建模	每个任务分别建模	可以重复利用先前的模型

迁移学习的方法分类如图 5-27 所示，主要可分为归纳式迁移学习、直推式迁移学习与无监督迁移学习三大类[113]，其中，归纳式迁移学习与无监督迁移学习要求源任务与目标任务不相同，无论目标域与源域是否相同，而直推式迁移学习要求只有源任务与目标任务相同，源域与目标域不同但是相关。根据迁移学习的内容可将迁移学习分为：基于实例迁移[114]、基于特征迁移[115]、基于模型迁移[116]及基于关系迁移[117]。

基于实例迁移将源域数据加权后应用在新的领域[114]。基于特征迁移是指利用特征变换使两个领域在新特征空间下更加接近[115]。基于模型迁移是指网络参数的迁移[116]，即微调策略。基于关系迁移主要是实现领域间的知识映射[117]。针对数据获取难与标签稀疏的问题，迁移学习可以为目标任务提供更多有价值的信息，还可以有效地提升模型的泛化性，为个性化需求的任务建立基础。

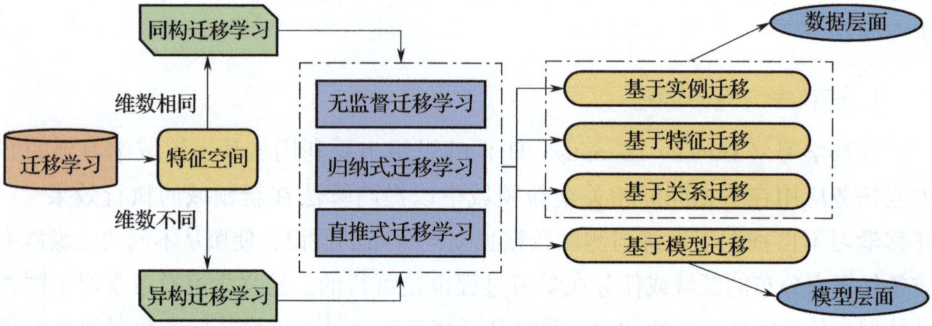

图 5-27　迁移学习的方法分类

随着迁移学习技术的发展，基于模型迁移的方法在电池 PHM 领域也得到了一定程度的应用。Shen 等[118]提出了一种结合迁移学习的深度 CNN 模型，在小样本的电池标签数据下，准确估计了电池的容量。Che 等[119]提出了一种基于优化健康因子和迁移学习在线模型校正的电池剩余寿命的预测方法。采用 GPR 优化了健康指标的阈值，基于迁移学习方法对网络模型的参数进行了微调，实现电池寿命的在线预测。Shu 等[120]提出了基于迁移学习微调策略的 LSTM 神经网络方法，利用部分数据得到精确的 SOH 估计结果，并提升了计算效率。

下面介绍迁移学习的基本概念，即领域与任务。其中，领域 Dom 定义为由 d 维特征空间 X 与其边缘概率分布 $p(x)$ 所组成，即 $\mathrm{Dom}=\{X, p(x)\}$，$x\in X$。给定领域 Dom，任务 Task 可以由类别空间 Y 与预测模型 $f(x)$ 组成，即 $\mathrm{Task}=\{Y, f(x)\}$，$y\in Y$。按照统计学观点，预测模型 $f(x)=p(y\mid x)$ 可以解释为一个条件概率分布。领域可以分为源域 $\mathrm{Dom_S}$ 与目标域 $\mathrm{Dom_T}$，前者表示已有知识的领域，而后者则代表需要学习的领域。

迁移学习的形式化定义如下：

1）条件：给定源域 Dom_S 与源域上的学习任务 $Task_S$，目标域 Dom_T 与目标域学习任务 $Task_T$。

2）目标：利用源域 Dom_S 与源域上的学习任务 $Task_S$，学习目标域上的预测函数 $f(\cdot)$。

3）限制条件：领域不同 $Dom_S \neq Dom_T$；或者任务不一致，即 $Task_S \neq Task_T$。

考虑到电池数据种类繁多，工况复杂，不同种类、不同工况下测量得到的电池数据之间存在明显的差异性。此时，传统机器学习方法的前提假设将受到影响，必须经过重新收集数据并更新训练模型，这也大大增加了计算的成本。这也意味着，当锂离子电池标签数据不足或处于新工作场景下时，数据分布的差异性增大，基于先前获得的标签数据训练得到的模型可能不适用于新场景。考虑实际应用中电池老化特征十分复杂，但是其中也存在许多相似的反应电池退化趋势的特征，这里主要考虑的是基于特征的迁移学习方法来实现源域与目标域电池特征数据的知识迁移。

基于特征的迁移学习主要假设为源域与目标域的数据之间存在一些交叉特征。其主要的思想是利用特征变换方法，将两个领域的数据映射到一个全新的特征空间，这个特征空间满足既剔除了各自领域的特有属性，又保留了两个领域的共有特征。然后，结合传统的机器学习方法，实现知识的迁移过程。其优点主要在于实现简单，特征选择与变换可以取得较好的效果，其最有代表性的工作为迁移成分分析[121]。

2. 基于联合分布适配的迁移学习方法

不同种类、不同工况的电池数据之间存在差异性，这也导致模型的训练过程中可学习的知识量不足，降低了模型准确性。因此，利用特征迁移方法学习源域与目标域老化特征之中的共有属性，识别不同种类、不同工况下电池老化数据的相似性与潜在特征，使数据分布间距离的最小化，为得到准确的 SOH 预测提供保证。

基于特征的迁移学习也主要是通过减小不同领域间数据分布的距离而达到知识迁移的目的。在以往的研究中，大多利用欧氏距离作为样本间分布的距离度量，并设计与之相关的目标函数。但是考虑到欧氏距离在捕获样本数据之间的固有相似性与差异性上存在明显不足[121]，利用最大均值差异（Maximum Mean Discrepancy，MMD）来度量样本数据间的分布差异[122]。引入核映射 φ，源域样本 X_S 与目标域样本 X_T 之间的 MMD 可以表示为

$$\mathrm{MMD}(X_{\mathrm{S}},X_{\mathrm{T}}) = \left\| \frac{1}{n_{\mathrm{S}}}\sum_{i=1}^{n_{\mathrm{S}}}\varphi(x_i) - \frac{1}{n_{\mathrm{T}}}\sum_{j=1}^{n_{\mathrm{T}}}\varphi(x_j) \right\|_H^2 \tag{5-79}$$

式中，n_{S} 与 n_{T} 分别为源域与目标域样本数目；$\|\cdot\|_H^2$ 为重构内核希尔伯特范数，其空间中的均值距离即代表领域间分布距离。

这里采用的特征迁移方法为联合分布适配（Joint Distribution Adaptation, JDA）[123]。传统的迁移成分分析仅对齐领域间数据的边际分布，忽略了领域间的条件分布适配，JDA 正是在此基础上进行改进的。

JDA 方法需要设置一些假设与前提条件。给定一个带有标签的源域数据集 $\mathrm{Dom}_{\mathrm{S}} = \{(x_1, y_1), (x_2, y_2), \cdots, (x_{n_{\mathrm{S}}}, y_{n_{\mathrm{S}}})\}$ 以及一个无标签的目标域数据集 $\mathrm{Dom}_{\mathrm{T}} = \{x_{n_{\mathrm{S}}+1}, \cdots, x_{n_{\mathrm{S}}+n_{\mathrm{T}}}\}$。假设满足下列条件：特征空间 $X_{\mathrm{S}} = X_{\mathrm{T}}$，标签空间 $Y_{\mathrm{S}} = Y_{\mathrm{T}}$，且同时满足边际分布 $P_{\mathrm{S}}(x_{\mathrm{S}}) \neq P(x_{\mathrm{T}})$ 与条件分布 $Q_{\mathrm{S}}(y_{\mathrm{S}} \mid x_{\mathrm{S}}) \neq Q(y_{\mathrm{T}} \mid x_{\mathrm{T}})$。JDA 的目的是学习一个特征表示，可以使边际分布 $P_{\mathrm{S}}(x_{\mathrm{S}})$ 与 $P_{\mathrm{T}}(x_{\mathrm{T}})$、条件分布 $Q_{\mathrm{S}}(y_{\mathrm{S}} \mid x_{\mathrm{S}})$ 之间的距离明显减小。JDA 的具体计算过程包括以下几部分。

（1）特征变换

所采用的 JDA 方法中的特征变换是基于 PCA 实现的。PCA 的主要思想是通过最大化所提取的分量之间的差异以获得输入的正交变量。其中，输入矩阵 $\boldsymbol{X} = [x_1, x_2, \cdots, x_n] \in \mathbb{R}^{m\times n}$，$n = n_{\mathrm{S}} + n_{\mathrm{T}}$，表示源域与目标域的样本总数，$m$ 表示特征维数。中心矩阵表示为 $\boldsymbol{H} = \boldsymbol{I} - \frac{1}{n}\mathbf{1}$。其中，$\mathbf{1}$ 是一个 $n\times n$ 的元素均为 1 的矩阵。

协方差矩阵可以表示为 $\boldsymbol{XHX}^{\mathrm{T}}$。PCA 的主要目标是寻找一个正交变换矩阵 $\boldsymbol{A} \in \mathbb{R}^{m\times k}$，其中 k 代表每个输入中最主要的 k 个主成分。使得嵌入数据的方差最大化，即

$$\max_{\boldsymbol{A}^{\mathrm{T}}\boldsymbol{A}=\boldsymbol{I}} \mathrm{tr}(\boldsymbol{A}^{\mathrm{T}}\boldsymbol{XHX}^{\mathrm{T}}\boldsymbol{A}) \tag{5-80}$$

式中，$\mathrm{tr}(\cdot)$ 为矩阵的迹。

优化问题可以通过特征分解 $\boldsymbol{XHX}^{\mathrm{T}}\boldsymbol{A} = \boldsymbol{A\Phi}$ 进行求解。$\boldsymbol{\Phi} = \mathrm{diag}(\phi_1, \phi_2, \cdots, \phi_k) \in \mathbb{R}^{k\times k}$，表示 k 个最大的特征值，进而可以得到的 k 维最优特征为

$$\boldsymbol{Z} = \boldsymbol{A}^{\mathrm{T}}\boldsymbol{X} \tag{5-81}$$

（2）边缘分布适配

即使通过 PCA 降维处理得到了 k 维特征表示，领域之间的分布差异仍然较大。因此，JDA 的一个最主要目的是通过最小化概率分布间的距离度量来减小源域与目标域数据之间的分布差异。为了减小源域与目标域之间的边际分布 $P_{\mathrm{S}}(x_{\mathrm{S}})$ 与 $P_{\mathrm{T}}(x_{\mathrm{T}})$ 之间的差异，采用 MMD 作为距离度量来衡量不同的分布之间的差异，经过 PCA 处理，得到 k 维嵌入数据的源域与目标域的数据样本均值

之间的距离为

$$\mathrm{MMD}=\left\|\frac{1}{n_{\mathrm{S}}}\sum_{i=1}^{n_s}\boldsymbol{A}^{\mathrm{T}}\boldsymbol{x}_i-\frac{1}{n_{\mathrm{T}}}\sum_{j=n_{\mathrm{S}}+1}^{n_{\mathrm{S}}+n_{\mathrm{T}}}\boldsymbol{A}^{\mathrm{T}}\boldsymbol{x}_j\right\|^2=\mathrm{tr}(\boldsymbol{A}^{\mathrm{T}}\boldsymbol{X}\boldsymbol{M}_0\boldsymbol{X}^{\mathrm{T}}\boldsymbol{A})\tag{5-82}$$

式中，$\boldsymbol{M}_0$ 为 MMD 矩阵，其具体的表达式为

$$(M_0)_{ij}=\begin{cases}\dfrac{1}{n_{\mathrm{S}}n_{\mathrm{S}}},\ x_i,\ x_j\in D_{\mathrm{S}}\\[2ex]\dfrac{1}{n_{\mathrm{T}}n_{\mathrm{T}}},\ x_i,\ x_j\in D_{\mathrm{T}}\\[2ex]\dfrac{-1}{n_{\mathrm{S}}n_{\mathrm{T}}},\ \text{其他}\end{cases}\tag{5-83}$$

通过最小化式（5-82），使式（5-80）最大化，从而在新的特征表示 $\boldsymbol{Z}=\boldsymbol{A}^{\mathrm{T}}\boldsymbol{X}$ 下，源域与目标域的边缘分布更加接近。

（3）条件分布适配

减小边际分布差异并不能保证领域之间的条件分布也保持接近。实际上，最小化条件分布 $Q_{\mathrm{S}}(y_{\mathrm{S}}\mid x_{\mathrm{S}})$ 与 $Q_{\mathrm{T}}(y_{\mathrm{T}}\mid x_{\mathrm{T}})$ 之间的差异对保证分布适配的鲁棒性至关重要。然而，对于缺乏标签数据的目标域，对 $Q_{\mathrm{T}}(y_{\mathrm{T}}\mid x_{\mathrm{T}})$ 进行直接建模是难以实现的。针对这一问题，本研究中采用探索目标数据的伪标签作为目标域数据的标签。由于后验概率 $Q_{\mathrm{S}}(x_{\mathrm{S}}\mid y_{\mathrm{S}})$ 与 $Q_{\mathrm{T}}(x_{\mathrm{T}}\mid y_{\mathrm{T}})$ 比较复杂，采用类条件分布 $Q_{\mathrm{S}}(x_{\mathrm{S}}\mid y_{\mathrm{S}})$ 与 $Q_{\mathrm{T}}(x_{\mathrm{T}}\mid y_{\mathrm{T}})$ 代替。利用源域的真实标签与目标域的伪标签，可以有效地匹配类条件分布 $Q_{\mathrm{S}}(x_{\mathrm{S}}\mid y_{\mathrm{S}}=c)$ 与 $Q_{\mathrm{T}}(x_{\mathrm{T}}\mid y_{\mathrm{T}}=c)$，其中每一类标签 $c\in\{1,2,\cdots,C\}$ 属于标签集 Y。这里描述类条件分布 $Q_{\mathrm{S}}(x_{\mathrm{S}}\mid y_{\mathrm{S}}=c)$ 与 $Q_{\mathrm{T}}(x_{\mathrm{T}}\mid y_{\mathrm{T}}=c)$ 之间的 MMD 可以表示为

$$\mathrm{MMD}_c=\sum_{c=1}^{C}\left\|\frac{1}{n_{\mathrm{S}}^c}\sum_{x_{\mathrm{S}}\in D_{\mathrm{S}}^c}\boldsymbol{A}^{\mathrm{T}}\boldsymbol{x}_i-\frac{1}{n_{\mathrm{T}}^c}\sum_{x_{\mathrm{T}}\in D_{\mathrm{T}}^c}\boldsymbol{A}^{\mathrm{T}}\boldsymbol{x}_j\right\|^2=\sum_{c=1}^{C}\mathrm{tr}(\boldsymbol{A}^{\mathrm{T}}\boldsymbol{X}\boldsymbol{M}_c\boldsymbol{X}^{\mathrm{T}}\boldsymbol{A})\tag{5-84}$$

式中，$D_{\mathrm{S}}^c=\{x_i:x_i\in D_{\mathrm{S}}\cap y(x_i)=c\}$，$D_{\mathrm{T}}^c=\{x_j:x_j\in D_{\mathrm{T}}\cap\hat{y}(x_j)=c\}$，分别为源域与目标域中标签与伪标签为 c 的样本数据；$y(x_i)$ 与 $\hat{y}(x_i)$ 分别为源域的真实标签与目标域的伪标签。$\boldsymbol{M}_c$ 表示匹配条件分布的 MMD，其计算过程为

$$\boldsymbol{M}_c=\begin{cases}\dfrac{1}{n_{\mathrm{S}}^c n_{\mathrm{S}}^c},\ x_i,\ x_j\in D_{\mathrm{S}}^c\\[2ex]\dfrac{1}{n_{\mathrm{T}}^c n_{\mathrm{T}}^c},\ x_i,\ x_j\in D_{\mathrm{T}}^c\\[2ex]\dfrac{-1}{n_{\mathrm{S}}^c n_{\mathrm{T}}^c},\ \begin{cases}x_i\in D_{\mathrm{S}}^c,\ x_j\in D_{\mathrm{T}}^c\\x_i\in D_{\mathrm{T}}^c,\ x_j\in D_{\mathrm{S}}^c\end{cases}\\[2ex]0,\ \text{其他}\end{cases}\tag{5-85}$$

同样，通过最小化式（5-84），使式（5-80）最大化，从而在新的特征表示 $\boldsymbol{Z}=\boldsymbol{A}^{\mathrm{T}}\boldsymbol{X}$ 下，源域与目标域的条件分布也更加接近。与经典的迁移成分分析相比，JDA 利用这一改进实现了对源域与目标域数据之间的边际分布与条件分布的同时对齐，对具有条件分布变化的跨域问题具有鲁棒性。

（4）优化问题求解

JDA 的目标是同时最小化源域与目标域数据之间边际分布和条件分布的差异。因此，由式（5-44）、式（5-46）与式（5-48）得到 JDA 的优化问题，即

$$\min_{\boldsymbol{A}^{\mathrm{T}}\boldsymbol{XHX}^{\mathrm{T}}\boldsymbol{A}=\boldsymbol{I}} \sum_{c=0}^{C} \mathrm{tr}(\boldsymbol{A}^{\mathrm{T}}\boldsymbol{XM}_c\boldsymbol{X}^{\mathrm{T}}\boldsymbol{A}) + \lambda \|\boldsymbol{A}\|_F^2 \tag{5-86}$$

式中，λ 为正则化参数。

式（5-86）的第二项表示的是 L2 正则化项。基于广义瑞利熵，最小化式（5-82）与式（5-84），使式（5-80）最大化，相当于最小化式（5-82）与式（5-84），使式（5-80）保持不变。

利用 JDA 方法可以实现对源域与目标域边际分布与条件分布的同时适配，以促进联合分布适配的实现。根据约束优化理论，定义 $\boldsymbol{\Phi}=\mathrm{diag}(\phi_1,\phi_2,\cdots,\phi_k)\in\mathbb{R}^{k\times k}$ 表示拉格朗日乘子，根据式（5-86），推导得到的拉格朗日函数形式为

$$L=\mathrm{tr}\left[\boldsymbol{A}^{\mathrm{T}}\left(\boldsymbol{X}\sum_{c=0}^{C}\boldsymbol{M}_c\boldsymbol{X}^{\mathrm{T}}+\lambda\boldsymbol{I}\right)\boldsymbol{A}\right]+\mathrm{tr}\left[(\boldsymbol{I}-\boldsymbol{A}^{\mathrm{T}}\boldsymbol{XHX}^{\mathrm{T}}\boldsymbol{A})\boldsymbol{\Phi}\right] \tag{5-87}$$

令 $\dfrac{\partial L}{\partial \boldsymbol{A}}=0$，得到的广义特征分解，具体表示为

$$\left(\boldsymbol{X}\sum_{c=0}^{C}\boldsymbol{M}_c\boldsymbol{X}^{\mathrm{T}}+\lambda\boldsymbol{I}\right)\boldsymbol{A}=\boldsymbol{XHX}^{\mathrm{T}}\boldsymbol{A\Phi} \tag{5-88}$$

将求解最优的自适应变换矩阵 $\boldsymbol{A}$ 转化为求解式（5-88）的 k 个最小特征向量。JDA 的整体计算过程如算法 1 所示。

算法 1：联合分布适配（JDA）
输入：源域样本 X_{S}，标签 y，目标域样本 X_{T}，子空间维数 k，正则化参数 λ
输出：自适应变换矩阵 $\boldsymbol{A}$，嵌入特征矩阵 $\boldsymbol{Z}$
开始：利用式（5-83）构建 MMD 矩阵 $\boldsymbol{M}_0$，设置 $\{\boldsymbol{M}_c:=0\}_{c=1}^{C}$
重复下述计算过程：
求解式（5-88）得到构建自适应变换矩阵 $\boldsymbol{A}$ 的 k 个特征向量，并且得到嵌入特征 $\boldsymbol{Z}=\boldsymbol{A}^{\mathrm{T}}\boldsymbol{X}$
利用 $\{(\boldsymbol{A}^{\mathrm{T}}\boldsymbol{x}_i,\boldsymbol{y}_i)\}_{i=1}^{n_{\mathrm{S}}}$ 训练一个基预测器 f 来更新伪标签 $\hat{y}_i$
利用式（5-85）构建 MMD 矩阵 $\boldsymbol{M}_c$
直到达到终止条件
输出：最优的自适应变换矩阵 $\boldsymbol{A}$ 以及变换得到的特征矩阵 $\boldsymbol{Z}$

3. 基于迁移学习与混合深度学习的电池 SOH 预测

与机器学习方法相比，深度学习方法在回归预测与特征提取领域有着更强

大的能力，在电池健康管理领域也有着广泛的应用。其中，深度置信网络（Deep Belief Network，DBN）可以从具有深度结构的变量中自动提取非线性特征和固有特征，挖掘数据内部的隐藏信息，有效防止陷入局部最优问题。DBN目前在特征提取与故障诊断领域有着广泛应用，而在电池健康管理领域的应用还有待开发。这里考虑到电池的HIs数据是时间序列，文献［124］提出一种DBN-LSTM的混合深度学习方法，其中DBN用于挖掘电池HIs数据的深度老化信息，LSTM神经网络则用于时间序列的建模，提高估计的准确性。

（1）受限玻尔兹曼机基本原理

DBN因为其强大的特征挖掘能力，以及具备概率生成模型的良好泛化性，故适合于电池PHM技术应用。利用DBN的无监督学习及概率特性，可以实现自适应学习电池老化特征以提高泛化性。

DBN是通过堆叠多个受限玻尔兹曼机（Restricted Boltzmann Machine，RBM），并与BP神经网络相结合的一种深度网络模型。DBN通过逐层训练RBM，将低层的电池健康因子数据映射到高层以实现抽象衰退规律的准确表达。DBN主要由可视层、隐含层与输出层组成，其基本结构如图5－28所示。从可视层输入样本数据，经过多个隐藏层学习，最终在输出层给出预测结果。

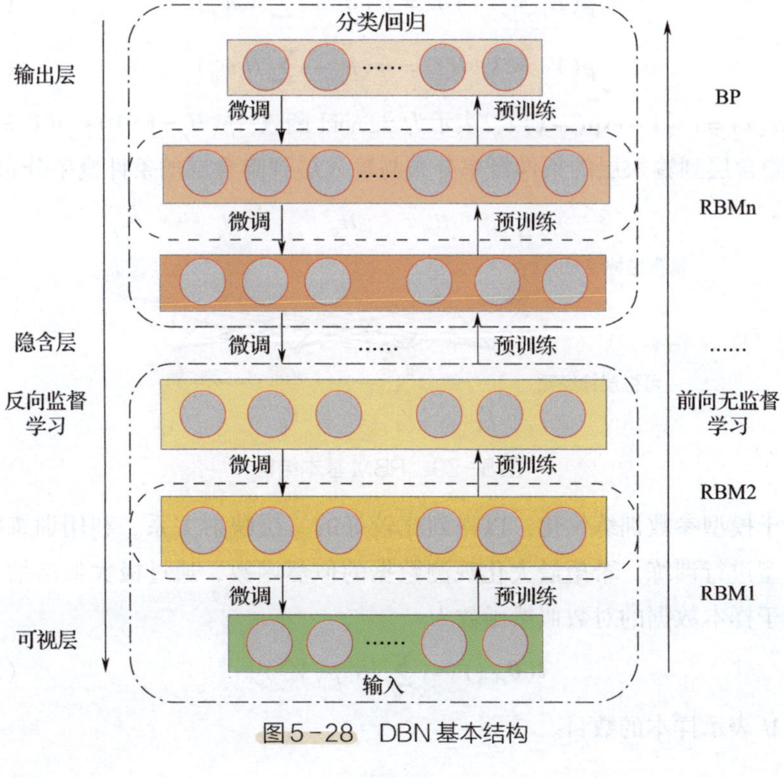

图5－28　DBN基本结构

RBM 由一个可视层 V 与隐含层 H 组成，如图 5-29 所示。a 与 b 分别为两层的偏置，w 为两层间权重。作为一个基于能量的模型，假设 $\boldsymbol{V}=\{V_1, V_2, \cdots, V_{n_V}\}$，$\boldsymbol{H}=\{H_1, H_2, \cdots, H_{n_H}\}$，$w_{n_V\times n_H}$ 是层间权重，模型参数向量为 $\boldsymbol{\theta}_{\mathrm{rbm}}=\{w, a, b\}$，RBM 的能量函数为

$$E(\boldsymbol{V}, \boldsymbol{H}; \boldsymbol{\theta}_{\mathrm{rbm}}) = -\sum_{i=1}^{n_V} a_i V_i - \sum_{j=1}^{n_H} b_j H_j - \sum_{i=1}^{n_V}\sum_{j=1}^{n_H} w_{ij} V_i H_j \tag{5-89}$$

式中，w_{ij} 为可视层第 i 个节点与隐含层第 j 个节点之间的权重；a_i 与 b_j 分别为可视层第 i 个节点与隐含层第 j 个节点的偏置；n_V 与 n_H 分别为可视层与隐含层的节点数目。

基于能量函数，可以计算得到输入层与输出层的联合分布，即

$$p(\boldsymbol{V}, \boldsymbol{H}) = \frac{1}{\Gamma(\boldsymbol{\theta}_{\mathrm{rbm}})} \mathrm{e}^{-E(\boldsymbol{V}, \boldsymbol{H})} \tag{5-90}$$

式中，$\Gamma(\boldsymbol{\theta}_{\mathrm{rbm}})$ 为归一化函数，具体表示为 $\Gamma(\boldsymbol{\theta}_{\mathrm{rbm}}) = \sum_{\boldsymbol{V}}\sum_{\boldsymbol{H}} \mathrm{e}^{-E(\boldsymbol{V},\boldsymbol{H})}$；$\boldsymbol{\theta}_{\mathrm{rbm}}$ 表示模型的权重、偏置等参数。

由于 RBM 特殊的连接方式，仅层间存在连接，层内相互独立。因此，可视及隐含层条件概率分布可表示为

$$p(H_j = 1 \mid V) = \sigma(a_i + \sum_i V_i w_{ij}) \tag{5-91}$$

$$p(V_i = 1 \mid H) = \sigma(b_j + \sum_j H_j w_{ij}) \tag{5-92}$$

式中，$\sigma(x)=1/[1+\exp(-x)]$，表示为 sigmoid 函数；$p(H_j=1 \mid V)$，$p(V_i=1 \mid H)$，分别为隐含层到输入层的条件概率分布与输入层到隐含层的条件概率分布。

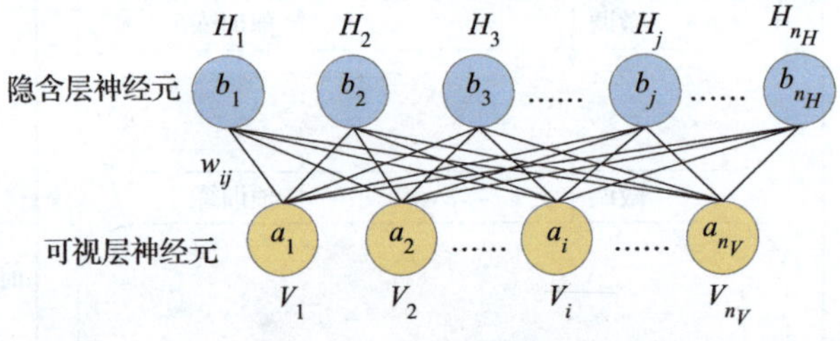

图 5-29　RBM 基本结构

对于模型参数训练优化，以得到比较好的二层映射关系。利用训练样本对网络模型进行训练，希望最大化观测数据的似然函数，通过极大似然估计来计算，基于样本数据的对数似然函数为

$$l(\boldsymbol{\theta}_{\mathrm{rbm}}) = \sum_M \ln[p(\boldsymbol{V}^M)] \tag{5-93}$$

式中，M 表示样本的数目。

对数似然函数的展开形式为

$$
\begin{aligned}
l(\boldsymbol{\theta}_{\mathrm{rbm}}) &= \sum_{M} \ln[p(\boldsymbol{V}^{M} \mid \boldsymbol{\theta}_{\mathrm{rbm}})] = \sum_{M} \ln\left[\sum_{\boldsymbol{h}} p(\boldsymbol{V}^{M}, \boldsymbol{H} \mid \boldsymbol{\theta}_{\mathrm{rbm}})\right] \\
&= \sum_{M} \{\ln \sum_{\boldsymbol{h}} \exp[-E(\boldsymbol{V}^{M}, \boldsymbol{H} \mid \boldsymbol{\theta}_{\mathrm{rbm}}) - \ln[\Gamma(\boldsymbol{\theta}_{\mathrm{rbm}})]\} \\
&= \sum_{M} \left\{\ln \sum_{\boldsymbol{h}} \exp\left[-E(\boldsymbol{V}^{M}, \boldsymbol{H} \mid \boldsymbol{\theta}_{\mathrm{rbm}}) - \ln \sum_{\boldsymbol{v},\boldsymbol{h}} \exp(-E(\boldsymbol{V}, \boldsymbol{H} \mid \boldsymbol{\theta}_{\mathrm{rbm}})\right]\right\}
\end{aligned}
\tag{5-94}
$$

通过梯度上升法最大化似然函数，对数似然函数对参数的导数，得到梯度值为

$$
\begin{aligned}
\frac{\partial l}{\partial \boldsymbol{\theta}_{\mathrm{rbm}}} &= \sum_{M} \frac{\partial}{\partial \boldsymbol{\theta}_{\mathrm{rbm}}} \left(\ln \sum_{\boldsymbol{h}} \exp[-E(\boldsymbol{V}^{M}, \boldsymbol{H} \mid \boldsymbol{\theta}_{\mathrm{rbm}})] - \ln \sum_{\boldsymbol{v},\boldsymbol{h}} \exp[-E(\boldsymbol{V}, \boldsymbol{H} \mid \boldsymbol{\theta}_{\mathrm{rbm}})]\right) \\
&= \sum_{M} \left(\left\langle \frac{\partial[-E(\boldsymbol{V}^{M}, \boldsymbol{H} \mid \boldsymbol{\theta}_{\mathrm{rbm}})]}{\partial \boldsymbol{\theta}_{\mathrm{rbm}}} \right\rangle_{p(\boldsymbol{H} \mid \boldsymbol{V}^{M}, \boldsymbol{\theta}_{\mathrm{rbm}})} - \left\langle \frac{\partial[-E(\boldsymbol{V}, \boldsymbol{H} \mid \boldsymbol{\theta}_{\mathrm{rbm}})]}{\partial \boldsymbol{\theta}_{\mathrm{rbm}}} \right\rangle_{p(\boldsymbol{V} \mid \boldsymbol{H}, \boldsymbol{\theta}_{\mathrm{rbm}})}\right)
\end{aligned}
\tag{5-95}
$$

式中，$\langle \cdot \rangle_p$ 为分布 p 的期望。

由式（5-95）得到的梯度表达式为

$$\frac{\partial \ln p(\boldsymbol{V})}{\partial w_{ij}} = \langle V_i H_j \rangle_{\mathrm{data}} - \langle V_i H_j \rangle_{\mathrm{model}} \tag{5-96}$$

$$\frac{\partial \ln p(\boldsymbol{V})}{\partial a_i} = \langle V_i \rangle_{\mathrm{data}} - \langle V_i \rangle_{\mathrm{model}} \tag{5-97}$$

$$\frac{\partial \ln p(\boldsymbol{V})}{\partial b_j} = \langle H_j \rangle_{\mathrm{data}} - \langle H_j \rangle_{\mathrm{model}} \tag{5-98}$$

式中，$\langle \cdot \rangle_{\mathrm{data}}$ 为可视层输入样本数据得到的隐含层神经元概率分布；$\langle \cdot \rangle_{\mathrm{model}}$ 为网络定义的可视层与隐含层之间的联合概率分布。根据式（5-96）~式（5-98）得到的梯度值，在学习率为 η 的条件下得到的模型参数更新过程表示为

$$
\begin{cases}
w_{ij} = w_{ij} + \Delta w_{ij}，\ \Delta w_{ij} = \boldsymbol{\eta}(\langle V_i H_j \rangle_{\mathrm{data}} - \langle V_i H_j \rangle_{\mathrm{model}}) \\
a_i = a_i + \Delta a_i，\ \Delta a_i = \boldsymbol{\eta}(\langle V_i \rangle_{\mathrm{data}} - \langle V_i \rangle_{\mathrm{model}}) \\
b_j = b_j + \Delta b_j，\ \Delta b_j = \boldsymbol{\eta}(\langle H_j \rangle_{\mathrm{data}} - \langle H_j \rangle_{\mathrm{model}})
\end{cases}
\tag{5-99}
$$

在模型的训练过程中，样本数据可以用来更新隐含层概率分布，但是网络层面上的层间概率分布却难以计算。实际应用中，对比散度（Contrastive Divergence，CD）方法[59]多用于 RBM 的训练，如图 5-30 所示。

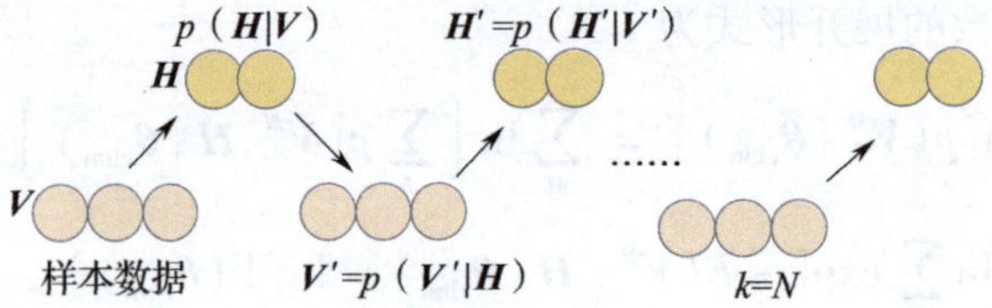

a）吉布斯采样示意图

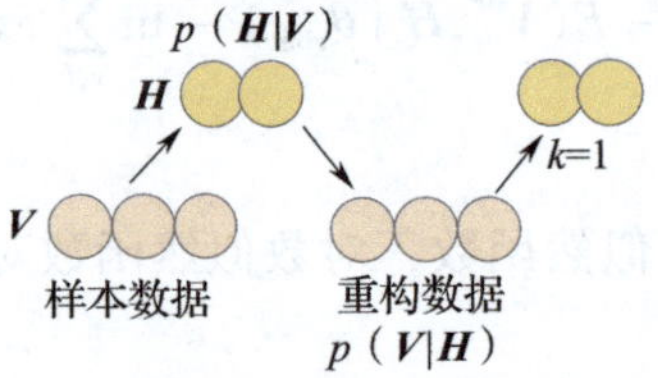

b）简化的参数更新过程

图 5-30　CD 算法原理示意图

如图 5-30 所示，由可视层数据输入数据计算得到隐含层的概率分布 $\boldsymbol{H}=p(\boldsymbol{H}\mid\boldsymbol{V})$，再利用 $\boldsymbol{V}'=p(\boldsymbol{V}'\mid\boldsymbol{H})$ 计算已知的可视层神经元的输入，并根据条件概率分布得到 $\boldsymbol{H}'=p(\boldsymbol{H}'\mid\boldsymbol{V}')$。$\boldsymbol{V}$ 与 $\boldsymbol{H}$ 用来代指观测数据，$\boldsymbol{V}'$ 与 $\boldsymbol{H}'$ 表示模型定义的可视层与隐含层，完成一次近似操作，这一过程也被称作吉布斯采样[126]。在实际应用中，1 步吉布斯采样就已经可以满足需求的精度[126]。因此，基于 1 步吉布斯采样的快速训练方法简化梯度值计算，得到的参数更新过程为

$$\begin{cases} w_{ij}=w_{ij}+\Delta w_{ij},\ \ \Delta w_{ij}=\boldsymbol{\eta}(\langle \boldsymbol{VH}\rangle-\langle \boldsymbol{V}'\boldsymbol{H}'\rangle) \\ a_i=a_i+\Delta a_i,\ \ \Delta a_i=\boldsymbol{\eta}(\langle \boldsymbol{V}\rangle-\langle \boldsymbol{V}'\rangle) \\ b_j=b_j+\Delta b_j,\ \ \Delta b_j=\boldsymbol{\eta}(\langle \boldsymbol{H}\rangle-\langle \boldsymbol{H}'\rangle) \end{cases} \tag{5-100}$$

根据上述过程，搭建一个二层的 RBM 模型，并通过吉布斯采样法，利用训练数据对模型进行无监督学习，完成模型参数的优化更新过程。

（2）DBN 模型结构及训练过程

DBN 的网络结构是通过多个 RBM 单元堆叠形成的，每两层组成一个 RBM，将前一个 RBM 隐含层作为后一个可视层，通过不断堆叠形成一个整体的网络结构。DBN 的概率分布是通过逐层叠加 RBM 得到的，输入层与各隐含层间边缘概率分布为

$$p(\boldsymbol{V},\boldsymbol{H}^1,\cdots,\boldsymbol{H}^{\text{num}})=\left[\prod_i^{\text{num}} p(\boldsymbol{H}^{\text{num}-1}\mid\boldsymbol{H}^{\text{num}})\right]p(\boldsymbol{H}^{\text{num}-1}\mid\boldsymbol{H}^{\text{num}}) \tag{5-101}$$

式中，num 为网络的层数。

DBN 通过逐层预训练的无监督学习以及参数调整的监督学习[126]两个过程完成对于网络的训练及参数更新，计算过程如图 5-31 和图 5-32 所示。图 5-31 所示为 RBM 逐层无监督预训练过程，完成第一层训练后保留参数，通过堆叠的结构以相同方式向下完成后续 RBM 的参数更新，直至完成除顶层外所有隐含层的训练并得到模型参数。图 5-32 所示为 RBM 有监督参数微调过程。模型参数的更新过程通过计算预测误差结合反向传播算法的有监督学习过程实现，得到 DBN 中顶层以及整个网络的最佳参数。

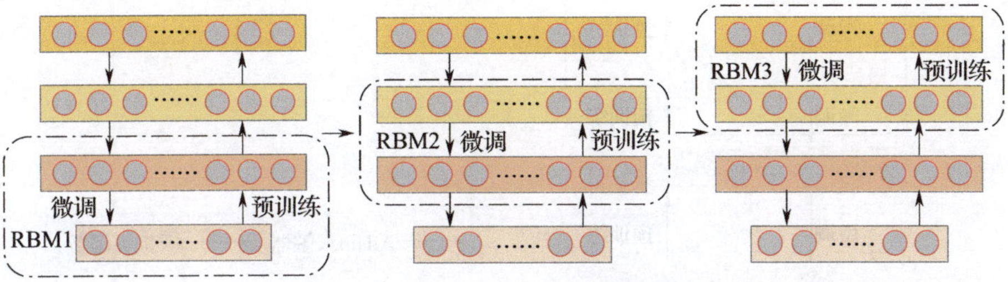

图 5-31　RBM 逐层无监督预训练过程

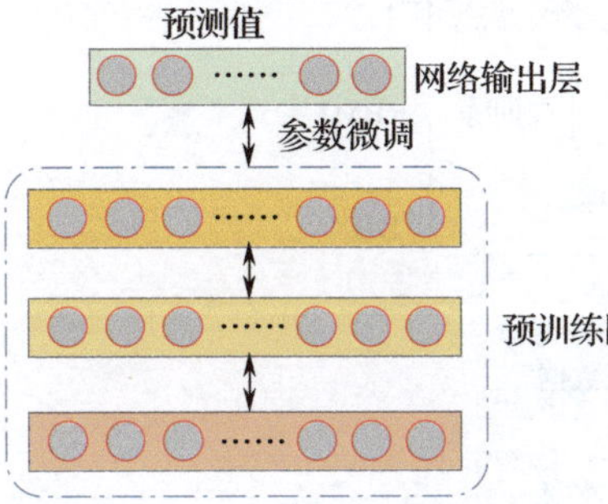

图 5-32　RBM 有监督参数微调过程

(3) DBN-LSTM 混合网络

考虑到本节中所采用的反映电池老化过程的 HIs 序列呈现的时序特性，而 LSTM 预测时考虑了历史信息与未来时刻信息的影响，可进一步增强预测的准确性。图 5-33 所示为文献［124］所提出的 DBN-LSTM 混合网络结构示意图，其中 DBN 用于挖掘电池 HIs 数据中的深层次老化信息，LSTM 用于提取电池 HIs 的时序老化信息。

文献［124］中所提出的 DBN-LSTM 混合网络主要包括以下内容：首先，利用所提取的 HIs 数据作为网络的输入样本，先进行前向的无监督预训练，再根据预测偏差反向传播有监督微调网络参数至得到最优参数值。然后将目标 HIs

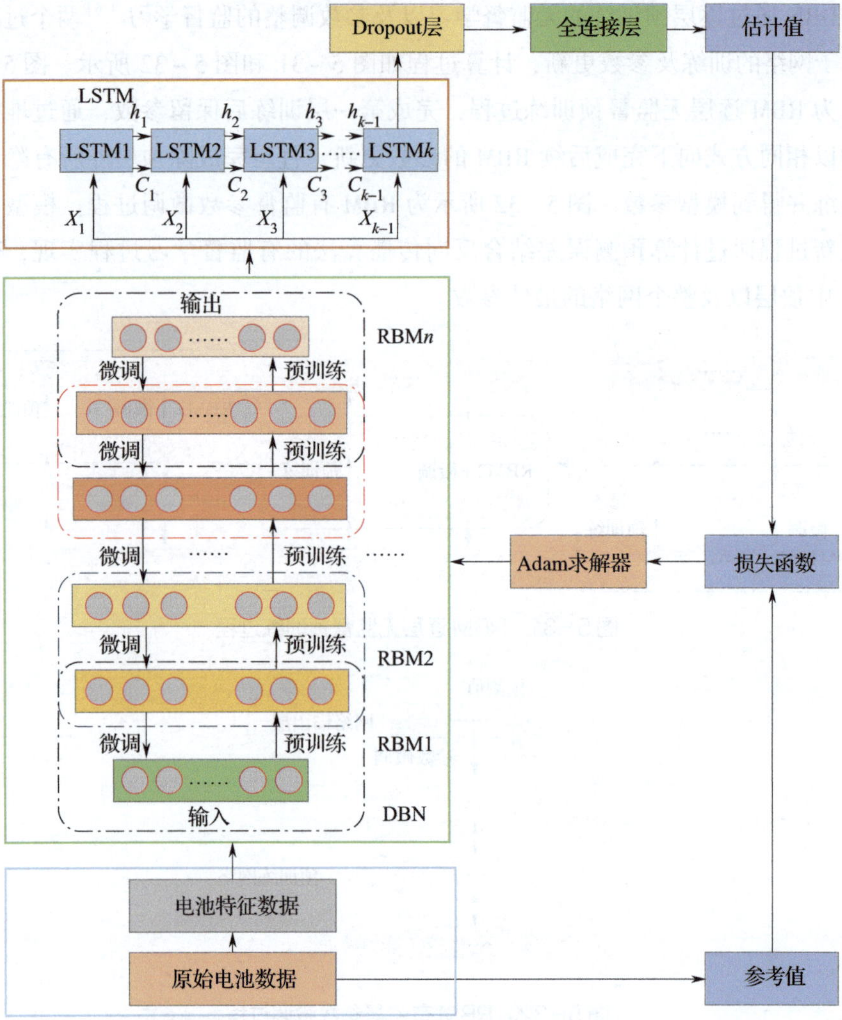

图 5-33　DBN-LSTM 混合网络结构示意图

序列作为训练模型的输入，利用 DBN 的部分提取电池退化数据中的深层次信息，并采用 LSTM 进行时间序列建模，实现对电池 SOH 的在线预测。

(4) 基于迁移学习与深度学习的电池 SOH 预测框架

考虑到电池的种类与运行工况繁多复杂，获取大量标签数据成本较大，且不同种类工况下的电池数据之间的分布存在差异性，这导致了基于某一工况训练得到的模型在新场景的电池数据下难以达到令人满意的估计效果。针对这一问题，提出一种基于迁移学习与混合深度学习的电池 SOH 估计框架，如图 5-34 所示。

本节所提出考虑知识迁移的电池健康管理研究框架主要包括以下内容。

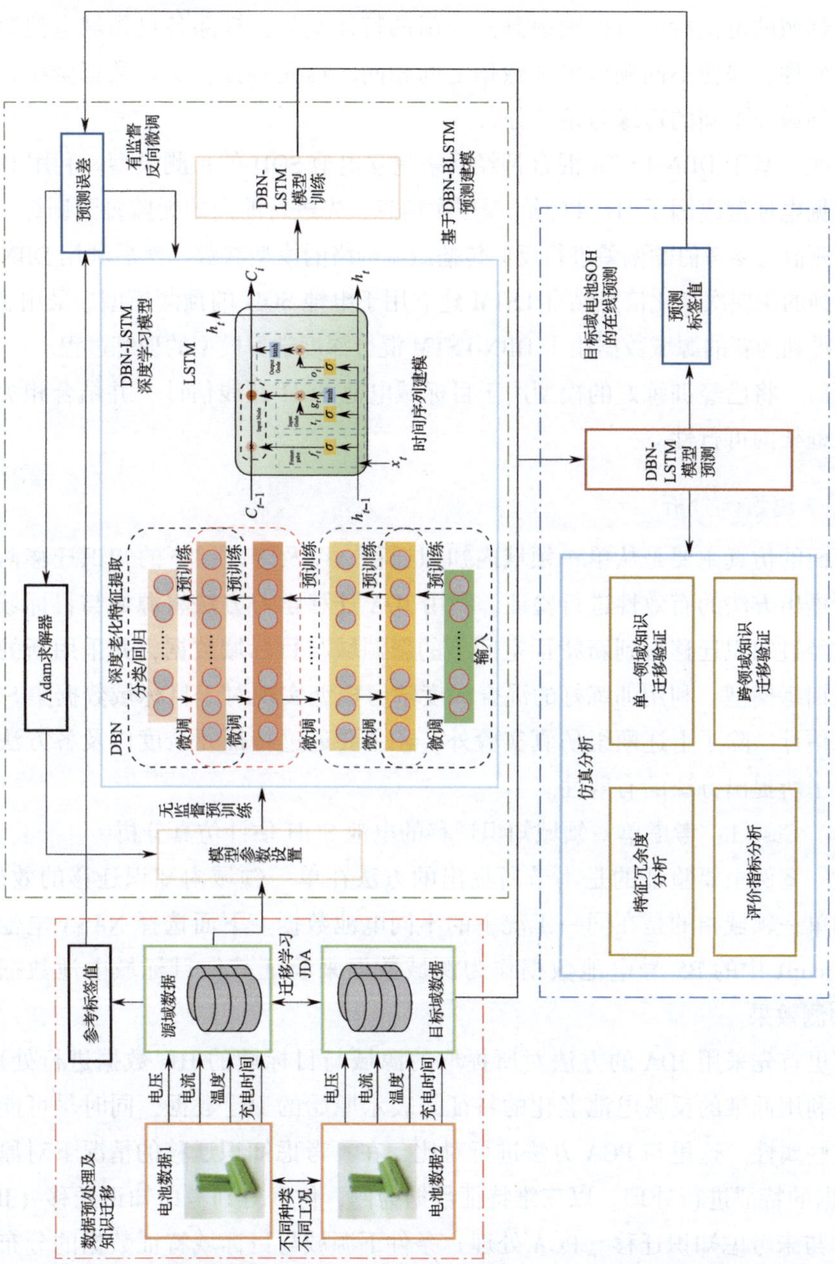

图 5-34　基于迁移学习与混合深度学习的电池SOH估计框架

首先，是对于数据的预处理以及知识迁移。对不同种类、不同工况下的 HIs 数据进行知识迁移，提取电池老化过程中的共性退化信息。利用 JDA 方法将源域与目标域的电池特征数据映射到一个新的特征空间，剔除各自领域电池数据的特有属性，保留不同领域电池数据之间相同的退化特性，实现数据降维，减小不同领域样本间的边缘与条件分布。

其次，基于 DBN-LSTM 混合神经网络建立电池 SOH 的预测模型。利用 DBN 方法挖掘电池健康因子 HIs 数据的深层次信息，先进行前向的无监督预训练，再利用预测值与参考值的偏差进行反向传播微调网络的模型参数。然后利用 DBN 中学习得到的深层次老化信息结合 LSTM 建立用于电池 SOH 的预测模型。采用 JDA 学习后得到的新的源域数据用于 DBN-LSTM 混合深度学习模型的训练过程。

最后，将已经训练好的模型用于目标域电池 SOH 在线估计，并结合相关指标分析框架的可行性。

4. 仿真案例分析

下面的仿真主要是从单一领域内知识迁移，以及跨领域下的知识迁移两方面对所提出方法的有效性进行验证。利用 JDA 迁移学习方法将源域与目标域电池数据经过知识迁移得到新特征空间下的新源域与目标域数据，并采用新的源域数据训练模型，利用训练好的混合深度学习模型实现对于目标域数据集 SOH 的在线估计。除了上述两组仿真实验外，还主要通过特征冗余度以及各方法对比分析了所提出方法的有效性。

（1） Case 1：考虑单一领域知识迁移的电池 SOH 估计仿真分析

这一案例主要验证的是本节所提出的方法在单一领域内知识迁移的效果，这里的单一领域指的是在同一工况下的不同电池数据。下面选择 NASA 电池数据中 Group1 中的 B5 号电池数据作为源域数据来验证其他目标域电池数据的 SOH 预测效果。

这里首先采用 JDA 的方法对所提取的源域与目标域的 HIs 数据进行处理，该方法利用低维的反映电池老化的特征来表示原始的 HIs 数据，同时尽可能地保留这些属性。这里与 PCA 方法进行对比，在不考虑知识迁移的情况下对原始 HIs 数据的特征进行处理。以三维特征数据为例，仿真得到考虑知识迁移（JDA 处理）与未考虑知识迁移（PCA 处理）条件下源域与目标域特征数据的分布散点示意图，如图 5－35 所示。图 5－35a 所示为未考虑知识迁移（即 PCA 处理）得到的源域与目标域 HIs 数据的分布示意图，可以看出，在未考虑知识迁移的条件下不同领域的 HIs 数据分布差异明显。图 5－35b 表示在考虑知识迁移的条件下，源域与目标域的数据特征经过处理后，得到的新特征空间下的分布差异明显减小，这说明了 JDA 在单一领域内减小源域与目标域之间数据分布的差异上有着较好的效果。

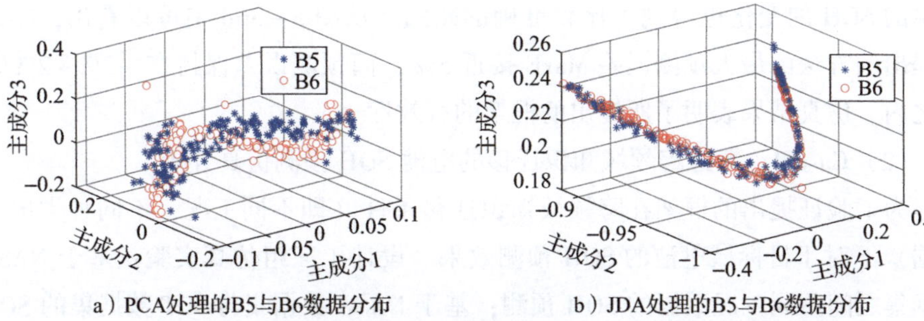

图 5-35　NASA 源域与目标域数据集数据分布散点示意图

经过 JDA 进行知识迁移后得到了新的源域数据，将其作为所提出的考虑知识迁移与混合深度学习的电池健康管理框架的输入，用于目标域电池 SOH 的在线预测。设计一组仿真实验验证单一领域迁移的效果，采用 NASA 的 B5 电池作为源域来实现工况相同的 B6、B7 与 B18 电池数据的 SOH 在线预测，得到预测结果及误差曲线如图 5-36 所示。三个目标域电池数据集的 SOH 估计结果如图 5-36a ~ c 所示，图 5-36d 所示为基于三组目标域电池数据集的 SOH 预测误差曲线。

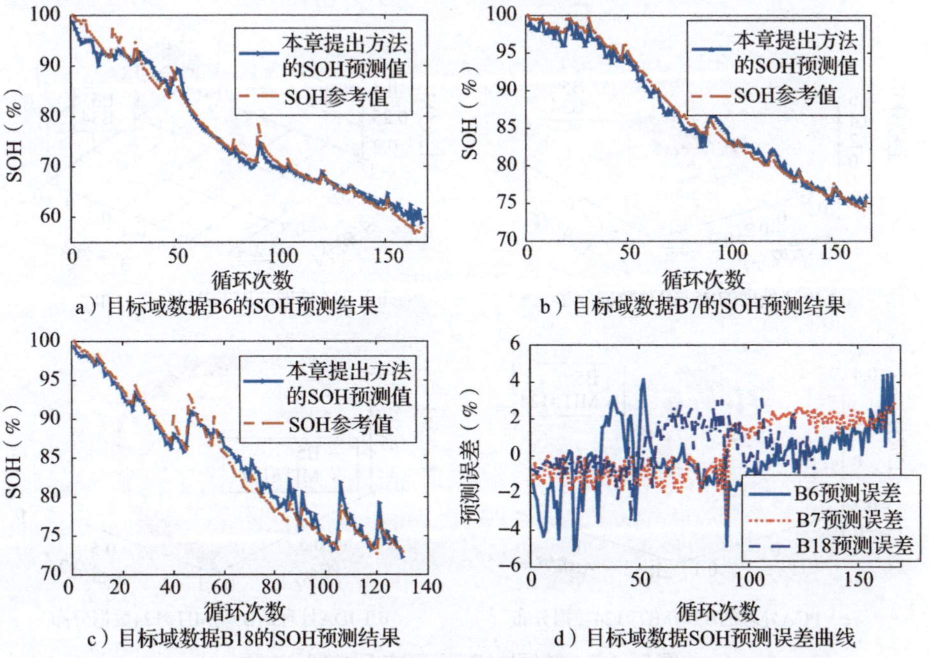

图 5-36　考虑单一领域知识迁移的目标域电池 SOH 预测结果及误差曲线

从图 5-36 可以看出，本章提出的基于迁移学习与混合深度学习的电池健康管理框架在三个目标域电池数据集上均实现了较准确的预测结果，预测曲线能够准确地跟随实际的 SOH 变化曲线，包括原数据集中存在的容量恢复现象所产生的 SOH 的变化也得到了比较准确的跟踪。从图 5-36d 中可以看出，本章所提出的方法的最大预测误差 MaxE 接近 5%，而预测误差保持在 -2%~2% 范围之内。仿真结果表明了所提出的框架的有效性。

（2）Case 2：考虑跨领域知识迁移的电池 SOH 预测仿真分析

为了验证提出的框架在跨领域知识迁移条件（即不同工况，不同种类电池数据）下对于目标域电池的 SOH 预测效果。设计了三组仿真实验：基于 NASA 数据集之间不同工况数据的 SOH 预测；基于 NASA 数据集与 MIT 数据集的 SOH 预测；基于 MIT 不同工况数据集的 SOH 预测。图 5-37 所示为引入和未引入知识迁移情况下（即利用 PCA 还是 JDA 方法处理电池 HIs 数据）得到的数据分布对比图。可以看出，与未引入知识迁移过程相比，考虑知识迁移（经过 JDA 处理）后数据分布差异明显降低。

选取经过知识迁移后得到的新特征空间的数据作为本章所提出的考虑知识迁移与深度学习的电池健康管理框架的输入，实现对于目标域的 SOH 在线预测，并验证了跨领域条件下本方法的有效性。具体设计了三组实验，如下所示：

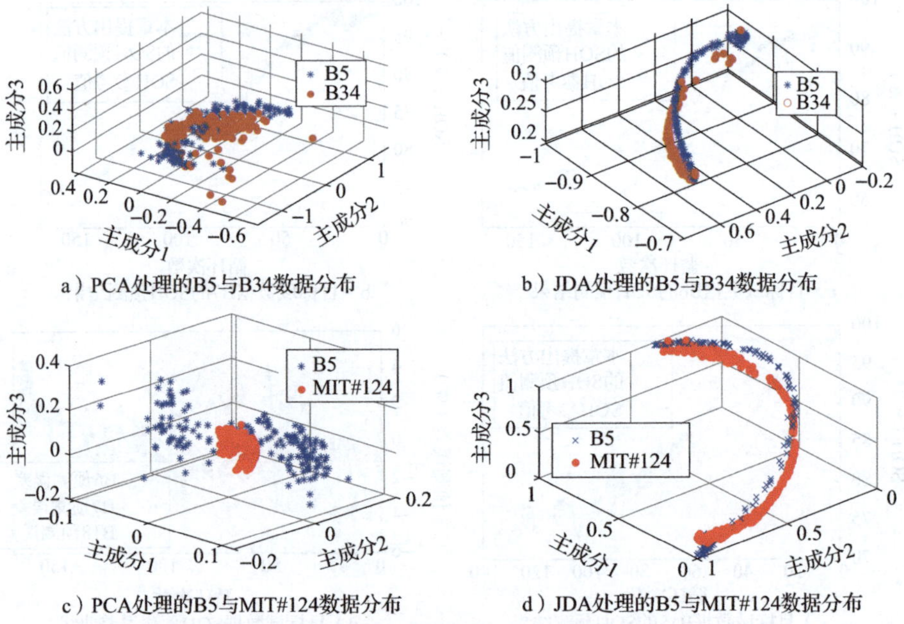

a）PCA处理的B5与B34数据分布　b）JDA处理的B5与B34数据分布

c）PCA处理的B5与MIT#124数据分布　d）JDA处理的B5与MIT#124数据分布

图 5-37　跨领域知识迁移前后数据分布图

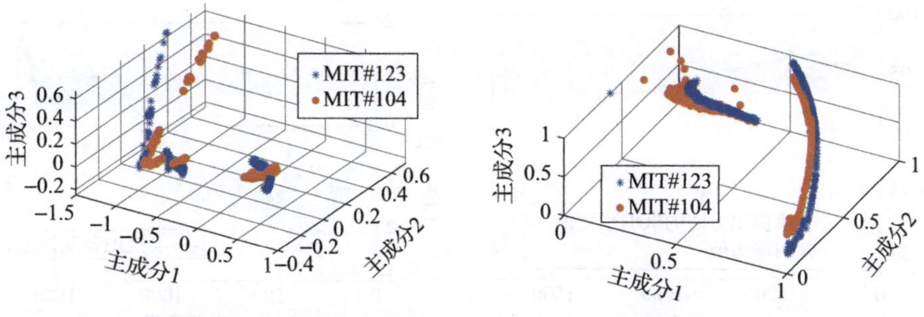

e）PCA处理的MIT#123与MIT#104数据分布　　f）JDA处理的MIT#123与MIT#104数据分布

图5-37　跨领域知识迁移前后数据分布图（续）

1）基于 NASA 数据集，不同工况下电池数据的跨领域知识迁移验证：源域为 B5，目标域为 B34。

2）基于 NASA 数据集与 MIT 数据集，不同种类、不同工况电池数据的跨领域知识迁移验证：源域为 B5（NASA），目标域为 MIT#124。

3）基于 MIT 数据集，不同工况电池数据的跨领域知识迁移验证：源域为 MIT#123，目标域为 MIT#104。

得到的目标域电池的 SOH 在线预测结果及预测误差曲线如图 5－38～图 5－40所示。从图中可以看出，在跨领域知识迁移的条件下，所提出的 SOH 预测方法得到的 SOH 预测的最大误差 MaxE 小于 8%，这是部分的电池参考数据测量时存在的误差所造成的，对于大部分电池的预测误差均保持在－2%～2% 范围内，保持着较高的准确性，这也说明该方法在跨领域条件下可以准确预测电池 SOH。

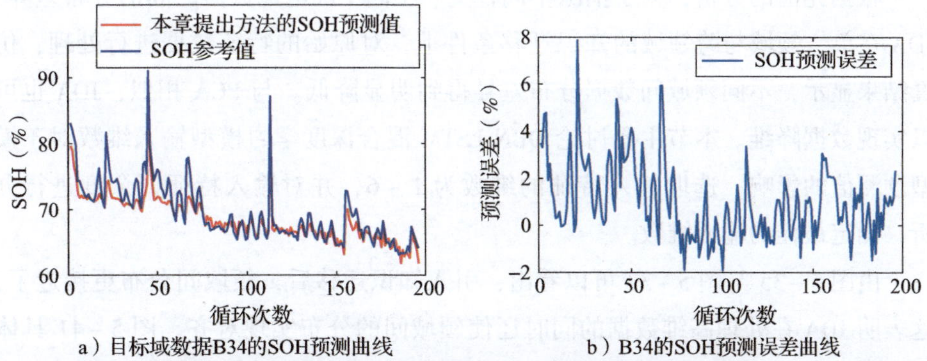

a）目标域数据B34的SOH预测曲线　　b）B34的SOH预测误差曲线

图5-38　基于 NASA 数据集不同工况数据基于跨领域知识迁移目标域 SOH 预测结果及预测误差曲线

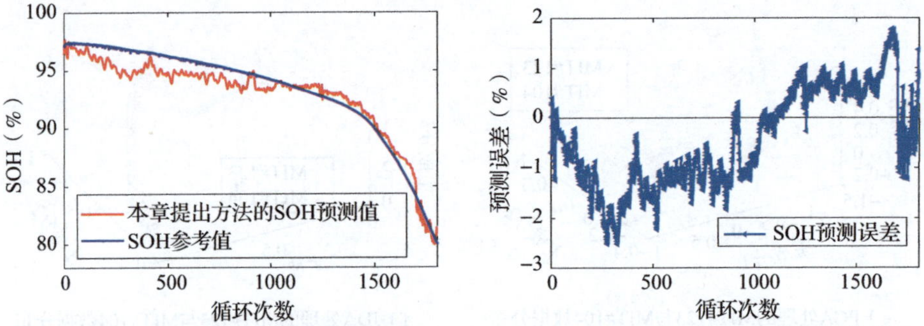

a）目标域数据MIT#124的SOH预测曲线　　b）MIT#124的SOH预测误差曲线

图 5-39　不同种类不同工况数据基于跨领域知识迁移的目标域 SOH 预测结果及预测误差曲线

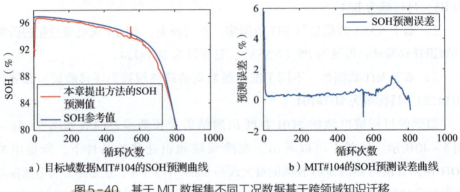

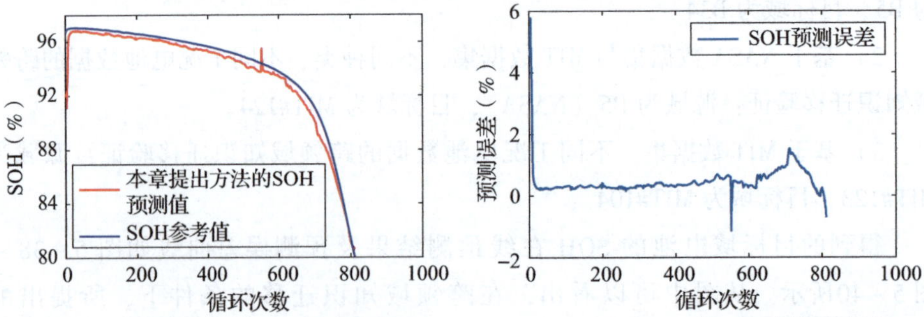

a）目标域数据MIT#104的SOH预测曲线　　b）MIT#104的SOH预测误差曲线

图 5-40　基于 MIT 数据集不同工况数据基于跨领域知识迁移的目标域 SOH 预测结果及预测误差曲线

（3）Case 3：特征冗余度分析

根据先前的分析，为了消除不同种类、不同工况电池数据之间的分布差异，JDA 在单一领域与跨领域的知识迁移条件下，对原始的特征数据进行处理，仿真结果显示，不同领域间数据分布差异得到明显降低。与 PCA 相似，JDA 也可以实现数据降维。本节主要讨论 DBN-LSTM 混合深度学习模型输入维数对于模型预测值的影响。选取输入特征的维数为 1 ~ 6，并对输入特征冗余度进行分析，确定最佳的输入维数。

由图 5-35 与图 5-37 可以看出，引入知识迁移后，领域间分布更接近了，这表明 JDA 在处理高维数据的同时还使领域间的分布实现对齐。图 5-41 具体表示了基于本节提出的 DBN-LSTM 混合深度学习模型，分别采用 JDA 和 PCA 方法，得到了 SOH 估计的评价指标 RMSE、MAE 以及 MAPE，以此验证引入和未引入知识迁移条件对估计结果的影响。针对四组目标域电池数据集（包括单一领域与跨领域两种情况)，在引入知识迁移的条件下所得到的目标域 SOH 在线预测结果相比于未引入知识迁移的思想的情况下均有明显的提升。在考虑知识迁移的预测框架下，基于本章所提出的混合深度学习模型，在不同输入维度下得到的预测 RMSE 保持在 4% 以下，MAE 保持在 3% 以下，MAPE 保持在 4% 以下，而在未考虑知识迁移的预测框架下，所得到的预测 RMSE 达到了 6%，MAE 达到了 5.5%，MAPE 也达到了 6%。由此可以看出，引入知识迁移的预测框架可以有效提高预测的准确性。

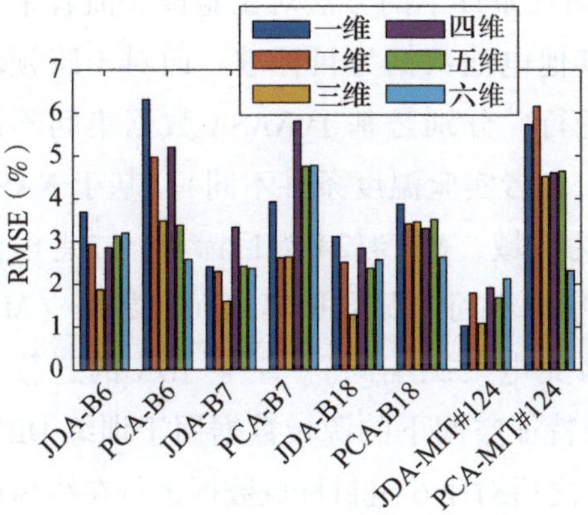

a）RMSE

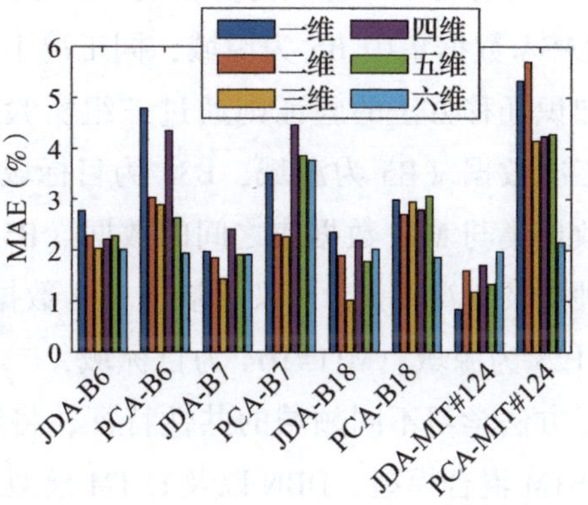

b）MAE

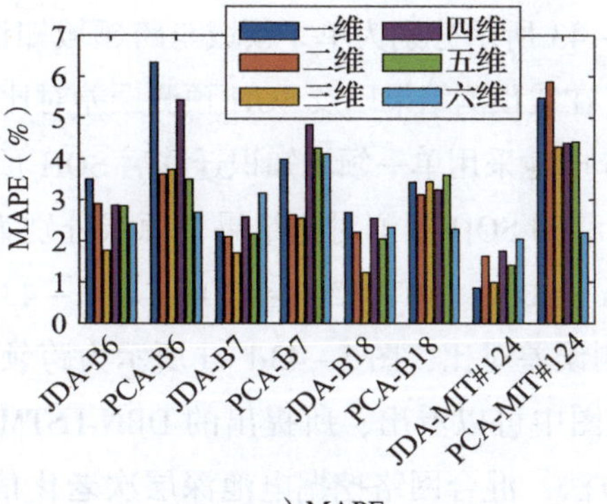

c）MAPE

图 5-41　引入和未引入知识迁移的条件下基于不同输入维度的评价指标示意图

同时，也可以通过图 5-41 看出，针对本研究所采用的四组目标域数据集，预测的准确性随着输入维度的增加大体呈现一个先升高后降低的趋势，在输入维数为三维时，可以得到相对最佳的预测结果。且引入迁移学习的思想在跨领域条件下对于评价指标的提升是最为明显的，如目标域为 MIT#124 时，可以看出引入知识迁移后，其预测的 RMSE 指标从 4.51% 减小到 1.08%，MAE 从

4.15%减小到1.18%，MAPE从4.29%减小到0.99%，分别减小了76.1%、71.6%与76.9%，进一步验证了本节所提出的考虑知识迁移的电池SOH预测框架的可行性与有效性。

(4) Case 4：方法对比分析

下面将提出的DBN-LSTM混合神经网络方法与单一的DBN以及LSTM神经网络方法进行对比，并利用RMSE、MAE等评价指标对各方法的有效性进行定量评价分析。

将分为单一领域与多领域知识迁移两种条件下的方法对比验证。前者采用NASA数据集中B5为源域，同工况下其他电池数据为目标域。而对于跨领域知识迁移方法的验证则通过三组实验进行，分别是基于NASA数据集间不同工况数据（B5为源域，B34为目标域，二者实验温度条件不同）、基于NASA数据集与MIT数据集之间的数据（B5为源域，MIT#124为目标域，二者电池种类及工况不同），以及基于MIT数据集中不同工况数据集之间的数据（MIT#123为源域，MIT#104为目标域，二者充电工况不同）。基于JDA的迁移学习方法学习不同领域的共性特征，将新特征空间下的源域数据用于训练DBN-LSTM混合模型、DBN以及LSTM模型，之后对于6组目标域数据进行在线SOH预测。

图5-42与图5-43所示分别为单一领域与跨领域知识迁移条件下6组目标域数据集得到的SOH在线预测结果以及SOH预测误差对比，其中图5-42a~c所示为NASA数据集B5电池采用单一领域知识迁移后SOH预测效果。图5-42d~f所示为跨领域知识迁移的SOH预测对比结果，源域分别为NASA的B5与MIT#123，目标域为NASA的B34、MIT#124与#104。图5-43a~c所示为单一领域知识迁移的SOH预测误差对比，图5-43d~f所示为跨领域知识迁移的SOH预测误差对比曲线。从图中可以看出，所提出的DBN-LSTM混合网络方法比单独采用DBN与LSTM方法，混合网络挖掘电池深层次老化信息的能力更强，得到的SOH预测结果更接近于实际的电池退化趋势，而其他两组方法得到的结果对于某些电池的特定的变化趋势无法做出更加准确的跟踪，例如LSTM在某些电池的退化早期或退化后期的预测误差相对较大。在单一领域与跨领域知识迁移两组实验条件下，基于6组目标域数据集的SOH预测误差均小于对比方法，大部分预测点误差在-5%~5%之间，且SOH预测结果比较稳定，而另外两组对比方法得到预测结果的波动相对较大。

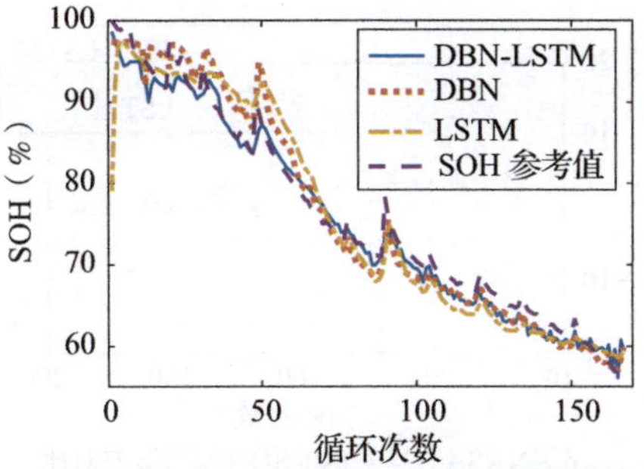

a）NASA B6号电池SOH预测结果

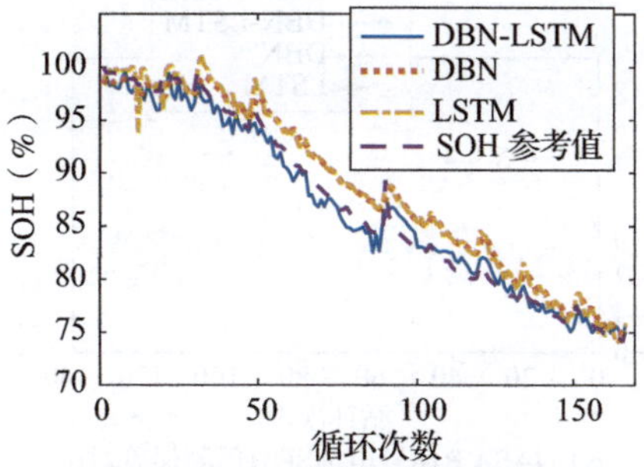

b）NASA B7号电池SOH预测结果

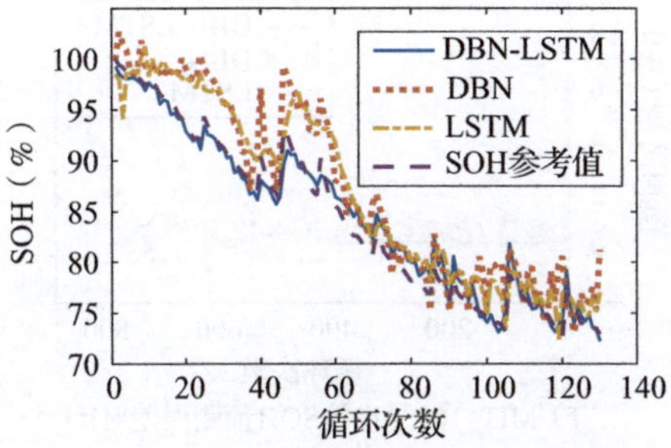

c）NASA B18号电池SOH预测结果

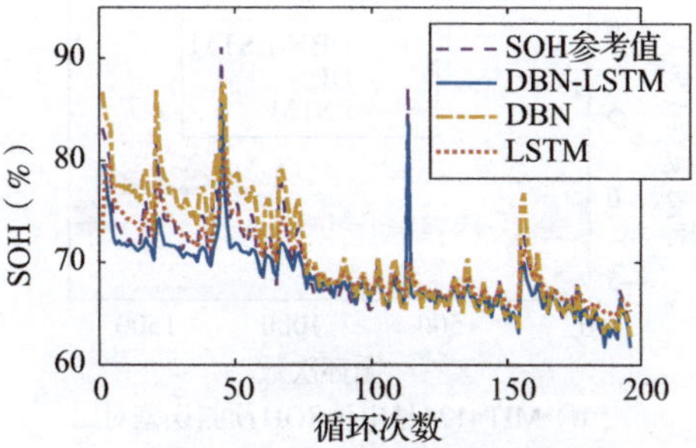

d）NASA B34号电池SOH预测结果

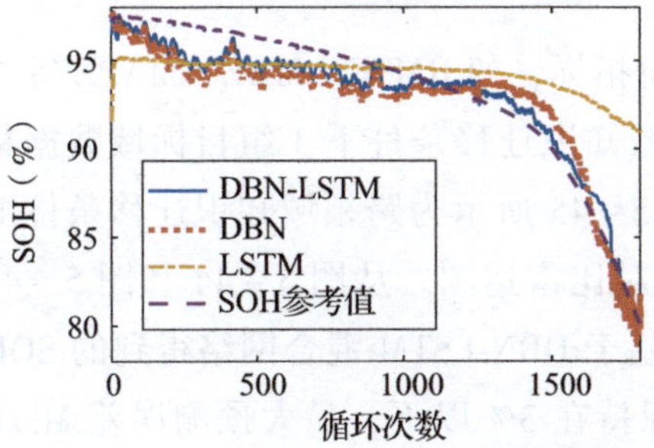

e）MIT#124号电池SOH预测结果

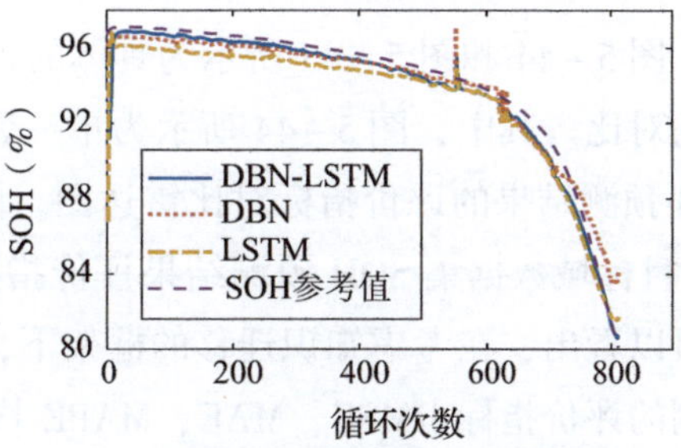

f）MIT#104号电池SOH预测结果

图5-42　6 组目标域电池的 SOH 在线预测结果对比

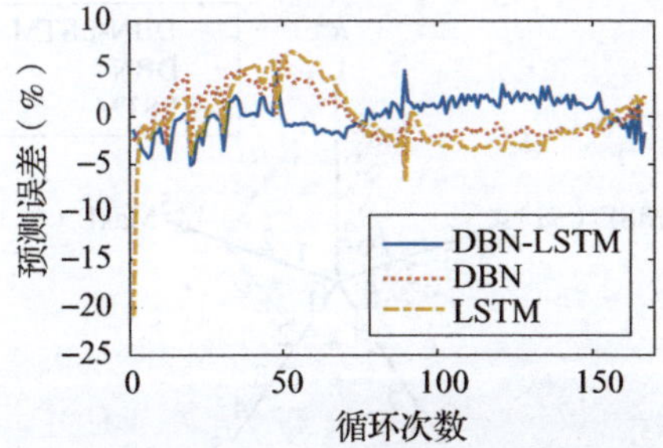

a）NASA B6号电池SOH预测误差对比

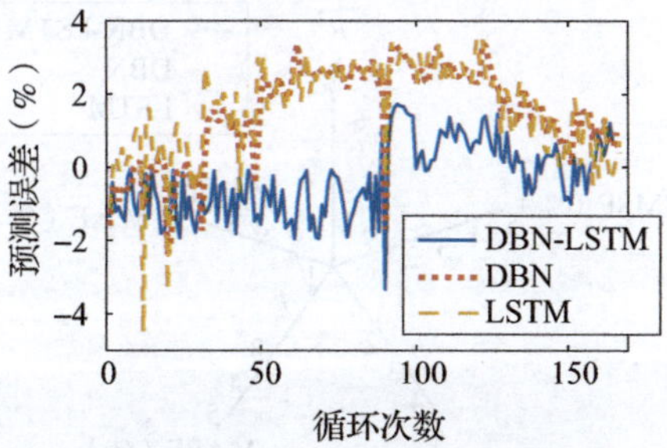

b）NASA B7号电池SOH预测误差对比

图5-43　单一领域与跨领域知识迁移条件下 6 组目标域电池的 SOH 在线预测误差对比

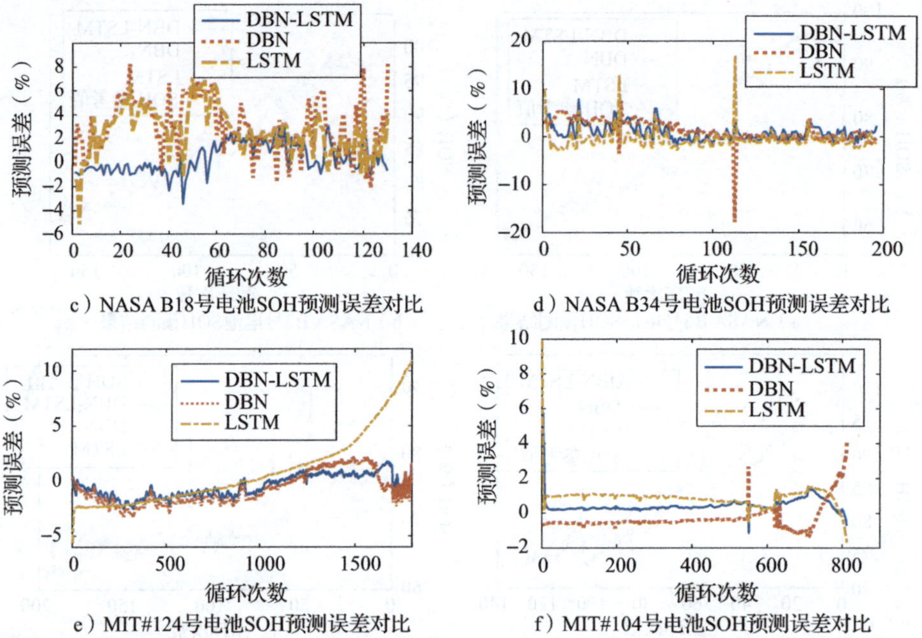

c）NASA B18号电池SOH预测误差对比

d）NASA B34号电池SOH预测误差对比

e）MIT#124号电池SOH预测误差对比

f）MIT#104号电池SOH预测误差对比

图5-43 单一领域与跨领域知识迁移条件下6组目标域电池的SOH在线预测误差对比（续）

图5-44和图5-45所示为具体的评价指标，如RMSE、MAE、MAPE等之间的对比。其中，图5-44所示为单一领域知识迁移条件下3组目标域数据集SOH预测结果的评价指标对比雷达图。图5-45所示为跨领域知识迁移条件下3组目标域数据集SOH预测结果评价指标对比雷达图。从图5-44和图5-45中可以看出，在考虑知识迁移的框架下，基于DBN-LSTM混合网络得到的SOH预测的评价指标RMSE、MAE、MAPE均保持在3%以下，最大预测误差MaxE保持在6%以下，决定系数R^2均保持在0.9以上。相比之下，对比方法得到的RMSE、MAE、MAPE等评价指标远远高于本章所提出的方法，且最大预测误差

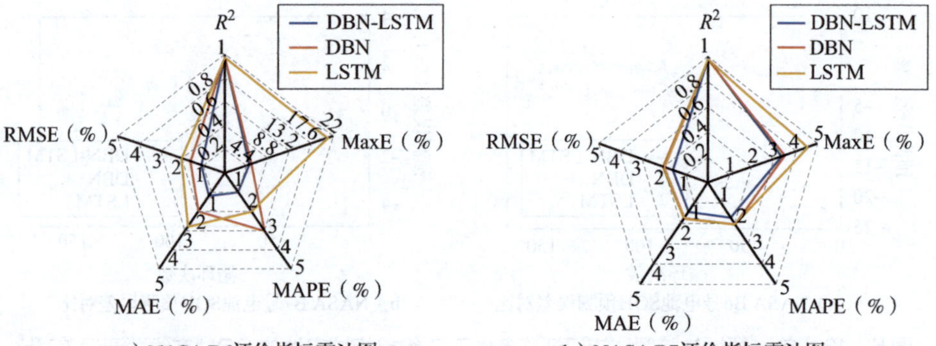

a）NASA B6评价指标雷达图

b）NASA B7评价指标雷达图

图5-44 单一领域知识迁移条件下3组目标域数据集SOH预测结果评价指标对比雷达图

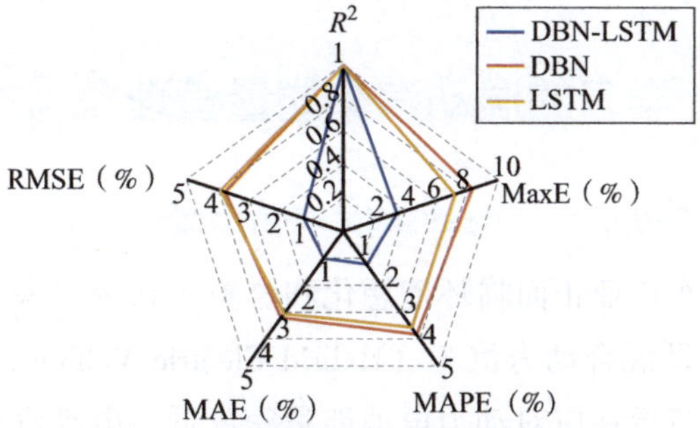

c）NASA B18评价指标雷达图

图 5-44　单一领域知识迁移条件下 3 组目标域数据集 SOH 预测结果评价指标对比雷达图（续）

MaxE 在某一个目标域数据集上较大，说明本方法的预测性能更加准确稳定。同时，该方法在 6 组目标域数据集下得到的对应的评价指标与其他对比方法相比均有明显提升，进一步说明了该方法在 SOH 预测中的良好效果。

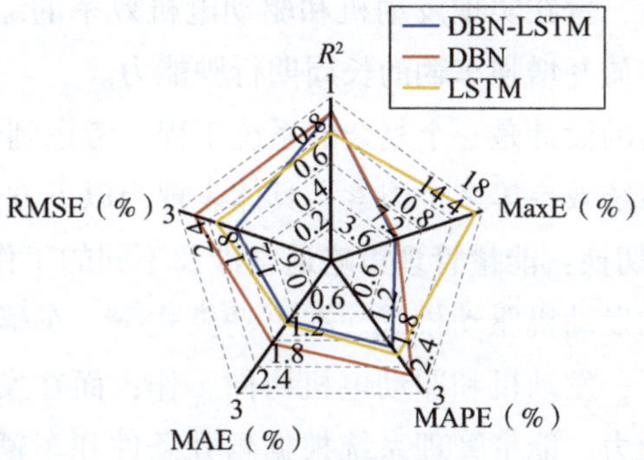

a）NASA B34评价指标雷达图

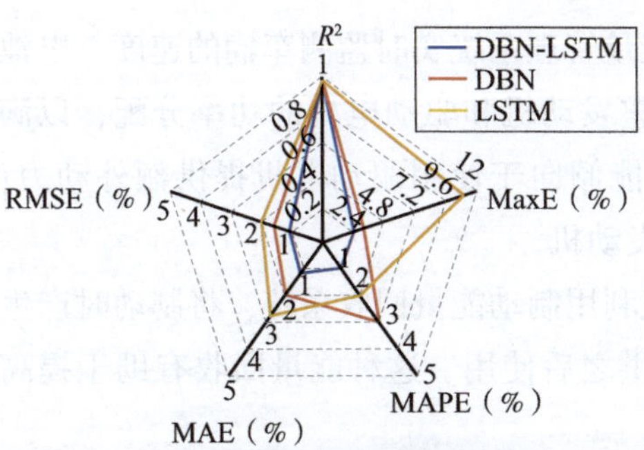

b）MIT#124评价指标雷达图

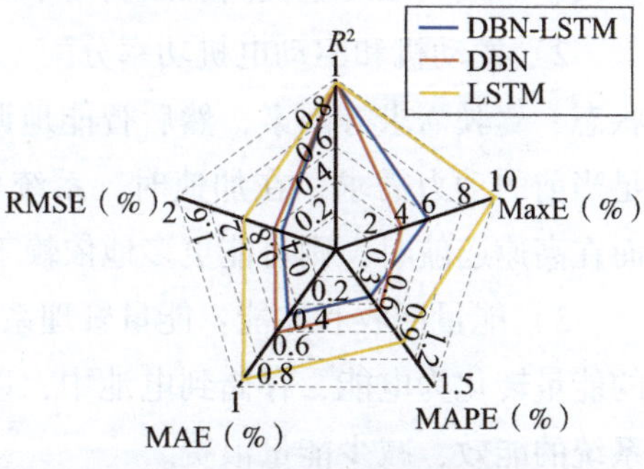

c）MIT#104评价指标雷达图

图 5-45　跨领域知识迁移条件下 3 组目标域数据集 SOH 预测结果评价指标对比雷达图

5.3 基于强化学习的混动汽车能量管理

5.3.1 混合动力汽车能量管理策略概述

目前，全球汽车产业正面临环境恶化和燃料短缺等严峻挑战，这促使新能源汽车崛起，尤其是混合动力汽车（Hybrid Electric Vehicle，HEV）。这一汽车动力总成的技术变革旨在应对动力电池能量密度低、电动汽车续驶里程有限等问题。混合动力汽车作为一种新的汽车动力系统，利用多种能源驱动车辆，通常包括内燃机和驱动电机。与完全依靠内燃机做功的传统汽车不同，混合动力汽车可以根据驾驶条件和要求来判断何时使用内燃机、驱动电机或两者的组合。这种能力提高了燃油效率并减少了排放。因此，如何在遵守系统限制和能源需求的前提下，在不同电源之间合理分配能量是一个挑战，这已成为混合动力汽车能量管理策略领域的一个关键技术问题。混合动力车辆的能量管理策略正成为重要的研究方向，旨在实现发动机和驱动电机效率的综合优化，以提高车辆的经济性、降低排放并增强车辆的长周期行驶能力。

能量管理策略的设计是一个复杂的系统工程，考虑到驾驶需求、车辆状态、电池状态和动力系统效率等多个因素，具体表现为以下方面。

1）工作模式切换：能量管理策略通常涉及不同的工作模式切换，例如电动模式、混合模式和发动机驱动模式。在电动模式下，车辆主要由驱动电机提供动力；混合模式下，发动机和驱动电机协同工作；而在发动机驱动模式下，主要由发动机提供动力。能量管理系统根据驾驶条件和车辆状态智能地切换这些模式，以最大限度地提高燃油利用率。

2）发动机和驱动电机功率分配：能量管理系统实时监测车辆的速度、电池状态、驾驶需求等因素，然后智能地调整发动机和驱动电机的功率分配，以满足当前的动力需求。在加速时，系统可能倾向于使用驱动电机提供额外动力；而在高速巡航时，则可能更多地依赖于发动机。

3）能量回收和储能：能量管理系统利用制动能量回收系统，将制动时产生的能量转化为电能，存储到电池中，以供之后使用。这种能量回收有助于提高系统的能效，减少能量浪费。

4）电池状态管理：能量管理系统会综合考虑电池的 SOC 和 SOH 等信息，以避免电池过度放电或充电，延长电池的使用寿命。此外，系统可能会根据电池状态智能地调整工作模式，以最优化整个驾驶周期的能量利用。

5）驾驶模式识别：能量管理系统通过分析驾驶模式（例如城市驾驶、高速巡航、爬坡等），智能地调整能量管理策略。不同的驾驶模式可能需要不同的能量分配策略，以最大限度地适应不同的驾驶环境。

6）实时优化算法应用：一些先进的混合动力系统采用实时优化算法，例如强化学习或模糊逻辑控制，以动态调整能量管理策略。这样的算法能够根据实时驾驶条件进行自适应学习和优化，提高系统的智能化和适应性。

在过去的研究中，在混合动力汽车的能量管理领域采用了基于规则的控制策略、全局优化控制策略等方法。随着车辆智能化发展的不断深入，智能提取基于规则的控制策略的方法实现了优化策略的在线应用。最近的研究中，智能控制策略得到了广泛应用，多种改进的高效能量管理策略不断涌现。如图 5－46 所示，目前混合动力汽车的能量管理策略主要可分为三类，即基于规则的控制策略、基于优化的控制策略以及基于学习的控制策略。在能量管理领域中，多目标优化算法、随机动态规划、模型预测控制、凸规划、进化算法、差分进化、人工神经网络以及强化学习算法等先进技术得到了广泛应用，为能量管理策略的研究提供了多样化的思路。

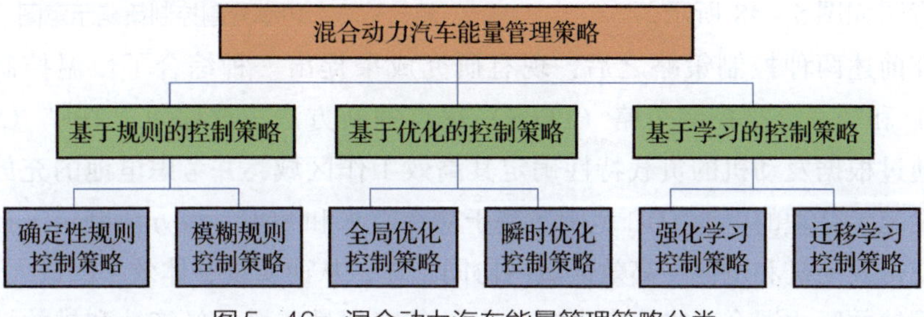

图 5－46　混合动力汽车能量管理策略分类

对于串联式混合动力汽车的能量管理主要是恒温控制策略（Thermostat Control Strategy，TCS），又称为开关控制策略（Switch Control Strategy，SCS），旨在优化混合动力车辆的能量管理。其核心思想是在电池的 SOC 低于设定的低阈值时，起动发动机，在最低油耗点提供恒定功率，同时一部分功率用于驱动车辆，另一部分用于给电池充电。相反，当电池的 SOC 高于设定的高阈值时，发动机停止工作，驱动电机单独提供车辆所需的动力[127]。TCS 的关键在于控制电池组的 SOC，其工作过程如图 5－47 所示，以确保其始终保持在最佳范围内。在该策略中，驱动电机通常从电池组获取所

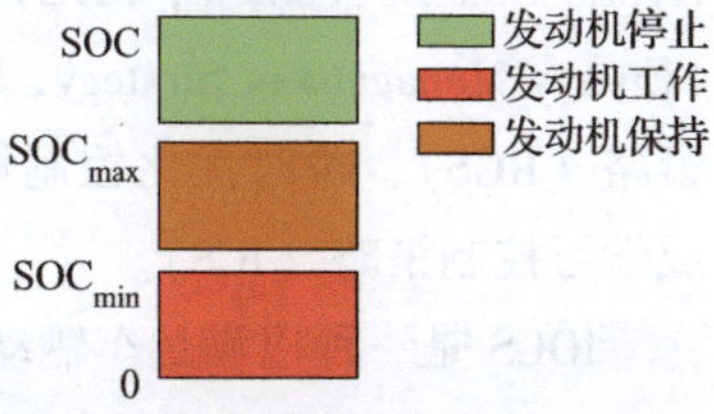

图 5－47　恒温控制策略示意图

需的功率，因此电池组必须满足所有瞬时功率要求。然而，这也导致电池组的放电效率降低，因为经常需要大电流放电，并对电池的使用寿命产生负面影响[128]。此策略的一个挑战是要平衡满足瞬时功率需求和维持电池 SOC 在最佳水平之间的关系。在实际应用中，需要仔细权衡电池组的使用寿命和性能，以确定最适合特定驾驶条件和车辆需求的 TCS 参数设置。

与 TCS 不同，混合动力车辆中的起停控制在功率分割控制策略（Power Flow Control Strategy，PFCS）中由两个关键因素共同决定：SOC 和车辆的功率需求。对于 PFCS 在增程式电动汽车（Extended-Range Electric Vehicle，EREV）上的应用，该控制策略将 SOC 作为阈值，同时考虑车辆的功率需求作为起停的开关条件。具体而言，当功率需求较低（P_{low}）且 SOC 值较大时，辅助动力单元（Auxiliary Power Unit，APU）关闭；而在功率需求较高（P_{high}）或 SOC 值较小时，APU 启动。当这两个参数位于两个极值之间时，APU 会保持前一时刻的工作状态[129]。该策略示意图如图 5－48 所示。

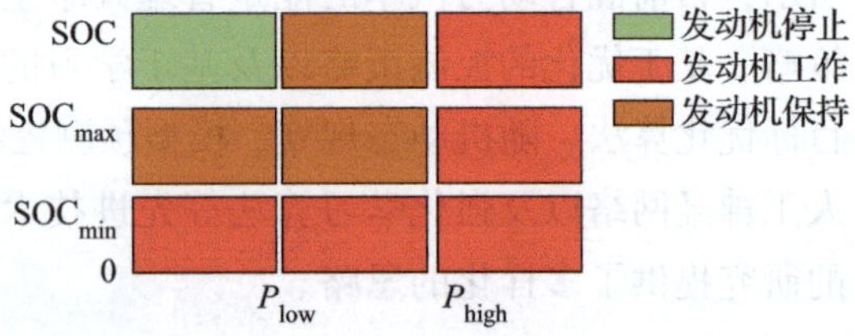

图5－48　功率分割控制策略示意图

在前述两种控制策略之后，现有研究成果提出一种综合了恒温控制策略（TCS）和功率分割控制策略（PFCS）优点的新方法，被称为“TPF”CS。该策略通过根据发动机的负载特性确定其高效工作区域，并考虑电池的充放电特性，设定了合理的电池 SOC 范围。基于功率需求和 SOC，该方法制定了控制规则，使得发动机和电池在高效区域内协同工作，从而实现整体效率的最大化。

虽然并联式混合动力汽车在理论上具备实现最佳燃油经济性和排放性能的潜力，但由于其结构复杂，其控制策略仍然面临进一步优化的挑战。当前，主流的控制策略通常依赖于 SOC、需求转矩、车速等参数，以使发动机和驱动电机在一定规则下输出相应的转矩或功率。在插电式混合动力电动汽车（Plug-in Hybrid Electric Vehicle，PHEV）中，通常采用基于转矩控制的能量管理策略（Energy Management Strategy，EMS）。EMS 本质上可分为四种：基于规则的控制策略（RCS）、瞬时优化控制策略（IOCS）、全局优化控制策略（GOCS）和集成学习控制策略（ICS）。

IOCS 是一种以满足车辆动力性能为前提，通过调节电机和发动机的输出转矩，以使发动机瞬时油耗和驱动电机等效油耗之和降至最低的方法。尽管 IOCS 可以在瞬时上获得最优结果，但它无法在所有驾驶条件下实现最佳结果，也无法考虑电池的 SOC。GOCS 是一种依赖于提前获取未来路况信息的 EMS 方法，寻找在已知条件下实现最低能耗的最优路径。然而，由于系统的依赖性和实时性限制，GOCS 难以适应实时控制。它通常作为参考，用于总结和提炼适用于在线控制的 EMS。因此，GOCS 更多地被看作一种 EMS 设计方法，而非真正的控制策略。在实际应用中，需要权衡各种 EMS 的优劣，以选择最适合特定混合动力系统的控制策略。ICS 通过分析大量信息和当前实际情况，模仿人类思考方式，做出对电源工作方式选择和输出功率分配的合理决策。这种策略在控制复杂非线性系统方面表现出色，因此非常适用于混合动力电动汽车（Hybrid Electric Vehicle，HEV）的控制。随着对 HEV 控制策略的深入研究，学者们开始将智能算法如模糊逻辑、遗传算法、神经网络和粒子群优化等，用于混合动力电动汽车动力总成中的分配和模式选择的控制策略。FL 是典型的 ICS 的一种应用。在模糊控制中，输入信号被转换为模糊变量，然后通过专家制定的推理机制应用规则库中的相关规则，得出模糊的结论。最后，将这些模糊的结论进一步转换为相应的精确变量，以协调车辆各部位的能量流，实现整车的最佳性能。典型的模糊控制策略示意图如图 5-49所示。这些智能控制策略的引入为 HEV 的控制提供了更灵活、智能的方法，以应对不同驾驶条件和动力需求。

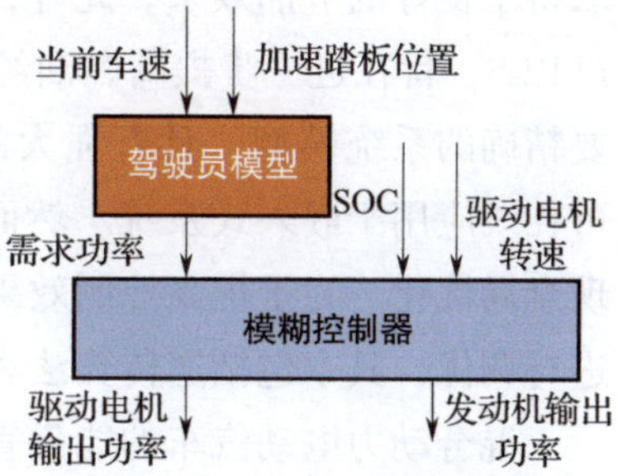

图 5-49　模糊控制策略示意图

尽管混合动力系统的配置和工作原理不同，但其对应的 EMS 的基本原理是一致的[130]。常见的 EMS 可以分为基于规则的和基于优化的两种策略。近年来，随着 ICS 的发展，ICS 逐渐被广泛应用于这两种策略中。RCS 通常是根据其设计人员的工程经验制定的[131]。由于 RCS 需要控制器的计算较少，因此它们广泛用于车辆控制器。FL 也广泛用于 HEV 的 EMS 研究[132]。RCS 主要包括确定性基于规则的控制策略（DRCS）和模糊逻辑基于规则的控制策略。RCS 又称为静态逻辑阈值控制策略（SLTCS），采用一种通过设定与车辆参数（如车速、功率需求、加速踏板位置和 SOC）相关的静态阈值来定义发动机和驱动电机的工作模式和工作区域的控制方法。该策略依据预先设定的控制规则和实时参数，对每个电源的输出进行调整和控制。目前，工程中广泛采用的 EMS 大多是 RCS，如 TCS、PFCS 和“TPF”CS。

现有研究针对混合动力系统的能量管理提出了一种燃料电池和锂离子电池组联合管理的方法，以最大限度地降低驾驶周期成本，其中考虑了氢消耗和电池的老化。该策略以电池的 SOC 和氢燃料存储水平（SOC、H_2）作为两个输入，通过评估最适合的输入流量控制来最大限度地减少氢消耗和燃料电池（FC）的降解。将 DRCS 与各种优化算法结合，对策略的关键参数进行优化，以提高控制效果。

模糊逻辑（Fuzzy Logical，FL）是一种基于模糊推理的非线性控制方法，能够简化非线性时变系统的复杂控制问题。早期的基于模糊逻辑的规则控制策略（FLRCS）经常使用状态变量（如 SOC、车辆需求转矩和车辆速度）作为模糊控制器的输入，通过模糊推理过程划分工作模式并确定功率输出的分配。现有研究中，两个模糊控制器被分别用于控制混合动力电动汽车的转矩和 SOC，创建了控制对象的精确模糊控制规则。现有研究中，根据动态规划（DP）的优化结果，建立了模糊控制规则，提出了一种基于 DP 的 FLRCS，该策略在 HEV 中取得了良好的节油效果。此外，还有研究提出了一种主要考虑城市道路状况的 FLRCS，旨在进一步提高燃油经济性并保持 SOC 平衡。FLRCS 的优势在于不需要精确的系统模型，具有强大的鲁棒性和适度的人性推理能力，计算速度快，可在线应用于嵌入式系统。然而，其模糊规则主要基于工程经验，策略难以实现全局优化。为了提高控制效果，研究者们通常使用优化算法对 FLRCS 的参数进行调优，其中包括遗传算法和粒子群优化算法。

混合动力电动汽车的能量管理系统优化关键在于解决复杂的非线性时变系统的优化问题。在此背景下，基于优化的能量管理系统（OCS）的核心任务是构建和求解基于优化算法的模型。具体而言，成本函数包含不同的约束和优化目标。目前，OCS 主要分为基于所有已知循环条件的全局优化策略（GOCS）和基于车辆实时状态的即时优化策略（IOCS）两种。

GOCS 理论上是一种最优控制策略，但其优化方法需要提前知道行驶工况，计算数据所需的算力较大。当前的控制策略主要涵盖三种不同的方法：基于多准则数学规划、基于贝尔曼动态规划（DP）理论以及基于经典变分法。其中，基于贝尔曼 DP 理论的方法是目前研究最广泛的。DP 作为一种解决优化决策问题的方法，可将复杂的优化问题转化为多层次、单步的优化选择问题，实现全局优化。然而，DP 需要提前知道循环条件，计算量大，存在“维数灾难”，并且无法直接用于实车在线控制。

解决 DP 需要提前知道循环条件的问题，当前存在多种解决方案。第一种是将 DP 与状态识别和预测技术相结合，例如使用全球定位系统（GPS）进行车辆行驶状态的预测，结合 DP 算法，实现混合动力汽车实时在线滚动优化控制策略。第二种解决方案涉及状态驱动的动态规划（State-Driven Dynamic Programming，SDP），其中马尔可夫链的特性被嵌套在 DP 算法中，以实现对随机动力学问题的建模。SDP 应用于插电式混合动力电动汽车，通过预测驾驶员的功率需求，形成无限时域优化问题，并优化功率分流比图，提高燃油经济性。

第三种解决方案是将 DP 应用于具有固定行驶路线的车辆的优化。例如，通勤路线优化的能量管理系统通过分析历史驾驶数据识别通勤路线，结合 DP 算法给出最优预测解，然后将解决方案以查找表的形式传输到车辆。为提高 DP 的计算效率，通过减少离散化生成的网格数量和维度的方法简化 DP 算法。

同时，为降低 SDP 的计算成本，一些研究采用基于神经动力学规划和迭代动态规划的新型 EMS，以实现实时应用并减少总体计算量。这些方法为 HEV EMS 的优化提供了多样的选择和创新思路。

IOCS 考虑了发动机和驱动电机/电池组的工作特性，利用车辆在每个时间步长的总功率损耗最小化的原则，在发动机和驱动电机/电池组之间合理分配功率或转矩。IOCS 的关键是创建当前的能量消耗模型。与 GOCS 相比，它不需要提前知道所有的循环条件，且具有更少的计算量和更高的实时性能。GOCS 无法实现全局优化，因为其优化方法需要提前知道行驶工况，而且计算数据所需的算力较大。相对而言，IOCS 则是一种基于电力系统能量分配的在线优化方法，包括基于最小等效油耗的电能管理策略（ECMS）、模型预测控制（MPC）、鲁棒控制（RC）、滑模控制（SMC）等方法[133-134]，其中 ECMS 和 MPC 是应用最广泛的两种方法[135]。

ECMS 基于庞特里亚金的最小原理，该原理于 2002 年首次成功应用于混合动力系统的能量管理问题。其主要优点在于不同驾驶条件下，可以根据最小等效油耗原则制定不同的优化目标。然而，ECMS 对最佳等效系数的敏感性较强，因此学者们提出了实时调整等效因子的方法。在电池电量不足以满足续驶里程要求时，最优等效因子与行驶距离呈线性关系，但这种关系通常仅适用于特定车型，并且与车型参数的选择有关。一些研究者将 ECMS 与 DRCS 相结合，形成适应性特快专递，能够缩短仿真时间，保持 SOC 稳定性，有效提高车辆的燃油经济性和减少排放。

在一些研究中，通过 ab 离线法得到不同循环工况对应的等效因子，并根据识别出的循环工况动态选择相应的等效因子，实现等效因子对工况的适应。此外，还有一种将 ECMS 与启发式算法（如遗传算法 GA）和学习矢量量化人工神经网络相结合的方法，通过这种方式进一步优化 ECMS 的性能。另一项研究使用智能交通系统获得的驾驶信息来调整最小燃料当量系数，提高了 ECM 的适用性。

MPC 的核心思想是通过“滚动优化”对有限时域内的系统状态进行优化，将当前时间的最优值作为控制系统的输入。有些研究将 MPC 与 DP 算法相结合，以最小化油耗为目标进行滚动最优控制。基于非均匀采样时间概念的 MPC 支持实时 EMS，通过实验验证了其实时计算能力。同时，还有基于随机 MPC 的 EMS，使用车辆位置、行进方向和地形信息。采用延续/广义最小残差算法的在线迭代算法改善了 MPC 的实时计算问题。还有一些针对特定车型的设计，使用基于新的控制模型提高实时实现性能。分层控制 EMS 结合了全局 SOC 轨迹的计算和短期速度预测，以提高对实时交通流速度的适应性。这些优化方法和策略为 HEV EMS 的进一步研究提供了丰富的思路和可行性。

近年来，许多学者对 HEV 的 EMS 进行了广泛的研究。其中，RCS 和 OCS 是目前的研究热点，结合这两种策略具有巨大的优势。然而考虑到工程技术和理论研究发展的客观条件，大多数控制策略和算法尚未在工业上得到应用，仍处于科学研究阶段。基于实用性的 EMS 和 HEV 控制算法的分类和比较如图 5－50 所示。

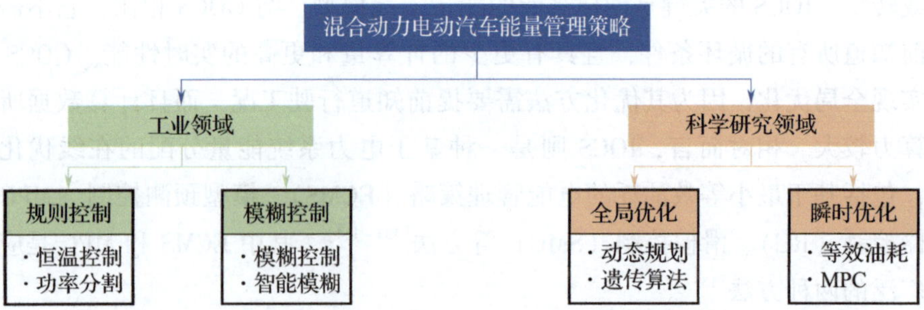

图 5－50　基于实用性的 EMS 和 HEV 控制算法的分类和比较

控制策略根据是否在线优化，可分为在线控制策略和离线控制策略。目前应用于 HEV 的控制策略都是离线优化控制策略。由于通常基于优化理论的控制策略计算量大，一般需要提前了解路况，目前还不能应用于在线控制。然而，随着互联网等先进技术的发展，未来，车辆、GPS、云计算、在线优化控制策略等都可以逐步推广。EMS 算法的离线和在线控制对比示意图如图 5－51 所示。

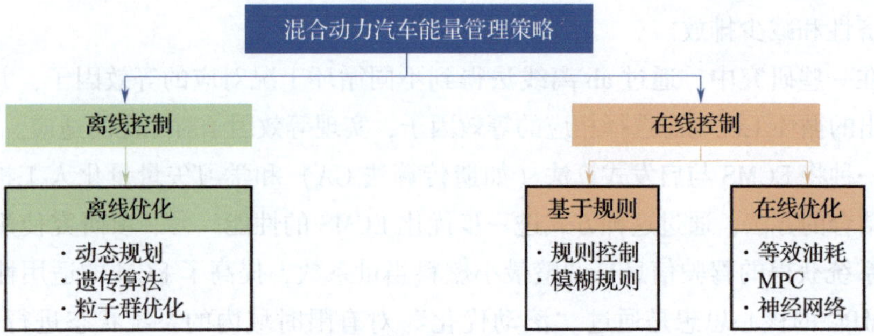

图 5－51　EMS 算法的离线和在线控制对比示意图

5.3.2　强化学习算法在能量管理策略中的应用

强化学习算法在能量管理策略中的应用为混合动力系统提供了一种创新且高效的方法。其核心思想是通过智能体与环境的交互学习，以实现在特定任务中获得最大奖励的能力。在能量管理领域，强化学习算法能够适应不断变化的工况，并通过优化策略来提高系统的效率和性能。其中，深度强化学习（Deep Reinforcement Learning，DRL）是强化学习的一种扩展，它结合了深度学习和强化学习的优势。DRL 通过深度神经网络来学习复杂的状态和动作空间之间的映射关系，从而使得系统能够更好地适应实际复杂的能量管理问题。在混合动力电动汽车能量管理中，强化学习算法通常被用于优化控制策略，以最大化燃油利用率、降低排放并延长电池的使用寿命。通过将车辆运行过程抽象成状态、动作和奖励，强化学习算法可以通过不断地与环境交互来学习最佳的能量管理策略。这种方法可以适应不同的驾驶环境和路况，实现更灵活、智能的能量管理。

混合动力电动汽车作为燃油汽车向纯电动汽车转型过程中的长期过渡中间产物，在能源节约以及减排方面有着其独特的优势，并且为能量管理策略提供了更大的优化潜力。近年来针对混合动力电动汽车，即多个能量源驱动的车辆以及其他交通工具等结合基于强化学习的能量管理策略研究不断发展，具体包括在强化学习算法中引入电池使用寿命因子的奖励函数能量管理策略、融合交通环境信息的强化学习能量管理策略、基于强化学习的工况预测与智能能量管理策略等。多种强化学习算法应用于混合动力结构的车辆中，实现不同优化需求的控制目标。例如使用较多的传统深度强化学习算法 DQN 与 DDPG，其工作原理图分别如图 5-52 与图 5-53 所示。在强化学习算法应用于能量管理策略中时，对状态空间的设置通常选取车辆状态作为算法中的状态变量，如车辆的速度、车辆的加速度、电池 SOC、瞬时油耗与排放等；对于智能体动作空间的设置，在不同应用中可以为发动机的功率、转矩以及发动机与驱动电机的功率分配等。通常以所优化车辆作为强化学习训练过程中的环境，如图 5-54 所示。在不同的能量管理优化目标中，可以将车辆模型替换为其他模型，如现有研究中的混合动力轻型货车、混合动力履带车、混合动力公共汽车等。对不同优化目标的奖励函数设置通常根据优化需求来指定，通常在强化学习能量管理策略实现的过程中，奖励函数的构建包括车辆的实时状态，例如车辆的瞬时排放、车辆的瞬时油耗、车辆的速度需求、电池健康维持、电量维持等。具体地，在文献［136］中混合动力电动汽车能量管理采用了 DDPG 算法，以减少油耗并维持 SOC 作为控制目标设计了其奖励函数，即

$$R = -\{\alpha f(t) + \beta \Delta SOC^2\} \tag{5-102}$$

强化学习算法应用中的状态空间与动作空间分别为

$$S = \{v, a, SOC\} \tag{5-103}$$

$$A = \{engine\quad power\} \tag{5-104}$$

通过对强化学习算法中的神经网络以及学习速率的设计，该应用将所设计算法的能量管理效果与不同算法下的能量管理效果在相同测试集中进行了结果对比，证明了所提出算法在收敛速率以及控制稳定性的能力。

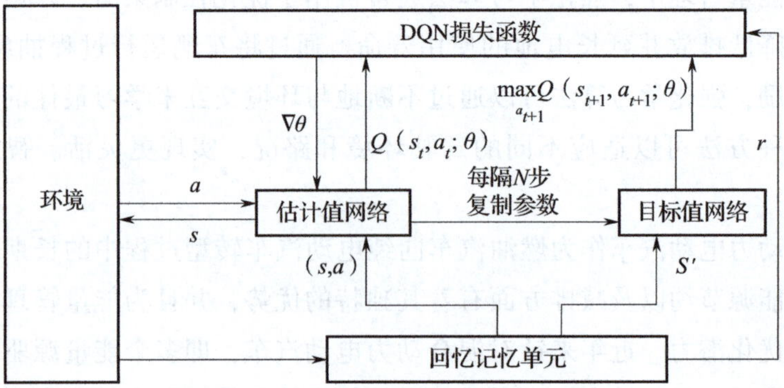

图 5-52　基于 DQN 的 EMS 原理

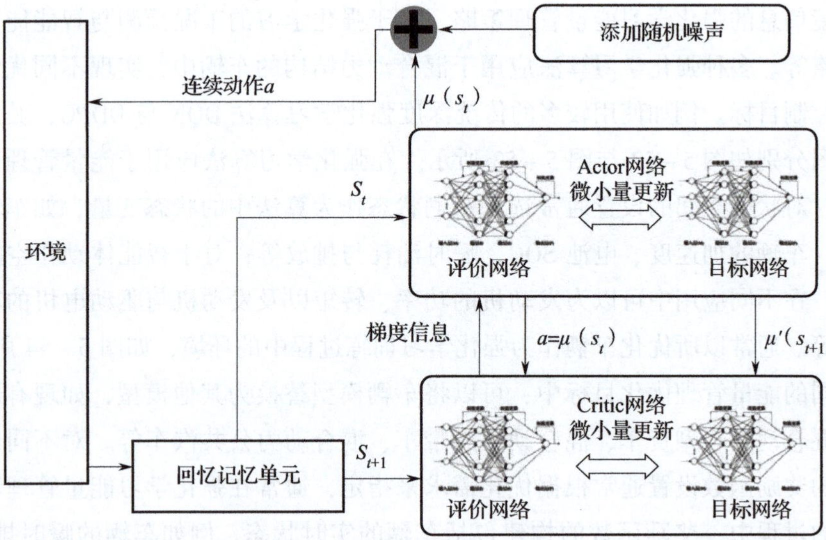

图 5-53　基于 DDPG 的 EMS 原理

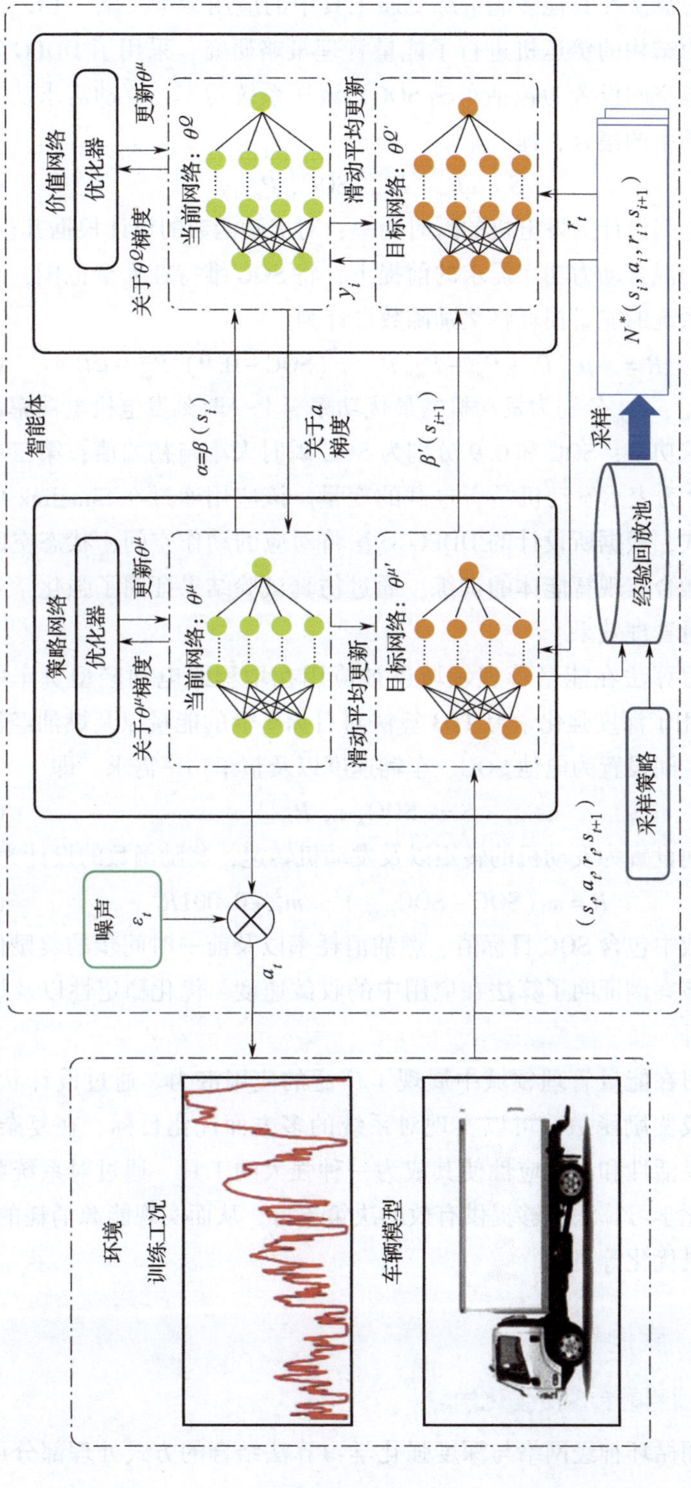

图 5-54　基于强化学习算法交互过程

强化学习算法在其他多能量源交通工具中的应用参考文献［137］，该应用针对混合动力结构的铲运机进行了能量管理策略研究，采用了DDPG算法，将算法中的状态空间设置为包括车辆SOC、液压系统功率、驱动需求功率以及上一时刻电机功率的集合，即

$$S = \{P_{ht}, P_{mt}, SOC, P_{t-1}\} \tag{5-105}$$

将动作空间设计为发电机的瞬时功率；对奖励函数的设计根据其优化目标，即满足基本的混合动力功率需求的前提下，将SOC维持在安全范围，减少能量消耗并根据系统的能量损耗将奖励函数设计为

$$R = -\mu(P_t + P_{ht} - P_{opt})^2 - v(SOC - 0.9)^2 P_{mt} - \varphi B \tag{5-106}$$

式中，P_t、P_{ht}、P_{opt}分别为发动机的最优功率、上一时刻发电机电功率以及液压机系统的需求功率；SOC和0.9分别为SOC瞬时大小与初始值；第三项涉及系统的阈值，B为表示发动机是否过载的变量。该应用通过在Simulink中搭建仿真模型的方式，根据所设计的DDPG算法将对应的动作空间、状态空间以及奖励函数进行融合实现智能体的训练。通过仿真试验结果证明了强化学习算法在目标中的能量管理效果。

强化学习算法在能量管理领域还被应用在增程式电动轻型货车中，文献［138］中使用了深度强化学习TD3算法对目标车辆的能量以及燃油经济性进行优化，状态空间设置为电池SOC、车辆速度以及整车功率需求，即

$$S = \{SOC, v, P_m\} \tag{5-107}$$

动作空间设置为发动机的转矩以及发动机转速，奖励函数的设计为

$$R = w_1(SOC - SOC_{target})^2 + m_f^2 + 0.001R_{t-1}^2 \tag{5-108}$$

奖励函数中包含SOC目标值、燃油消耗率以及前一时间步的奖励值。通过仿真结果，该案例证明了算法在应用中的收敛速度、优化稳定性以及燃油经济性方面的提升。

强化学习在能量管理领域中展现了广泛的应用潜力。通过设计状态空间、动作空间以及奖励函数，可以实现对系统的多方面优化目标。在复杂环境下，强化学习的灵活性和自适应性使其成为一种强大的工具。通过对系统状态的准确把握，强化学习算法能够提供有效的决策支持，从而实现能源消耗的最小化、设备效能的最优化等目标。

5.3.3 案例研究

1. 时序预测融合深度强化学习

通过利用循环神经网络与深度强化学习算法结合的方式处理部分可观察马

尔可夫决策过程，通过引入先验知识解决现实驾驶场景中如传感器灵敏度局限性等可变场景下的混合动力汽车的能量管理问题。该案例中的能量管理策略通过结合当前的观测值、动作以及未来车辆速度预测的预测结果，面向混合动力汽车的能量与排放的优化问题提出了长短期组合的双延迟深度确定性策略（LSTM-TD3），通过与传统深度强化学习算法 DDPG 与 TD3 的控制效果对比，证明所提出算法在收敛效率、能量优化以及排放优化方面的提升能力。

案例中的控制对象为第 2 代丰田普锐斯混合动力汽车，其动力总成结构图如图 5－55 所示。在案例中，为实现对所选定混合动力商用车的能量管理，整车建模过程面向车辆的能量以及排放。具体表示为

$$F = F_f + F_w + F_i + F_a \tag{5-109}$$

式中，F_f、F_w、F_i 与 F_a 分别为车辆的滚动阻力、空气阻力、形式坡度阻力以及车辆的驱动力。根据车辆的重力、车辆的加速度、重力加速度、道路倾斜角以及车轮转矩建立的车辆纵向动力学为

$$t_q = r_w(m_v a + mg\sin\alpha + F) \tag{5-110}$$

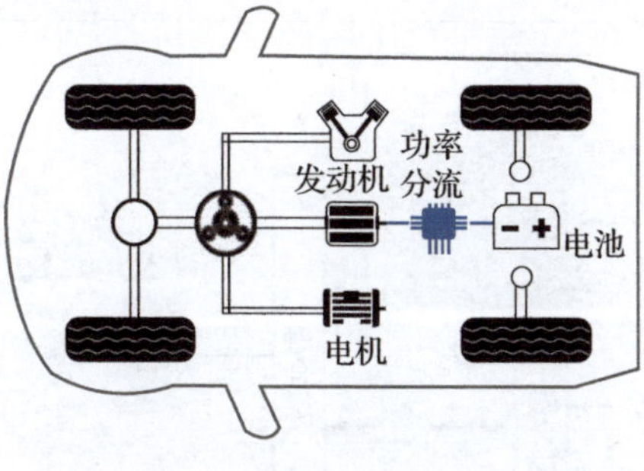

图 5－55　普锐斯动力总成结构图

由于普锐斯的混合动力功率分流动力结构，其输出功率在电动机、发动机以及发电机之间存在耦合，行星齿轮系统中的转矩关系为

$$n_1 - (1+\beta)n_2 + \beta n_0 = 0 \tag{5-111}$$

式中，n_1、n_2 以及 n_0 分别为电机转速、发动机转速以及行星轮转速。在案例中，由于面向能量与排放管理的问题，所搭建的电池模型应满足能量管理所需要的精度需求，所以在 SOC 模型建立的过程中，将电池建模为具有等效内阻的电压，即

$$\frac{\mathrm{dSOC}}{\mathrm{d}t} = -\frac{U_{bat} - \sqrt{U_{bat}^2 - 4R_{bat}P_{em}}}{2R_{bat}Q_{bat}} \tag{5-112}$$

式中，U_{bat}、R_{bat}、P_{em} 以及 Q_{bat} 分别为电压、等效内阻、电池功率以及电池容量。

由于混合动力汽车的特殊结构，其动力总成由内燃机和电机共同组成，因此车辆的能源以及排放存在耦合关系。同时由于发动机工作过程中其燃烧室内的复杂燃烧过程，因此面向排放方向的建模较为困难。因此基于深度强化学习能量管理算法的应用中，通过建立基于数据的排放模型既可以解决模型建模复杂的问题，同时又能保证模型使用的准确性，以保证控制过程中排放值的稳定。所以对于 NO_x 排放的建模选用了基于数据的且考虑排放温度影响的模型，即

$$\dot{m}_{NO_x} = f(T_e, N_e)\mu \tag{5-113}$$

式中，T_e、N_e 以及 μ 分别为发动机的转矩、发动机的转速以及温度矫正。

所提出的 LSTM-TD3 算法的结构如图 5-56 所示，将循环神经网络融合进 Actor-Critic 的深度强化学习算法结构中。算法中的小批次训练样本由速度预测值、状态观测值、动作值、下一状态值以及终端指示组成。与传统深度强化学习算法不同，在传统深度强化学习算法中的五元组中增加了一个由速度预测结果组成的预测值，通过这样的设置将时序速度预测结果输入循环神经网络，实现时序预测融合，进而提升深度强化学习算法的性能，算法中的观测为当前

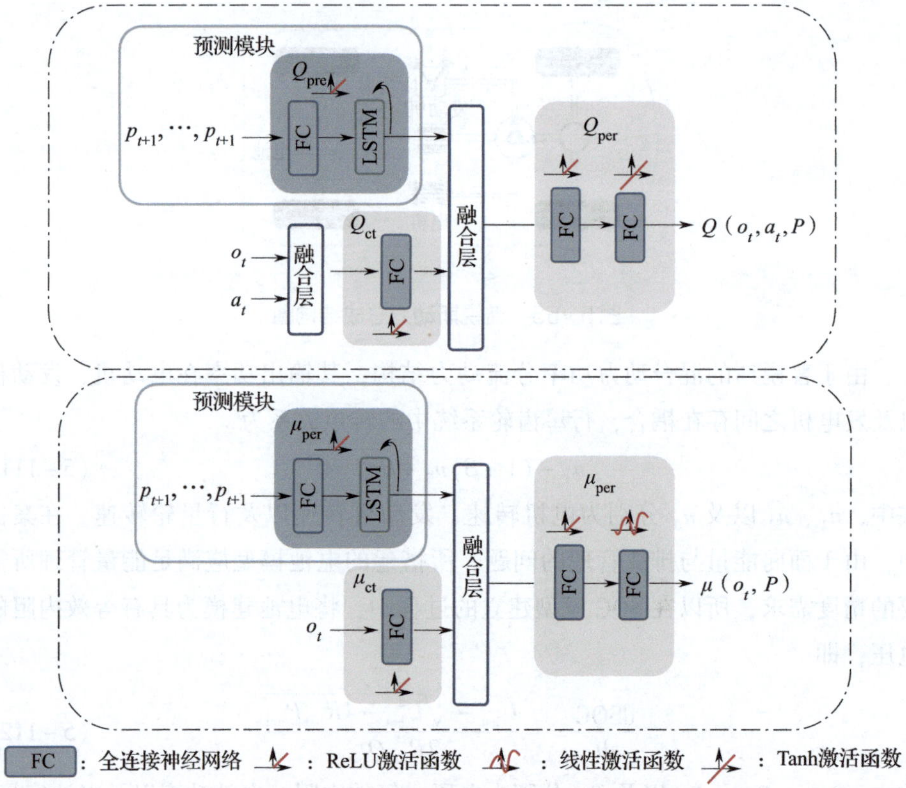

图 5-56　LSTM-TD3 算法的结构

车辆的状态，即 SOC、车辆速度与车辆加速度。在这样设置的算法框架中，通过 LSTM 网络的连接实现速度预测信息的集成，当训练过程中的小批次样本被输入到神经网络时，Critic 网络的 Q 值由预测信息与当前特征以及感知信息共同组成，通过串联方式共同构建，即

$$Q(o_t,\ a_t,\ p_t^l) = Q^{\mathrm{pre}} \circ Q^{\mathrm{cf}} \circ Q^{\mathrm{per}} \tag{5-114}$$

式中，$\circ$ 为阿达马积。

相似地，Actor 网络由当前预测信息、当前特征提取值与感知信息组成，即

$$\boldsymbol{\mu}(o_t,\ p_t^l) = \boldsymbol{\mu}^{\mathrm{pre}} \circ \boldsymbol{\mu}^{\mathrm{cf}} \circ \boldsymbol{\mu}^{\mathrm{per}} \tag{5-115}$$

通过这样的串联连接方式，实现时序神经网络在 Actor-Critic 架构中与深度强化学习算法的融合。

LSTM-TD3 的优化过程通过选择相同结构设置的 Actor-Critic 结构中将预测目标与估计目标之间的差距通过较小的 Q 值来避免过高估计的问题，即

$$\min_{\theta^{Q_j}} E_{\{(p_t^l,\ o_t,\ a_t,\ r_t,\ o_{t+1},\ d_t)_i\}_{i=1}^N} (Q_j - \hat{Q})^2 \tag{5-116}$$

式中，$\hat{Q}$ 为估计目标值；θ^{Q_j} 为预测值 Q_j 的参数。目标 Q 值的计算过程通过神经网络串联设置的计算过程为

$$\hat{Q} = r_t + \gamma(1 - d_t)\min_{j=1,2} Q_j^*(o_{t+1},\ a^*,\ p_{t+1}^l) \tag{5-117}$$

式中，γ 为折扣因子；a^* 为引入噪声的动作。对于 Actor 网络，其优化目标是最大化观测值中的 Q 值中动作的输出概率，其优化过程为

$$\max_{\theta^{\mu}} \mathrm{E}_{\{(p_t^l, o_t)_i\}_{i=1}^N} Q[o_t,\ \mu(o_t,\ p_t^l),\ p_t^l] \tag{5-118}$$

混合动力车辆模型作为部分可观测马尔可夫过程中的智能体，通过 LSTM-TD3 算法的奖励设置影响不断地更新神经网络参数来学习最佳的能量与排放管理策略，图 5-57 所示为 LSTM-TD3 算法的混合动力汽车能量管理框架，具体的状态、动作和奖励设置为

$$\begin{cases} o = \{\mathrm{SOC},\ v,\ a\} \\ a = \{\mathrm{engine\quad power}\} \\ r = -\{\alpha f(t) + \beta[\mathrm{ref} - \mathrm{SOC}(t)]^2 + \gamma e(t)\} \end{cases} \tag{5-119}$$

式中，o、a、r 分别为状态观测值、智能体动作以及环境中的奖励；α、β、γ 分别为奖励函数中油耗、SOC 以及 NO_x 排放量的权重，三个超参数的值根据不同环境需要进行多次标定来设置最优值；ref 为 SOC 的标定参考值，在案例中被设置为 0.65，动作空间的约束为发动机有效燃油消耗率（BSFC）曲线上的工作点。图 5-57 中 LSTM-TD3 算法的神经网络结构以逐层递减的形式设置，具体地，第一层神经网络包含 128 个神经元，第二层神经网络包含 64 个神经元，在

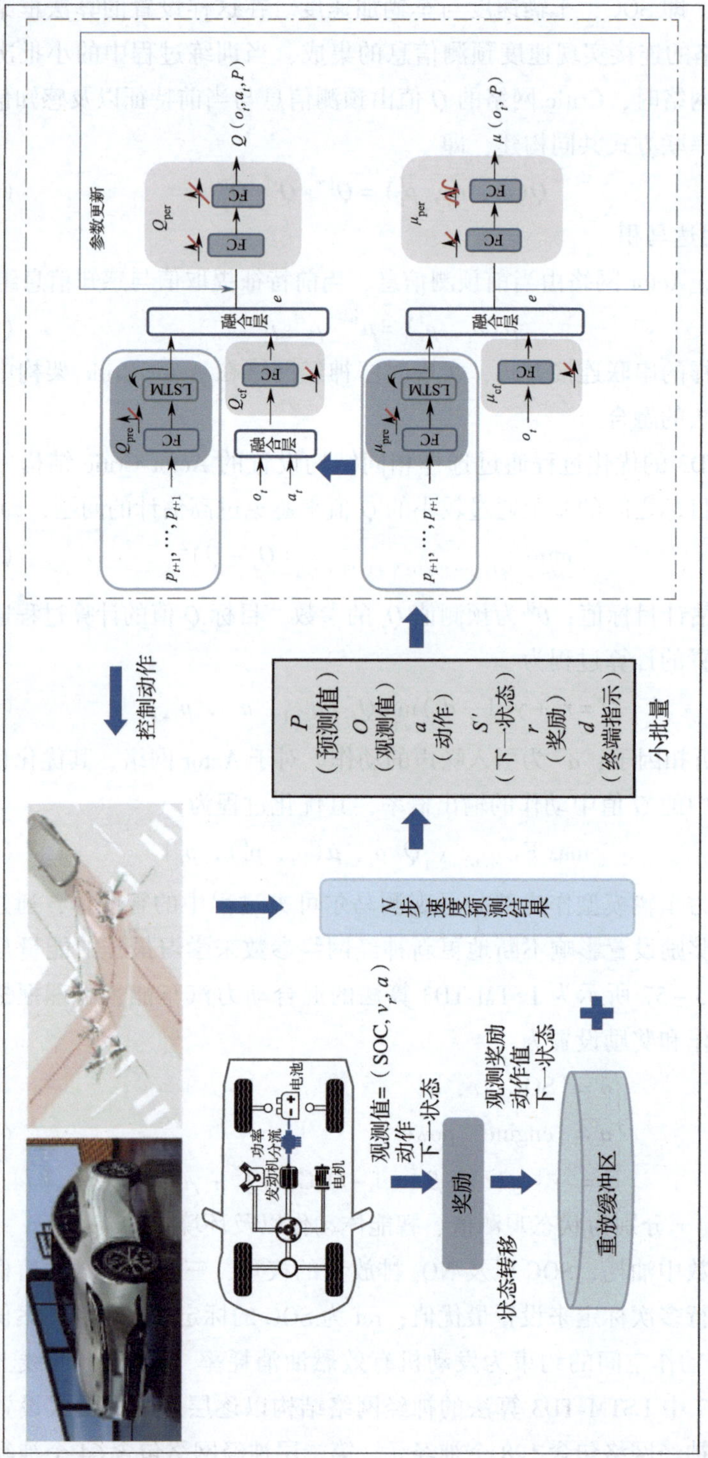

图5-57 LSTM-TD3算法的混合动力汽车能量管理框架

融合层中设置神经元数量为 128；算法的重放缓冲区大小设置为 256，单次小批量训练样本数设置为 64。

通过分析 LSTM-TD3 算法与传统深度强化学习算法 TD3、DDPG 的训练过程以及仿真结果，对算法的收敛速度以及控制效果进行分析。设置对比算法与所设计算法具有相同的神经网络结构、重放缓冲区大小以及奖励设置，图 5－58 所示为标准驾驶循环工况 NEDC 下的 SOC 变化仿真结果，其中电池的初始 SOC 设置为 0.75。从仿真结果可以看出 LSTM-TD3 算法的终端 SOC 为 0.65，其他两种对比算法的 SOC 稳定性相较于时序预测融合深度强化学习算法较差，分别维持在 0.7 与 0.5 附近。图 5－59 所示为三种算法训练中的平均奖励曲线对比图，图中结果显示三种算法在相同的实验设置下，LSTM-TD3 有最快的收敛速度以及最高的平均奖励值。

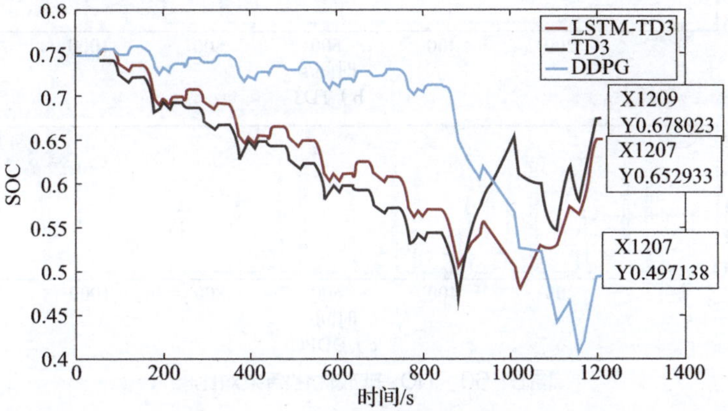

图 5－58　测试集 SOC 变化曲线对比图

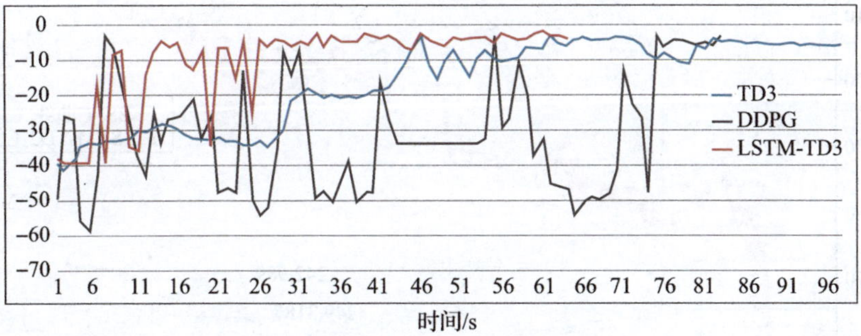

图 5－59　平均奖励曲线对比图

NO_x 排放优化结果对比图如图 5－60 所示，在相同测试集中 LSTM-TD3 对 NO_x 排放的优化效果高于其他两种传统强化学习算法。案例中为了进一步验证算法在排放以及油耗方向的优化效果，从发动机工作点的角度进行了分析，发动机工作点的实验结果如图 5-61 和图 5-62 所示，LSTM-TD3 算法所指导的能量管理策略的混合动力汽车的发动机工作点大多保持在低油耗区域，而两种对比算法的发动机工作点较多在高油耗区域中，与排放优化效果的分析结果相同。

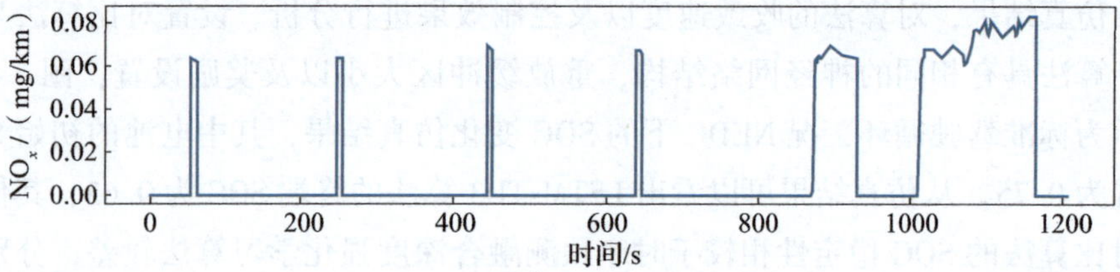

a）LSTM-TD3

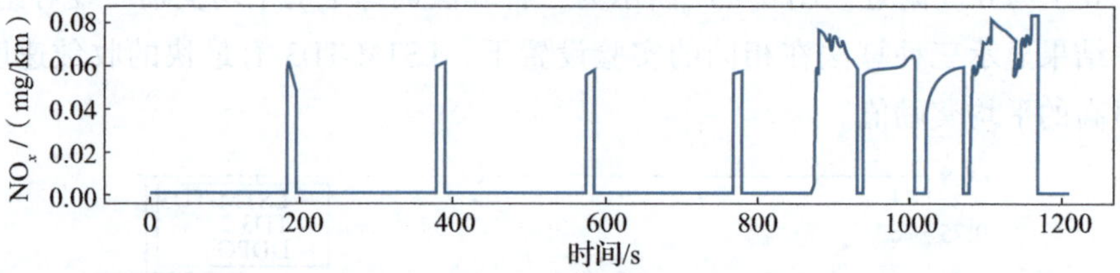

b）TD3

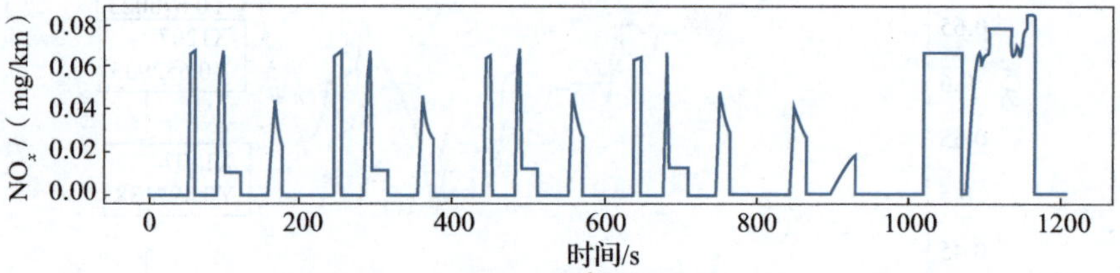

c）DDPG

图 5-60　NO_x 排放优化结果对比图

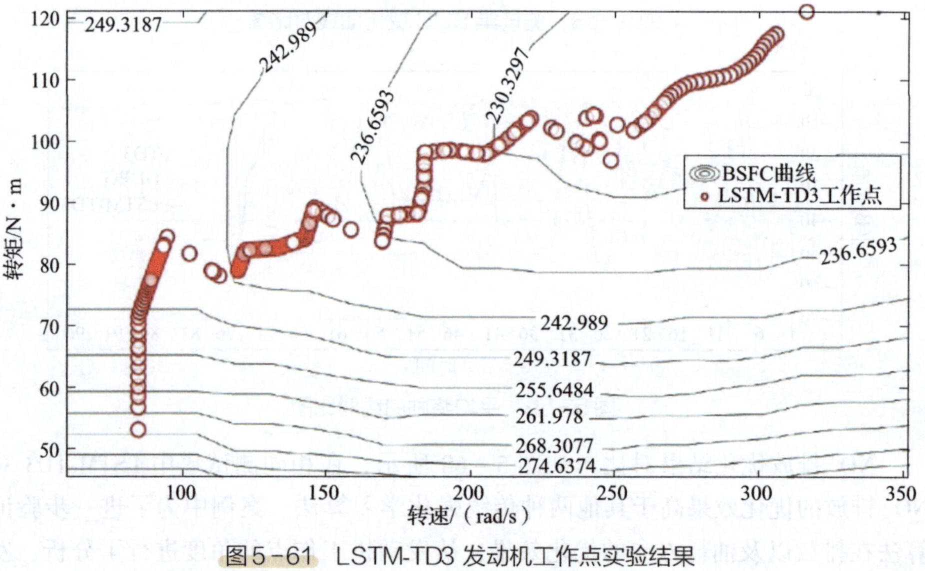

图 5-61　LSTM-TD3 发动机工作点实验结果

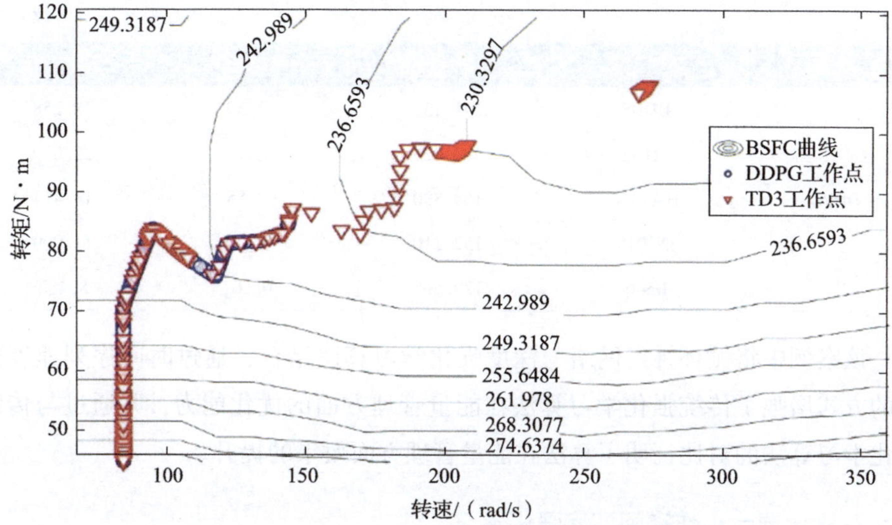

图 5-62　DDPG、TD3 发动机工作点实验结果

对于仿真实验中不同算法终端 SOC 不一致的情况，案例中采用了油耗补偿的方式，通过油耗结果对三种算法进行能量管理优化效果比较，即

$$E_{\Delta}=(\mathrm{SOC}-0.75)N_{\mathrm{cell}}Q_{\max}3600\int U\mathrm{d}(1-\mathrm{SOC}) \tag{5-120}$$

$$\mathrm{FC}_{\Delta}=\frac{\mathrm{FC}-\dfrac{E_{\Delta}}{E_{\mathrm{diesel}}\eta_{\mathrm{diesel}}\eta_{\mathrm{ICE}}\eta_{\mathrm{EM}}}}{10^{-5}\rho_{\mathrm{diesel}}d_{\mathrm{cycle}}} \tag{5-121}$$

经过油耗补偿的其他测试集工况下的对比结果见表 5-5。

表 5-5　测试集工况实验结果

算法	测试工况	油耗/g	终端 SOC	NO_x/mg
LSTM-TD3	UDDS	281. 957	0. 648	18. 103
	FTP75	394. 367	0. 654	20. 014
	HWFET	163. 246	0. 650	10. 540
	JN1015	140. 896	0. 673	9. 296
	US06	120. 566	0. 638	7. 961
TD3	UDDS	283. 133	0. 670	18. 196
	FTP75	396. 682	0. 660	21. 355
	HWFET	166. 131	0. 683	11. 029
	JN1015	147. 258	0. 420	9. 397
	US06	129. 701	0. 716	8. 211

（续）

算法	测试工况	油耗/g	终端 SOC	NO_x/mg
DDPG	UDDS	291.133	0.69	18.258
	FTP75	397.025	0.73	22.029
	HWFET	168.890	0.55	14.417
	JN1015	152.210	0.783	11.909
	US06	129.566	0.661	8.482

该案例中将循环神经网络与深度强化学习算法结合，通过时间序列速度融合的方式增强了传统强化学习算法在能量管理方面的优化能力，并通过与传统强化学习算法的对比证明了算法在能量管理方面效果的提升。

2. 安全混合动作空间深度强化学习

本案例提出了安全混合动作空间强化学习算法，并将其应用到混合动力汽车能量管理策略中。所提出的约束分层混合 Q 网络（Constraint Hierarchical Hybrid Q-Network，CHHQN）算法能够同时控制离散变量和连续变量，同时确保关键约束不被违反。这反过来又有助于实现最佳动力性能和降低能耗。

本案例的混合动力车辆的动力系统架构如图 5－63 所示。其主要组件包括发动机、电机、变速器以及其他核心部件。详细的车辆参数可在表 5－6 中找到。基于车辆纵向动力学原理，能量供需平衡关系可描述如下[139]：

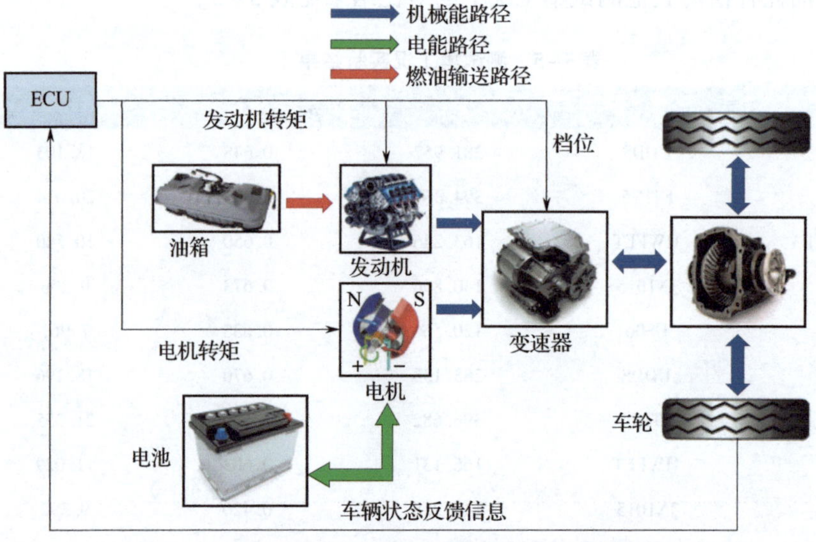

图 5－63　混合动力车辆的动力系统架构

$$\frac{T_d i_t \eta_T}{r_w} = Gf\cos\theta + \frac{C_d A_f u_a^2}{21.15} + G\sin\theta + \delta m\frac{du_a}{dt} \tag{5-122}$$

式中，T_d 为车辆的需求转矩；i_t 为从发动机到车轮的总传动比；η_T 为传动系效率；r_w 为车轮有效半径；G 为车辆的重量；f 为滚动阻力系数；θ 为路面坡度；C_d 为空气阻力系数；A_f 为迎风面积；u_a 为车辆速度；δ 为旋转质量换算系数；m 为车辆质量；du_a/dt 为车辆加速度。

表 5-6　并联式 HEV 的特征参数

符号	含义	数值
m	整车质量	1700kg
A_f	迎风面积	2.2m²
C_d	空气阻力系数	0.306
f	滚动阻力系数	0.010
r_w	车轮有效半径	0.32m
η_T	传动系效率	90%
Q_{bat}	电池容量	20A·h
i_t	传动比	16.401/9.65/6.325/4.746/3.626/2.777/2.139
i_c	动力源比率	4.438

HEV 的 EMS 旨在通过协调发动机和电机之间的能量分配，同时确保遵守以下约束条件，以实现最大化燃油效率：

$$T_d = T_e + i_c T_m \tag{5-123}$$

式中，T_e 和 T_m 分别为发动机和电机提供的转矩；i_c 为两者之间的比例参数。

建立发动机燃油消耗模型通常采用查表法，总燃油消耗 Fuel 的计算公式如下：

$$\text{Fuel} = \int_0^T m_f(T_e, \omega_e)\,dt \tag{5-124}$$

式中，$m_f(T_e, \omega_e)$ 为瞬时燃油消耗率，由任一时刻的发动机转速 ω_e 和转矩 T_e 查表获得；T 为总时间。

电池动态行为可由一阶模型简化描述，表达如下：

$$\text{SOC} = -\frac{I_{bat}}{Q_{bat}} \tag{5-125}$$

式中，I_{bat} 为电池电流；Q_{bat} 为电池额定容量。当知道电池组的输出功率时，电池电流可以表示如下：

$$I_{\mathrm{bat}}=\frac{V_{\mathrm{OC}}-\sqrt{V_{\mathrm{OC}}^{2}-4(r_{\mathrm{int}}+r_{\mathrm{t}})P_{\mathrm{bat}}}}{2(r_{\mathrm{int}}+r_{\mathrm{t}})} \tag{5-126}$$

通过联合使用式（5-125）和式（5-126），可以推导出电池 SOC 导数的表达式，如下所示：

$$\dot{\mathrm{SOC}}=-\frac{V_{\mathrm{OC}}-\sqrt{V_{\mathrm{OC}}^{2}-4(r_{\mathrm{int}}+r_{\mathrm{t}})P_{\mathrm{bat}}}}{2(r_{\mathrm{int}}+r_{\mathrm{t}})Q_{\mathrm{bat}}} \tag{5-127}$$

式中，P_{bat}为电池功率；V_{OC}为开路电压；r_{int}为电池内部电阻；r_{t}为终端电阻。

基于 CHHQN 的 RL 代理与具有马尔可夫特性的环境进行交互。代理执行动作，观察来自环境的反馈，然后根据反馈调整策略以最大化累积奖励。图 5-64 所示为基于 CHHQN 的 EMS 学习和交互框架。基于 CHHQN 的 EMS 框架中的一些关键元素定义如下。

准确定义反映观察到的环境的状态空间对于学习是至关重要的[140-141]。在本节中，状态空间 S 由四个变量组成，定义如下：

$$S=\{v,\ a,\ n_{\mathrm{g}},\ \mathrm{SOC}\} \tag{5-128}$$

式中，v 为速度；a 为加速度，a 和 v 可以反映驾驶条件并推导出车辆的总转矩需求；n_{g} 为档位，其和电池 SOC 可以反映车辆的变速器和电池状态。

在图 5-63 描述的并联 HEV 中，控制系统包括两部分主要组件：动力源和变速器。遵循式（5-123）的原则，在确定总转矩需求后，只需确定发动机或电机的转矩，即可推导出另一动力源的转矩。鉴于电机转矩的连续性质，选择电机转矩作为连续动作，有效地管理能源之间的功率输出分配。由于变速器具有离散的传动比，车辆的换档操作本质上是离散的。因此，换档操作被建模为离散动作以控制传动。包含连续动作和离散动作的混合动作空间定义如下：

$$H=\begin{cases} x_k:\ T_{\mathrm{m}}\in[-1,\ 1] \\ k:\ u_{\mathrm{g}}\in\{-1,\ 0,\ 1\} \end{cases} \tag{5-129}$$

式中，电机转矩 T_{m} 的变化范围为 $-1\sim1$，而换档操作 u_{g} 的集合为$\{-1, 0, 1\}$，分别表示降档、保持当前档位和升档。为了减小换档频率，换档操作的控制步长设置为 4s，而电机转矩的控制步长设置为 1s。

为了保证整个汽车动力系统的合理性和安全性，必须严格遵守以下约束条件：

$$\begin{aligned} &\mathrm{SOC}_{\min}\leqslant \mathrm{SOC}(t)\leqslant \mathrm{SOC}_{\max} \\ &T_{\mathrm{e/m,min}}\leqslant T_{\mathrm{e/m}}(t)\leqslant T_{\mathrm{e/m,max}} \\ &\omega_{\mathrm{e/m,min}}\leqslant \omega_{\mathrm{e/m}}(t)\leqslant \omega_{\mathrm{e/m,max}} \end{aligned} \tag{5-130}$$

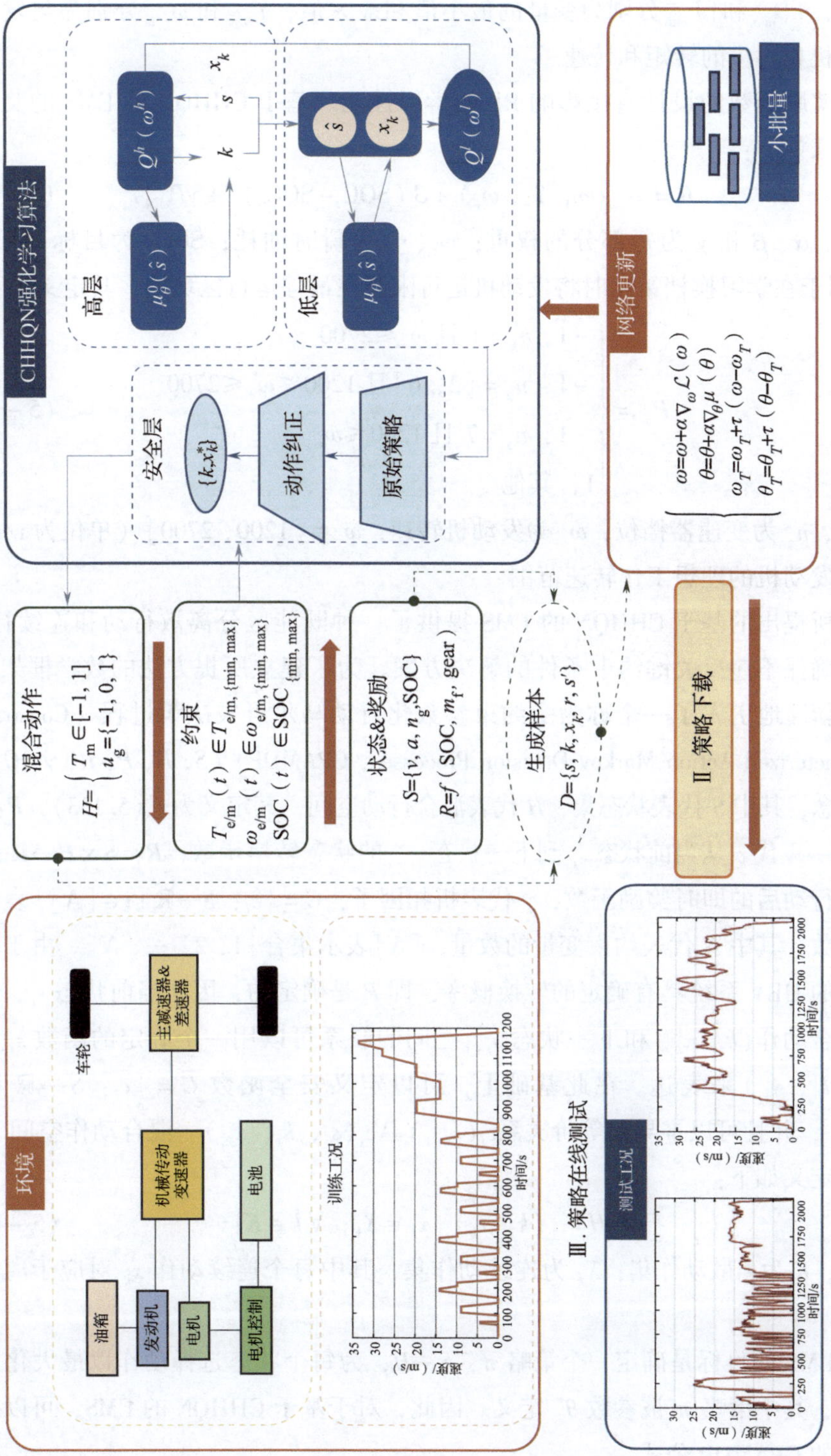

图 5-64　基于CHHQN的EMS学习和交互框架

式中，$\{\}_{max}$和$\{\}_{min}$分别为变量的最小值和最大值；$T_{e/m}$和$\omega_{e/m}$分别为与发动机和电机相对应的转矩和转速。

奖励函数的设计直接影响 RL 的学习性能。基于 CHHQN 的 EMS 的奖励函数定义如下：

$$R = -[\alpha m_f(T_e, \omega_e) + \beta(\mathrm{SOC} - \mathrm{SOC}_0)^2 + \gamma P_\omega] \tag{5-131}$$

式中，α、β和γ为每部分的权重；$m_f(\cdot)$为瞬时油耗；SOC_0为目标 SOC 值；P_ω用于在学习换档策略时将发动机运行限制在最佳运行区域内，其定义如下：

$$P_\omega = \begin{cases} -1, & n_g = 1 \text{ 且 } \omega_e \leqslant 2700 \\ -1, & n_g = [2, 6] \text{ 且 } 1200 \leqslant \omega_e \leqslant 2700 \\ -1, & n_g = 7 \text{ 且 } 1200 \leqslant \omega_e \\ 1, & \text{其他} \end{cases} \tag{5-132}$$

式中，n_g为变速器档位；ω_e为发动机转速，$\omega_e \in [1200, 2700]$（单位为 r/min）表示发动机的理想工作转速范围。

所提出的基于 CHHQN 的 EMS 提供了一种既能区分离散行动和连续行动，又能确保不违反关键约束条件的解决方案。为了建立所提方法的数学框架，我们创新性地引入了一个称为受约束参数化行动马尔可夫决策过程（Constrained Parameterized Action Markov Decision Processes，CPAMDP）$\langle S, H, P, R, \gamma, C\rangle$[142]的概念，其中$S$代表状态集，$H$代表混合行动空间，其定义为式(5.133)，$P$：$S\times H\times S\rightarrow\mathbb{R}$代表从当前状态$s_t$到下一状态$s_{t+1}$的状态转换函数，$R$：$S\times H\rightarrow\mathbb{R}$代表采取行动后的即时奖励函数，$\gamma$代表折扣因子，$C=\{c_i: S\rightarrow\mathbb{R} \mid i\in[N]\}$表示成本函数，其中$N$代表约束变量的数量，$[N]$表示集合$\{1, 2, \cdots, N\}$。由于本节研究的 HEV 系统具有确定的转换概率，即P是确定的，因此当前状态s_t、选择的混合动作(k_t, x_{k_t})和下一状态s_{t+1}之间的联系可以用一个确定的函数$s_{t+1}=f(s_t, k_t, x_{k_t})$来表达。在此基础上，可以定义安全函数$\overline{C}=\{\overline{c_i}: S\rightarrow\mathbb{R} \mid i\in[N]\}$，并且可以推导出等价关系$\overline{c_i}(s_{t+1})\triangleq c_i(s_t, k_t, x_{k_t})$。混合动作空间$H$的具体定义如下：

$$H = \{(k, x_k) \mid x_k \in X_k, \ \forall k \in K\} \tag{5-133}$$

式中，K为离散动作集；X_k为连续动作集，其中每个连续动作x_k对应于离散动作k。

EMS 的目标是确定一个策略π：$S\rightarrow H$，为每个状态选择动作以最大化累积奖励，其中策略π被参数θ^π定义。因此，对于基于 CHHQN 的 EMS，可以得到以下的 CPAMDP 公式：

$$\max_{\theta^{\pi}} E\left\{\sum_{t=0}^{\infty} \gamma^{t} R[s_t, \pi_{\theta^{\pi}}(s_t)]\right\} \tag{5-134}$$

$$\text{s.t.}\ \overline{c_i}(s_t) \leqslant d_i,\ \forall i \in [N] \tag{5-135}$$

式中，d_i 为所有安全信号 $\overline{c_i}(s_t)$ 的上限。

CHHQN 能够同时学习离散和连续动作，同时保持安全探索。如图 5-65 所示，采用了两级分层结构来获得混合动作策略[143]。高层结构学习离散动作，并将这些动作用作低层结构学习连续动作的已知条件。在此基础上引入一个安全层，以修正学习到的连续动作，确保零约束违反[144]。基于 CHHQN 的上述特性，可以将在式(5-134)中定义的 CPAMDP 的贝尔曼方程表示如下：

$$Q(s_t, k_t, x_{k_t}) = \underset{r_t, S_{t+1}}{E}\left[r_t + \gamma \sup_{x_k \in X_k} \max_{k \in K} Q(s_{t+1}, k, x_k)\right] \tag{5-136}$$

式中，$Q(s_t, k_t, x_{k_t})$ 为 t 时刻的状态-动作值函数；$Q(s_{t+1}, k, x_k)$ 为下一个时刻的状态-动作值函数，其中 (k, x_k) 为选择的混合动作；r_t 为 t 时刻的奖励。

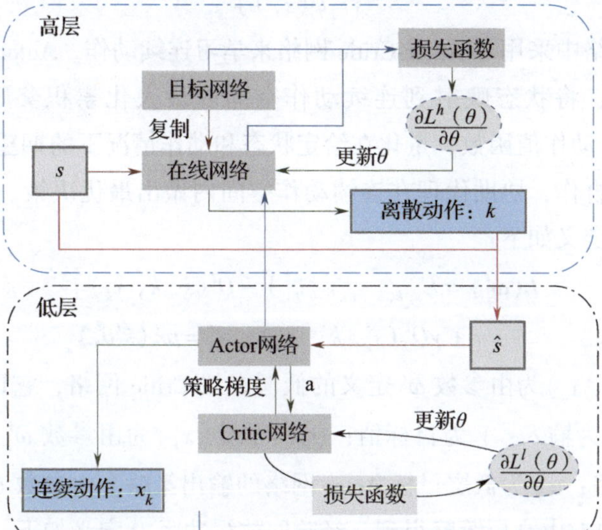

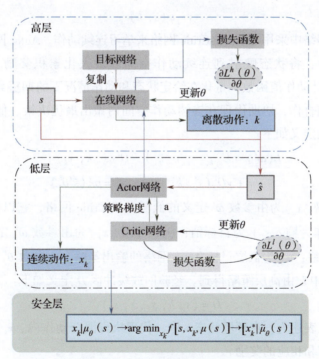

图 5-65　CHHQN 的算法结构

在高层网络中，采用基本的 DQN 框架来选择离散动作[143]。鉴于在研究的 HEV 系统中连续和离散动作之间存在固有相关性，因此在高层策略的训练过程中，有必要考虑当前低层策略 μ。更具体地，在高层网络训练的每个迭代中，基于当前低层策略确定与所选离散动作 k 相对应的连续动作 x_k，如下所示：

$$x_k = \mu[\varphi(s, k)] \tag{5-137}$$

式中，$\varphi(s, k)$的确切定义见式（5-140）。获得的连续动作 x_k 与状态 s 一起作为输入，用于更新高层网络。高层网络通过最小化式（5-138）中定义的损失函数 L 进行更新，其梯度计算如下所示：

$$L(\omega^h) = E\left[\left(r + \underbrace{\gamma \max_{k'} Q^h(s', k', x'_k)}_{\text{目标网络}} - \underbrace{Q^h(s, k, x_k)}_{\text{在线网络}}\right)^2\right] \tag{5-138}$$

$$\nabla_{\omega^h} L(\omega^h) = E[(r + \gamma \max_{k'} Q^h(s', k', x'_k) - Q^h(s, k, x_k)) \times \nabla_{\omega^h} Q^h(s, k, x_k)] \tag{5-139}$$

在低层网络中，从高层网络学到的离散动作作为已知条件用于学习连续动作。为了将离散动作的影响纳入状态表示中，将离散动作 k 直接与状态 s 连接起来，创建新的状态 $\hat{s}$，如下所示：

$$\hat{s} = \varphi(s, k) \tag{5-140}$$

在低层网络中采用了 Actor-Critic 网络来学习连续动作。Actor 网络的作用是获取策略函数，将状态映射到连续动作空间以最大化累积奖励。与此同时，Critic 网络估计动作值函数，量化在给定状态和动作情况下的期望累积奖励。这两个网络共同合作，协助代理在连续动作空间内做出最优决策。低层网络中策略的损失函数定义如下：

$$L(\omega^l) = E_{s, k, x_k, r, s' \sim D}[V - Q^l(s, k, x_k)]^2 \tag{5-141}$$

$$V = r + \gamma Q_T^l(s', k', x'_k), \quad x'_k = \mu'_T(\hat{s}'\theta_T^l) \tag{5-142}$$

式中，$Q^l(s, k, x_k)$为由参数 ω^l 定义的低层在线 Critic 网络，它以混合动作(k, x_k)和状态 s 作为输入；V 为目标值；$Q_T^l(s', k', x'_k)$为由参数 ω_T^l 定义的低层目标 Critic Q 网络；μ'_T 为低层目标 Actor 网络的输出策略，由参数 θ_T^l 定义；$\hat{s}' = \varphi(s', k')$，其中 k'由高层策略得到。经验回放缓冲区 D 定义如下：

$$D = (s, k, x_k, r, s') \tag{5-143}$$

式中，D 可以表述为：在环境状态 s 中，代理执行混合动作(k, x_k)，随后获得下一个状态 s'和相应的奖励 r。

Critic 网络参数的梯度更新计算定义如下：

$$\nabla_{\omega^l} L(\omega^l) = E_{s, k, x_k, r, s' \sim D}\{[V - Q^l(s, k, x_k)]\nabla_{\omega^l} Q^l(s, k, x_k)\} \tag{5-144}$$

Actor 网络参数的梯度更新计算定义如下：

$$\nabla_{\theta^l} \mu(\theta^l) = E_{s, k, x_k \sim D}[\nabla_{\theta^l} \mu(\hat{s}) \nabla_{x_k} Q^l(s, k, x_k)] \tag{5-145}$$

式中，μ 为低层在线 Actor 网络的输出策略，由参数 θ^l 定义。

低层网络在线网络和目标网络的参数更新公式定义如下：

$$\begin{cases}\omega^l=\omega^l+\alpha\nabla_{\omega^l}L(\omega^l)\\ \theta^l=\theta^l+\alpha\nabla_{\theta^l}\mu(\theta^l)\\ \omega_T^l=\omega_T^l+\tau(\omega^l-\omega_T^l)\\ \theta_T^l=\theta_T^l+\tau(\theta^l-\theta_T^l)\end{cases}\tag{5-146}$$

式中，α 为学习速率；τ 为目标网络的跟踪速率。

安全层对低层网络中学到的连续动作进行了修正。引入安全层有助于降低强化学习试错探索本质所带来的不确定性。它确保了学习过程的安全性，降低了在实际应用中试错的成本。在强化学习中，试错探索的本质在于平衡探索和利用。探索涉及代理尝试新的动作，以发现未知部分并找到更好的策略，而利用则包括根据已知的最优策略选择动作以最大化奖励。固有的随机性可能导致代理在任何时刻尝试不充分测试的动作。此外，它保证了学习结果的绝对安全性。安全层可以直接将安全约束整合到策略中，而无须额外的与状态相关的约束惩罚项，从而减少不必要的探索。这在离线训练和在线测试期间实现了零约束违规的安全探索。

安全层并不试图学习完整的转移模型，而是专注于学习成本函数 $c_i(s, k, \boldsymbol{x_k})$。可以定义成本函数间的以下线性化操作：

$$\overline{c_i}(s')\triangleq c_i(s, k, \boldsymbol{x_k})\approx\overline{c_i}(s)+\boldsymbol{g}(\boldsymbol{s}, \boldsymbol{k}\mid\boldsymbol{w_i})^{\mathrm{T}}\boldsymbol{x_k}\tag{5-147}$$

式中，$\boldsymbol{x_k}$ 为低层网络学到的连续动作；$\boldsymbol{g}(\boldsymbol{s}, \boldsymbol{k}\mid\boldsymbol{w_i})$ 为神经网络，由参数 w_i 定义，以状态 s 和选择的离散动作 k 为输入，生成与 $\boldsymbol{x_k}$ 的维度相匹配的向量。该模型通过对 $c_i(s, k, \boldsymbol{x_k})$ 进行一阶近似，估计了动作变化影响约束变量的安全敏感性。$c_i(s, k, \boldsymbol{x_k})$ 的可视化解释在图 5-66 中定义。

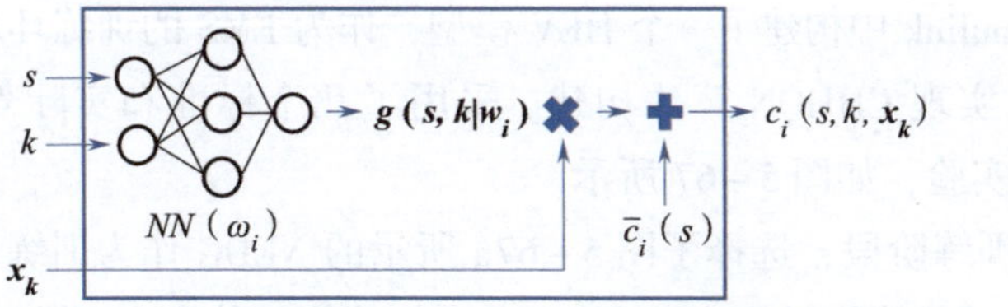

图5-66 成本函数 c_i（s，k，$\boldsymbol{x_k}$）的可视化解释

为了训练 $\boldsymbol{g}(\boldsymbol{s}, \boldsymbol{k}\mid\boldsymbol{w_i})$，在与策略无关的情况下均匀采样动作，直到发生约束违反，从而生成元组集 $D=(s, k, \boldsymbol{x_k}, s')$。在正式 RL 训练之前，$\boldsymbol{g}(\boldsymbol{s}, \boldsymbol{k}\mid\boldsymbol{w_i})$ 经历预训练。预训练过程解决以下问题：

$$\arg\min_{w_i}\sum_{(s,k,x_k,s')\in D}\{\bar{c}_i(s')-[\bar{c}_i(s)+\boldsymbol{g}(\boldsymbol{s},\boldsymbol{k}\mid\boldsymbol{w}_i)^{\mathrm{T}}\boldsymbol{x}_k]\}^2 \tag{5-148}$$

通过训练深度策略网络，低层网络选择确定性的连续动作 $\boldsymbol{\mu}_{\theta^l}(\hat{s})$。随后，叠加在混合动作策略网络上的额外安全层解决以下问题：

$$\begin{aligned}&\arg\min_{x_k}\frac{1}{2}\boldsymbol{x}_k-\boldsymbol{\mu}_{\theta^l}(\hat{s})^2\\&\text{s.t. } c_i(s,k,\boldsymbol{x}_k)\leqslant d_i\ \forall i\in[K]\end{aligned} \tag{5-149}$$

安全层的目的是在满足指定约束的同时，基于欧几里得范数最小化初始选择动作的扰动。图 5-65 说明了安全层与策略网络的关系。

联合式（5-147）和式（5-149），可以将二次规划问题表达如下：

$$\begin{aligned}&x_k^*=\arg\min_{x_k}\frac{1}{2}\boldsymbol{x}_k-\boldsymbol{\mu}_{\theta^l}(\hat{s})^2\\&\text{s.t. } \bar{c}_i(s)+\boldsymbol{g}(\boldsymbol{s},\boldsymbol{k}\mid\boldsymbol{w}_i)^{\mathrm{T}}\boldsymbol{x}_k\leqslant d_i,\ \ \forall i\in[N]\end{aligned} \tag{5-150}$$

式（5-150）的可行解可以表示为$(x_k^*,\ \{\boldsymbol{\lambda}_i^*\}_{i=1}^N)$，其中，拉格朗日乘子 $\boldsymbol{\lambda}_i^*$ 表示最优解，i 表示约束序列。$\boldsymbol{\lambda}_i^*$ 定义如下：

$$\boldsymbol{\lambda}_i^*=\left[\frac{\boldsymbol{g}(\boldsymbol{s},\boldsymbol{k}\mid\boldsymbol{\omega}_i)^{\mathrm{T}}\boldsymbol{\mu}_{\theta^l}(\hat{s})+\bar{c}_i(s)-d_i}{\boldsymbol{g}(\boldsymbol{s},\boldsymbol{k}\mid\boldsymbol{\omega}_i)^{\mathrm{T}}\boldsymbol{g}(\boldsymbol{s},\boldsymbol{k}\mid\boldsymbol{\omega}_i)}\right]^+ \tag{5-151}$$

式中，$[x]^+$ 表示取 x 和 0 之间的最大值。注意此处的假设前提是 $|\{i\mid\boldsymbol{\lambda}_i^*>0\}|\in\{0,1\}$，也就意味着约束变量的数量不能超过一个。受约束的连续动作 x_k^* 可以表示如下：

$$x_k^*=\boldsymbol{\mu}_{\theta^l}(\hat{s})-\boldsymbol{\lambda}_{i^*}^*\boldsymbol{g}(\boldsymbol{s},\boldsymbol{k}\mid\boldsymbol{w}_i) \tag{5-152}$$

式中，$i^*=\arg\max_i\boldsymbol{\lambda}_i^*$。在满足约束条件的情况下，可以获得离散和连续动作，如图 5-65 所示。

本案例通过各种对比实验对基于 CHHQN 的 EMS 进行了全面的性能分析。在 MATLAB/Simulink 中构建了一个 HEV 模型，作为 EMS 的训练环境，在 Python 中基于 Pytorch 实现 CHHQN 算法构建。采用了几个标准和实际驾驶循环来进行 EMS 的仿真实验，如图 5-67 所示。

在离线训练阶段，选择了图 5-67a 所示的 NEDC 作为训练周期。它总距离为 11.012km，总持续时间为 1220s。通过与其他三种 EMS 进行比较，评估了所提出的 EMS 的有效性。这三种策略分别是：DP/DP，使用 DP 算法处理连续和离散动作；DDPG/RB，使用 DDPG 算法选择连续动作，并采用基于规则的方法进行离散动作选择；DDPG/DQN，采用 DDPG 算法处理连续动作和 DQN 算法处理离散动作。

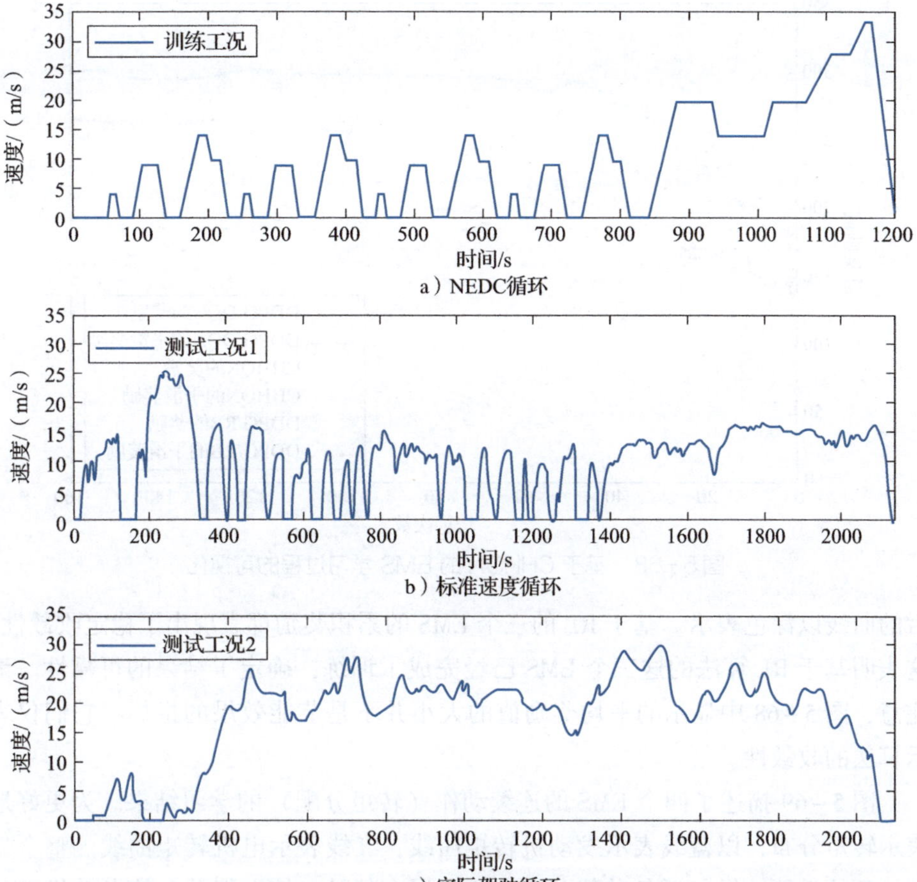

a）NEDC循环

b）标准速度循环

c）实际驾驶循环

图 5-67　离线训练和在线测试的速度周期

本研究采用电池保持策略，即仅在必要时将电池用作辅助能源，以减少峰值能量需求。车辆的主要能源仍然是发动机的燃料消耗。因此，将初始 SOC 和参考 SOC 设置为 0.6，以确保最终 SOC 值保持在 0.6 左右。为了保持车辆发动机的最佳运行，为所有控制策略设定了边界，以确保发动机转速保持在 1200 ~ 2700r/min 的范围内。

强化学习训练的过程类似于一种试错搜索形式，通过反复尝试不同的动作并观察反馈信号来最大化累积奖励，从而优化策略。累积奖励的变化对于监控训练进度至关重要。当累积奖励趋于收敛并保持稳定时，代理完成训练。如图 5-68 所示，通过可视化整体累积奖励变化的趋势，可以评估不同 EMS 的学习能力。为了突出关键特征并以更清晰的方式进行视觉表达，使用 MATLAB 中的 “medfilt1” 函数对训练期间获取的原始累积奖励数据进行平滑处理，平滑处理

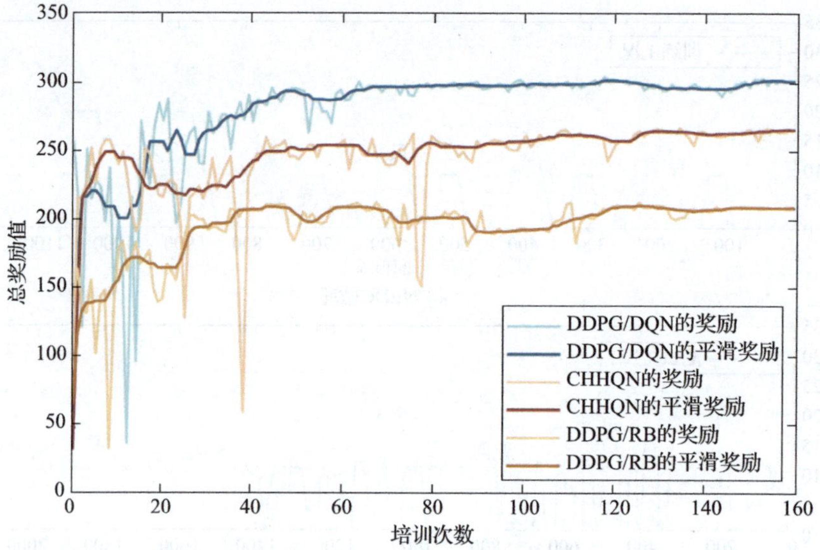

图 5-68 基于 CHHQN 的 EMS 学习过程的可视化

后的曲线以深色表示。基于 RL 的三个 EMS 的累积奖励都表现出了稳定收敛性。这表明基于 RL 算法的这三个 EMS 已经完成了训练，确定了结果的可靠性。请注意，图 5-68 中显示的平均奖励值的大小并不是节能效果的指标；它们仅表示算法的收敛性。

图 5-69 描述了四个 EMS 的连续动作（转矩分配）的学习结果。为更好地表示转矩分布，以蓝线表示发动机转矩曲线，红线表示电机转矩曲线。整个驾驶循环的学习结果包括各种驾驶模式，即混合驾驶、纯电驾驶、纯发动机驾驶和充电模式。此外，学到的转矩值符合约束，表明学习结果是合理且可靠的。

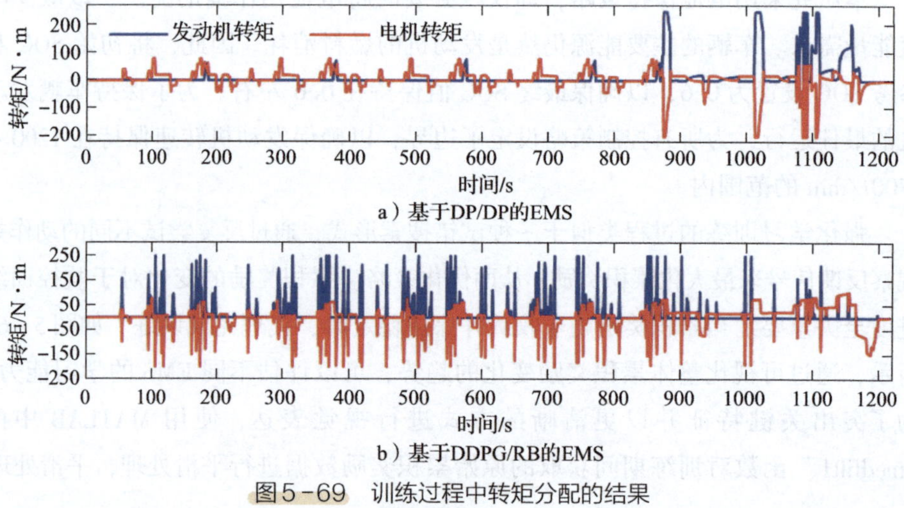

图 5-69 训练过程中转矩分配的结果

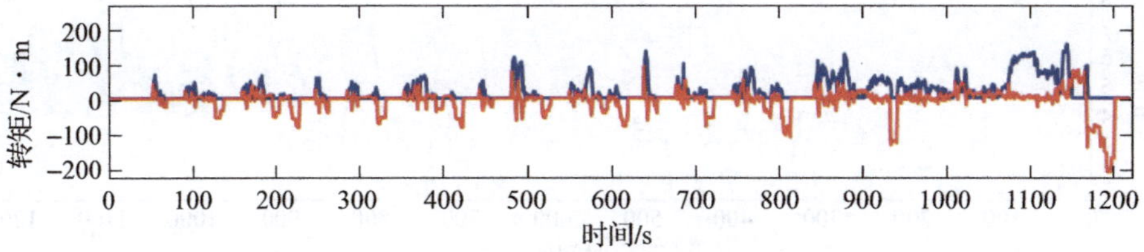

c）基于DDPG/DQN的EMS

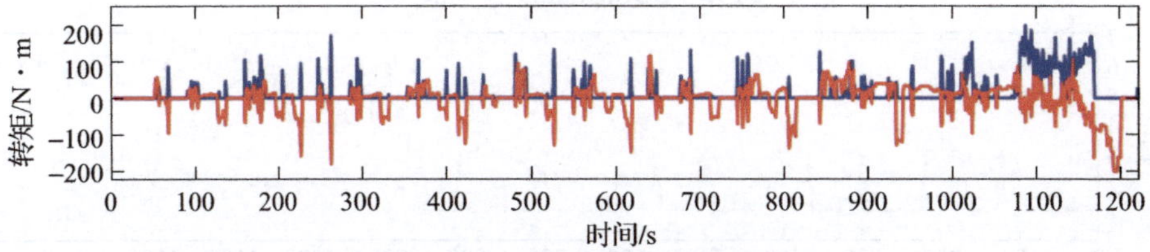

d）基于CHHQN的EMS

图5-69 训练过程中转矩分配的结果（续）

图 5-70 显示了四个 EMS 的离散动作（换档）的学习结果。换档间隔设置为 $\Delta t = 4s$，以避免频繁的换档操作。如图 5-70 所示，在 NEDC 驾驶条件下，四个 EMS 的换档次数分别为 126、52、166 和 84。基于 DP 和 DQN 的策略显示出相对频繁的换档操作，这对乘坐舒适度有很大影响。基于规则的方法比前两者更加合理和稳定。基于 CHHQN 的策略位于这两个极端之间。

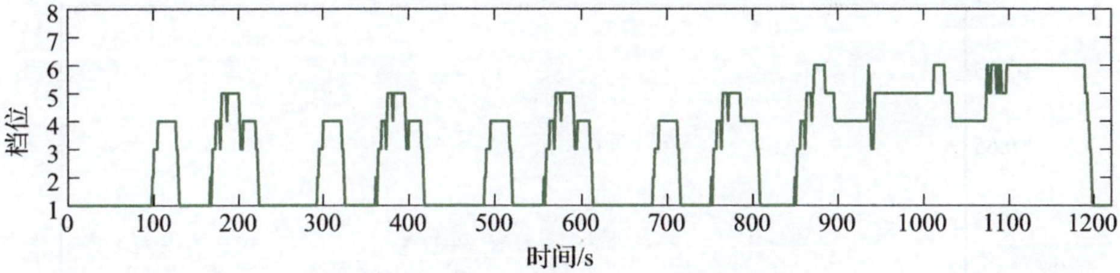

a）基于DP的EMS：N_shift=126

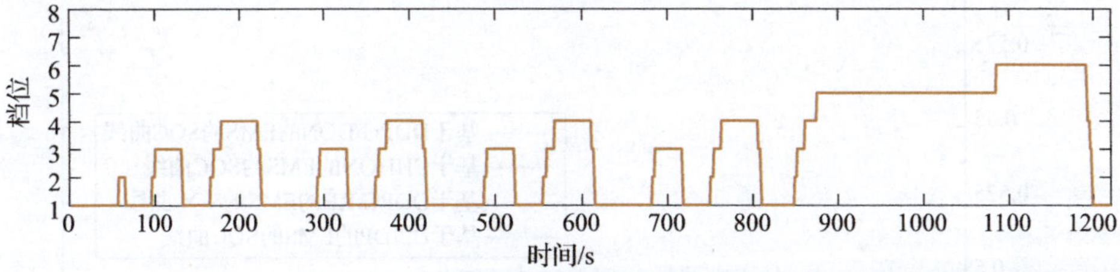

b）基于RB的EMS：N_shift=52

图5-70 训练过程的自动变速器（AMT）档位曲线

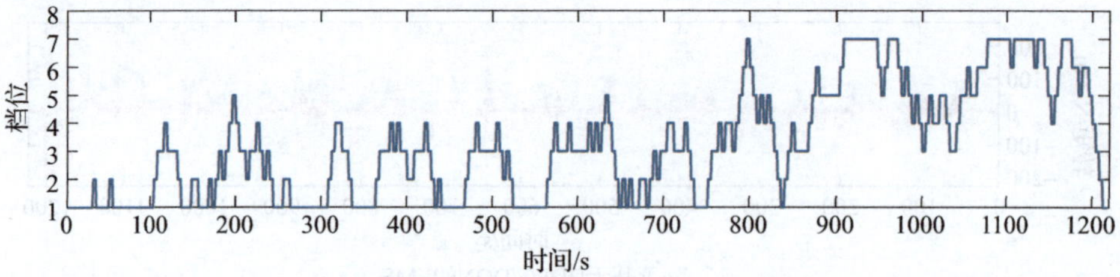

c）基于DQN的EMS：N_shift=166

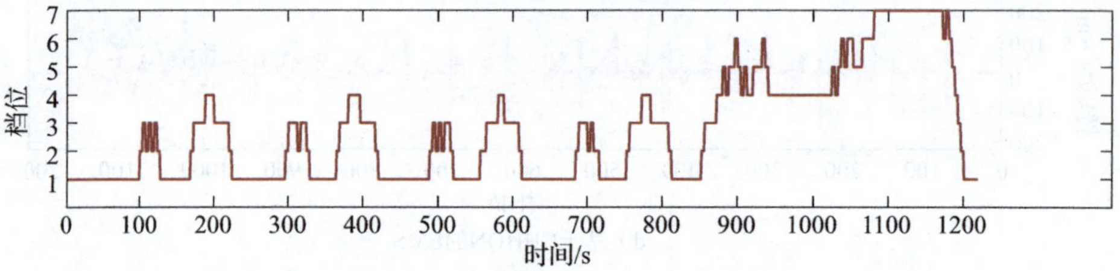

d）基于CHHQN的EMS：N_shift=84

图5-70　训练过程的自动变速器（AMT）档位曲线（续）

图5-71所示为NEDC工况下四种EMS的SOC轨迹。图中，所有四个EMS学到的终端SOC值都接近预定义的参考SOC值，约为0.6。终端SOC差异等效转换为发动机燃料消耗，被合并到总燃料消耗中，得到一个等效燃料消耗值，用作燃油经济性的衡量。这在前面的内容中已经介绍过[146]。

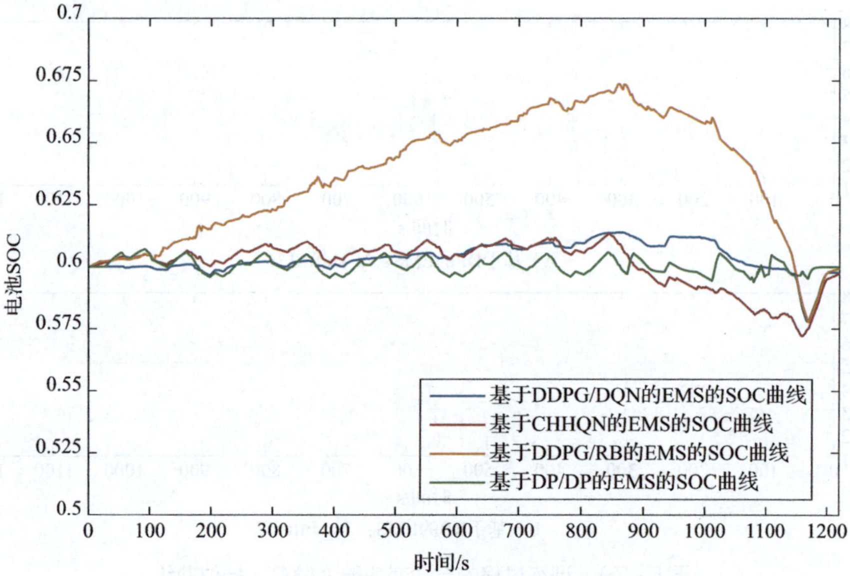

图5-71　NEDC工况下四种EMS的SOC轨迹

四种 EMS 的发动机工作点如图 5－72 所示。基于 DP/DP 的 EMS 工作点集中在较高燃油效率和较低功率的区域，实现了最佳燃油经济性。在此之后，基于 CHHQN 的 EMS 表现良好，其次是基于 DDPG/RB 的 EMS 和基于 DDPG/DQN 的 EMS，与表 5－7 中的结果一致。

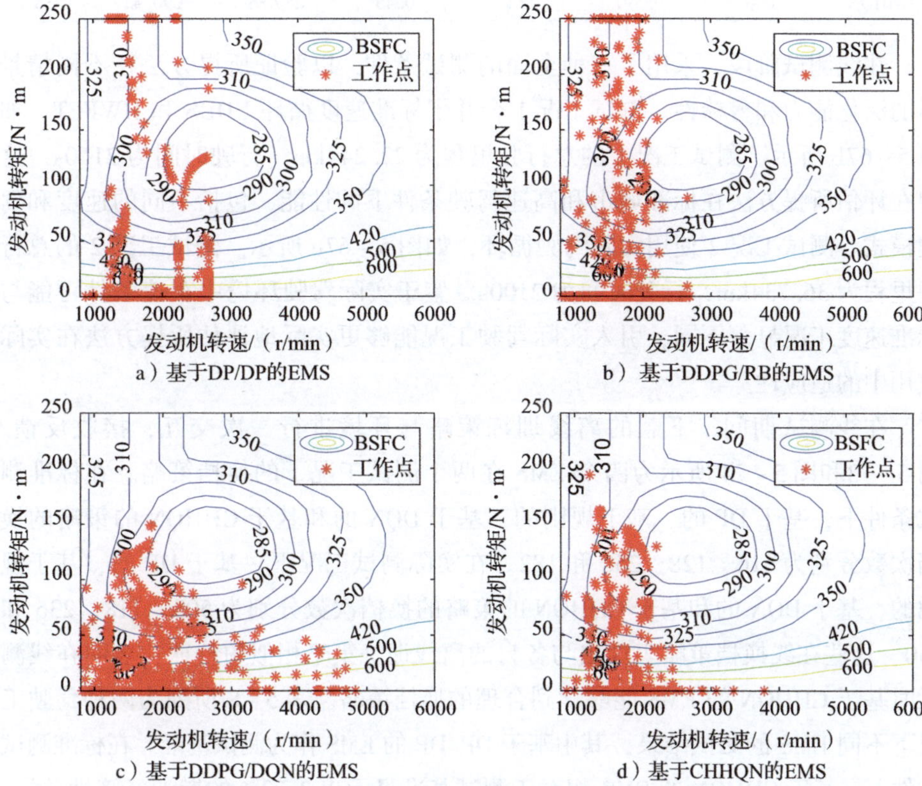

图 5－72　NEDC 工况下四种 EMS 的发动机工作点

在 NEDC 场景下，四种 EMS 的训练结果见表 5－7。DP 方法将能量管理问题分解为增量子问题，为 EMS 提供全局最优解[147]。因此，本节将 DP/DP 方法视为 EMS 问题的基准。在相同的车辆系统和训练条件下，基于 DDPG/RB 的 EMS 与基准相比在燃油经济性上存在 14.59% 的差异，DDPG/DQN 的差异为 32.30%。而基于 CHHQN 的 EMS 相对于基准只有 1.38% 的差异。这表明所提出的基于 CHHQN 的 EMS 在改善燃油经济性方面优于其他 EMS。对于基于 CHHQN 的 EMS，每个仿真步骤的计算速度约为 0.4ms，明显优于基于 DP 的 EMS。由于基于 CHHQN 的算法比基于 DDPG/RB 的算法更复杂，因此其计算时间略高于基于 DDPG/RB 的 EMS，但低于基于 DDPG/DQN 的 EMS。

表 5-7　四种 EMS 的训练结果

EMS	初始 SOC	终端 SOC	换档次数	计算时间/s	燃油消耗/g	等价消耗/g	差距
DP/DP	0.6	0.6	126	35.09	286.46	286.46	—
DDPG/RB	0.6	0.599	52	0.42	328.12	328.25	14.59%
DDPG/DQN	0.6	0.598	166	0.48	378.71	378.99	32.30%
CHHQN	0.6	0.597	84	0.45	289.99	290.41	1.38%

在线测试阶段，采用了一种全面的测试条件，以验证所提方法在不同情景下的泛化能力和鲁棒性。测试工况 1 合并了标准速度循环 UDDS 和 HWFET，如图 5-67b 所示。测试工况 1 的总行驶里程为 22.244km，行驶时间为 2140s。这旨在评估所提方法在标准城市和高速驾驶条件下的性能，包括不同的速度和驾驶模式。测试工况 2 使用实际驾驶循环，如图 5-67c 所示。测试工况 2 的总行驶里程为 36.734km，行驶时间为 2100s。鉴于实际驾驶环境中车速条件可能与标准速度工况显著不同，引入实际驾驶工况能够更实际地评估所提方法在实际应用中的适应性。

在线测试期间，下载的离线训练策略与环境进行一次交互，接收反馈。图 5-73和图 5-74 所示为四个 EMS 在两个测试工况下的换档策略。在标准测试条件下，基于 DP 的、基于规则的、基于 DQN 的和基于 CHHQN 的策略的换档次数分别为 616、128、258 和 182。在实际测试工况下，基于 DP 的、基于规则的、基于 DQN 的和基于 CHHQN 的策略的换档次数分别为 508、118、236 和 150。这些在线换档策略表现出与各自的离线训练策略相似的特征，表明在线测试时基于 CHHQN 的 EMS 能够学到合理的换档策略。表 5-8 所列为两种驾驶工况下不同 EMS 的测试结果，其中基于 DP/DP 的 EMS 作为测试基准。在标准测试条件下，基于 CHHQN 的 EMS 相对于测试基准显示出 3.73% 的燃油经济性差异。在实际测试条件下，基于 CHHQN 的 EMS 相对于测试基准仅显示出 1.34% 的燃油经济性差异。在两种条件下，基于 CHHQN 的 EMS 在燃油经济性表现上均优于基于 DDPG/DQN 和 DDPG/RB 的 EMS，并且更接近测试基准，验证了其鲁棒性和泛化能力。

表 5-8　两种驾驶工况下不同 EMS 的测试结果

测试工况	EMSs	初始 SOC	终端 SOC	换档次数	计算时间/s	燃油消耗/g	等价消耗/g	差距
工况 1	DP/DP	0.6	0.6	616	91.49	518.19	518.19	—
	DDPG/RB	0.6	0.603	128	0.74	595.63	595.21	14.86%
	DDPG/DQN	0.6	0.600	258	0.86	592.10	592.10	14.26%
	CHHQN	0.6	0.599	182	0.84	537.38	537.51	3.73%

（续）

测试工况	EMSs	初始 SOC	终端 SOC	换档次数	计算时间/s	燃油消耗/g	等价消耗/g	差距
工况 2	DP/DP	0.6	0.6	508	88.74	1109.57	1109.57	—
	DDPG/RB	0.6	0.599	118	0.73	1168.90	1169.02	5.36%
	DDPG/DQN	0.6	0.594	236	0.83	1139.53	1140.36	2.77%
	CHHQN	0.6	0.596	150	0.80	1123.88	1124.44	1.34%

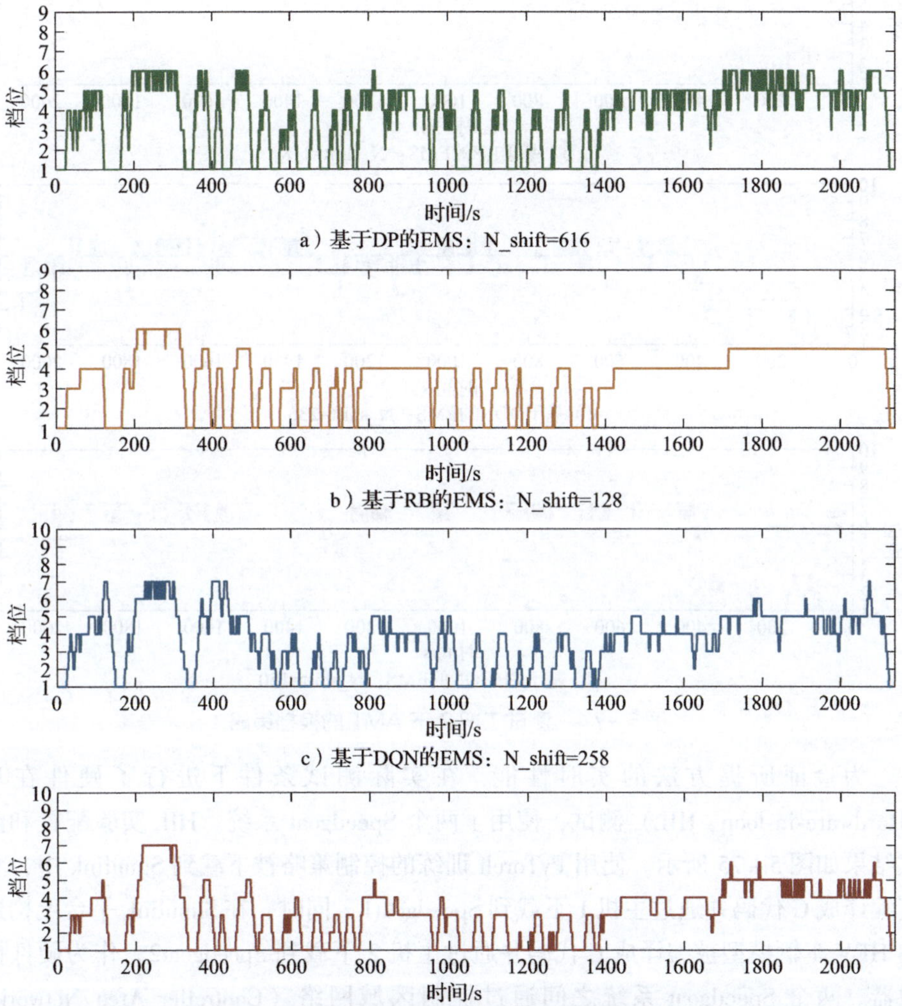

a）基于DP的EMS：N_shift=616

b）基于RB的EMS：N_shift=128

c）基于DQN的EMS：N_shift=258

d）基于CHHQN的EMS：N_shift=182

图 5-73 测试工况 1 下 AMT 的换档策略

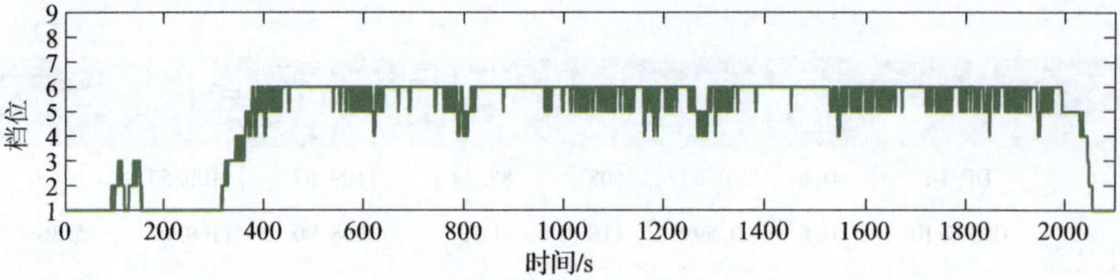

a）基于DP的EMS：N_shift=508

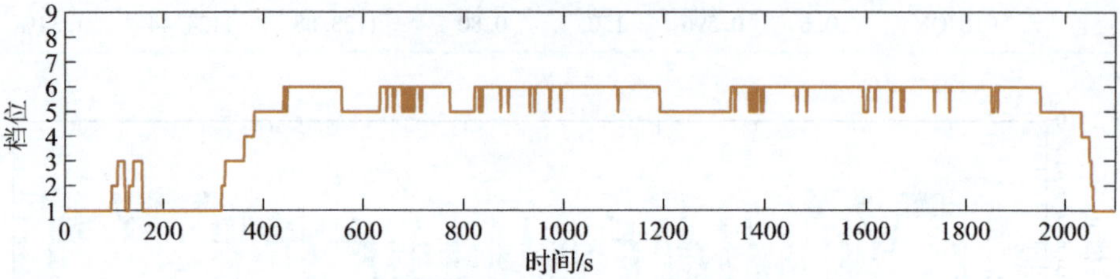

b）基于RB的EMS：N_shift=118

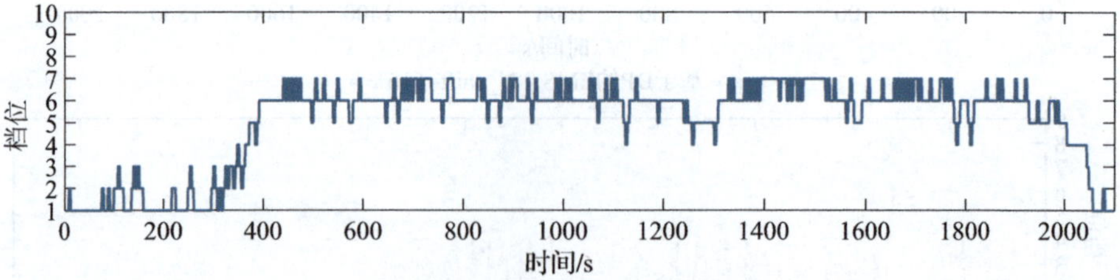

c）基于DQN的EMS：N_shift=236

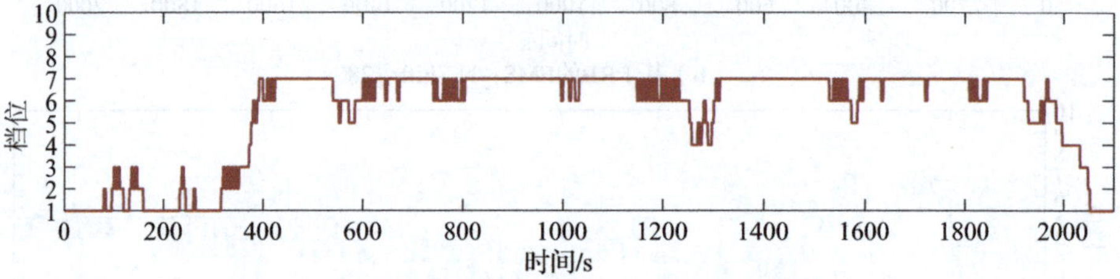

d）基于CHHQN的EMS：N_shift=150

图5-74　测试工况2下AMT的换档策略

为验证所提方法的实时性能，在实际测试条件下进行了硬件在环（Hardware-in-loop，HIL）测试，使用了两个Speedgoat系统。HIL实验配置和测试结果如图5-75所示。使用PyTorch训练的控制策略被下载到Simulink中，将其编译成C代码并通过主机1下载到Speedgoat1。同时，在Simulink平台上构建的HEV车辆模型被编译成C代码并通过主机2下载到Speedgoat2，作为硬件模拟器。两个Speedgoat系统之间通过控制区域网络（Controller Area Network，CAN）总线进行通信，实现转矩分配和换档操作。车辆状态被传输到控制器，该控制器根据下载的策略和反馈状态执行最优控制。然后，将控制策略传输到用于车辆状态更新的实时目标机器。

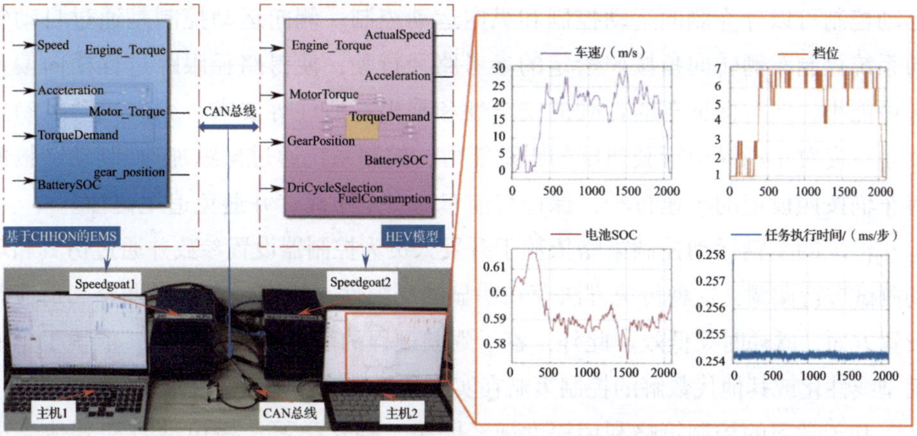

图 5-75　HIL 实验配置和测试结果

在图 5-75 中描绘的 HIL 测试结果显示，实施在 Speedgoat1 上的基于 CHHQN 的策略正常运行。车速、档位和 SOC 的变化符合预期。整个实验过程的执行时间证实了 EMS 的实时计算能力。

本案例介绍了一种基于 CHHQN 的 EMS 策略，旨在最小化燃油消耗。所提出的 EMS 采用了一种两层分层结构，实现了转矩分配和换档策略的同步学习。此外，它还增加了一个额外的安全层，以确保 SOC 能够符合安全约束。在离线训练后，在标准和实际工况下对所提出的方法进行了在线测试，验证了其鲁棒性和泛化性。两个在线测试条件的仿真结果表明，基于 CHHQN 的换档策略比基于 DQN 和 DP 的换档策略更为合理。在燃油经济性方面，与基于 DP/DP 的 EMS 相比，基于 CHHQN 的 EMS 最大差异为 3.73%，超过了基于 DDPG/RB 的 EMS（14.86% 差异）和基于 DDPG/DQN 的 EMS（14.26% 差异）的性能。此外，基于 CHHQN 策略的每个动作的平均输出时间约为 0.4ms，验证了其计算效率。通过使用 Speedgoat 实时系统进行的 HIL 实验验证了所提算法的实时性和可行性。因此，基于 CHHQN 的 EMS 在利用 RL 获取混合动作空间内的复杂非线性控制策略方面具有优势，适用于混合动力车辆的能量管理。

5.4　基于学习的车辆运动控制

5.4.1　基于学习的车辆运动控制策略概述

自动驾驶汽车的运动控制是基于决策规划的指令和车辆实时行驶状态来对底盘执行器的动作进行控制，使得车辆能精准且稳定地跟踪参考轨迹。车辆的运动控制可以分为侧向运动控制和纵向运动控制。侧向运动控制是通过自动转向系统控制车辆转向角按照给定的参考路径行驶，使得路径跟踪过程横向偏差尽可能小，同时保证车辆行驶的安全性和乘坐舒适性等要求。纵向运动控制主要是研究对车辆纵向行驶速度的跟踪能力，控制系统通过操纵加速/制动踏板使得车辆按照设定的车速行驶，保持与前车的安全距离，并避免追尾碰撞。

传统的车辆运动控制策略依赖于开发人员为控制器设置参数并通过仿真和现场测试进行微调，这种传统方法存在明显的局限性，特别是在参数调整和适应新设置方面，既耗时又低效。此外，鉴于驾驶过程的高度非线性特性，依赖于车辆模型线性化或其他代数解的控制策略在实施和可扩展性方面面临挑战[148]。

基于学习的控制策略利用深度神经网络、强化学习、模仿学习和其他先进的机器学习方法从复杂数据集中逼近高度非线性函数，能够解决自动驾驶车辆中的复杂控制挑战。与传统方法相比，基于学习的控制策略具有显著优势：①它能够通过大规模数据训练适应复杂的驾驶场景，减少对手动参数调整的依赖，提高开发效率；②这类方法能捕捉到传统线性化模型难以描述的系统动态特性，适应高度非线性和复杂耦合的车辆运动行为；③基于学习的策略具备一定的自适应能力，在面对环境变化或不同车辆动力学特性的情况下，能够通过持续学习和优化实现策略调整。此外，学习驱动的方法还能融合多模态信息，例如来自摄像头、激光雷达和车辆自身传感器的融合数据，从而进一步增强自动驾驶系统的鲁棒性和泛化能力。总的来说，基于学习的控制策略为自动驾驶车辆的运动控制开辟了新的方向，不仅提高了控制性能，还为自动驾驶技术在复杂实际场景中的落地提供了坚实基础。

5.4.2 基于数据驱动的车辆运动控制

神经网络作为一种典型的数据驱动方法，利用大量观测数据自动学习数据中的模式和规律。神经网络在车辆控制问题中的最早应用之一是 1989 年由 Pomerleau 开发的“基于神经网络的自主陆地车辆”（Autonomous Land Vehicle in a Neural Network，ALVINN）系统[149]。其神经网络架构如图 5－76 所示。ALVINN 系统采用前馈神经网络，包括一个 30×32 神经元的输入层、一个包含 4 个神经元的隐藏层以及一个包含 30 个神经元的输出层，其中每个输出神经元代表一个可能的离散转向动作。系统使用来自摄像头的图像输入以及人类驾驶员的转向指令作为训练数据。为增加训练数据的数量和场景的多样性，采用数据增强方法，在无须额外录制视频的情况下扩充了可用训练数据。

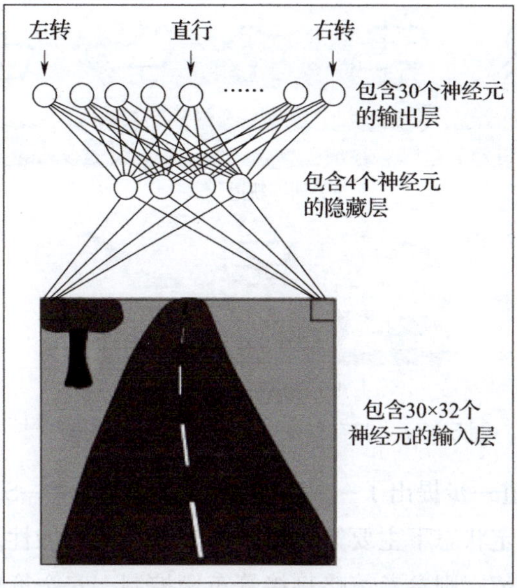

图 5-76　ALVINN 神经网络架构[149]

此外，为避免系统对最近输入数据的偏倚（例如，如果训练以一个长时间右转的驾驶任务结束，系统可能更倾向于右转），设计了一种缓冲区解决方案，用于保留先前遇到的训练样本。缓冲区在任何时刻均包含 4 个训练样本，这些样本会定期更新，以确保缓冲区中的样本在平均意义上对左转和右转没有偏倚。这些图像平移和缓冲区策略均显著提升了系统性能。

系统在一段 150m 长的道路上进行了训练，随后在一段独立的测试路段上进行测试，测试速度范围为 5 ~ 55mile/h（1mile = 1609.344m），在无须人工干预的情况下能够连续行驶最长达 22mile。测试表明，该系统平均能将车辆保持在距离道路中心线 1.6cm 的范围内，而人类驾驶员的控制偏差为 4.0cm。这一结果证明，神经网络可以通过记录数据学习驾驶车辆的转向控制。

基于视觉的车辆控制研究中，文献［150］提出了一种监督学习方法 SafeDAgger，用于在 TORCS 仿真环境中训练卷积神经网络（CNN）进行驾驶。该方法基于数据集聚合（Dataset Aggregation，DAgger）模仿学习算法[151]。在 DAgger 中，代理首先通过传统监督学习从参考策略生成的训练集学习一个初始主要策略（Primary Policy）。随后，算法通过已学习的策略迭代生成新的训练样本，并由参考策略为这些样本标注标签。扩展后的数据集被用于更新已学习的策略。这种方法的优势在于，能够覆盖初始训练集中未涉及的状态。主要策略通过新的训练集进行迭代微调。带有样本帧的训练和测试轨道如图 5-77 所示。

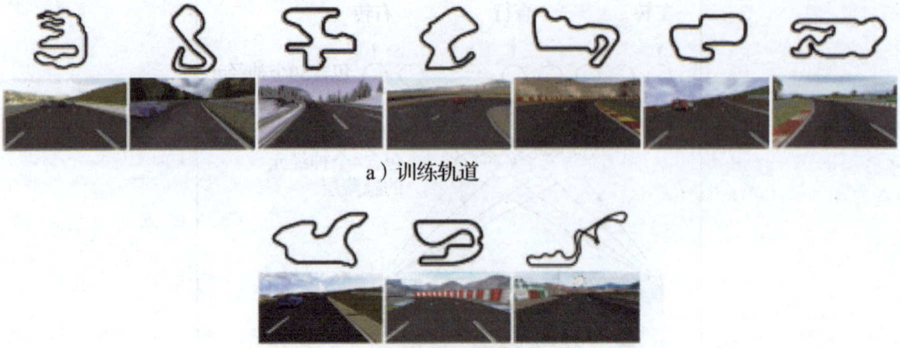

a）训练轨道

b）测试轨道

图5-77　带有样本帧的训练和测试轨道[150]

文献［150］进一步提出了一种该方法的扩展版本——SafeDAgger，该系统可以估计在任意给定状态下主要策略偏离参考策略的可能性。如果主要策略偏离程度超过指定阈值，则参考策略将接管车辆控制。安全策略由一个全连接神经网络估计，输入为最后一个卷积层的激活值。利用此方法训练了一个CNN，用于预测连续方向盘角度和制动的二元决策（制动或不制动）。在三个测试赛道上对监督学习、DAgger和SafeDAgger方法进行了评估，每个赛道最多驾驶三圈。评估结果显示，SafeDAgger在完成圈数、碰撞次数和方向盘角度均方根误差方面表现最佳。

在另一项研究中，文献［152］采用类似DAgger的模仿学习方法实现高速自动驾驶，预测连续的转向和加速动作。数据集的参考策略由基于高分辨率传感器操作的模型预测控制器生成，CNN则通过仅使用低成本摄像头传感器观察来模仿该策略。该技术首先在机器人操作系统（Robot Operation System，ROS）中的Gazebo仿真环境[153]中测试，随后在一条30m长的真实泥土赛道上使用1/5比例的车辆进行实验。该小型车辆成功学会以高达7.5m/s的速度绕赛道行驶。基于深度神经网络的控制策略如图5-78所示。

与直接使用视觉信息控制不同，一种可以用于训练基于物体的策略Dagger[154]利用图像中的显著物体（如车辆、行人）生成控制动作，其架构如图5-79所示。训练后的控制策略在游戏《侠盗猎车手V》的仿真环境中进行测试，输出离散控制动作（如左转、直行、右转、加速、减速、停止），然后通过PID控制器转换为连续控制。测试结果显示，与无注意力机制或基于启发式物体选择的模型相比，基于物体的策略性能显著提升。

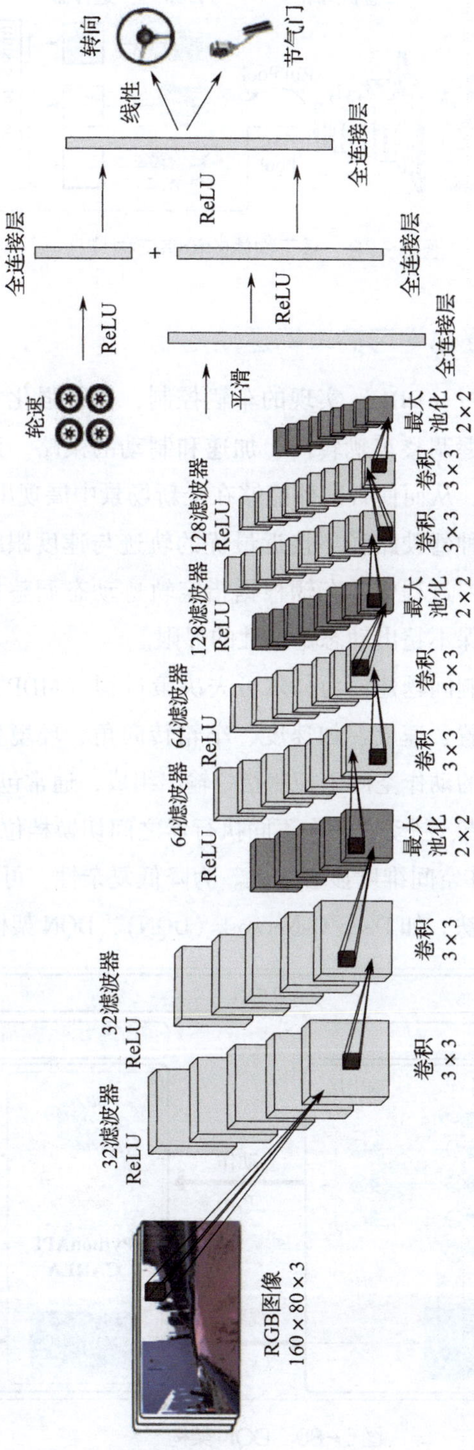

图 5-78 基于深度神经网络的控制策略[152]

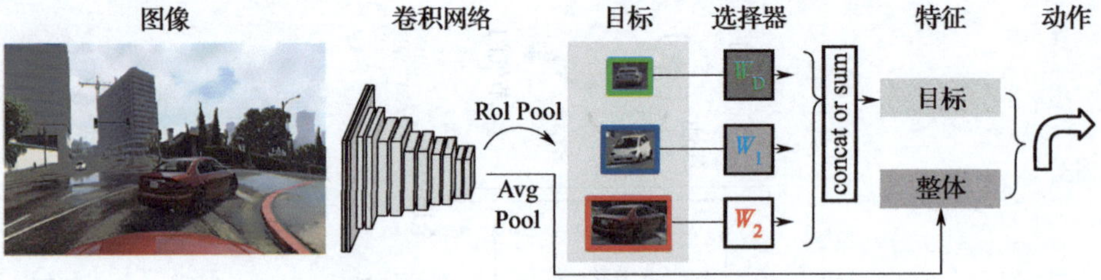

图5-79　基于物体的策略架构[154]

5.4.3　基于强化学习的车辆运动控制

通过深度强化学习（DRL）实现的车辆控制，使得强化学习算法可以在持续训练过程中逐步掌握调整车辆转向、加速和制动的策略。该方法的优势在于无须依赖标注数据集，从而使智能体能够在全新场景中展现出较强的泛化能力。训练目标是实现在多种驾驶路径下接近最优的轨迹与速度跟踪，同时保持车辆的动态稳定性。在学习过程中，车辆根据指定轨迹动态调整自身状态，在优化行驶时间的同时，确保不超出动态稳定性的界限。

在将车辆运动控制问题建模为马尔可夫决策过程（MDP）时，状态空间包含关键因素如车辆位置、速度、加速度、车轮转向角、环境数据以及目标位置或规划轨迹。智能体的动作空间由控制指令输出组成，通常包括车轮转向角的调整、加速或减速的调节、制动以及在不同执行器之间切换档位。这些控制指令大部分为连续值，使动作空间维度显著增大。为降低复杂性，可以使用针对离散动作空间设计的DRL算法，如Deep Q-Network（DQN），DQN架构如图5-80所示。

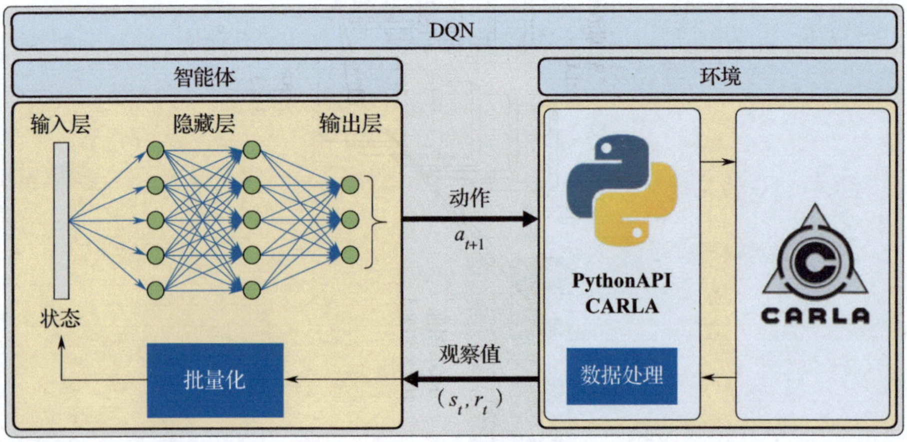

图5-80　DQN架构[155]

此时，可以通过将连续执行器的动作范围划分为同等大小的区间来离散化动作空间。执行器区间数量的选择需要在平滑控制与动作选择成本之间进行权衡。

直接使用 DRL 算法（如 DDPG）学习连续值执行器的管理策略，或通过时间抽象选项框架简化动作选择过程，也是一种可行的方案。DDPG 架构如图 5-81 所示。奖励函数的设计需涵盖多目标，包括车辆稳定性、高效行驶以及安全避障。对于达到目标位置或保持稳定性的行为，给予正奖励；而对于碰撞或偏离预定路径的行为，则给予负奖励。强化学习面临的挑战包括计算资源限制、环境的不确定性以及动态变化的影响，这需要实时调整和更新策略。

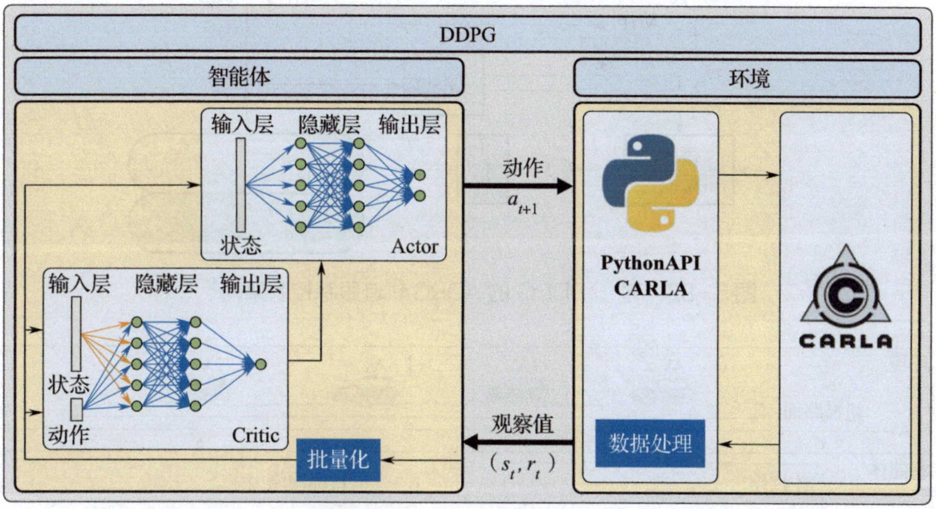

图 5-81　DDPG 架构[155]

为了提升模型在多样化场景中的泛化能力，特别是在复杂城市交通环境中的有效控制能力，需要综合应用多元化仿真环境、安全探索机制、与模型无关的控制策略以及实时自适应调整方法。文献［155］将自抗扰控制（Active Disturbance Rejection Control，ADRC）与 DDPG 结合，不仅利用 ADRC 的模型无关特性来估计和补偿不确定性及外部扰动，还通过 DDPG 优化策略实现了控制参数的实时自适应调整，从而进一步提升了算法在多变环境中的泛化能力与执行效率。基于 DDPG 的 ADRC 轨迹跟踪控制架构如图 5-82 所示。

对于需要高精度控制的任务，在不牺牲安全性和稳定性的前提下，基于模型的方法往往优于无模型方法，这表明基于模型的强化学习可能具有更大的优势。文献［156］通过为粗糙路面上的速度控制配置包含安全性、效率和舒适性在内的复合奖励函数，利用 DDPG 训练的速度控制模型，促进了安全、高效且舒适的车辆跟随行为。DDPG 模型架构如图 5-83 所示。

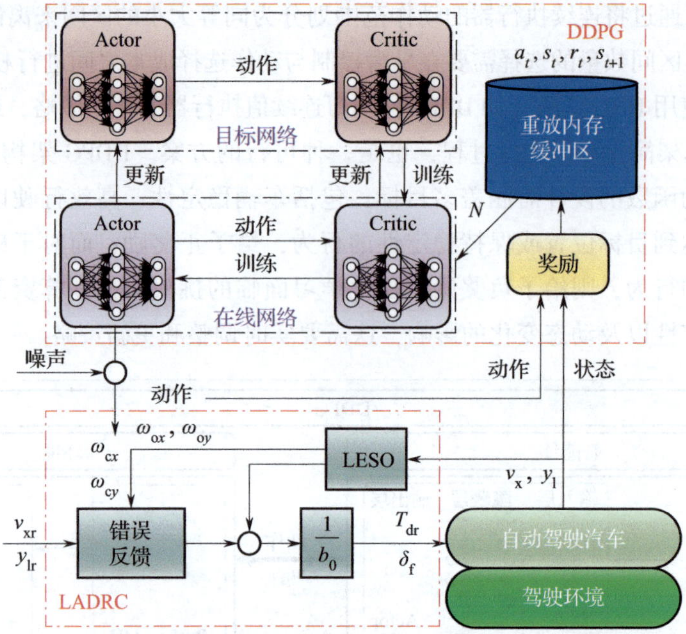

图 5-82　基于 DDPG 的 ADRC 轨迹跟踪控制架构[155]

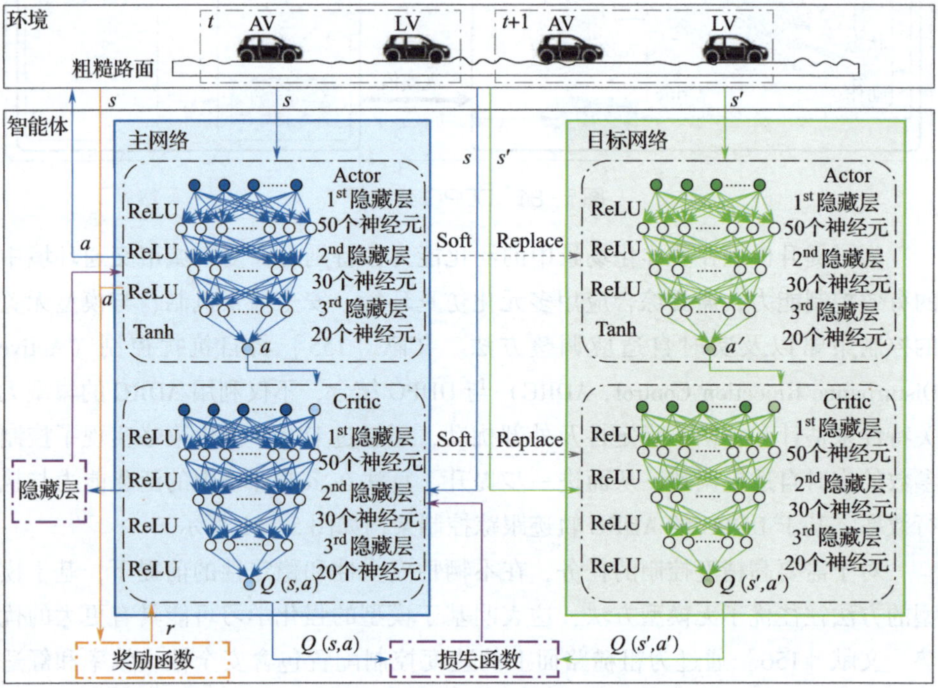

图 5-83　DDPG 模型架构[156]

在车辆控制中，动作空间通常是连续的，这对更精细的控制需求提出了更复杂的网络设计要求，同时也使训练收敛更加困难。为了解决 Q 学习训练复杂性与动作空间精细化之间的矛盾，文献［157］基于精细离散化动作空间框架应用了双 DQN 方法，并结合真实驾驶数据模拟了实际通勤体验，从而在仿真环境中验证了所设计的车辆速度控制系统，如图 5－84 所示。

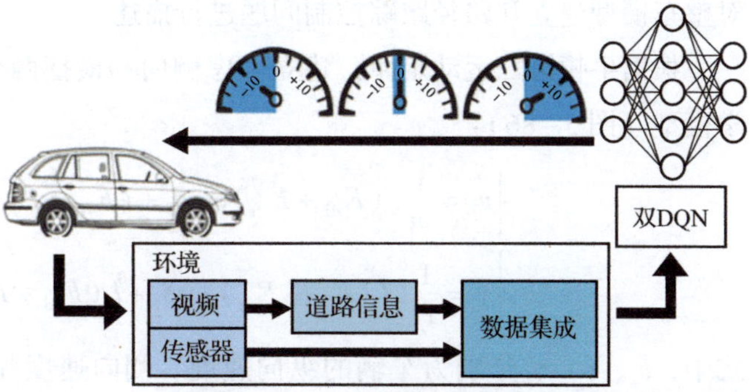

图 5－84　双 DQN 架构[157]

尽管强化学习（RL）在多个子问题的集成控制中已有所应用，但对于诸如防抱死制动系统（Anti-lock Braking System，ABS）和车身电子稳定系统（Electronic Stability Program，ESP）等关键安全控制子系统而言，由于缺乏充分的时间和实验验证，RL 在短期内尚难以取代这些系统。在将模拟环境中训练的模型迁移至实际环境时，车辆运动控制与物理现实的直接关联使得在数据驱动方法中采用有限可解释性时需要格外谨慎。文献［158］设计了一个实用框架，利用 Actor-Critic 模型在安全约束下开发了基于 RL 的轨迹跟踪系统，并将其作为全尺寸车辆的横向控制器。其关键方法是通过轻量级适配器建立模拟环境与真实世界之间的映射，如图 5－85 所示。该策略在驾驶仿真硬件中得到了验证，确认了模型在实际驾驶场景中的有效性，从而实现了从仿真框架到实际应用的平滑过渡。

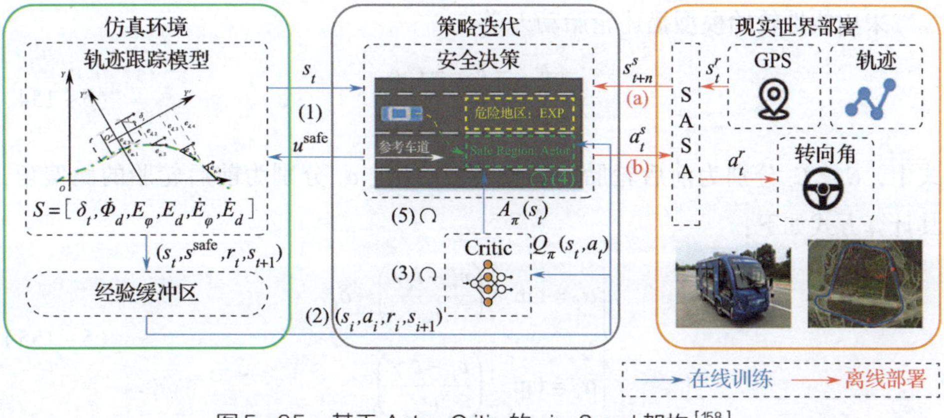

图 5－85　基于 Actor-Critic 的 sim2real 架构[158]

5.4.4 案例研究

本节详细介绍如何使用数据驱动方法实现自动驾驶车辆的路径跟踪。下面对整车模型建立和路径跟踪控制问题进行描述。

根据牛顿第二运动定律，建立考虑侧向和横摆两个方向自由度的车辆动力学模型（图 5-86）：

$$\begin{cases}\dot{v}_y = \dfrac{1}{m}[(F_{yfl}+F_{yfr})\cos\delta_f + (F_{yrl}+F_{yrr})] - v_x\gamma \\ \dot{\gamma} = \dfrac{1}{I_z}[l_f(F_{yfl}+F_{yfr})\cos\delta_f + l_r(F_{yrl}+F_{yrr})]\end{cases} \tag{5-153}$$

式中，v_x、v_y、γ 分别为车辆的纵向速度、侧向速度和横摆角速度；m、I_z、l_f、l_r、δ_f 分别为车辆质量、转动惯量、前轴到质心的距离、后轴到质心的距离和前轮转角。

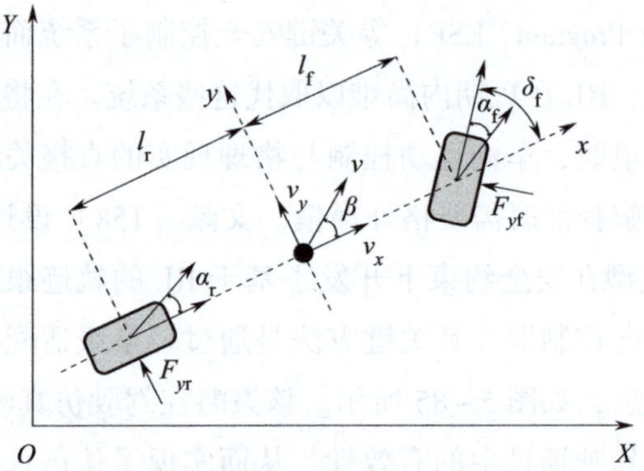

图 5-86 车辆动力学模型

采用线性轮胎模型描述轮胎动力学：

$$\begin{cases}F_{yfl} = F_{yfr} = C_f\alpha_f \\ F_{yrl} = F_{yrr} = C_r\alpha_r\end{cases} \tag{5-154}$$

式中，C_f、C_r 分别为前后轮胎的侧偏刚度；α_f、α_r 分别为前后轮胎的侧偏角，其计算方式如下：

$$\begin{cases}\alpha_f = \tan^{-1}\left(\dfrac{v_y + l_f\gamma}{v_x}\right) - \delta_f \\ \alpha_r = \tan^{-1}\left(\dfrac{v_y - l_r\gamma}{v_x}\right)\end{cases} \tag{5-155}$$

全局坐标系中表示车辆位置和朝向的运动学模型为

$$
\begin{cases}
\dot{X} = v_x\cos\varphi - v_y\sin\varphi \\
\dot{Y} = v_x\sin\varphi + v_y\cos\varphi \\
\dot{\varphi} = \gamma
\end{cases}
\tag{5-156}
$$

式中，X、Y、φ 分别为车辆在全局坐标系中的纵向位置、侧向位置和横摆角。

建立面向路径跟踪控制控制器的模型如下：

$$
\begin{cases}
\dot{X} = v_x\cos\varphi - v_y\sin\varphi \\
\dot{Y} = v_x\sin\varphi + v_y\cos\varphi \\
\dot{v}_y = \dfrac{1}{m}\left[(F_{yfl} + F_{yfr})\cos\delta_f + (F_{yrl} + F_{yrr})\right] - v_x\gamma \\
\dot{\varphi} = \gamma \\
\dot{\gamma} = \dfrac{1}{I_z}\left[l_f(F_{yfl} + F_{yfr})\cos\delta_f + l_r(F_{yrl} + F_{yrr})\right]
\end{cases}
\tag{5-157}
$$

代价函数中考虑对于纵向位置、侧向位置和横摆角的跟踪，以及对于控制量的限制，表示为

$$
J = \| X_{ref} - X \|_{w_1}^2 + \| Y_{ref} - Y \|_{w_2}^2 + \| \varphi_{ref} - \varphi \|_{w_3}^2 + \| \delta_f \|_{w_4}^2 \tag{5-158}
$$

考虑以下前轮转角约束：

$$
\delta_{min} \leqslant \delta \leqslant \delta_{max} \tag{5-159}
$$

接着，使用求解器求解该优化问题在预先获取到的初始状态量和参考状态量数据集上的标签值，最后通过神经网络的训练即可得到基于数据驱动的控制器，其控制架构如图 5-87 所示。DLC 工况下的控制结果如图 5-88 所示。

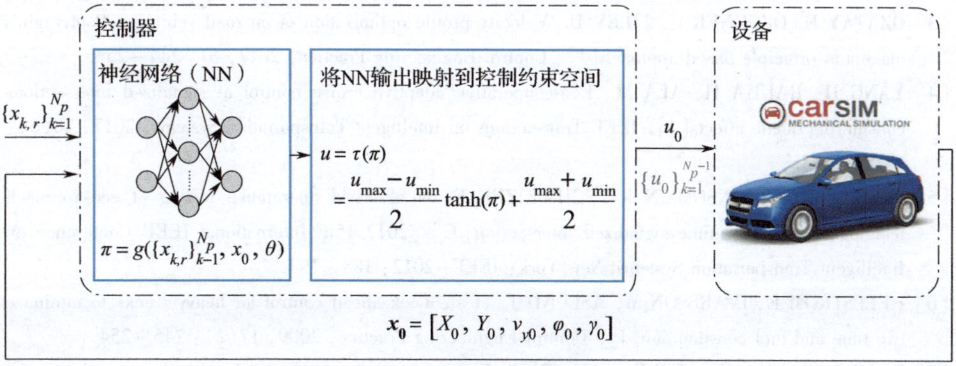

图 5-87　基于数据驱动的路径跟踪控制架构

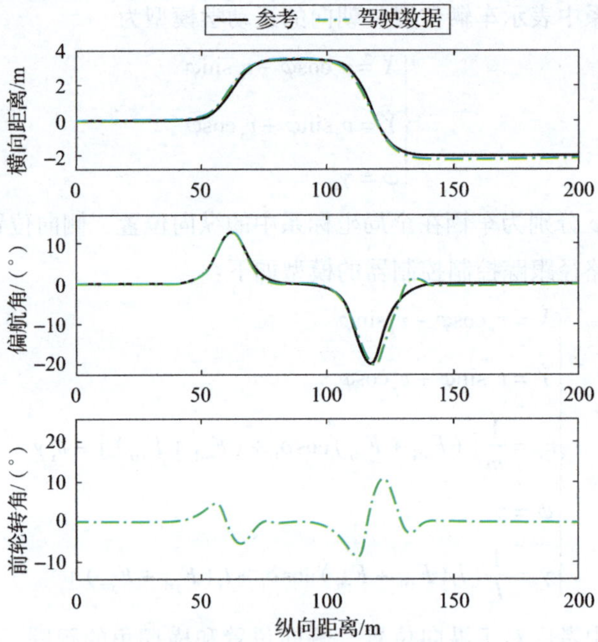

图 5-88 DLC 工况下的控制结果

参考文献

[1] HOFMAN T, DAI C. Energy efficiency analysis and comparison of transmission technologies for an electric vehicle[C]//2010 IEEE Vehicle Power and Propulsion Conference. New York: IEEE, 2010. DOI:10.1109/VPPC.2010.5729082.

[2] MASHADI B, KAZEMKHANI A, LAKEH R. An automatic gear-shifting strategy for manual transmissions[J]. Proceedings of the Institution of Mechanical Engineers, Part I: Journal of Systems and Control Engineering, 2007, 221(5): 757-768.

[3] OZATAY E, OZGUNER U, FILEV D. Velocity profile optimization of on road vehicles: Pontryagin's maximum principle based approach[J]. Control Engineering Practice, 2017, 61: 244-254.

[4] YANG H, RAKHA H, ALA M. Eco-cooperative adaptive cruise control at signalized intersections considering queue effects[J]. IEEE Transactions on Intelligent Transportation Systems, 2017, 18(6): 1575-1585.

[5] XIA H, BORIBOONSOMSIN K, SCHWEIZER F, et al. Field operational testing of eco-approach technology at a fixed-time signalized intersection[C]//2012 15th International IEEE Conference on Intelligent Transportation Systems. New York: IEEE, 2012: 188-193.

[6] HELLSTROM E, IVARSSON M, ASLUND J, et al. Look-ahead control for heavy trucks to minimize trip time and fuel consumption[J]. Control Engineering Practice, 2009, 17(2): 245-254.

[7] PARK S, RAKHA H, AHN K, et al. Predictive eco-cruise control: algorithm and potential benefits [C]//2011 IEEE Forum on Integrated and Sustainable Transportation Systems. New York: IEEE, 2011: 394-399.

[8] AHN K, RAKHA H, PARK S. Ecodrive application: algorithmic development and preliminary testing [J]. Transportation Research Record, 2013. DOI:10.3141/2341-01.
[9] BARTH M, BORIBOONSOMSIN K. Energy and emissions impacts of a freeway-based dynamic eco-driving system[J]. Transportation Research Part D: Transport and Environment, 2009, 14(6): 400-410.
[10] ASADI B, VAHIDI A. Predictive cruise control: Utilizing upcoming traffic signal information for improving fuel economy and reducing trip time [J]. IEEE Transactions on Control Systems Technology, 2011, 19(3): 707-710.
[11] GUO L, GAO B, GAO Y, et al. Optimal energy management for HEVs in eco-driving applications using bi-level MPC[J]. IEEE Transactions on Intelligent Transportation Systems, 2017, 18(8): 2153-2162.
[12] ALRIFAEE B, JODAR J G, ABEL D. Decentralized predictive cruise control for energy saving in reev using V2I information for multiple-vehicles[J]. IFAC-Papers OnLine, 2015, 48(15): 320-327.
[13] HE X, LIU H, LIU X. Optimal vehicle speed trajectory on a signalized arterial with consideration of queue[J]. Transportation Research Part C: Emerging Technologies, 2015, 61: 106-120.
[14] JIN Q, WU G, BORIBOONSOMSIN K, et al. Power-based optimal longitudinal control for a connected eco-driving system[J]. IEEE Transactions on Intelligent Transportation Systems, 2016, 17(10): 2900-2910.
[15] DIB W, CHASSE A, MOULIN P, et al. Optimal energy management for an electric vehicle in eco-driving applications[J]. Control Engineering Practice, 2014, 29: 299-307.
[16] SCIARRETTA A, NUNZIO G, OJEDA L. Optimal Ecodriving control: Energy efficient driving of road vehicles as an optimal control problem[J]. IEEE Control Systems, 35(5), 71-90.
[17] XU S, LI S, CHENG B, et al. Instantaneous feedback control for a fuel-prioritized vehicle cruising system on highways with a varying slope[J]. IEEE Transactions on Intelligent Transportation Systems, 2017, 18(5): 1210-1220.
[18] OZATAY E, OZGUNER U, MICHELINI J, et al. Analytical solution to the minimum energy consumption based velocity profile optimization problem with variable road grade [J]. IFAC Proceedings Volumes, 2014, 47(3): 7541-7546.
[19] SAERENS B, DIEHL M, VAN DEN B E. Automotive model predictive control [M]. Berlin: Springer, 2010.
[20] XU S, LI S, ZHANG X, et al. Fuel-optimal cruising strategy for road vehicles with step-gear mechanical transmission[J]. IEEE Transactions on Intelligent Transportation Systems, 2015, 16(6): 3496-3507.
[21] GUO L, SUN M, HU Y, et al. Optimization of fuel economy and emissions through coordinated energy management for connected diesel vehicles [J], IEEE Transactions on Intelligent Vehicles, 2023, 8(6): 3593-3604.
[22] GUO L, GAO B, CHEN H. Online shift schedule optimization of 2-speed electric vehicle using moving horizon strategy[J]. IEEE/ASME Transactions on Mechatronics, 2016, 21(6): 2858-2869.
[23] SAUST F, WILLE J M, MAURER M. Energy-optimized driving with an autonomous vehicle in urban environments[C]//2012 IEEE 75th Vehicular Technology Conference (VTC Spring). New York: IEEE, 2012. DOI:10.1109/VETECS.2012.6240105.
[24] WAHL H G, BAUER K L, GAUTERIN F, et al. A real-time capable enhanced dynamic programming approach for predictive optimal cruise control in hybrid electric vehicles[C]//16th International IEEE Conference on Intelligent Transportation Systems (ITSC 2013). New York: IEEE, 2013: 1662-1667.

[25] WAHL H G, HOLZÄPFE M, GAUTERIN F. Approximate dynamic programming methods applied to far trajectory planning in optimal control [C]//2014 IEEE Intelligent Vehicles Symposium Proceedings. New York: IEEE, 2014: 1085 - 1090.

[26] XU S, LI S, ZHANG X, et al. Fuel-optimal cruising strategy for road vehicles with step-gear mechanical transmission[J]. IEEE Transactions on Intelligent Transportation Systems, 2015, 16(6): 3496 - 3507.

[27] GUO L, GAO B, LIU Q, et al. On-line optimal control of the gearshift command for multispeed electric vehicles[J]. IEEE/ASME Transactions on Mechatronics, 2017, 22(4): 1519 - 1530.

[28] CHEN B, CHENG H. A review of the applications of agent technology in traffic and transportation systems [J]. IEEE Transactions on Systems, Man, and Cybernetics: Systems, 2010, 11(2): 485 - 497.

[29] AHMAD F, MAHMUD S, YOUSAF F. Shortest processing time scheduling to reduce traffic congestion in dense urban areas[J]. IEEE Transactions on Systems, Man, and Cybernetics: Systems, 2017, 47 (5): 838 - 855.

[30] CHEN L, CHANG C. Cooperative traffic control with green wave coordination for multiple intersections based on the internet of vehicles [J]. IEEE Transactions on Systems, Man, and Cybernetics: Systems, 2017, 47(7): 1321 - 1335.

[31] HEPPELER G, SONNTAG M, SAWODNY O. Fuel efficiency analysis for simultaneous optimization of the velocity trajectory and the energy management in hybrid electric vehicles[J]. IFAC Proceedings Volumes, 2014, 47(3): 6612 - 6617.

[32] SEZER V, GOKASAN M, BOGOSYAN S. A novel ECMS and combined cost map approach for high-efficiency series hybrid electric vehicles[J]. IEEE Transactions on Vehicle Technology, 2011, 60 (8): 3557 - 3570.

[33] CHEN Z, WU S, SHEN S, et al. Co-optimization of velocity planning and energy management for autonomous plug-in hybrid electric vehicles in urban driving scenarios [J]. Energy, 2023, 263: 126060.

[34] WU G, BORIBOONSOMSIN K, BARTH M. Development and evaluation of an intelligent energy-management strategy for plug-in hybrid electric vehicles [J]. IEEE Transactions on Intelligent Transportation Systems, 2014, 15(3): 1091 - 1100.

[35] KIM T, MANZIE C, SHARMA R. Model predictive control of velocity and torque split in a Parallel hybrid vehicle[C]//2009 IEEE International Conference on Systems, Man and Cybernetics. New York: IEEE, 2009: 2014 - 2019.

[36] MENSING F, TRIGUI R, BIDEAUX E. Vehicle trajectory optimization for hybrid vehicles taking into account battery state-of-charge[C]//2012 IEEE Vehicle Power and Propulsion Conference. New York: IEEE, 2012: 950 - 955.

[37] CHEN Y, LI X, WIET C, et al. Energy management and driving strategy for in-wheel motor electric ground vehicles with terrain profile preview[J]. IEEE Transactions on Industrial Informatics, 2014, 10(3): 1938 - 1947.

[38] MIYATAKE M, KURIYAMA M, TAKEDA Y. Theoretical study on eco-driving technique for an electric vehicle considering traffic signals[C]//9th Power Electronics and Drive Systems. New York: IEEE, 2011, 10(3): 733 - 738.

[39] HOMCHAUDHURI B, LIN R, PISU P. Hierarchical control strategies for energy management of connected hybrid electric vehicles in urban roads[J]. Transportation Research Part C: Emerging Technologies, 2016, 62: 70 - 86.

[40] QI X, WU G, BORIBOONSOMSIN K, et al. A novel blended real-time energy management strategy for plug-in hybrid electric vehicle commute trips[C]//2015 IEEE 18th International Conference on Intelligent Transportation Systems. New York: IEEE, 2015: 1002 - 1007.

[41] DIB W, CHASSE A, MOULIN P, et al. Optimal energy management compliant with online requirements for an electric vehicle in eco-driving applications[J]. Control Engineering Practice, 2014, 29(6): 299 - 307.

[42] KAMAL M, MUKAI M, MURATA J, et al. Model predictive control of vehicles on urban roads for improved fuel economy[J]. IEEE Transactions on Control Systems Technology, 2013, 21(3): 831 - 841.

[43] YANG H, JIN W. A control theoretic formulation of green driving strategies based on inter-vehicle communications[J]. Transportation Research Part C: Emerging Technologies, 2014, 41: 48 - 60.

[44] MAHLER G, VAHIDI A. Reducing idling at red lights based on probabilistic prediction of traffic signal timings[C]//2012 American Control Conference (ACC). New York: IEEE, 2012: 6557 - 6562.

[45] HELLSTROM E, ASLUND J, NIELSEN L. Design of an efficient algorithm for fuel-optimal look-ahead control[J]. Control Engineering Practice, 2010, 18(11): 1318 - 1327.

[46] DIB W, CHASSE A, DI D D, et al. Evaluation of the energy efficiency of a fleet of electric vehicle for eco-driving application[J]. Oil & Gas Science and Technology-Revue d'IFP Energies Nouvelles, 2012, 67(4): 589 - 599.

[47] KAMAL M A S, MUKAI M, MURATA J, et al. Ecological driving based on preceding vehicle prediction using MPC[J]. IFAC Proceedings Volumes, 2011, 44(1): 3843 - 3848.

[48] BETTS J. Survey of numerical methods for trajectory optimization[J]. Journal of Guidance Control and Dynamics, 1998, 21(2): 193 - 207.

[49] HUNTINGTON G. Advancement and analysis of a Gauss pseudospectral transcription for optimal control problems[D]. Cambridge: Massachusetts Institute of Technology, 2007.

[50] GARG D, PATTERSON M, HAGER W, et al. An overview of three pseudospectral methods for the numerical solution of optimal control problems[J]. Advances in the Astronautical Sciences, 2009, 135(1): 475 - 487.

[51] GUO L, GAO B, LI Y, et al. A fast algorithm for nonlinear model predictive control applied to HEV energy management systems[J]. Science China Information Sciences, 2017, 60(9): 1 - 17.

[52] LI S, XU S, HUANG X, et al. Eco-departure of connected vehicles with V2X communication at signalized intersections[J]. IEEE Transactions on Vehicular Technology, 2015, 64: 5439 - 5449.

[53] LEINEWEBER D, BAUER I, SCHÄFER A, et al. An efficient multiple shooting based reduced SQP strategy for large-scale dynamic process optimization (Parts I and II)[J]. Computers and Chemical Engineering, 2003, 27: 157 - 174.

[54] SAGER S. Numerical methods for mixed integer optimal control problems[D]. Heidelberg: Universität Heidelberg, 2005.

[55] GERDTS M. A nonsmooth Newton's method for control-state constrained optimal control problems[J]. Mathematics and Computers in Simulation, 2008, 79: 925 - 936.

[56] GERDTS M, KUNKEL M. A non-smooth Newton's method for discretized optimal control problems with state and control constraints[J]. Journal of Industrial and Management Optimization, 2008, 4: 247 - 270.

[57] YU C, LI B, LOXTON R, et al. Optimal discrete-valued control computation[J]. Journal of Global Optimization, 2013, 56(2): 503 - 518.

[58] MURGOVSKI N, JOHANNESSON L M, et. al. Optimal battery dimensioning and control of a CVT PHEV powertrain[J]. IEEE Transactions on Vehicular Technology, 2014 63(5): 2151 - 2161.
[59] BORHAN H, VAHIDI A, PHILLIPS A, et al. Predictive energy management of a power-split hybrid electric vehicle[C]//2009 American Control Conference. New York: IEEE, 2009: 3970 - 3976.
[60] CHEN H, GUO L, DING H, et al. Real-time predictive cruise control for eco-driving taking into account traffic constraints[J]. IEEE Transactions on Intelligent Transportation Systems, 2018, 20(8): 2858 - 2868.
[61] XIA H. Eco-approach and departure techniques for connected vehicles at signalized traffic intersections[D]. Riverside: UC Riverside, 2014.
[62] ASADI B, VAHIDI A. Predictive cruise control: Utilizing upcoming traffic signal information for improving fuel economy and reducing trip time [J]. IEEE Transactions on Control Systems Technology, 2011, 19(3): 710 - 714.
[63] CHU H, GUO L, GAO B, et al. Predictive cruise control using high definition map and real vehicle implementation[J]. IEEE Transactions on Vehicular Technology, 2018, 67(12): 11377 - 11389.
[64] SHIMIZU Y, OHTSUKA T, DIEHL M. A real-time algorithm for nonlinear receding horizon control using multiple shooting and continuation/krylov method [J]. International Journal of Robust and Nonlinear Control, 2009, 19(8): 919 - 936.
[65] OHTSUKA T. A continuation/GMRES method for fast computation of nonlinear receding horizon control[J]. Automatica, 2004, 40: 563 - 574.
[66] ADHIKARI S. Real-time power management of parallel full hybrid electric vehicles[D]. Melbourne: The University of Melbourne. 2010.
[67] RAUF H, KHALID M, ARSHAD N. Machine learning in state of health and remaining useful life estimation: Theoretical and technological development in battery degradation modelling [J]. Renewable and Sustainable Energy Reviews, 2022, 156:11903.
[68] KHALEGHI S, HOSEN M, KARIMI D, et al. Developing an online data-driven approach for prognostics and health management of lithium-ion batteries[J]. Applied Energy, 2022, 308:118348.
[69] WANG Y, TIAN J, SUN Z, et al. A comprehensive review of battery modeling and state estimation approaches for advanced battery management systems [J]. Renewable and Sustainable Energy Reviews, 2020, 131:10015.
[70] 李元元. 基于数据驱动建模的锂离子电池健康管理研究[D]. 成都:电子科技大学, 2021.
[71] 康永哲. 锂离子电池组容量估计与故障诊断方法研究[D]. 济南:山东大学, 2020.
[72] 于浩. 基于深度高斯过程的锂电池剩余寿命预测[D]. 北京:北京交通大学, 2020.
[73] EDDAHECH A, BRIAT O, BERTRAND N, et al. Behavior and state of-health monitoring of Li-ion batteries using impedance spectroscopy and recurrent neural networks[J]. International Journal of Electrical Power and Energy Systems, 2012, 42(1):487 - 494.
[74] 周秀文. 电动汽车锂离子电池健康状态估计及寿命预测方法研究[D]. 长春:吉林大学, 2016.
[75] LI X, ZHANG L, WANG Z, et al. Remaining useful life prediction for lithium-ion batteries based on a hybrid model combining the long short-term memory and Elman neural networks[J]. Journal of Energy Storage, 2019, 21:510 - 518.
[76] LI X, MA Y, ZHU J. An online dual filters RUL prediction method of lithium-ion battery based on unscented particle filter and least squares support vector machine [J]. Measurement, 2021, 184:109935.
[77] 赵帅. 基于电化学机理的锂离子电池健康状态估计研究[D]. 大连:大连理工大学, 2021.

[78] 熊瑞. 基于数据模型融合的电动车辆动力电池组状态估计研究[D]. 北京:北京理工大学, 2014.

[79] YANG F, SONG X, DONG G, TSUI K L. A coulombic efficiency-based model for prognostics and health estimation of lithium-ion batteries[J]. Energy, 2019, 171: 1173 - 1182.

[80] SONG Y, WU X, LI X, et al. Current profile optimization for combined state of charge and state of health estimation of lithium-ion battery based on Cramer—Rao bound analysis[J]. IEEE Transactions on Power Electronics, 2019, 34(7): 7067 - 7078.

[81] BI Y, YIN Y, CHOE S Y. Online state of health and aging parameter estimation using a physics-based life model with a particle filter[J]. Journal of Power Sources, 2020, 476: 228655.

[82] 韩雪冰. 车用锂离子电池机理模型与状态估计研究[D]. 北京:清华大学, 2014.

[83] GAO Y, JIANG J, ZHANG C, et al. Aging mechanisms under different state-of-charge ranges and the multi-indicators system of state-of-health for lithium-ion battery with Li(NiMnCo)O_2 cathode[J]. Journal of Power Sources, 2018, 400:641 - 651.

[84] MA Y, CHEN Y, ZHOU X, et al. Remaining useful life prediction of lithium-ion battery based on Gauss—Hermite particle filter[J]. IEEE Transactions on Control Systems Technology, 2019, 27(4): 1788 - 1795.

[85] TANG T, YUAN H. A hybrid approach based on decomposition algorithm and neural network for remaining useful life prediction of lithium-ion battery[J]. Reliability Engineering & System Safety, 2022, 217:108082.

[86] LEE J, WU F, ZHAO W, et al. Prognostics and health management design for rotary machinery systems: Reviews, methodology and applications[J]. Mechanical Systems and Signal Processing, 2014, 42:314 - 334.

[87] HU X, JIANG J, CAO D, et al. Battery health prognosis for electric vehicles using sample entropy and sparse Bayesian predictive modeling[J]. IEEE Transactions on Industrial Electronics, 2016, 63(4):2645 - 2656.

[88] ZHU M, OUYANG Q, WAN Y, et al. Remaining useful life prediction of lithium-ion batteries: A hybrid approaches of Grey-Markov chain model and improved Gaussian process[J]. IEEE Journal of Emerging and Selected Topics in Power Electronics, 2023, 11(1):143 - 153.

[89] WANG Z, YUAN C, LI X. Lithium battery state-of-health estimation via differential thermal voltammetry with Gaussian process regression [J]. IEEE Transactions on Transportation Electrification, 2021, 7(1):16 - 25.

[90] CAO M, ZHANG T, LIU Y, et al. An ensemble learning prognostic method for capacity estimation of lithium-ion batteries based on the V-IOWGA operator[J]. Energy, 2022, 257:124725.

[91] ZHANG Y, XIONG R, HE H, et al. Long short-term memory recurrent neural network for remaining useful life prediction of lithium-ion batteries[J]. IEEE Transactions on Vehicular Technology, 2018, 67(7):5695 - 5705.

[92] BOCKRATH S, LORENTZ V, PRUCKNER M. State of health estimation of lithium-ion batteries with a temporal convolutional neural network using partial load profiles[J]. Applied Energy, 2023, 329:120307.

[93] ZHANG Y, LI Y. Prognostics and health management of lithium-ion battery using deep learning methods: A review[J]. Renewable and Sustainable Energy Reviews, 2022, 161: 112282.

[94] GONG Q, WANG P, CHENG Z. An encoder-decoder model based on deep learning for state of health estimation of lithium-ion battery[J]. Journal of Energy Storage, 2022, 46: 103804.

[95] 周亚鹏. 基于粒子滤波-ARIMA 的多层次锂离子电池寿命预测[D]. 武汉:武汉理工大学, 2019.
[96] HU X, XU L, LIN X, et al. Battery lifetime prognostics[J]. Joule, 2019, 4:310 - 346.
[97] ZRAIBI B, OKAR C, CHAOUI H, et al. Remaining useful life assessment for lithium-ion batteries using CNN-LSTM-DNN hybrid method[J]. IEEE Transactions on Vehicular Technology, 2021, 70(5):4252 - 4261.
[98] LIU K, SHANG Y, OUYANG Q, et al. A data-driven approach with uncertainty quantification for predicting future capacities and remaining useful life of lithium-ion battery[J]. IEEE Transactions on Industrial Electronics, 2021, 68(4):3170 - 3180.
[99] GU X, SEE K, LI P, et al. A novel state-of-health estimation for the lithium-ion battery using a convolutional neural network and transformer model[J]. Energy, 2023, 262(PartB):125501.
[100] LU L, HAN X, LI J, et al. A review on the key issues for lithium-ion battery management in electric vehicles[J]. Journal of Power Sources, 2013, 226:272 - 288.
[101] LIU D, ZHOU J, LIAO H, et al. A health indicator extraction and optimization framework for lithium-ion battery degradation modeling and prognostics[J]. IEEE Transactions on Systems, Man, and Cybernetics: Systems, 2015, 45(6):915 - 928.
[102] SUN X, ZHONG K, HAN M. A hybrid prognostic strategy with unscented particle filter and optimized multiple kernel relevance vector machine for lithium-ion battery[J]. Measurement, 2021, 170:108679.
[103] SAHA B, GOEBEL K. Battery data set, NASA ames prognostics data repository[EB/DL]. [2025 - 01 - 22] http://ti. arc. nasa. gov/project/prognostic-data-repository.
[104] SEVERSON K A, ATTIA P M, JIN N, et al. Data-driven prediction of battery cycle life before capacity degradation. [J]. Nature Energy, 2019, 4:383 - 391.
[105] HOCHREITER S, SCHMIDHUBER J. Long short-term memory[J]. Neural Computing, 1997, 9(8):1735 - 1780.
[106] LIU Y, SUN J, SHANG Y, et al. A novel remaining useful life prediction method for lithium-ion battery based on long short-term memory network optimized by improved sparrow search algorithm[J]. Journal of Energy Storage, 2023, 61:106645.
[107] SRIVASTAVA N, HINTON G, KRIZHEVSKY A, et al. Dropout: A simple way to prevent neural networks from overfitting[J]. Journal of Machine Learning Research, 2014, 15(1):1929 - 1958.
[108] MA Y, SHAN C, GAO J, et al. A novel method for state of health estimation of lithium-ion batteries based on improved LSTM and health indicators extraction[J]. Energy, 2022, 251:123973.
[109] GOLDBERGER J, ROWEIS S, HINTON G, et al. Neighborhood component analysis[J]. Adv Neural Inf Process Syst, 2005, 17:513 - 520.
[110] MIRJALILI S, MOHAMMAD M S, et al. Grey wolf optimizer[J]. Advances in Engineering Software, 2014, 69:46 - 61.
[111] LI Y, SHENG H, CHENG Y, et al. State-of-health estimation of lithium-ion batteries based on semi-supervised transfer component analysis[J]. Applied Energy, 2020, 277:115504.
[112] 龙明盛. 迁移学习问题与方法研究[D]. 北京:清华大学, 2014.
[113] PAN S, QIANG Y. A survey on transfer learning[J]. IEEE Transactions on Knowledge and Data Engineering, 2009, 22(10):1345 - 1359.
[114] ZHENG M, REN J. Domain transfer dimensionality reduction via discriminant kernel learning[C]// Proceedings of Pacific-Asia Conference Advances Knowledge Discovery Data Mining, 2012:280 - 291.

[115] PAN S J, KWOK J T, YANG Q. Transfer learning via dimensionality reduction[C]//Proceedings of the Twenty-Third AAAI Conference on Artificial Intelligence. Vancouver:[s. n.], 2008:677 -682.

[116] EVGENIOU T, PONTIL M. Regularized multi-task learning[C]//Proceedings of the Tenth ACM SIGKDD International Conference on Knowledge Discovery and Data Mining. New York:ACM, 2004: 109 -117.

[117] MIHALKOVA L, HUYNH T, MOONEY R J. Mapping and revising Markov logic networks for transfer learning[C]//Proceedings 22nd AAAI Conference on Artificial Intelligence. Vancouver:[s. n.], 2007:608 -614.

[118] SHEN S, SADOUGHI M, LI M, et al. Deep convolutional neural networks with ensemble learning and transfer learning for capacity estimation of lithium-ion batteries[J]. Applied Energy, 2020, 260:114296.

[119] CHE Y, DENG Z, LIN X, et al. Predictive battery health management with transfer learning and online model correction[J]. IEEE Transactions on Vehicular Technology, 2021, 70(2):1269 -1277.

[120] SHU X, SHEN J, LI G, et al. A flexible state-of-health prediction scheme for lithium-ion battery packs with long short-term memory network and transfer learning[J]. IEEE Transactions on Transportation Electrification, 2021, 7(4): 2238 -2248.

[121] PAN S J, TSANG I, KWOK J, et al. Domain adaptation via transfer component analysis[J]. IEEE Transactions on Neural Networks, 2011, 22(2):199 -210.

[122] LONG M, WANG J. Learning transferable features with deep adaptation networks[J]. Proceedings of the 32nd International Conference on International Conference on Machine Learning, 2015, 37:97 -105.

[123] LONG M, WANG J, DING G, et al. Transfer feature learning with joint distribution adaptation [C]// Proceedings of the IEEE International Conference on Computer Vision. New York: IEEE, 2013:2200 -2207.

[124] MA Y, SHAN C, GAO J, et al. Multiple health indicators fusion-based health prognostic for lithium-ion battery using transfer learning and hybrid deep learning method[J]. Reliability Engineering & System Safety, 2023, 229:108818.

[125] 邵思羽. 基于深度学习的旋转机械故障诊断方法研究[D]. 南京:东南大学, 2019.

[126] 谢雨岑. 基于深度学习的燃料电池性能衰退预测研究[D]. 成都:电子科技大学, 2021.

[127] CHEN B, WU Y, TSAI H. Design and analysis of power management strategy for range extended electric vehicle using dynamic programming[J]. Applied Energy, 2014, 113: 1764 -1774.

[128] SHABBIR W, EVANGELOU S. Exclusive operation strategy for the supervisory control of series hybrid electric vehicles[J]. IEEE Transactions on Control System Technology, 2016, 24: 1 -9.

[129] TROVÃO J, PEREIRINHA P. Control scheme for hybridised electric vehicles with an online power follower management strategy[J]. IET Electrical System in Transportation, 2014, 5:12 -23.

[130] KEULEN T, MULLEM D, JAGER B, et al. Design, implementation, and experimental validation of optimal power split control for hybrid electric trucks[J]. Control Engineering Practice, 2012, 20, 547 -558.

[131] HUANG Y, YIN C, ZHANG J. Design of an energy management strategy for parallel hybrid electric vehicles using a logic threshold and instantaneous optimization method[J]. International Journal of Automotive Technology, 2009, 10: 513 -521.

[132] WANG Z, HUANG B, XU Y, et al. Optimization of series hybrid electric vehicle operational parameters by simulated annealing algorithm[C]//2007 IEEE International Conference on Control and Automation. New York: IEEE, 2007: 1536 -1541.

[133] BORHAN H, VAHIDI A, PHILLIPS A M, et al. MPC-based energy management of a power-split hybrid electric vehicle[J]. IEEE Transactions on Control Systems Technology, 2011, 20(3): 593 - 603.
[134] HUANG Y, WANG H, KHAJEPOUR A, et al. Model predictive control power management strategies for HEVs: A review[J]. Journal of Power Sources, 2017, 341: 91 - 106.
[135] ZHANG P, YAN F, DU C. A comprehensive analysis of energy management strategies for hybrid electric vehicles based on bibliometrics[J]. Renewable and Sustainable Energy Reviews, 2015, 48: 88 - 104.
[136] 苏明亮,姚方.基于深度强化学习的混合动力汽车能量管理策略[J].电气自动化,2023,45(4):115 - 118.
[137] 姜华,战凯,郭鑫,等.基于DDPG算法的混动铲运机能量管理策略研究[J].有色金属(矿山部分),2023,75(6):116 - 127.
[138] 段龙锦,王贵勇,王伟超,等.基于深度强化学习的增程式电动轻卡能量管理策略[J].内燃机工程,2023,44(6):90 - 99.
[139] LIAN R, TAN H, PENG J, et al. Cross-type transfer for deep reinforcement learning based hybrid electric vehicle energy management[J]. IEEE Transactions on Vehicular Technology, 2020, 69(8): 8367 - 8380.
[140] XU B, RATHOD D, ZHANG D, et al. Parametric study on reinforcement learning optimized energy management strategy for a hybrid electric vehicle[J]. Applied Energy, 2020, 259: 114200.
[141] WANG J, DU C, YAN F, et al. Hierarchical rewarding deep deterministic policy gradient strategy for energy management of hybrid electric vehicles[J]. IEEE Transactions on Transportation Electrification, 2023. DOI:10.1109/TTE.2023.3263927.
[142] MASSON W, RANCHOD P, KONIDARIS G. Reinforcement learning with parameterized actions[C]//Proceedings of the Thirtieth AAAI Conference on Artificial Intelligence. Vancouver: [s. n.], 2016. DOI:10.1147/rd.276.0558.
[143] FU H, TANG H, HAO J, et al. Deep multi-agent reinforcement learning with discrete-continuous hybrid action spaces[C]//Proceedings of the 28th International Joint Conference on Artificial Intelligence. New York: ACM, 2019: 2329 - 2335.
[144] DALAL G, DVIJOTHAM K, VECERIK M, et al. Safe exploration in continuous action spaces[J]. arXiv preprint arXiv:1801.08757, 2018.
[145] MNIH V, KAVUKCUOGLU K, SILVER D, et al. Human-level control through deep reinforcement learning[J]. Nature, 2015, 518(7540): 529 - 533.
[146] GUO L, MA B, GONG X, et al. Bilevel predictive control for HEVs integrating energy and cabin thermal comfort[J]. IEEE Transactions on Transportation Electrification, 2024, 10(1): 623 - 634.
[147] MARTINEZ C M, HU X, CAO D, et al. Energy management in plug-in hybrid electric vehicles: Recent progress and a connected vehicles perspective[J]. IEEE Transactions on Vehicular Technology, 2016, 66(6): 4534 - 4549.
[148] ARTUÑEDO A, MORENO G M, VILLAGRA J. Lateral control for autonomous vehicles: A comparative evaluation[J]. Annual Reviews in Control, 2024, 57: 100910.
[149] HEBERT M H, et al. Intelligent unmanned ground vehicles: Autonomous navigation research at carnegie mellon. Boston: Kluwer Academic Publishers, 1997: 53 - 72.
[150] LILLICRAP T P. Continuous control with deep reinforcement learning[J]. Computer Science, 2015. DOI:10.1016/S1098 - 3015(10)67722 - 4.

[151] ROSS S, GORDON G, BAGNELL D. A reduction of imitation learning and structured prediction to no-regret online learning[C]//Proceedings of the Fourteenth International Conference on Artificial Intelligence and Statistics. New York: Microtome Publishing, 2011: 627 - 635.

[152] PAN Y, CHENG C A, SAIGOL K, et al. Agile autonomous driving using end-to-end deep imitation learning[C]//Robotics: Science and Systems 2018. [S. l. : s. n.], 2018. DOI: 10.15607/RSS.2018.XIV.056.

[153] KOENIG N, HOWARD A. Design and use paradigms for gazebo, an open-source multi-robot simulator [C]//2004 IEEE/RSJ International Conference on Intelligent Robots and Systems (IROS). New York: IEEE, 2004: 2149 - 2154.

[154] WANG D, DEVIN C, CAI Q Z, et al. Deep object-centric policies for autonomous driving[C]//2019 International Conference on Robotics and Automation (ICRA). New York: IEEE, 2019: 8853 - 8859.

[155] WANG Y, ZHENG C, SUN M, et al. Reinforcement-learning-aided adaptive control for autonomous driving with combined lateral and longitudinal dynamics[C]//2023 IEEE 12th Data Driven Control and Learning Systems Conference (DDCLS). New York: IEEE, 2023: 840 - 845.

[156] CHEN J, ZHAO C, JIANG S, et al. Safe, efficient, and comfortable autonomous driving based on cooperative vehicle infrastructure system[J]. International Journal of Environmental Research and Public Health, 2023, 20(1): 893 - 911.

[157] ZHANG Y, SUN P, YIN Y, et al. Human-like autonomous vehicle speed control by deep reinforcement learning with double Q-learning[C]//2018 IEEE Intelligent Vehicles Symposium (IV). New York: IEEE, 2018: 1251 - 1256.

[158] WANG C, WANG L, LU Z, et al. SRL-TR 2: A safe reinforcement learning based trajectory tracker framework[J]. IEEE Transactions on Intelligent Transportation Systems, 2023, 24(6): 5765 - 5780.